Mathias Schürmann

Marketing

In vier Schritten zum eigenen Marketingkonzept

vdf Hochschulverlag AG an der ETH Zürich

driving emotion
Hankook
Kodak
Kodak
Kodak
SO
Kodak
SHARE YOUR SO KODAK MOMENT HERE
Marriott
NEW YORK MARQUIS
MARQUIS
WONDERLAND
ST-PIE

Welcome

Aussenwerbung: Times Square, New York

TIPP: *Arbeitsbuch und CD-Rom für Dozierende*

Testen Sie Ihr Marketingwissen mit dem Arbeitsbuch **Marketing – 333 Fragen und Antworten.** Es ergänzt das vorliegende Buch ideal, hilft Ihnen, das Wissen zu vertiefen oder sich optimal auf bevorstehende Prüfungen vorzubereiten.

Marketing – 333 Fragen und Antworten, ISBN: 978-3-7281-3413-4; jetzt bestellen auf **www.vdf.ethz.ch** oder per E-mail an **verlag@vdf.ethz.ch.**

Für Dozierende steht eine CD-ROM mit den in diesem Buch verwendeten Grafiken zur Verfügung. Sie kann über die Website **www.vdf.ethz.ch** oder per E-mail an **verlag@vdf.ethz.ch** bestellt werden.

Impressum:
Grafische Gestaltung: Rocket – Powerful Advertising, www.rocket.ch
Lektorat: Ueli Bischof, Marc Wöltinger

Bibliografische Information der Deutschen Nationalbibliothek
Die Deutsche Nationalbibliothek verzeichnet diese Publikation in der Deutschen Nationalbibliografie; detaillierte bibliografische Daten sind im Internet über http://dnb.d-nb.de abrufbar.

verlag@vdf.ethz.ch
www.vdf.ethz.ch

ISBN 978-3-7281-3408-0
2., überarbeitete Auflage

Rückmeldungen / Kontakt
Kritische Anmerkungen und Anregungen zur Verbesserung und Ergänzung des vorliegenden Werkes sind willkommen: mschuermann@rocket.ch

Vorwort

Die faszinierende Kunst der Verführung ...

Zu verführen ist ein Urinstinkt von uns Menschen. Und es ist der Kern des Marketinggedankens. Aphrodite, die griechische Göttin der Liebe, soll reihenweise sterbliche und unsterbliche Wesen verführt haben. Der venezianische Lebemann Casanova machte es ihr auf seine Art gleich.

Ja, Aphrodite und Casanova haben erfolgreich verführt, doch vernachlässigten sie ihre Errungenschaften. Für nachhaltiges Marketing braucht es mehr. Die Marketingwelt wird zunehmend komplexer. Heute ist neben praktischer Erfahrung und kreativen Einfällen ein theoretisches Grundwissen unerlässlich. Dieses Buch zeigt Ihnen, wie Sie erfolgreich Marketing betreiben, und führt Sie Schritt für Schritt zu einem schlagkräftigen Marketingkonzept. Es dient als Lehrbuch, Arbeitswerkzeug und Nachschlagewerk in einem.

Der grosse Erfolg und die äusserst positiven Rückmeldungen auf die erste Auflage spornten mich an, das Werk zu aktualisieren und erweitern.

Nun wünsche ich Ihnen viel Spass beim Lesen und gutes Gelingen beim Aufbau eines verführerischen Marketingkonzepts.

Mathias Schürmann

PS: Ein Marketingziel haben der Autor und der Verlag erreicht. Sie verführten Sie zum Kauf dieses Buches. Dabei soll es nicht bleiben. Zufrieden sind wir erst, wenn es Ihre Erwartungen übertrifft und Sie das Werk weiterempfehlen.

DANK

Ein spezieller Dank gebührt Ueli Bischof und Marc Wöltinger sowie Angelika Rodlauer vom vdf Hochschulverlag an der ETH Zürich. Ohne sie wäre das Werk nicht in der aktuellen Form entstanden. Weiter geht ein herzlicher Dank an Pascal Bühler, Dr. Claudia Celato, Dr. Marcel Korner, Désirée Luginbühl, Beat Niggli, Markus Studer, Michael Matt, Nathalie Mollet, Martin Schürmann und Daniel Walker, die mich mit unzähligen wertvollen Inputs bei der Arbeit unterstützten.

Inhaltsübersicht

Inhaltsverzeichnis

Teil III: Der Marketing-Mix – definieren und kombinieren

Teil IV: Die Implementierung – realisieren und kontrollieren

Anhang

Der Aufbau dieses Buches: Lehrbuch und Arbeitswerkzeug in einem

Das Buch ist in einen Einleitungs- und vier Hauptteile mit insgesamt 14 Kapiteln gegliedert. Es führt Sie in chronologischer Reihenfolge durch wichtige Themen zur selbstständigen Erarbeitung Ihres Marketingkonzeptes – von der Analyse bis zur Erfolgskontrolle. Das Buch lässt sich auf zwei Arten nutzen: Arbeiten Sie es systematisch durch und es wird Ihr Reiseführer durch die Welt des Marketings sein. Möglicherweise kennen Sie sich aber bereits im Marketing aus. Dann wird Ihnen dieses Buch als praktisches Arbeitswerkzeug dienen, das Sie immer wieder gezielt zu Rate ziehen. Im Folgenden will ich Ihnen kurz die Elemente vorstellen, die Ihnen als Fixpunkte den Weg weisen:

1 ***Exkurs:*** *Wollen Sie sich neben dem üblichen Basiswissen mit einzelnen Marketingthemen vertieft auseinandersetzen? Dann bieten Ihnen diverse Exkurse spannende Ergänzungen.*

2 ***Grafiken und Tabellen:*** *Viele Grafiken veranschaulichen auf einfache Weise komplexe Tatsachen oder Modelle. Zudem gliedern sie wichtige Inhalte auf übersichtliche Art.*

3 ***Eigene Notizen:*** *Das Buch ist bewusst grosszügig gestaltet. Wo keine Kurzdefinitionen oder Literaturempfehlungen stehen sowie zu Beginn der einzelnen Kapitel und im Anhang bietet es Ihnen genügend Platz für eigene Notizen.*

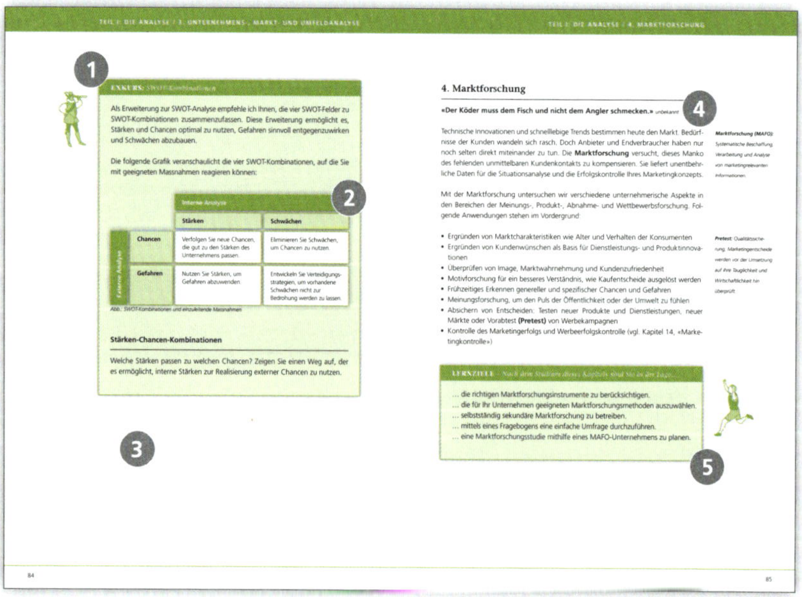

4 ***Ein Zitat zum Kapiteleinstieg:*** *Eine ganze Armada von intelligenten Leuten hat schon viel zum Thema Marketing gesagt. Manchmal Umstrittenes, gelegentlich Polarisierendes – doch immer mit einem Stückchen Wahrheit. Jedes Kapitel beginnt deshalb mit einem Zitat aus der Welt des Marketings. Vielleicht finden auch Sie darin einige Ihrer eigenen Gedanken und Erfahrungen wieder.*

5 ***Lernziele:*** *Zu Beginn jedes Kapitels sind die wichtigsten Lernziele aufgelistet. Diese liefern Ihnen einen ersten Überblick über den Inhalt des Kapitels und zeigen Ihnen auf, wie Ihr Marketingwissen laufend zunimmt. Oder Sie benutzen die Lernziele als Checkliste zur Lernkontrolle.*

6 ***Case Study:*** *Aussergewöhnliche Beispiele aus der Welt des Marketings verdienen besondere Aufmerksamkeit: Lesen Sie die Case Studies und lernen Sie von den Erfahrungen der grossen Marketingmeister.*

7 ***Bilder:*** *Aktuelle Bilder illustrieren die Beispiele und ergänzen die Themen.*

8 ***Kurzdefinitionen:*** *Taucht ein wichtiger Marketingbegriff erstmals auf, wird er kurz erklärt. Alle Kurzdefinitionen finden Sie nochmals in alphabetischer Reihenfolge am Ende des Buches im Marketinglexikon.*

9 ***Literatur- und Internetempfehlungen:*** *Es existiert eine grosse Menge an Marketingbüchern zu allen erdenklichen Themen. Die Literatur- und Internetempfehlungen helfen Ihnen, weiterführende Literatur zu finden, falls Sie ein einzelnes Thema vertiefen möchten.*

→ ***Hinweise zur Begriffsverwendung:*** *Die männliche schliesst die weibliche Form (und umgekehrt) im Normalfall mit ein. Unter den Begriffen Produkt und Product werden grundsätzlich materielle und immaterielle Güter verstanden.*

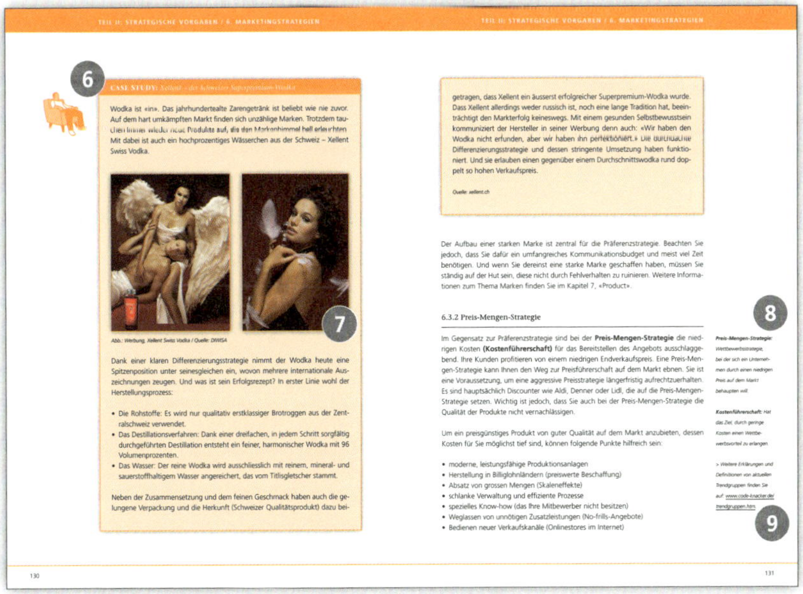

TEIL II: STRATEGISCHE VORGABEN / 6. MARKETINGSTRATEGIEN

6

CASE STUDY: *Xellent – der Schweizer Superpremium-Wodka*

Wodka ist «in». Das jahrhundertealte Zarengetränk ist beliebt wie nie zuvor. Auf dem hart umkämpften Markt finden sich unzählige Marken. Trotzdem tauchen immer wieder neue Produkte auf, die den Markenhimmel hell erleuchten. Mit dabei ist auch ein hochprozentiges Wässerchen aus der Schweiz – Xellent Swiss Vodka.

7

Abb.: Werbung, Xellent Swiss Vodka / Quelle: DIWISA

Dank einer klaren Differenzierungsstrategie nimmt der Wodka heute eine Spitzenposition unter seinesgleichen ein, wovon mehrere internationale Auszeichnungen zeugen. Und was ist sein Erfolgsrezept? In erster Linie wohl der Herstellungsprozess:

- Die Rohstoffe: Es wird nur qualitativ erstklassiger Brotroggen aus der Zentralschweiz verwendet.
- Das Destillationsverfahren: Dank einer dreifachen, in jedem Schritt sorgfältig durchgeführten Destillation entsteht ein feiner, harmonischer Wodka mit 96 Volumenprozenten.
- Das Wasser: Der reine Wodka wird ausschliesslich mit reinem, mineral- und sauerstoffhaltigem Wasser angereichert, das vom Titlisgletscher stammt.

Neben der Zusammensetzung und dem feinen Geschmack haben auch die gelungene Verpackung und die Herkunft (Schweizer Qualitätsprodukt) dazu beigetragen, dass Xellent ein äusserst erfolgreicher Superpremium-Wodka wurde. Dass Xellent allerdings weder russisch ist, noch eine lange Tradition hat, beeinträchtigt den Markterfolg keineswegs. Mit einem gesunden Selbstbewusstsein kommuniziert der Hersteller in seiner Werbung denn auch: «Wir haben den Wodka nicht erfunden, aber wir haben ihn perfektioniert.» Die durchdachte Differenzierungsstrategie und dessen stringente Umsetzung haben funktioniert. Und sie erlauben einen gegenüber einem Durchschnittswodka rund doppelt so hohen Verkaufspreis.

Quelle: xellent.ch

130

TEIL II: STRATEGISCHE VORGABEN / 6. MARKETINGSTRATEGIEN

Der Aufbau einer starken Marke ist zentral für die Präferenzstrategie. Beachten Sie jedoch, dass Sie dafür ein umfangreiches Kommunikationsbudget und meist viel Zeit benötigen. Und wenn Sie dereinst eine starke Marke geschaffen haben, müssen Sie ständig auf der Hut sein, diese nicht durch Fehlverhalten zu ruinieren. Weitere Informationen zum Thema Marken finden Sie im Kapitel 7, «Product».

6.3.2 Preis-Mengen-Strategie

8

Im Gegensatz zur Präferenzstrategie sind bei der **Preis-Mengen-Strategie** die niedrigen Kosten **(Kostenführerschaft)** für das Bereitstellen des Angebots ausschlaggebend. Ihre Kunden profitieren von einem niedrigen Endverkaufspreis. Eine Preis-Mengen-Strategie kann Ihnen den Weg zur Preisführerschaft auf dem Markt ebnen. Sie ist eine Voraussetzung, um eine aggressive Preisstrategie längerfristig aufrechtzuerhalten. Es sind hauptsächlich Discounter wie Aldi, Denner oder Lidl, die auf die Preis-Mengen-Strategie setzen. Wichtig ist jedoch, dass Sie auch bei der Preis-Mengen-Strategie die Qualität der Produkte nicht vernachlässigen.

Preis-Mengen-Strategie: Wettbewerbsstrategie, bei der sich ein Unternehmen durch einen niedrigen Preis auf dem Markt behaupten will.

Kostenführerschaft: Hat das Ziel, durch geringe Kosten einen Wettbewerbsvorteil zu erlangen.

Um ein preisgünstiges Produkt von guter Qualität auf dem Markt anzubieten, dessen Kosten für Sie möglichst tief sind, können folgende Punkte hilfreich sein:

- moderne, leistungsfähige Produktionsanlagen
- Herstellung in Billiglohnländern (preiswerte Beschaffung)
- Absatz von grossen Mengen (Skaleneffekte)
- schlanke Verwaltung und effiziente Prozesse
- spezielles Know-how (das Ihre Mitbewerber nicht besitzen)
- Weglassen von unnötigen Zusatzleistungen (No-frills-Angebote)
- Bedienen neuer Verkaufskanäle (Onlinestores im Internet)

> Weitere Erklärungen und Definitionen von aktuellen Trendgruppen finden Sie auf: www.code-knacker.de/trendgruppen.htm

9

131

Einführung ins Marketing

1. Warum Sie Marketing brauchen
2. Das Marketingkonzept: Ihr Reiseführer zum Erfolg

Gerwürzabteilung: Shoppingcenter in Muskat, Oman

1. Warum Sie Marketing brauchen

«Marketing is so much more than advertising and imagery, so much more than tools and tactics. Marketing is strategy and solid planning. Most importantly, marketing is about getting results. Marketing is supposed to sell stuff.»

Sergio Zyman, ehemaliger Marketingleiter Coca-Cola Company

Schon heute freuen Sie sich auf Ihre nächsten Ferien in Davos. Wieso gerade dahin? Es gibt doch unzählige andere schöne Orte in den Bündner Bergen. Wieso machte ausgerechnet dieser quirlige Ort das Rennen um Ihre nächste Feriendestination? Vielleicht, weil das Angebot da Ihren Bedürfnissen am ehesten entspricht. Vielleicht aber auch, weil die Destination am besten um Sie geworben hat – sich am besten vermarktet hat. Und sich damit von anderen Ferienorten abzuheben verstand. Dieses Buch wird Ihnen helfen, sich ähnlich wie Davos von anderen Mitbewerbern abzuheben. Eine Kurzfassung des erfolgreichen Marketingkonzeptes der Destination Davos Klosters können Sie im Anhang nachlesen.

Marketingkonzept: *Individuell erstelltes und systematisch aufgebautes schriftliches Dokument, das über die marketingrelevanten Aktivitäten eines Unternehmens Auskunft gibt.*

Bevor wir nun gemeinsam Ihr persönliches **Marketingkonzept** erarbeiten, müssen Sie wissen, was **Marketing** überhaupt ist. Sie müssen dessen Mechanismen verstehen, um diese für Ihr Unternehmen nutzen zu können. Denn mit dem Marketing verhält es sich ähnlich wie beim Kochen. Kennen Sie einige Grundbegriffe wie Garen, Blanchieren oder Aufkochen, steht Ihnen nichts mehr im Weg, die unterschiedlichsten Rezepte in die tollsten Menükreationen umzusetzen. Und mit etwas Engagement und Talent sind Sie bald in der Lage, den Rezepten Ihre eigene Note zu verleihen und sich so von den anderen Köchen positiv abzuheben. Wenn Sie zudem ein zuvorkommender Gastgeber sind, werden Ihre Kunden begeistert sein.

Marketing: *Die Lehre der markt- und kundengerechten, langfristig erfolgreichen Unternehmensführung.*

LERNZIELE – *Nach dem Studium dieses Kapitels sind Sie in der Lage ...*

... den Begriff Marketing zu definieren.
... die Bedeutung des Marketings zu erkennen.
... die Entwicklung der Disziplin Marketing zu verstehen.
... die aktuelle Entwicklung des netzwerkorientierten Marketings nachzuvollziehen.
... sich vertieft Ihrem Marketingkonzept zu widmen.

1.1 Was ist Marketing?

> Für Studierende höherer Semester und Leser, die sich künftig noch intensiver mit der Marketingtheorie beschäftigen möchten, empfehle ich folgende Standardwerke:
• Marketing-Management, Analyse, Planung und Verwirklichung, Kotler, P. / Bliemel, F.
• Marketing. Concepts and Strategies, Dibb, S. / Simkin, L. / Pride, W.M. / Ferell, O.C.

Fragen Sie mal jemanden, der bis anhin noch nicht viel über Marketing gehört hat, wie er diesen Begriff definieren würde. Höchstwahrscheinlich bekommen Sie die Antwort: «Marketing ist Werbung.» Diese Antwort höre ich jedenfalls oft bei Teilnehmern von Marketingbasiskursen. Sie ist natürlich falsch, denn Marketing umfasst neben Werbung eine Vielzahl weiterer, ebenso wichtiger Bestandteile.

Was ist denn Marketing genau? So breit die Palette an **Marketer**, so unterschiedlich definieren sie den Begriff Marketing. Eine aktuelle und sehr treffende Formulierung stammt von der «American Marketing Association» (AMA). Diese weltweit wichtigste Vereinigung von Marketingpersonen definiert den Begriff Marketing wie folgt:

***Marketer:** Auch Marketeer; Person, die im Bereich Marketing arbeitet.*

> «Marketing is an organizational function and a set of processes for creating, communicating and delivering value to customers and for managing customer relationships in ways that benefit the organization and its stakeholders.»

In deutscher Sprache kann die Definition wie folgt übersetzt werden: Marketing beinhaltet eine Sammlung von Instrumenten, die helfen, Werte für Kunden zu kreieren, zu kommunizieren und anzubieten. Dabei geht es um eine integrierte und marktorientierte Unternehmensführung sowie den Aufbau und die Pflege von Kundenbeziehungen. Somit werden Nutzen für das Unternehmen und dessen Anspruchsgruppen geschaffen.

Philip Kotler, der wohl berühmteste US-amerikanische Marketingexperte, definierte Marketing einst kurz aber treffend: Bedürfnisse aufspüren, erfüllen und damit Geld verdienen.

***Markt:** Das Zusammentreffen von Angebot und Nachfrage. Der Ort, wo Ihr Angebot auf potenzielle Kunden trifft.*

Alles dreht sich um den Markt

***Mitbewerber:** Unternehmen, die ein vergleichbares Angebot auf dem selben Markt anbieten und die gleiche Zielgruppe ansprechen. Auch Konkurrenten oder Wettbewerber genannt.*

Ganz offensichtlich versteckt sich im Begriff Marketing das englische Wort «Market». Es geht dabei um marktorientiertes Handeln. Die zentralen Grössen auf diesem **Markt** sind – neben Ihren **Mitbewerbern** und weiteren Marktteilnehmern – Ihre aktuellen und potenziellen Kunden. Daher zählt zu den Hauptaufgaben des Marketings, Ihrem Angebot einen möglichst hohen Kundennutzen zu verschaffen. So werden Sie nicht nur Ihre Mitbewerber hinter sich lassen, sondern selbst den höchsten Nutzen geniessen. Das heisst, Ihr **Product** oder Unternehmen wird Erfolg haben.

***Product:** Produkt; Synonym für «Gut» beziehungsweise Sammelbegriff für immaterielle und materielle Güter.*

Ohne Marketingwissen werden Sie Ihr Unternehmen nicht zum gewünschten Erfolg führen können. Im Extremfall bestimmen Marketingentscheide über unternehmeri sches Sein oder Nichtsein. Doch keine Angst, die Marketinglehre ist kein Buch mit sieben Siegeln. Sie müssen sich bloss mit ihr auseinandersetzen und begreifen, wie Sie die in dieser Lektüre beschriebenen Grundlagen auf Ihr **Unternehmen** anwenden können.

Unternehmen: *Betrieb im klassischen Sinne wie auch ein Projekt oder ein Vorhaben im weiteren Sinne.*

Wo ist Marketingwissen gefragt?

Marketing ist allgegenwärtig. Längst nicht nur Dienstleistungs-, Konsum- und Industriegüterunternehmen müssen sich auf dem Markt behaupten. Non-Profit-Organisationen (Non-Profit-Marketing), Orte (Destinationsmarketing) und sogar einzelne Personen (Selfmarketing) sind heute auf Marketing angewiesen. Die Marketingphilosophie als unternehmerische Denkhaltung bleibt dabei im Kern stets dieselbe – egal ob Sie einen CHF 450 Millionen teuren Airbus A380 oder einen Schokoriegel für CHF 1.50 anbieten.

1.2 Kurze Geschichte des Marketings

Marketing ist keine Erfindung der Neuzeit. Bereits die alten Griechen wussten ihre Tonscherben gekonnt zu vermarkten. Und im antiken Rom gab es Markthallen, die sich mit heutigen Warenhäusern vergleichen lassen. Doch der Grundstein der modernen Marketinglehre wurde während der zweiten industriellen Revolution nach 1850 gelegt. Diese turbulente Zeit brachte unzählige ökonomische und soziale Veränderungen mit sich. Dank neuer Errungenschaften wie der Dampfmaschine, neuen Transportmöglichkeiten und kraftvollen Energielieferanten wie Elektrizität und Öl war es plötzlich möglich, Güter in grossen Mengen herzustellen. Nicht mehr die Nachfrage, sondern die Kapazität der Maschine bestimmte fortan die Produktionsmenge. Mehrere heute noch existierende Weltkonzerne feierten kurz vor dem Ende des 19. Jahrhunderts ihre Geburtsstunde, wie General Electrics (GE) in den Vereinigten Staaten oder der deutsche Chemie- und Pharmariese Bayer.

Anfangs des 20. Jahrhunderts tauchte der Begriff Marketing erstmals an US-amerikanischen Universitäten auf. 1914 erschien das erste Buch mit dem Begriff «Marketing» im Titel: Marketing Methods and Salesmanship von Ralph S. Butler, H. DeBower und J. G. Jones. Darin steht einleitend: «The golden days of easy marketing are gone, however. The man with something to sell today, unless he gives to the possible market the same careful consideration that he gives to the product, is fairly certain to go under.» Sie sehen also, bereits vor hundert Jahren war Marketing eine überlebensnotwendige betriebswirtschaftliche Disziplin. Und übrigens: Das besagte Buch enthält eine ganze Palette an Aussagen, die bis heute ihre Gültigkeit haben.

1937 schlossen sich die beiden Vereine «National Association of Marketing Teachers» und «American Marketing Society» zur «American Marketing Association» zusammen, der bis heute wichtigsten nationalen Vereinigung von Marketingleuten. Im deutschsprachigen Raum wurde der Begriff Marketing erst in den 1960er-Jahren populär und durchlief in den vergangenen Jahrzehnten eine ganze Reihe von Entwicklungsphasen. Deren wichtigste Schwerpunkte werde ich Ihnen auf den folgenden Seiten kurz vorstellen (vgl. dazu auch Bruhn, 2004).

USP (Unique Selling Proposition): *Ein einzigartiger Wettbewerbsvorteil Ihres Angebots, über den Ihre Mitbewerber nicht verfügen. Ein USP soll von Ihren Mitbewerbern möglichst schwer kopierbar sein.*

> Spannende Ausführungen zur Entstehung und Geschichte der Werbung finden Sie in folgendem Buch: Geschichte der Werbung von Stéphane Pincas und Marc Loiseau.

CASE STUDY: *Persil – eine Marketingerfolgsstory seit über 100 Jahren*

Der Waschmittelhersteller Henkel übernahm im deutschsprachigen Raum schon früh eine Vorreiterrolle in Sachen Marketing und Werbung. 1907 lancierte das Unternehmen mit Persil eine Weltneuheit: Das erste selbsttätige Waschmittel vereinfachte die aufwendige Kleiderwäsche radikal. Das Einweichen in Seifenlauge und das anschliessende schweisstreibende Kneten und Walken der Wäsche waren nunmehr überflüssig, denn die beigemischten Wirkstoffe Perborat und Silikat lösten den Schmutz selbstständig aus den Fasern der Wäsche. Die Anfangssilben der beiden Wirkstoffe lieferten denn auch gleich den Produktnamen: Persil. Was heute als selbstverständlich gilt, bildete damals einen echten **USP** und führte binnen kürzester Zeit zu einem durchschlagenden Markterfolg.

Die Rezeptur wird noch heute permanent verbessert. So ist Persil bei Tests der Stiftung Warentest stets ganz vorne mit dabei und das meistverkaufte Waschmittel Deutschlands mit einem Marktanteil von gut 30 Prozent. Auch im Ausland ist Persil ein Renner und in rund 60 Ländern erhältlich. Einzig während des Zweiten Weltkriegs und in den Nachkriegsjahren erlitt das berühmte Pulver einen Dämpfer. Aufgrund des Mangels an Rohstoffen konnte Henkel das Produkt elf Jahre lang nicht produzieren. Nach seiner Wiedereinführung 1950 fand die Erfolgsstory im Zuge des Wirtschaftswunders jedoch ihre Fortsetzung.

Abb.: Historische Werbeplakate für Persil aus den Jahren 1907, 1922 und 1954 (v.l.n.r.)

Quelle: Konzernarchiv Henkel, Düsseldorf

Neben dem überzeugenden Produkt trug die clevere Werbung ihren Teil zum Erfolg bei. Seit der Markteinführung von Persil wurde es intensiv und innovativ beworben, unter anderem mit der 1922 eingeführten Werbefigur «die weisse Dame», die noch heute bei speziellen Aktionen zum Einsatz kommt. Persil schaltete übrigens 1956 den ersten Fernseh-Werbespot Deutschlands. Die Marke macht seit jeher auch mit ungewöhnlichen Promotionsaktionen auf sich aufmerksam. So liess man Männer als Persil-Pakete durch die Strassen spazieren oder von Flugzeugen den Markennamen an den Himmel schreiben (sogenanntes Skywriting).

Quelle: Henkel

1950er-Jahre: Produktionsorientiert

In der Zeit nach dem Zweiten Weltkrieg galt es zunächst, die Produktionskapazitäten wieder aufzubauen, um die grosse Nachfrage der steigenden Bevölkerungszahl zu befriedigen. Es handelte sich hierbei um einen typischen Verkäufer- und Massenmarkt. Das heisst, die Anbieter bestimmten weitgehend, was für den Markt gut war. Dieser war nur grob in **Teilmärkte** unterteilt. Die Produktion wurde rationalisiert und industrialisiert. Dadurch konnten die Herstellkosten gesenkt werden. Der Vertrieb hatte eine blosse Verteilfunktion und Werbung beschränkte sich oft auf das Ankünden neuer oder wieder verfügbarer Produkte in Publikumszeitschriften.

Teilmarkt: *Unterteilung eines Marktes oder SGF in kleinere Märkte mit einem homogeneren Angebot.*

1960er-Jahre: Verkaufsorientiert

Die Produktion lief auf Hochtouren, die Angebotsvielfalt stieg und die Zahl der Mitbewerber wuchs. Auf den zunehmend gesättigten Märkten verkauften sich die Produkte nicht mehr von alleine. Ein wirkungsvoller Aussendienst wurde aufgebaut, um die Produkte über den Handel an die Konsumentinnen und Konsumenten zu bringen. Gleichzeitig bewarben die Unternehmen vermehrt ihre Güter, um diese den Konsumenten schmackhaft zu machen. Noch heute gibt es Unternehmen, bei denen das verkaufsorientierte Marketing im Vordergrund steht. Dazu zählt zum Beispiel die Firma «Just» als Direktvertrieb von Haushalts- und Körperpflegeprodukten oder das bekannte amerikanische Unternehmen «Tupperware», das Haushaltsartikel aus Kunststoff verkauft.

1970er-Jahre: Markt- und kundenorientiert

Verkäufermarkt: *Die Verkäufer bestimmen weitgehend die Tauschbedingungen auf dem Markt (bspw. Verkauf von Fussball-EM-Tickets).*

Käufermarkt: *Die Käufer verfügen über eine hohe Marktmacht und bestimmen die Tauschbedingungen auf dem Markt weitgehend (bspw. Kleider).*

Die hohen Produktionskapazitäten führten in den 1970er-Jahren auf dem Markt zu Sättigungserscheinungen. Es herrschte schlicht ein Überangebot und der Markt wandelte sich von einem **Verkäufermarkt** hin zu einem **Käufermarkt**. Das bedeutet, dass fortan die Käufer – das heisst die Kunden – vermehrt die Angebote der immer zahlreicher werdenden Anbieter unter die Lupe nahmen, bevor sie etwas kauften. Dies führte dazu, dass sich die Unternehmen erstmals auf die Wünsche und Bedürfnisse der Kunden einstellen mussten. Marktforschung und eine differenzierte Marktbearbeitung hiessen die neuen Erfolgsrezepte, um auf dem hart umkämpften Markt Erfolg zu haben.

1975 kam McDonald's dem Kundenbedürfnis nach, sich sein Essen bequem vom Auto aus bestellen zu können, und eröffnete in Sierra Vista, Arizona, den ersten McDrive.

1980er-Jahre: Wettbewerbsorientiert

UAP (Unique Advertising Proposition): *Ein Werbeversprechen, das Ihr grundsätzlich austauschbares Angebot vermeintlich einzigartig macht.*

Neben der verstärkten Orientierung in Richtung Markt und Kunden mussten die Unternehmen zunehmend auf den verschärften Wettbewerb reagieren und versuchten, sich eigene Wettbewerbsvorteile zu verschaffen. Dies war die Geburtsstunde der bedeutenden strategischen Themen wie USP (Unique Selling Proposition), **UAP** (Unique Advertising Proposition) und weitere Ansätze, denen Sie in diesem Buch ebenfalls noch begegnen werden. Markenprodukten und deren Bewerbung kam eine wachsende Bedeutung zu.

1990er-Jahre: Umweltorientiert

Qualität: *Die Eigenschaften und Merkmale eines immateriellen oder materiellen Produktes.*

Stakeholder: *Gesamtheit aller Anspruchsgruppen (Interessengruppen), die für Ihr Unternehmen von Bedeutung sind (beispielsweise Kunden, Lieferanten oder Aktionäre).*

Neben den Kosten und der **Qualität** spielte der Faktor Zeit eine immer wichtigere Rolle. Die Zeitspanne, innerhalb welcher Unternehmen neue Ansprüche erfüllen mussten, um dem Markt gerecht zu werden, wurde laufend kürzer. Dabei waren nicht nur der Handel und die Kunden zu befriedigen. Neue Gruppen wie Aktionäre, Mitarbeitende, Lieferanten, Mitbewerber oder die Öffentlichkeit meldeten ihre Ansprüche an. Solche Anspruchsgruppen nennt man **Stakeholder**.

Unternehmen mussten sich neu mit ihrer gesamten Umwelt auseinandersetzen. Das Nichtbeachten einzelner Gruppen und Interessenverbände, wie beispielsweise Umweltorganisationen, konnte zu Schwierigkeiten führen. So kamen Weltkonzerne wie Nike und Levi's aufgrund ihrer Produktionsstätten mit Kinderarbeit in die Schlagzeilen (vgl. Kapitel 3, Exkurs «Tote Hose bei Levi's»). Die Öffentlichkeit und die Presse goutierten dies nicht – der Imageschaden und die damit einhergehenden finanziellen Einbussen waren bedeutend. Sicherlich ist Ihnen aus dieser Zeit auch die berühmte Werbung der Modemarke Benetton noch in Erinnerung. Dabei war die effektive Werbewirkung der Kampagne umstritten

Abb.: Benettonwerbung mit der Uniform eines getöteten Soldaten aus dem Krieg in Ex-Jugoslawien

Quelle: www.benetton.com

1.3 Marketing heute: Netzwerk- und dienstleistungsorientierter Hyperwettbewerb

Mit der rasanten Entwicklung neuer Informations- und Kommunikationstechnologien wie dem Internet kommt Netzwerken eine riesige Bedeutung zu. So öffnen sich mit Onlinemarketingmassnahmen in praktisch sämtlichen Bereichen des Marketings neue Türen. Auch der Netzwerkgedanke im klassischen Sinne ist nicht zu vernachlässigen: Beziehungen wollen aufgebaut und gepflegt werden sowohl zu externen Anspruchsgruppen als auch zu den eigenen Mitarbeitenden. Gerade im Dienstleistungsmarketing sind gut ausgebildete, stets informierte und motivierte Mitarbeitende ein unverzichtbarer **Erfolgsfaktor**.

Erfolgsfaktor: *Strategien und Eigenheiten einer Unternehmung oder eines Angebotes, die für dessen Erfolg verantwortlich sind.*

Marketing als Unternehmensphilosophie

Marketing muss im heutigen **Hyperwettbewerb** mehr denn je eine Unternehmensphilosophie, die von allen Mitarbeitenden gelebt wird, und nicht bloss eine Funktion sein. Das heisst, nicht nur die Marketingabteilung, sondern sämtliche Stellen einer Unternehmung müssen marketingorientiert handeln. Nur mit einem integrierten Marketingverständnis können Sie auf den intensiven, komplexen und schnelllebigen Märkten erfolgreich bestehen.

Hyperwettbewerb: *Konstanter Konkurrenzkampf, der mit zunehmend globalisierten und atomisierten Marktstrukturen aggressiver, komplexer und schnelllebiger wird.*

Guerilla-Marketing: *Ungewöhnliche Marketingmassnahmen, die mit geringem finanziellem Einsatz grosse Wirkung erzielen sollen.*

In diesem Umfeld entwickelt sich die Marketinglehre zu einer immer wichtigeren Disziplin der Betriebswirtschaft. Neben den klassischen Marketingansätzen entstehen neue Unterdisziplinen. So sucht beispielsweise die Werbung mit neueren Ansätzen wie Online- oder **Guerilla-Marketing** immer wieder neue Wege fernab der herkömmlichen Formate wie TV-Spots und Inserate.

Parallel zur kontinuierlichen Entwicklung der Marketinglehre als wissenschaftliche Disziplin wird Marketing heute von immer mehr Gruppierungen aktiv betrieben, darunter Non-Profit-Organisationen, Vereinen, Staaten, politischen Parteien oder sogar einzelnen Politikern.

Marketing Ethics

Marketing Ethics: *Die Richtlinien und das effektive moralische und sittliche Verhalten eines Unternehmens in Bezug auf seine Marketingaktivitäten.*

SPAM: *Meist per E-Mail versandte, unaufgeforderte und unerwünschte Werbung. Der Begriff stammt ursprünglich von der Abkürzung für Dosenfleisch «spiced ham». Das Versenden von Spam ist gesetzlich verboten.*

Die Bedeutung von ethischem und sozial vertretbarem Handeln wird auch künftig einen grossen Stellenwert einnehmen. Die individuellen Grundsätze für Ihr Unternehmen können in sogenannten Corporate-Social-Responsibility-Richtlinien (auch Code of Conduct genannt) verankert werden. Je nach Ausrichtung Ihres Unternehmens können dabei unterschiedliche Punkte für Sie von Bedeutung sein. Neben dem Verfolgen von rechtlichen Vorgaben, etwa der Bewerbung mit lauterer Werbung, spielen Themen wie Umweltschutz oder soziales Engagement eine bedeutende Rolle. Wo die Grenzen zwischen ethischem und unethischem Handeln im Marketing verläuft, ist Gegenstand einer kontroversen Diskussion. Etwa Grundsätze über die Bewerbung von Tabak, Alkohol, Kleinkredite oder Fettmacher, aber auch die Bewerbung mit **SPAM** oder sexistischer Werbung sind abhängig von der Umwelt. Vielfach spielen auch kulturelle Fragen mit hinein. Unternehmen, die gegen die Regeln der öffentlichen Meinung verstossen, werden heute leicht in Blogs oder über Social Networks aufgedeckt und diskutiert. So kommt das grüngelbe Logo von BP (welches die Nähe zur Natur suggeriert) seit der Ölkatastrophe im Golf von Mexiko wenig glaubwürdig an. Dabei spricht man von Greenwashing.

Beziehungsmarketing – die 3 R

Kunde: *Ein bestehender Käufer / Nutzer Ihres Angebots.*

Drei R: *Recruitment, Retention, Recovery; sie beschreiben das Verhalten in unterschiedlichen Phasen der Kundenbeziehung mit dem Zweck der nachhaltigen Steigerung des Customer-Lifetime-Value.*

Es ist und bleibt wichtig, dass Ihr Angebot den Kundenbedürfnissen entspricht und gekauft wird. Das traditionelle Transaktionsmarketing, das die Qualität des Outputs und die Akquisition (Recruitment) von Neukunden in den Mittelpunkt setzt, gilt heute jedoch als ungenügend. Genau so wichtig ist die Pflege von bestehenden Kundenbeziehungen (Retention). Ein starkes Argument dafür ist die Erkenntnis, dass die Pflege von bestehenden **Kunden** rund fünf Mal günstiger ist als die Neukundengewinnung. Und schlussendlich gilt es, auch unzufriedenen Kunden, die auf dem Absprung sind, ein besonderes Augenmerk zu schenken. Dies geschieht mit geeigneten Kundenrückgewinnungsmassnahmen (Recovery) (vgl. dazu auch Kapitel 11.2, «Beschwerdemanagement: Der Prozess bei Kundenreklamationen»). Die **drei R** haben einen Einfluss auf die Ausgestaltung Ihres Marketing-Mixes. Das heisst, Sie müssen sich im Klaren sein, mit welchen geeigneten Massnahmen Sie die unterschiedlichen Beziehungen zu Kunden (**Recruitment**, **Retention** oder **Recovery**) pflegen wollen.

Ziel des Beziehungsmarketings mit den 3 R ist die Steigerung des **Customer-Lifetime-Values**. Dabei sollen die oftmals relativ hohen Akquisitionsinvestitionen sich über die Zeit bezahlt machen. Zudem bringen Ihnen zufriedene und langjährige Kunden weitere Vorteile: Sie sind weniger betreuungsintensiv als Neukunden, sie sind für Zusatzkäufe und neue Produkte empfänglich, sie geben wertvolle Rückmeldungen und neue Ideen zu Ihrem Angebot und zudem sprechen sie oft gerne positiv über Ihr Unternehmen (Mundpropaganda).

Recruitment: *Kundengewinnung; Massnahmen, die darauf abzielen, neue Kunden zu gewinnen.*

Retention: *Kundenbindung; Massnahmen, die bestehende Kunden an ein Unternehmen binden.*

Recovery: *Kundenrückgewinnung; Massnahmen, die bei Kundenreklamationen eingeleitet werden, um den Kunden wieder zufriedenzustellen.*

Sozialisiertes Marketing

Neben den wichtigen Impulsen, die von Ihrem Unternehmen und Ihren Mitarbeitern ausgehen, gewinnt die öffentliche Meinung zusehends an Gewicht. So liefern Ihnen Kundenmeinungen und Rückmeldungen wichtige und ernst zu nehmende Inputs für die Entwicklung Ihres Angebotes. Ihre Kunden nehmen Einfluss auf Ihre Marketinganstrengungen. Dies können beispielsweise negative Äusserungen auf Social Websites oder Bewertungsseiten sein. Anderseits geben Ihre Kunden auch gerne positive Erfahrungen mit Ihrem Unternehmen im Sinne von viralem Marketing weiter. Sie unterstützen Sie somit als positive Multiplikatoren. Dieses, nennen wir es mal «Mitmachmarketing», äussert sich im Wunsch nach individuellen, auf Kundenwunsch kreierten Angeboten. In reiner Form kann dies sogar bedeuten, dass Sie Ihre Dienstleistungen zusammen mit den Kunden weiterentwickeln. Bekannte Beispiele dazu sind das Onlinelexikon Wikipedia oder die Apps für Smartphones, die zu einem grossen Teil von den Benutzern selbst entwickelt wurden.

Customer-Lifetime-Value (CLV): *Kundenwert; Gewinnbeitrag, der ein Kunde dem Unternehmen insgesamt beisteuert. Grundidee des CLV-Gedankens ist es, die Kundenbindung zu optimieren und möglichst langjährige Beziehungen aufzubauen.*

CASE STUDY: *Marketingflops*

Sicherlich kennen Sie viele bekannte Unternehmen und Produkte, die auf dem Markt seit Jahren Erfolg haben und die Sie über alles lieben. An dieser Stelle werfen wir jedoch einen kurzen Blick auf Marken, denen diese Ehre vergönnt blieb, und auf Unternehmen, die teilweise folgenschwere Marketingfehler begannen. Egal ob McDonald's, Unilever oder die Bäckerei um die Ecke, schon manches renommierte Unternehmen produzierte sogenannte **Flops**. Statistisch gesehen floppen rund 80 Prozent aller neuen Produkte nach kurzer Zeit. Weitere 10 Prozent werden nach wenigen Jahren vom Markt genommen. Nur rund 10 Prozent schaffen wirklich den Durchbruch auf dem Markt.

Flop: *Misserfolg; beispielsweise ein Produkt, das nur kurze Zeit auf dem Markt überlebt.*

> *Viele spannende Geschichten von Marketingflops finden Sie im englischsprachigen Werk: Brand Failures. The truth about the 100 biggest branding mistakes of all time, M. Haig.*

Eine Erfolgsgarantie für eine neue Geschäftsidee gibt es nie. Marketing ist eben nicht Mathematik, bei der sich alles genau berechnen lässt. Aus der Analyse von Marketingsünden können wir jedoch einiges mitnehmen, um selber nicht nochmals die gleichen Fehler zu begehen.

Polaroid: Von der Technologie eingeholt

Das US-amerikanische Unternehmen Polaroid hatte einst mit seinen Sofortbildkameras derart Erfolg, dass die Marke Polaroid praktisch zum Synonym für Sofortbildkameras wurde. Sie revolutionierten die Branche mit der technischen Innovation, das geschossene Bilder gleich auch entwickelt und ausgedruckt werden können. Polaroid verfügte somit über einen USP, der von den Mitbewerbern jahrzehntelang nicht kopiert wurde. Nach über 50 Jahren wurden die Sofortbildkameras jedoch allmählich von den Digitalkameras abgelöst. Dies bescherte dem erfolgsverwöhnten Unternehmen Kummer und finanzielle Schwierigkeiten. Im Februar 2008 stellte Polaroid die Herstellung von Sofortbildkameras ein. Lernen Sie aus diesem Fall, dass Sie stets auf dem neuesten Stand bleiben. Suchen Sie aktiv nach Trends und neuen Möglichkeiten. Sich auf den Lorbeeren auszuruhen, kann für ein Unternehmen im Extremfall tödlich sein.

Abb.: Polaroidkamera

New Coke: Vorsicht beim Experimentieren mit bekannten Marken

In der zweiten Hälfte des 20. Jahrhunderts hatte Coca Cola mit einem schwindenden Marktanteil zu kämpfen. Vorab der Erzrivale Pepsi Cola gewann Marktanteile für sich. Dies veranlasste den bis heute erfolgreichsten Cola-Produzenten, die Rezeptur seines Flaggschiffes «Coca Cola» zu ändern. Daraus entstand das im Frühjahr 1985 mit viel Marketingaufwand lancierte New Coke. Die Limonade mit der neuen Zusammensetzung fand jedoch bei den Konsumenten wenig Anklang. Nach nur knapp drei Monaten musste Coca Cola den Fehler eingestehen und produzierte von nun an wieder das klassische und beliebte Original. Der vielleicht grösste Marketingflop aller Zeiten veranschaulicht, dass mit erfolgreichen und beliebten Marken höchst behutsam umgegangen werden muss. Änderungen sollten wohl überlegt sein.

Aufgepasst bei der Übersetzung Ihres Claims

Unglaublich, aber wahr: Unzählige Unternehmen traten mit den Übersetzungen ihrer Claims (Werbeslogans) heftig ins Fettnäpfchen. Schauen wir uns drei Paradebeispiele an:

***Claim:** Kurzer, einprägsamer Werbespruch; Synonym für Slogan.*

Der schwedische Haushaltswaren-Hersteller Electrolux sorgte für Gelächter, als er auf dem amerikanischen Markt mit dem Slogan «nothing sucks like an Electrolux» warb. Das Verb «to suck» ist doppeldeutig. Neben «nichts saugt wie ein Electrolux» wird die Aussage nämlich auch als «nichts ist so beschissen wie ein Electrolux» verstanden.

Ebenfalls American Airlines übersetzte seinen Werbespruch wortwörtlich. Die neue Business Class mit Ledersitzen wurde in Mexiko mit «vuelo en cuero» angepriesen. Dass «en cuero» auch nackt bedeutet, wurde nicht beachtet. Da auch die besser zahlenden Flugpassagiere keine Lust hatten, nackt zu fliegen, musste der Slogan umgehend angepasst werden.

Kentucky Fried Chicken hatte bei der Bewerbung ihrer Restaurants in Hongkong keine glückliche Hand. Der amerikanische Slogan «finger lickin' good» (zum Fingerabschlecken gut) wurde falsch in die chinesische Sprache übersetzt. Er wurde als «friss deine Finger auf» verstanden.

Quelle: Matt Haig, «Brand Failures»

2. Das Marketingkonzept: Ihr Reiseführer zum Erfolg

«Wenn ein Kapitän nicht weiss, welches Ufer er ansteuern soll, dann ist kein Wind der richtige.» *Seneca, römischer Politiker und Philosoph (um 4 v. Chr. – 65 n. Chr.)*

Noch immer glauben viele Geschäftsleute, ohne Marketingkonzept auskommen zu können. Dabei handelt es sich ganz und gar nicht um unnötigen Ballast. Es ist vielmehr ein hilfreiches Instrument, um Ihr Unternehmen oder ein einzelnes marktorientiertes Vorhaben erfolgreich zu betreiben. Konkret hilft es Ihnen, Ihre Marktchancen zu erkennen, Ihre Unternehmensziele zu erreichen und Ihre Mitarbeiter und Sie selbst im täglichen Business zu motivieren. Sogar Ihre Bank wird sich dafür interessieren – spätestens dann, wenn Sie sich nach einem Kredit erkundigen. Dessen Nutzen wird wohl in denjenigen Unternehmen am deutlichsten, die bis anhin über keines verfügten. Ich empfehle jedoch niemandem, diese Erfahrung zu machen. Ein Marketingkonzept gehört zu jedem Unternehmen – von Anfang an.

Was gehört in ein Marketingkonzept? Ich verstehe darunter ein schriftliches, internes Dokument, das marketingrelevante Informationen, Strategien und Massnahmen zur Erreichung der definierten Marketingziele beschreibt. Das Marketingkonzept (manche nennen es auch Marketingplan) bildet ein zentrales Element des **Businessplanes**. Dieser behandelt neben dem Bereich Marketing weitere Themen wie die Finanzen, Produktion, Logistik oder Personal.

Ein Marketingkonzept kann für ein Produkt, eine **Dienstleistung**, ein **Projekt**, eine Marke, eine ganze **Produktlinie** oder ein ganzes Unternehmen erstellt werden. Inhaltlich sollte es so knapp wie möglich, aber so lang wie nötig sein. Ein Richtwert für den Umfang anzugeben, ist kaum möglich. Oft genügen 20 bis 30 DIN-A4-Seiten. Selbst ein 5-seitiges Konzept kann Sinn machen. Wichtig ist allein, dass Sie alle Punkte abhandeln, die für Sie von Bedeutung sind. Unwichtige Punkte lassen Sie am besten weg. In diesem Kapitel erfahren Sie, wie ein Marketingkonzept aufgebaut ist und warum es vier Schritte umfasst.

Businessplan: *Auch Geschäftsplan genannt; eine schriftliche Zusammenfassung aller relevanten Entscheide eines Unternehmens. Dazu gehören neben dem Marketingkonzept auch Überlegungen zu den Finanzen, den Mitarbeitenden, der Produktion und der Logistik.*

Dienstleistung: *Immaterielles Gut beziehungsweise Product.*

Projekt: *Ein meist einmaliges, zeitlich begrenztes Vorhaben, bei dem es ein definiertes Ziel zu erreichen gilt.*

Produktlinie: *Ein Sortiment an ähnlichen, sich ergänzenden Produkten.*

LERNZIELE – *Nach dem Studium dieses Kapitels sind Sie in der Lage ...*

... den Nutzen eines Marketingkonzeptes zu verstehen.
... das Marketingkonzept als zentralen Teil des Businessplanes zu erkennen.
... die vier Schritte zu Ihrem eigenen Marketingkonzept zu verstehen.
... die strategische, operative und taktische Komponente zu unterscheiden.
... sich vertieft den Marketinggrundlagen und dem Aufbau eines eigenen Marketingkonzeptes zu widmen.

2.1 Wir planen eine Reise in vier Schritten

> Eine Einführung in das Thema Marketingkonzeption in Form eines Comics liefern Ihnen Malcom McDonald und Peter Morris in ihrem Buch «The Marketing Plan, a pictorial guide for managers».

Das Erstellen eines Marketingkonzepts ist ein Prozess in vier Schritten. Vergleichen wir es mit der Planung einer Reise. Dabei gilt es, die vier folgenden Fragen zu beantworten: Wo befinde ich mich zum jetzigen Zeitpunkt? Wohin will ich? Wie komme ich dorthin? Und wenn ich am Ziel bin: Bin ich pünktlich und plangemäss am richtigen Ort angekommen? Zudem überprüfen Sie täglich, ob Sie an Ihrer Destination bleiben wollen oder ob Sie lieber weiterziehen. Kurz: Sie schreiben ein Reisetagebuch.

Dass Sie bei einer Reise nicht einfach drauflos marschieren sollten, gilt auch beim Erstellen Ihres Marketingkonzepts. Dieses Buch wird Ihr Reiseführer sein und Sie auf Ihrer Reise in eine erfolgreichere Zukunft begleiten. Die Route wählen, Entscheidungen treffen und Ihre Ziele formulieren müssen jedoch Sie allein – entsprechend Ihren individuellen Bedürfnissen.

Schritt 1: Die Analyse – Ihre Standortbestimmung

Die Reiseplanung beginnt mit einer Standortbestimmung: Orientieren Sie sich zunächst, wo Sie sich heute befinden. Wie sieht Ihre Umgebung aus, und wo liegen mögliche lukrative Destinationen, die eine Reise wert sind? Bevor Sie diese Fragen nicht geklärt haben, werden Sie unmöglich an ein Ziel kommen, geschweige denn ein Ziel formulieren können.

Um Ihre aktuelle Situation analysieren zu können, müssen Sie Ihr Unternehmen, Ihre Kunden sowie das Umfeld – Ihre Umwelt und den Markt, inklusive Ihre Mitbewerber – gründlich unter die Lupe nehmen. Nicht fehlen darf ein Blick in die Zukunft. Fokussieren Sie sich auf alles, was für Sie künftig marketingrelevant sein wird. Verschiedene Instrumente der Marktforschung werden Sie bei der umfangreichen Analyse unterstützen.

Schritt 2: Strategische Vorgaben – die richtige Destination wählen

Marketingstrategie: *Grundsätzliche Stossrichtung Ihres Unternehmens zur Erreichung der Marketingziele. Sie bildet die Vorgabe für den zu definierenden Marketing-Mix.*

Nun definieren Sie das Ziel Ihrer Reise: Wollen Sie sich erholen oder möglichst viel erleben? Entscheiden Sie sich für die Destination, die Ihre Bedürfnisse am besten erfüllen wird. Auch in Ihrem Marketingkonzept werden Sie auf diese Weise Ihre Marketingziele definieren – basierend auf den Erkenntnissen Ihrer Situationsanalyse. Die Marketingziele bilden die Grundlage für die **Marketingstrategie** und den daraus abgeleiteten Marketing-Mix. Für die Erfolgskontrolle sind diese beiden Elemente ebenfalls unersetzlich.

Die Marketingstrategie beschreibt, wie Sie Ihre Marketingziele erreichen sollen. Legen Sie fest, welche Märkte und Zielgruppen Sie bearbeiten werden, wie Sie sich auf dem

Markt positionieren und welchen Kundenbedürfnissen Sie sich grundsätzlich verpflichten wollen.

Schritt 3: Der Marketing-Mix – Ihr Routenplan

Nun wissen Sie, wo Sie heute stehen und warum Sie wohin wollen. Jetzt geht es darum, Ihr Ziel möglichst effizient, bequem und sicher zu erreichen. In der Reiseplanung würden Sie sich dazu die passende Route überlegen. In Ihrem Marketingkonzept halten Sie fest, wie Sie die definierte Strategie mithilfe von konkreten Massnahmen umsetzen wollen. Dazu stehen Ihnen die sieben **Marketinginstrumente** zur Verfügung – auch bekannt als die sieben P. Gelingt es Ihnen, die richtigen Massnahmen zu wählen und die einzelnen Instrumente geschickt zu einem wirkungsvollen **Marketing-Mix** zu kombinieren, werden Sie am Markt Erfolg haben!

Marketinginstrumente: *Die sieben P (Product, Price, Place, Promotion, People, Processes und Physical Facilities).*

Marketing-Mix: *Die Inidviduelle Kombination der sieben Marketinginstrumente: Product, Price, Place, Promotion, People, Processes und Physical Facilities.*

Der Marketing-Mix nach McCarty (die klassischen vier P) umfasst die folgenden vier Instrumente: Product (Produkt oder Dienstleistung), Price (Preis), Place (Distribution) und Promotion (Kommunikation). Heute wird der klassische Marketing-Mix durch die folgenden drei P ergänzt: People (Personal), Processes (Prozesse) und Physical Facilities (Ausstattung). Vor allem im Dienstleistungsmarketing sind diese drei zusätzlichen P von Bedeutung (vgl. Kapitel 11, «Der erweiterte Marketing-Mix»). Ob Sie diese in ihrem Marketingkonzept gesondert behandeln oder gleich in den klassischen Marketing-Mix (beim Product) integrieren wollen, ist Ihnen überlassen – je nachdem, welchen Stellenwert Sie diesen beimessen.

Schritt 4: Die Implementierung – Ihre Reise und Ihr Tagebuch

Sie sind angekommen und werfen einen Blick zurück: Sind Sie pünktlich am gewünschten Ort eingetroffen? War das Auto überhaupt das richtige Transportmittel oder wählen Sie das nächste Mal besser die Eisenbahn? Überprüfen Sie, ob die Reise ihren Zweck erfüllt hat. Falls nicht, müssen Sie Ihre Situation neu analysieren, Ihre Ziele überdenken und die Route anpassen.

Erfolgskontrolle: *Organisation und systematische Überprüfung der Erreichung der definierten Marketingziele.*

Genau so ist es im Marketing. Ob Ihre Marketingmassnahmen Erfolg haben, können Sie nur anhand einer **Erfolgskontrolle** beurteilen. Dabei überprüfen Sie, ob Sie Ihre definierten Ziele erreicht haben. Wenn es zu Abweichungen kommt, müssen Sie das Problem analysieren und Ihr Marketingkonzept entsprechend korrigieren. Sobald das Konzept in die Praxis umgesetzt **(implementiert)** wurde, muss es ständig überprüft, überarbeitet und angepasst werden. Und auch im Marketing hilft Ihnen ein Budget, die Reisekosten im Griff zu halten.

Implementierung: *Umsetzung des Marketingkonzeptes in die Praxis (konkrete Massnahmen).*

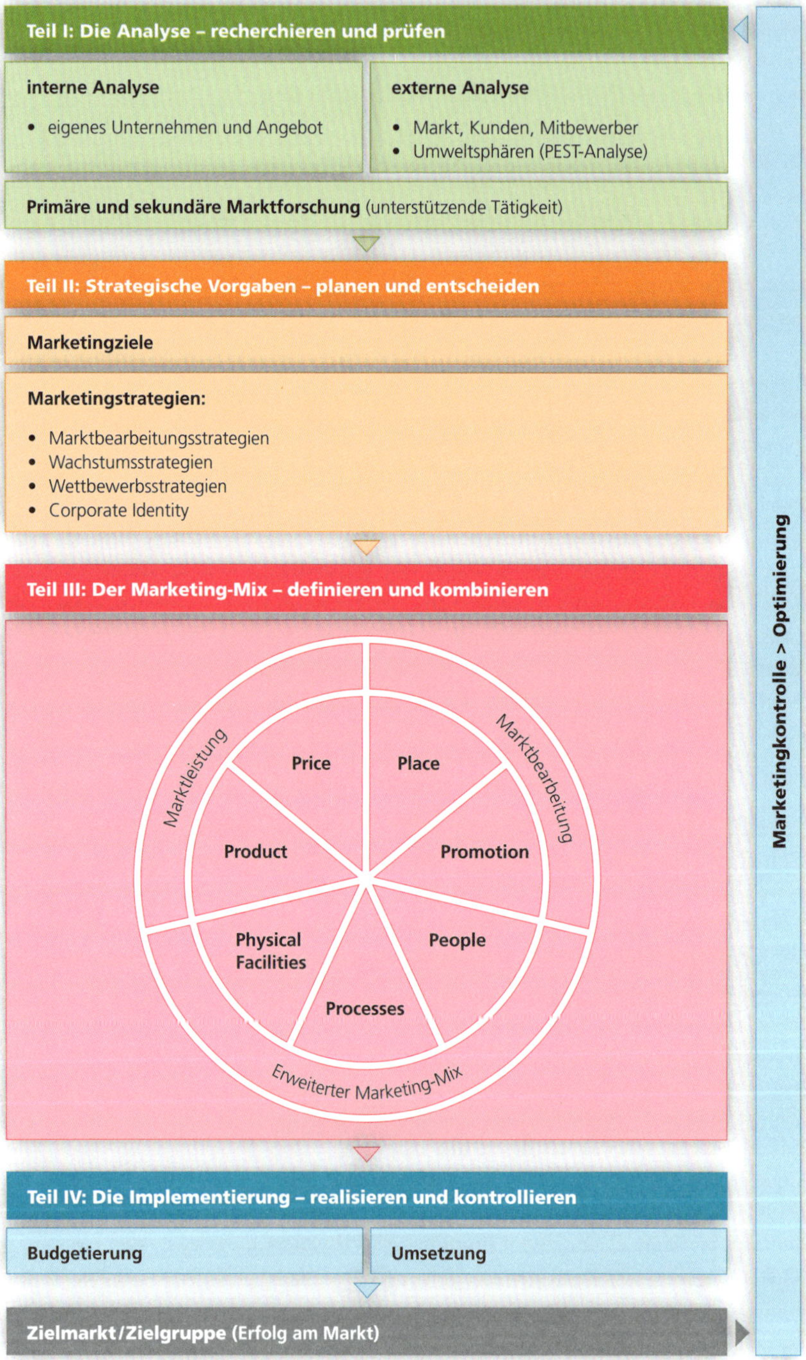

Abb.: Der Aufbau des Marketingkonzeptes

2.2 Ihr Marketingkonzept auf einen Blick

Die Grafik auf der linken Seite verschafft Ihnen einen Überblick über den Aufbau und die Zusammenhänge Ihres Marketingkonzepts. Nach diesen vier Schritten ist auch dieses Buch strukturiert. Dies erleichtert Ihnen die Orientierung und vereinfacht den Aufbau Ihres eigenen Konzepts. So sehen Sie beispielsweise auf einen Blick, wie sich das Thema Marktforschung in Ihr Konzept integrieren lässt.

2.3 Strategische, operative und taktische Marketingkonzeption

Ein Marketingkonzept ist kein starrer, in Stein gemeisselter Plan. In unserer sich immer schneller verändernden Umwelt müssen Sie stets bereit sein, Anpassungen vorzunehmen. Das bedeutet jedoch nicht, dass die Strategie jedes Jahr geändert werden soll. Ganz im Gegenteil: Kontinuität ist wichtig.

> Wer sich vertieft mit der strategischen Marketingkonzeption befassen will, dem hilft das anspruchsvolle Buch von Jochen Becker: Marketing-Konzeption, Grundlagen des zielstrategischen und operativen Marketingmanagements.

Ein Marketingkonzept besteht grundsätzlich aus einem strategischen und einem operativen Teil. Der kurzfristige taktische Teil wird oft in separaten Kurzkonzepten festgehalten, die sich am eigentlichen Marketingkonzept orientieren. Die folgende Tabelle zeigt die hierarchische Unterteilung der Marketingkonzeption:

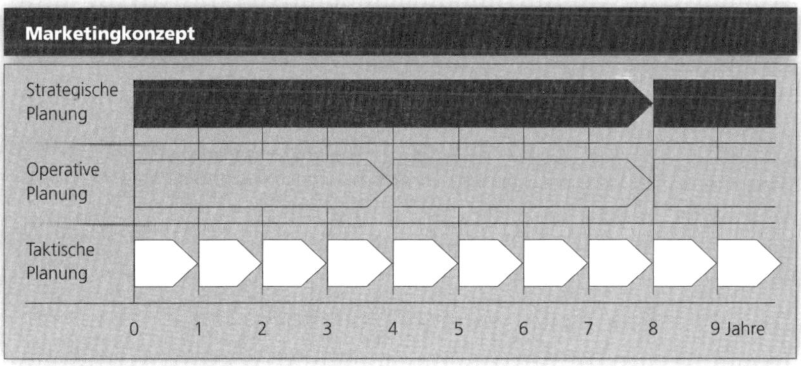

Abb.: Hierarchie der Marketingkonzeption

Strategische Planung (Marketingziele und -strategien)

Während Sie laufend, das heisst in regelmässigen Abständen, Ihre Marketingsituation neu analysieren müssen, werden Ihre Marketingziele und -strategien (branchen- und unternehmensabhängig) meist zwischen vier und acht Jahren Bestand haben. Es müssen die relevanten Märkte definiert und die Marketingstrategien festgelegt werden.

Operative Planung (Marketing-Mix)

Der Marketing-Mix sollte spätestens alle vier Jahre gründlich unter die Lupe genommen werden. Dabei geht es um das Neukonzipieren und Gestalten des Marketing-Mixes.

Taktische Planung (konkrete Massnahmen)

Konkrete Marketingmassnahmen, wie zum Beispiel eine Werbekampagne oder ein Kudenevent, werden laufend (ad hoc), kurzfristig und meist bis ein Jahr im Voraus geplant. Wir sprechen dabei von der taktischen Marketingkonzeption beziehungsweise der Implementierung Ihres Marketingkonzepts. Gerade in der Abstimmung zwischen der strategischen und operativen Planung mit der taktischen Umsetzung – der sogenannten Implementierung Ihres Marketingkonzeptes in konkrete Massnahmen – kommt es oft zu Problemen. Hier bedarf es besonderer Sorgfalt, ansonsten verliert das beste Marketingkonzept seine Wirkung. Der Teil 4 «Die Implementierung» bereitet Sie umfassend auf diese Problematik vor.

SLOT
SLOT
BB/STATION
2F
ペカ1番
パチンコも最高だね。
〜最後のシ者〜
TheBeginning and the End
BBでよっしゃー!!
スロット
止まれ
自転車を除く
一方通行
SoftBank
渋谷センター街
BB/STATION
SLOT
牙狼
HAVE A DREAM!

Teil I:

Die Analyse – recherchieren und prüfen

3. Unternehmens-, Markt- und Umfeldanalyse

4. Marktforschung

Shoppingstrasse: Shibuya Center Town in Shibuya, Tokio

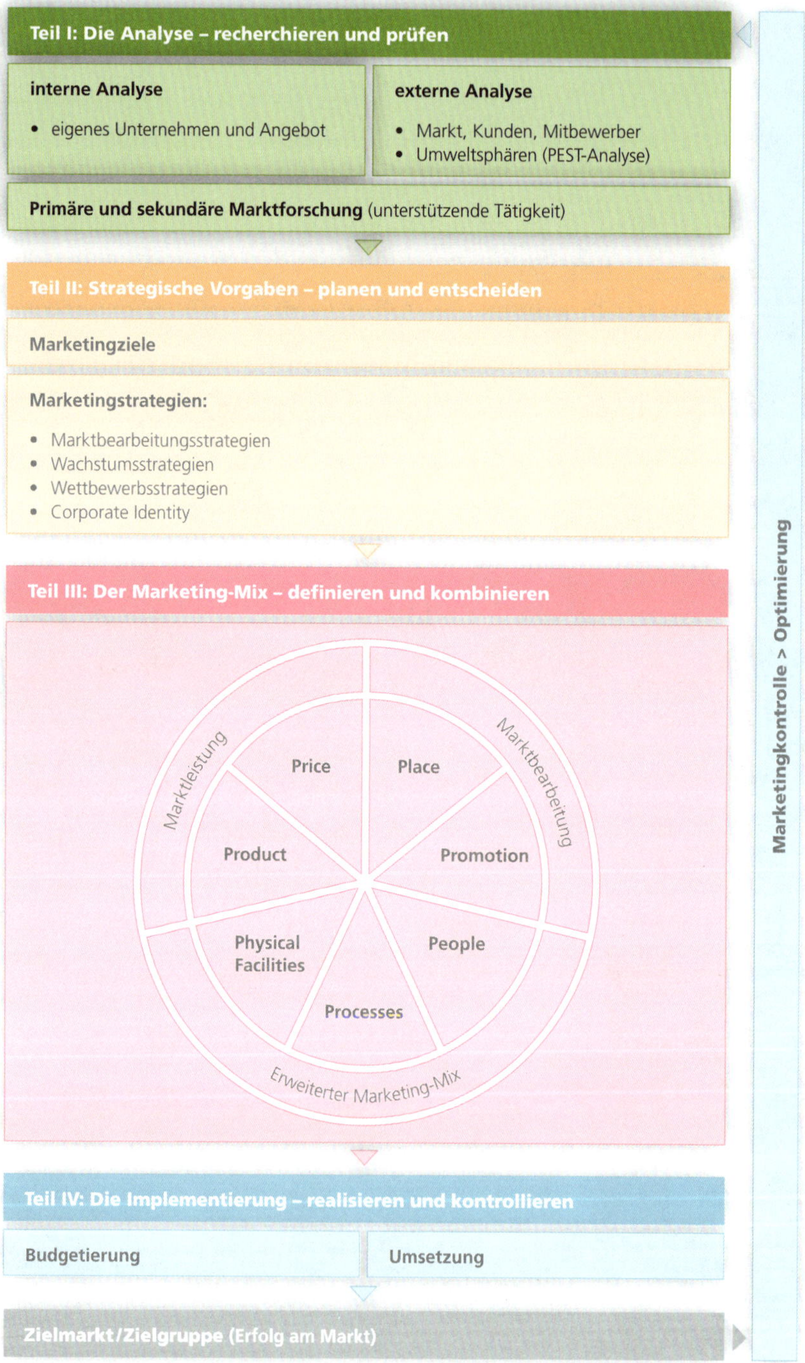
Teil I: Die Analyse – recherchieren und prüfen
interne Analyse
• eigenes Unternehmen und Angebot
externe Analyse
• Markt, Kunden, Mitbewerber
• Umweltsphären (PEST-Analyse)
Primäre und sekundäre Marktforschung (unterstützende Tätigkeit)
Teil II: Strategische Vorgaben – planen und entscheiden
Marketingziele
Marketingstrategien:
• Marktbearbeitungsstrategien
• Wachstumsstrategien
• Wettbewerbsstrategien
• Corporate Identity
Teil III: Der Marketing-Mix – definieren und kombinieren
Marktleistung
Marktbearbeitung
Price
Place
Product
Promotion
Physical Facilities
People
Processes
Erweiterter Marketing-Mix
Teil IV: Die Implementierung – realisieren und kontrollieren
Budgetierung
Umsetzung
Zielmarkt/Zielgruppe (Erfolg am Markt)
Marketingkontrolle > Optimierung

3. Unternehmens-, Markt- und Umfeldanalyse

«Wenn ich Hundefutter verkaufen will, muss ich erst einmal die Rolle des Hundes übernehmen; denn nur der Hund allein weiss ganz genau, was Hunde wollen.»

Ernest Dichter (1907–1991), amerikanischer Sozialforscher

Die Analyse ist das Fundament Ihres Marketingkonzepts. Sie hilft Ihnen, jene Marketingziele und -strategien zu finden, die zum Erfolg führen.

Um Ihre Istsituation zu analysieren, richten Sie den Blick nach innen auf Ihr Unternehmen und Ihr Angebot, danach auf Ihre Umgebung und den Markt. Sie halten fest, auf welchem Markt Sie tätig sein wollen und studieren die Prognosen für Ihren Markt. Die Situationsanalyse umfasst somit die interne Unternehmensanalyse und die externe Marktanalyse. Dabei helfen Ihnen verschiedene Mittel der Marktforschung, die Sie im zweiten Kapitel näher kennenlernen werden.

Analysieren Sie gründlich, stützen Sie sich auf Fakten und Tatsachen. Blosse Annahmen zu treffen, ist zwar bequem, kann jedoch gefährlich sein und zu falschen Schlüssen führen. Dieses Kapitel zeigt Ihnen einige Möglichkeiten für das Erstellen von Analysen auf. Wählen Sie jene aus, die für Ihr Unternehmen am geeignetsten sind.

LERNZIELE – *Nach dem Studium dieses Kapitels sind Sie in der Lage ...*

... Ihr Angebot und Ihre Kunden genau zu analysieren.
... Ihren Markt und Ihre Mitbewerber richtig einzuschätzen.
... die wichtigsten Marktgrössen zu berechnen.
... verschiedene Analyseinstrumente anzuwenden.
... eine SWOT-Analyse durchzuführen.

3.1 Die Unternehmensanalyse (interne Analyse)

Beginnen wir mit der internen Analyse. Dazu setzen Sie sich mit Ihrem Projekt oder Ihrem eigenen Unternehmen und Angebot näher auseinander. Eine kurze Beschreibung Ihres Unternehmens ist ein zentraler Teil der Analyse und eine gute Gelegenheit, sich kritische Überlegungen zu Ihrem Vorhaben zu machen. Denn Ihr Marketingkonzept muss exakt auf Ihr Unternehmen zugeschnitten sein. Es spielt dabei keine Rolle, ob Ihr Unternehmen bereits existiert oder sich erst in Gründung befindet.

3.1.1 Ihr Unternehmen

Unternehmensstrategie: *Allgemeine Marschrichtung der Unternehmung für die nächsten Jahre. Sie ist ein verbindlicher interner Wegweiser für das Management.*

Unternehmensvision: *«The Big Idea» – ein starker, klar formulierter Leitsatz, nach dem sich das unternehmerische Handeln richtet. Tragende Idee der Unternehmenstätigkeit.*

Unternehmensleitbild: *Beschreibt die Ziele, Strategien und Kultur einer Unternehmung in groben Zügen. Das schriftliche Dokument ist für die Mitarbeiter und die Öffentlichkeit bestimmt. Im Gegensatz zur Unternehmensstrategie enthält es keine internen, vertraulichen Angaben.*

Unternehmenskonzept: *Synonym für Businessplan.*

Ihr Marketingkonzept muss sich nach der **Unternehmensstrategie** richten. Daher macht es Sinn, sich zunächst kurz mit der **Unternehmensvision**, der Unternehmensstrategie und dem **Unternehmensleitbild** auseinanderzusetzen. Folgende Abbildung veranschaulicht die Einordnung des Marketingkonzepts als Teil des **Unternehmenskonzepts.**

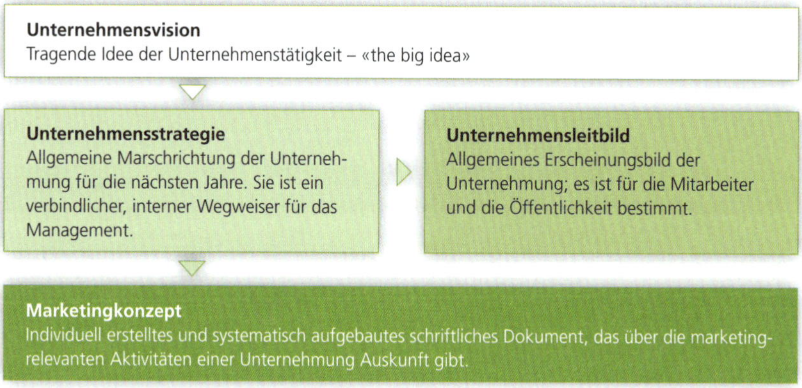

Abb.: Das Marketingkonzept orientiert sich an der Unternehmensvision und -strategie

Die Unternehmensvision oder «the big idea»

Henry Ford verfolgte einst die Vision eines Autos, das sich auf den Kernnutzen beschränkt: die Fortbewegung von A nach B. Und eine breite Bevölkerungsschicht sollte sich dies finanziell leisten können. Daraus entstand das legendäre Modell T, auch «Tin Lizzie» (dt. Blechliesel) genannt. Das einfach konstruierte Automobil liess sich millionenfach verkaufen. Heute, rund hundert Jahre später, verfolgt der indische Autohersteller Tata Motors die gleiche Vision mit seinem Modell Nano. Es soll die heranwachsende indische Mittelschicht mobil machen.

Abb.: Tata Nano / Quelle: Tata Motors

Auch Ihr Unternehmen gründet auf einer zündenden Idee, vielleicht sogar «The Big Idea». Entwickeln Sie um diesen Leitsatz herum Ihre Vision. Wie ein Fixstern am nächtlichen Himmel zeigt sie Ihnen stets und zuverlässig die Stossrichtung Ihres Handelns.

Neben dem Leitsatz kann Ihre Vision weitere Elemente enthalten, wie Grundwerte, Normen, die angestrebte Unternehmenskultur oder künftige Entwicklungsziele.

Jeder Person das Fliegen finanziell zu ermöglichen: Das ist die Unternehmensvision der Billigfluggesellschaften. Sie wurde von Unternehmen wie Southwest Airline, easyJet oder Ryanair erfolgreich umgesetzt. Und wie so oft bei einer erfolgreichen Geschäftsidee fand die Idee weltweit viele Nachahmer. Sogar klassische Luftfahrtgesellschaften gründeten eigene Billigairlines, um am Marktwachstum teilzuhaben.

Die Unternehmensstrategie

Die Unternehmensstrategie präzisiert die Vision. Sie ist ein knapp gehaltenes Dokument, das die wichtigsten Weichen der unternehmerischen Tätigkeit stellt. Die darin enthaltene künftige Entwicklungsrichtung des Unternehmens ist vertraulich und meist nur dem obersten Management bekannt. Die Unternehmensstrategie bildet die Leitplanken für das Marketingkonzept. Erst in diesem wird detailliert auf die marketingrelevanten Ziele, Strategien und Instrumente eingegangen.

Die Unternehmensstrategie dürfen Sie in Ihrem Marketingkonzept nie aus den Augen verlieren. Falls Ihre Unternehmensstrategie den Marketinganforderungen nicht genügt, muss sie angepasst werden. Somit ist auch eine Rückkoppelung vom Marketingkonzept auf die Unternehmensstrategie möglich und sinnvoll. In der Praxis heisst das nichts anderes, als dass der Marketingleiter bei der Definition der Unternehmensstrategie mitreden muss. Daher gehört der Marketingleiter – auch bei mittleren und grösseren Unternehmen – in die Geschäftsleitung.

Das Unternehmensleitbild

Aus der Unternehmensstrategie leitet sich das Unternehmensleitbild ab. Es beschreibt die langfristigen Unternehmensziele, die Eckpfeiler der Unternehmenskultur und die beabsichtigte künftige Entwicklung. Werte, Normen und allgemeine Verhaltensweisen werden im Unternehmensleitbild geregelt, vereinheitlicht und überprüfbar gemacht.

Das Leitbild ist für alle Mitarbeitenden und die Öffentlichkeit bestimmt. Daher werden im Leitbild die Unternehmensstrategie und deren Ziele, die oft geheim und nur dem Management bekannt sind, sehr gefiltert und oftmals in beschönigter Form dargestellt.

***Imagebroschüre:** Broschüre, die ein Unternehmen als Gesamtes vorstellt; ein Kommunikationsinstrument der Öffentlichkeitsarbeit.*

In **Imagebroschüren** und auf Webseiten veröffentlicht, dient das Leitbild internen und externen Marketingkommunikations- beziehungsweise PR-Zwecken. So kann das Leitbild helfen, ein Unternehmen ins gewünschte Licht zu rücken. Das gelungene Unternehmensleitbild von Ben & Jerry's (vgl. Case Study) veranschaulicht dies.

CASE STUDY: *Das Unternehmensleitbild von Ben & Jerry's*

Abb.: Ben Cohen und Jerry Greenfield, die Gründer von Ben & Jerry's

Die weltweit bekannte «superpremium» Eiscreme-Marke Ben & Jerry's wurde 1978 in Vermont / USA von den beiden Schulfreunden – und überzeugten

Hippies – Ben Cohen und Jerry Greenfield gegründet. Für ganze fünf US-Dollar besuchten sie als Erstes einen Fernkurs über die Herstellung von Speiseeis und verkauften dann ihre Produkte in einer umgebauten Tankstelle. Dank den aussergewöhnlichen Geschmacksrichtungen und den frischen, natürlichen Zutaten liess die Bekanntheit nicht lange auf sich warten. Im August 2000 wurde Ben & Jerry's vom global tätigen Konsumgüterkonzern Unilever übernommen.

Nicht nur die Produkte von Ben & Jerry's sind aussergewöhnlich, auch ihr Unternehmenskonzept hebt sich von der Konkurrenz ab. Das Unternehmen will nämlich mit seinem Geschäft nicht bloss kurzfristigen Profit machen, sondern setzt sich für umweltpolitische und gesellschaftliche Ziele ein. Die Unternehmensphilosophie konkretisiert sich im Mission Statement (engl. für Leitbild). Darin halten Ben Cohen und Jerry Greenfield ihre Unternehmensziele fest und umschreiben ihre Grundsätze zu den drei Säulen Produkt, Wirtschaft und Gesellschaft. Es ist dieses eigenständige Leitbild, das die Marke so sympathisch und unverwechselbar macht.

Abb.: Auszug aus dem Produktsortiment von Ben & Jerry's

Die drei Säulen des Leitbilds von Ben & Jerry's

Unsere Produkte: Wir von Ben & Jerry's produzieren, vertreiben und verkaufen Eiscreme bester Qualität, ausschliesslich aus hochwertigen, natürlichen und gesunden Zutaten und in den fantastischsten Geschmacksrichtungen. Respekt vor der Umwelt und unserer Erde steht bei all unseren geschäftlichen Unternehmungen seit jeher im Vordergrund.

Wirtschaftliches Handeln: Das Unternehmen Ben & Jerry's wird auf einer gesunden finanziellen Basis geführt. Dies garantiert nicht nur wirtschaftliches Wachstum und Sicherheit für den Fortbestand des Unternehmens, sondern auch erweiterte Aufstiegs- und Entwicklungsmöglichkeiten für unsere Mitarbeiter.

Die Gesellschaft: Ben & Jerry's hat die zentrale Rolle der Wirtschaft als Teil der Gesellschaft erkannt und es sich zur Aufgabe gemacht, innovative Wege zu beschreiten, um die Lebensqualität innerhalb der Gesellschaft zu verbessern – auf lokaler, nationaler und internationaler Ebene. Es ist uns wichtig, stets nach neuen, kreativen Wegen zu suchen und diese drei Säulen miteinander zu vereinen. Immer im Mittelpunkt stehen dabei der Respekt vor allen Menschen innerhalb und ausserhalb des Unternehmens und die Förderung der Gemeinschaften, in denen sie leben.

Quellen: www.benjerry.de

3.1.2 Ihr Angebot

Nachdem Sie sich mit den Vorgaben aus Ihrer bestehenden Unternehmensvision und -strategie auseinandergesetzt haben, fängt für Sie die Arbeit nun richtig an: Sie müssen Ihr Angebot beschreiben. Versuchen Sie so zu denken, wie Ihre Kunden denken. Schreiben Sie auf, wie Sie die Bedürfnisse Ihrer Kunden erfüllen. Sicherlich haben Sie Ihre Idee und viele Details dazu bereits im Kopf. Notieren Sie Ihre Ideen – je präziser, desto besser. Das Beschreiben hilft, Schwächen und Mängel zu erkennen. Und es bringt Sie oft auf neue, willkommene Ideen. Ist Ihr Angebot komplex und erfordert eine ausführlichere Betrachtung, so beschreiben Sie es in Listenform. Dies erleichtert die Übersicht.

Ihre Erfolgsfaktoren

Was macht Ihr Unternehmen und Ihr Angebot einmalig? Was können Sie besser als Ihre Mitbewerber? Beschreiben Sie das Geheimnis Ihres Erfolgs – Ihre Erfolgsfaktoren! Konzentrieren Sie sich auf einige wenige, wirklich aussagekräftige Punkte. Ist es das spezielle Design, der tiefe Preis oder sind es besonders qualifizierte Mitarbeiter? Das schwedische Modeunternehmen H&M zählt folgende Punkte zu den Erfolgsfaktoren:

- schnelles Erkennen und Umsetzen von Modetrends
- mit emotionaler Werbung aufgebautes Markenimage
- Kosteneffizienz und gutes Preis-Leistungs-Verhältnis

- breite Palette an Eigenmarken
- schnelles Wachstum
- der direkte Vertrieb über eigene Verkaufsläden an guter Lage

Bieten Sie eine USP

Es existieren unzählige MP3-Player, aber nur ein iPod. Und es gibt viele Kleinwagen, aber nur einen Smart. Beides sind äusserst innovative Produkte, die unter anderem mit Ihrem Design über eine konkrete USP verfügen.

Abb.: Die jahrhundertalte und weltberühmte Kapellbrücke – eine USP der Tourismusdestination Luzern

Als USP (Unique Selling Proposition) gilt ein Erfolgsfaktor, der Ihr Angebot von jenen Ihrer Mitbewerber deutlich unterscheidet. Wirkliche USPs sind einzigartig, schwer zu kopieren und werden – falls möglich – ständig weiterentwickelt. Kurz: Eine USP ist das Argument, das Ihre Unternehmung, Ihre Dienstleistung oder Ihr Produkt einzigartig macht. Mit der ältesten überdachten Holzbrücke Europas verfügt die weltbekannte Tourismusdestination Luzern über eine klare USP. Die breite Auswahl an Restaurants oder der direkte Bahnanschluss zum Flughafen Zürich bilden hingegen keine USP. Sie sind Erfolgsfaktoren, über die viele Tourismusdestinationen verfügen.

Die Werbebotschaft «Red Bull belebt Körper und Geist» ist eine USP, die bis heute noch kein Mitbewerber glaubhaft kopieren konnte, obwohl sich heute viele **Me-Too-Produkte** von Red Bull auf dem Markt tummeln.

***Me-too-Produkte**: Nachahmerprodukte, die ein erfolgreiches Originalprodukt kopieren.*

Nehmen wir die vorgängig erwähnten Erfolgsfaktoren von H&M nochmals unter die Lupe. Dabei stellen wir fest, dass heute auch direkte Mitbewerber wie Mango oder

Zara über ähnliche Erfolgsfaktoren verfügen. Auf der Suche nach einer USP werden wir jedoch auch bei H&M fündig: Die Zusammenarbeit mit international angesehenen Designern wie Karl Lagerfeld, Stella McCartney oder Rai Kawakubo.

3.1.3 Der Produktlebenszyklus

Produktlebenszyklus:
Gibt Auskunft, in welcher Lebensphase sich ein Produkt befindet.

Alle Produkte und Dienstleistungen haben, wie wir Menschen, eine bestimmte Lebensdauer. Diese kann variieren und ist oft branchenabhängig. Elektronische Geräte, wie Mobiltelefone oder Spielkonsolen, sind in der Regel nur einige Monate auf dem Markt erhältlich und haben damit eine ausgesprochen kurze Lebensdauer. Andere Produkte behaupten sich über Jahre erfolgreich auf dem Markt. Solche Klassiker findet man beispielsweise auf der Speisekarte eines guten Landgasthofs. Aber auch Pflegeprodukte wie die legendäre Nivea-Creme oder eine Limonade wie Coca Cola erfreuen sich seit Jahrzehnten ungebrochener Beliebtheit.

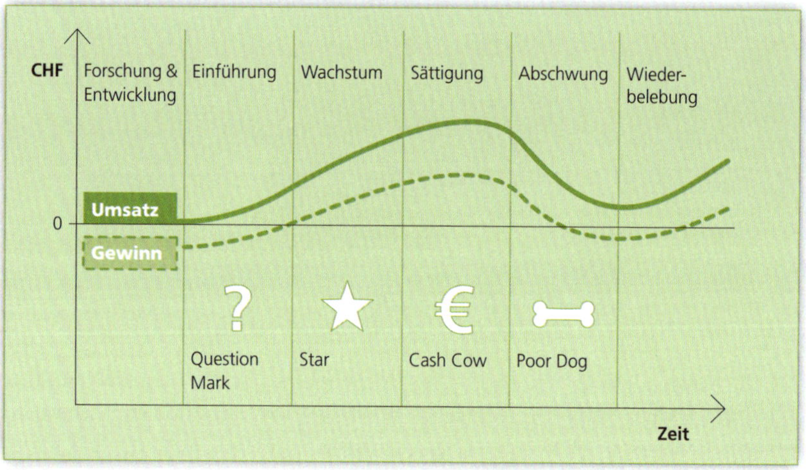

Abb.: Der Produktlebenszyklus

Produkte oder Dienstleistungen durchlaufen sechs Lebenszyklusphasen. Diese lassen sich anhand bestimmter Merkmale klar voneinander unterscheiden:

Phase 1: Forschung und Entwicklung (Research and Development)

Hohe Forschungs- und Entwicklungskosten stehen einer unsicheren Zukunft in Bezug auf den späteren Absatz auf dem Markt gegenüber. Übertragen auf den menschlichen Lebenszyklus entspricht dies der Phase der Schwangerschaft.

Phase 2: Einführungsphase (Introduction Stage)

Hohe Ausgaben für die Produkteinführung und ein oft zaghaftes, schwaches Wachstum bestimmen die Einführungsphase. Gemäss der deutschen Agenturgruppe Serviceplan floppen 70 Prozent der neu auf dem Markt eingeführten **FMCGs**. Das heisst, sie sind bereits nach einem Jahr wieder vom Markt verschwunden. Bezeichnung von Produkten in der Entwicklungsphase: **Question Marks**.

FMCG: *Fast Moving Consumer Goods; Konsumgüter des täglichen Bedarfs mit einem mengenmässig hohen Umsatz, jedoch einer meist geringen Marge.*

Phase 3: Wachstumsphase (Growth Stage)

Question Marks: *Fragezeichen; meist «Nachwuchsprodukte», die sich erst kurz auf dem Markt befinden. Sie haben eine ungewisse Zukunft und brauchen finanzielle Unterstützung, um sich auf dem Markt durchzusetzen.*

Ein schnelles Wachstum, erste Gewinne, aber immer noch hohe Ausgaben charakterisieren diese dritte Phase. Hier erreicht ein Produkt die Gewinnschwelle. Bezeichnung von Produkten in der Wachstumsphase: **Stars**.

Phase 4: Sättigungsphase (Maturity Stage)

Verlangsamung des Wachstums, stabile Verkaufszahlen auf hohem Niveau, Gewinne, oft intensiver Wettbewerb und allfällige Produktmodifikationen sind typische Merkmale der Sättigungsphase (auch Reifephase genannt). In dieser Phase werden die maximalen Umsätze und Gewinne erzielt. Bezeichnung von Produkten in der Sättigungsphase: **Cash Cows**.

Stars: *Sterne; erfolgreiche Produkte, die jedoch viel Kapital zur Finanzierung des eigenen Wachstums benötigen.*

Cash Cows: *Melkkühe; Produkte, mit denen ein Unternehmen mehr verdient, als es investieren muss. Sie steuern einen hohen Anteil an dem Cashflow bei.*

Phase 5: Abschwungphase (Decline Stage)

In dieser Phase des Rückgangs sinken die Verkaufszahlen, die Gewinne schrumpfen. Die Abschwungphase wird auch Degenerationsphase genannt. Gegen Ende der Abschwungphase müssen Sie sich entscheiden, ob Sie Ihr Produkt vom Markt nehmen wollen oder ob es sich lohnt, einen Relaunch zu wagen. Bezeichnung von Produkten in der Abschwungphase: **Poor Dogs**.

Poor Dogs: *Arme Hunde; Poor Dogs waren eventuell einmal erfolgreich, halten sich jetzt aber nur noch mit Mühe am Leben.*

Phase 6: Wiederbelebungsphase **(Relaunch)**

Nach dem Leitsatz «Totgeglaubte leben länger» nehmen Sie nochmals Geld in die Hand, um ein Produkt wieder zu beleben. Dies geschieht zum Beispiel durch Produktmodifikationen oder neue Promotionsanstrengungen. So unterziehen Autohersteller ihre Modelle regelmässig einem «Facelifting», bevor sie nach einigen Jahren im Einsatz durch neue ersetzt werden. Gelingt es Ihnen, führt dies zu einer neuen Wachstumsphase. Gelingt es Ihnen nicht, müssen Sie das Produkt mit zusätzlichen Verlusten vom Markt nehmen. Ein gelungenes Beispiel bietet uns die Marke Converse. Die in den

Relaunch: *Neustart; ein sich in der Abschwungsphase befindliches Produkt wird den veränderten Kundenwünschen angepasst.*

50er- und 60er-Jahre extrem populäre Turnschuhmarke feiert seit 2003 unter der neuen Besitzerin Nike ein erfolgreiches Comeback als «Streetwear»-Schuh.

Unterschiedliche Produktlebenszyklen

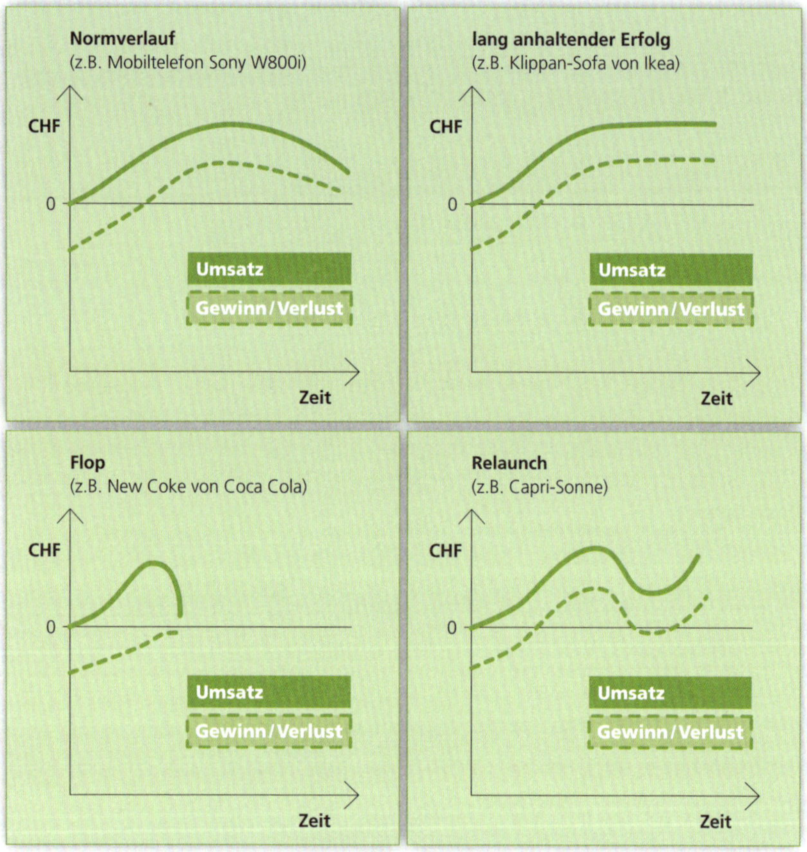

Abb.: Verschiedene Lebenszyklen von unterschiedlichen Produkten

Je nachdem, wie erfolgreich Ihr Produkt ist, durchläuft es eine unterschiedliche Anzahl von Lebensabschnitten. Ein professionelles Marketingkonzept wird Ihnen helfen, die Floprate so tief wie möglich zu halten. Doch Vorsicht: Hundertprozentige Sicherheit gibt es nicht. Deshalb ist es wichtig, dass Sie Ihr Produktportfolio diversifizieren. Im Idealfall verfügen Sie über mehrere Produkte, die sich über die unterschiedlichen Lebensabschnitte verteilen. So laufen Sie nicht Gefahr, morgen nur noch über Poor Dogs zu verfügen, da immer neue Question Marks für Nachwuchs bei den Stars und Cash Cows sorgen.

Zu diesem Zweck hat die Boston Consulting Group (kurz BCG) das **Produktportfolio** entwickelt. Lesen Sie mehr dazu im Exkurs «Das BCG-Produktportfolio».

EXKURS: *Das BCG-Produktportfolio*

Das Produktportfolio basiert auf dem Produktlebenszyklusmodell. Es fasst alle Ihre Produkte in einer übersichtlichen Vier-Felder-Matrix zusammen. Das zweidimensionale Portfolio besteht aus der X-Achse, dem relativen Marktanteil, und der Y-Achse, dem Marktwachstum. So sehen Sie auf einen Blick, ob Sie über einen gesunden und zukunftsgerichteten Produkt-Mix verfügen. Die Portfolioanalyse ist eine Istanalyse. Sie zeigt eine Momentaufnahme. In beschränktem Masse lässt sich auch eine Zukunftsprognose ableiten, sofern Sie den künftigen Lebenszyklus der einzelnen Produkte einschätzen können.

Im Idealfall verfügen Sie über Produkte in allen vier Lebensabschnitten. Dies garantiert Ihnen, dass sie stets genügend finanzielle Mittel generieren können, um neue Produkte zu entwickeln und auf den Markt zu bringen. Würden Sie nur über Cash Cows verfügen, wäre Ihre Zukunft mit neuen Produkten nicht gesichert. Hätten Sie hingegen nur Question Marks im Portfolio, müssten Sie investieren, ohne genügend Geld zu generieren. Diese Situation ist nur bei einem neu gegründeten Unternehmen vertretbar.

Nun stellen Sie Ihr Produktportfolio zusammen. Beginnen wir mit den Achsen.

X-Achse: relativer Marktanteil

Den relativen Marktanteil berechnen Sie mit folgender Formel:

$$\frac{\text{eigener Marktanteil in Prozent}}{\text{Marktanteil des stärksten Mitbewerbers in Prozent}} = \textbf{relativer Marktanteil}$$

So sind Sie zum Beispiel bei einem relativen Marktanteil von 1,0 genau gleich stark wie ihr stärkster Mitbewerber. Bei einem Marktanteil von 1,0 wird auch die Trennlinie zwischen hohem und niedrigem Marktanteil gezogen. Bei einem relativen Marktanteil von 2,0 verfügt Ihr Produkt über einen doppelt so hohen Marktanteil wie das Konkurrenzprodukt Ihres stärksten Mitbewerbers.

Produktportfolio BCG (Boston Consulting Group): *Eine auf der Lebenszyklusanalyse aufbauende Vier-Felder-Matrix mit der Produkte nach dessen Marktanteil und -wachstum eingeteilt werden. Sie gibt Auskunft über die Produktpalette eines Unternehmens.*

Y-Achse: Marktwachstum

Die Trennlinie zwischen hohem und niedrigem Marktwachstum wird beim durchschnittlichen Marktwachstum all Ihrer Produkte gezogen.

Nachdem Sie Ihre Matrix erstellt und beschriftet haben, können Sie Ihre einzelnen Produkte darin eintragen. Die Kreisdurchmesser der Produkte A, B, C, D und E richten sich danach, wie viel Anteil die jeweiligen Produkte am Gesamtumsatz Ihres Unternehmens haben.

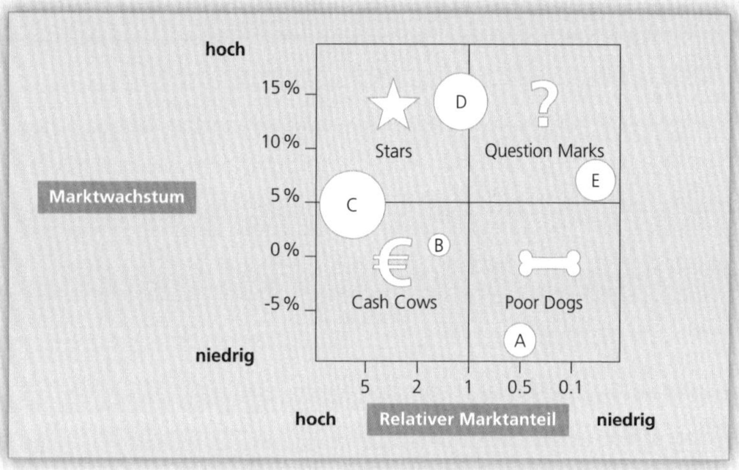

Abb.: BCG-Portfolioanalyse (mit willkürlich gewählter Skaleneinteilung)

Ihre Portfoliofelder verraten Ihnen einiges über Ihre Produkte. Für die einzelnen Produkte, Dienstleistungen oder strategischen Geschäftseinheiten (SGE) drängen sich je nach Stadium im Lebenszyklus entsprechende Strategien auf. Daher liefern Ihnen die den jeweiligen Lebensabschnitten beigefügten Strategieempfehlungen die wichtigsten Informationen dazu. Zu den einzelnen Strategien erfahren Sie mehr im Kapitel 6, «Marketingstrategien».

Die Question Marks:

Question Marks sind jene Produkte, die neu auf den Markt kommen. Ihr Marktanteil ist noch gering. Entsprechen Sie einem echten Bedürfnis auf dem Markt, besitzen sie grosses Wachstumspotenzial. Einige sind die Cash Cows von morgen. In diesem Stadium ist das Produkt oder die Dienstleistung intensiv zu betreuen. Es muss beworben werden, ein Vertriebssystem muss aufgebaut und die Produktion hochgefahren werden. Da das Produkt oder Angebot erst später rentabel wird, muss genügend Geld vorhanden sein. Deshalb sind Question Marks investitionsintensiv.

Strategieempfehlung: Es gilt der Grundsatz, ein Angebot rasch auf den Markt und schnell zu Umsatz und Erfolg zu bringen (fast to market and fast to success). Eine clevere Kommunikationsstrategie als Grundlage zur Ausgestaltung der Promotionsmassnahmen sowie eine durchdachte Vertriebsstrategie bilden die wichtigsten Pfeiler der Einführungsphase.

Die Stars:

Produkte, die es von Question Marks zum Star schaffen, haben auf dem Markt Erfolg. Ihr Marktwachstum ist hoch und ihr relativer Marktanteil vergrössert sich zunehmend. Den enormen Investitionsbedarf, der sich aus dem intensiven Marktwachstum ergibt, danken sie mit einem bereits beachtlichen Beitrag an dem Cashflow.

Strategieempfehlung: Mit weiteren Investitionen versuchen Sie, eine starke Marktposition zu erreichen. Mit einer Marktpenetrations- oder Marktentwicklungsstrategie steigern Sie den Umsatz.

Die Cash Cows:

Sie verfügen über den grössten Marktanteil, doch ihr Marktwachstum ist gering. Sie bilden das finanzielle Rückgrat des Unternehmens und generieren hohe Erträge (Cash). Sie können ohne grosse Investitionen «gemolken» werden. Mit dem Mittelzufluss aus den Cash Cows werden die Question Marks finanziert.

Strategieempfehlung: Ernten Sie nun die Früchte Ihres Erfolgs. Damit er anhält, sind möglicherweise Produktmodifikationen nötig. Auch mit einer Marktentwicklungsstrategie könnten Sie richtig liegen. Denn ein grösserer Absatz bedeutet auch Kostensenkungspotenzial (sogenannte Skaleneffekte).

Die Poor Dogs:

Sie sind die Auslaufprodukte im Produktportfolio. Ihr Marktwachstum ist gering oder sogar negativ, sie verlieren Marktanteile an die Mitbewerber. Bei der regelmässigen Bereinigung des Produktportfolios wird entschieden, ob die Produkte abgesetzt (Desinvestitionsstrategie) oder mit zusätzlichen Anstrengungen wieder in Schwung gebracht werden (Relaunch).

Strategieempfehlung: Entscheiden Sie, wie lange Sie noch einen Poor Dog auf dem Markt anbieten wollen. Sie müssen sich über einen Relaunch oder einen Marktrückzug Gedanken machen. In der Abschwungphase können Sie mit einer geschickten Preis-Mengenstrategie Ihre Erträge positiv beeinflussen.

3.1.4 Die ABC-Analyse

__ABC-Analyse:__ Verfahren zur Klassifizierung von Produkten oder Kunden nach dessen Absatzstärke in drei Klassen (A, B und C). Auch Paretoanalyse genannt, da ihr das Paretoprinzip zugrunde liegt.

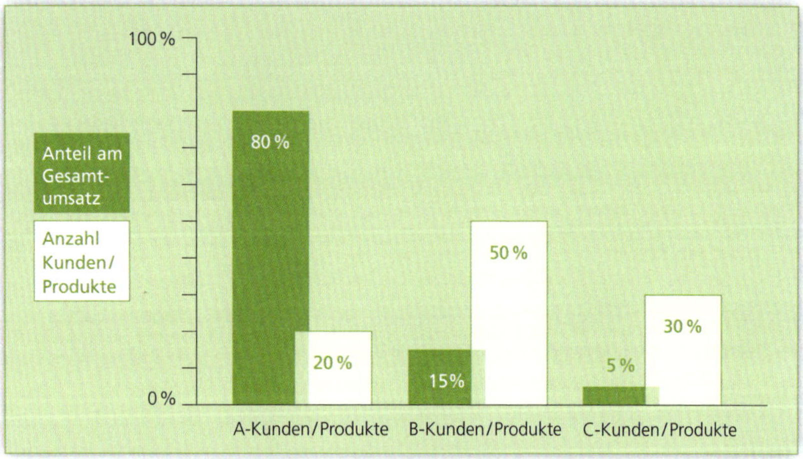

Abb.: Die ABC-Analyse

Die ABC-Analyse verrät Ihnen, welches Ihre Stammkunden und Schlüsselprodukte sind. Seine Stammkundschaft zu pflegen, lohnt sich: Die Marketingkosten, um Stammkunden (sogenannte A-Kunden) zu halten, sind bis zu fünf Mal geringer als die Investitionen, um Neukunden zu gewinnen. Es zahlt sich daher aus, sowohl den Stammkunden als auch den umsatzstärksten Produkten besondere Aufmerksamkeit zu schenken.

Die ABC-Analyse beruht auf dem **Paretoprinzip**, der 80:20-Regel: Mit 20 Prozent Einsatz können 80 Prozent der Aufgaben gelöst werden. Auf die ABC-Analyse übertragen heisst das, dass 20 Prozent Ihrer Kunden rund 80 Prozent Ihres Umsatzes bringen. Oder auf Ihre Produkte bezogen, dass Sie mit 20 Prozent Ihrer Produkte 80 Prozent des Gesamtumsatzes generieren.

Paretoprinzip: *Konzentration auf das Wesentliche. Mit einem Mitteleinsatz von 20 Prozent sollen 80 Prozent aller Probleme gelöst werden. Auch 80:20-Regel genannt.*

Zu den B-Kunden (beziehungsweise B-Produkten) zählen weitere 50 Prozent, die 15 Prozent zum Umsatz beisteuern. Zu den C-Kunden (beziehungsweise C-Produkten) zählen die restlichen 30 Prozent, die für 5 Prozent des Umsatzes verantwortlich sind. Die Zahlen, um diese Analyse zu erstellen, entnehmen Sie Ihrer Umsatzstatistik. Diese kann beispielsweise mit einem Marketing Informations System (vgl. Kapitel 4, «Marktforschung», MIS) oder einem Customer Relationship Management System erzeugt werden (vgl. Kapitel 10, «Promotion», Exkurs: CRM-System).

Was nützt Ihnen die ABC-Analyse ausserdem? Sie zeigt Ihnen auf, welche wirtschaftliche Bedeutung die einzelnen Kunden und Produkte für Ihr Unternehmen haben. Diese Erkenntnisse müssen Sie in Ihrem Marketingkonzept und bei der Umsetzung von konkreten Massnahmen beachten. So werden Sie Ihren A-Kunden vielleicht einen speziellen Service bieten, sie speziell bewerben oder Rabatte gewähren. Ihre A-Produkte werden Sie besonders pflegen und bewerben. Vergessen Sie aber Ihre B- und C-Kunden und Produkte nicht völlig, denn sie können Ihre Stammkunden und Verkaufshits von morgen sein.

Abb.: «Miles & More»-Mitgliedskarten für Teilnehmer, Frequent Traveller, Senatoren und HON Circle Member

Quelle: © Swiss International Air Lines Ltd.

Die Fluggesellschaften Lufthansa und Swiss bietet ihren Kunden mit «Miles & More» (vgl. www.miles-and-more.com) ein attraktives Vielfliegerprogramm (Kundenbindungsprogramm). Abhängig der geflogenen Meilen erlangen die Kunden einen speziellen Status. Wenigflieger bekommen die blaue «Miles & More»-Mitgliedskarte. Vielflieger werden mit dem Titel Frequent Traveller, Senator oder gar Hon Circle Member gekrönt. Dazu bekommen sie die entsprechende Karte. Statusabhängig werden die Kunden dann auch mit speziellen Dienstleistungen geködert. Das können beispielsweise Gratiseintritte in Airportlounges, separate Check-in-Schalter oder Klassen-Upgrades sein.

Wertkettenanalyse:
Value Chain; Konzept nach Michael E. Porter zur Erfassung der wichtigsten Tätigkeiten eines Unternehmens, zur Eruierung und zum Aufbau von Wettbewerbsvorteilen. Sie dient ebenfalls zur Entwicklung der richtigen Strategien.

EXKURS: *Die Wertkettenanalyse*

Wo liegen die Wettbewerbsvorteile Ihres Unternehmens? Auf einen Blick lässt sich dies nur schwer erkennen. Daher ist es sinnvoll, die strategisch wichtigsten Unternehmensaktivitäten einzeln zu betrachten. Die **Wertkettenanalyse** durchleuchtet auf praktikable und präzise Weise den gesamten Prozess der Leistungserbringung. Es werden genau jene Aktivitäten untersucht, die für den Kunden diesen besonderen Wert schaffen, der uns interessiert. Die Wertkettenanalyse bringt die eigenen Stärken und Schwächen (gegenüber den Mitbewerbern) zum Vorschein. Einen Wettbewerbsvorteil erzielen Sie immer dann, wenn Sie Ihre Mitbewerber entweder durch einen Kostenvorteil oder eine spezielle Fertigkeit übertrumpfen. Aus diesen Erkenntnissen können anschliessend die Wettbewerbsvorteile gewonnen werden. Die Wertkette gliedert sich in primäre und unterstützende Aktivitäten.

Abb.: Wertkette (Value Chain) nach Michael E. Porter

Primäre Aktivitäten

Zu den primären gehören alle Aktivitäten, die sich direkt auf die Herstellung der Leistung und auf den Leistungsaustausch mit dem Kunden beziehen:

Eingangslogistik: Eingang, Lagerung und Bereitstellen von Rohmaterial für die Produktion (bei reinen Dienstleistungsunternehmen nicht vorhanden).

Operationen und Produktion: Die Leistungserstellung beziehungsweise die Produktion der Güter oder Dienstleistungen.

Marketing und Vertrieb: Der Einsatz der Marketinginstrumente (7 P) unter Beachtung der Kundenwünsche und der Gewinngenerierung sowie die Steuerung des Verkaufs.

Ausgangslogistik: Die Lagerhaltung und Distribution (Verteilung) der Güter.

Kundendienst (After-Sales-Service): Die Betreuung der Kunden nach dem Kauf mit Leistungen wie Schulung, Service und Support.

Unterstützende Aktivitäten

Die unterstützenden Aktivitäten dienen dazu, die Leistungserstellung (primäre Aktivitäten) auf möglichst effiziente Weise zu ermöglichen – und zu sichern:

Unternehmensinfrastruktur: Die Organisationsstruktur, das Kontrollsystem und die Unternehmenskultur.

Personalwirtschaft: Die personellen Ressourcen in Form von Mitarbeitenden sowie alle Bereiche, die für die Bewirtschaftung des Personals notwendig sind, wie die Personalbeschaffung, die Weiterbildung und die Personalplanung.

Technologieentwicklung: Das Generieren von Know-how für die Leistungserstellung (z.B. Forschung und Entwicklung) und den Leistungsaustausch mit den Kunden (z.B. Marktforschung).

Beschaffung: Sämtliche Anschaffungen, die nur indirekt mit dem hergestellten Gut oder der Dienstleistung zu tun haben, wie Maschinen oder Hilfsstoffe (zum Beispiel die IT-Infrastruktur für die Buchhaltungsstelle eines Gastrobetriebes).

Erstellen der Wertkettenanalyse

Der Nutzen der Wertkettenanalyse kommt genau dann zum Tragen, wenn zu jeder der einzelnen primären und unterstützenden Aktivitäten folgende Fragen beantwortet werden:

- Können weitere Kostenvorteile geschaffen werden?
- Kann eine sinnvolle Differenzierung gegenüber den Mitbewerbern erzeugt werden? Das heisst: In welchen Punkten können Sie sich positiv von ihnen abheben?
- Sind bei den jeweiligen Aktivitäten besondere Stärken oder Schwächen zu erkennen?
- Lassen sich diese Stärken nutzen beziehungsweise diese Schwächen beseitigen oder minimieren?

Die Antworten auf diese Fragen sind wertvoll für die spätere strategische Planung (vgl. Kapitel 6, «Marketingstrategien»). Dank diesen Erkenntnissen können Sie gezielt Kosten minimieren und Kundennutzen schaffen.

Die Produktion des Kleinwagens Smart dient als anschauliches Beispiel: Als den Managern des Automobilkonzerns bewusst wurde, dass sie den Zulieferern hohe Transportkosten zu bezahlen hatten, verlangten sie von ihnen, dass sie sich in unmittelbarer Nähe der Autoproduktionsstätte ansiedeln sollten. Die Produktionsstätte des Smart in Hambach (F) wurde darauf zur sogenannten «Smartmall». Erstmalig in der Automobilgeschichte wurde hier ein Fahrzeug gemeinsam mit mehreren Zulieferern unter einem Dach produziert – ganz ohne kostspielige Transportwege.

3.2 Die Marktanalyse (externe Analyse)

***Marktsystem:** Die spezifische Struktur eines bestimmten Marktes mit seinen Akteuren und Prozessen; wird häufig in Form des Marketinggesichts bildlich dargestellt*

Sie haben nun Ihr Unternehmen und Ihr Angebot gründlich unter die Lupe genommen. Jetzt werden Sie Ihre Türen öffnen und sich Ihrer Umwelt und dem Markt widmen. Sie müssen sich mit Ihrer Branche und Ihren Mitbewerbern auseinandersetzen und sich mit Ihren Lieferanten, Distributoren und Kunden beschäftigen.

Verschaffen Sie sich zuerst einen Überblick über den Markt. Zeichnen Sie das **Marktsystem**, in dem sich mit Ihrem Unternehmen befindet. Richard Kühn, emeritierter Professor für Marketing, hat mit dem sogenannten **Marketinggesicht** ein einprägsames und nützliches Modell kreiert.

Marketinggesicht:
Bildhafte Darstellung des Marktsystems.

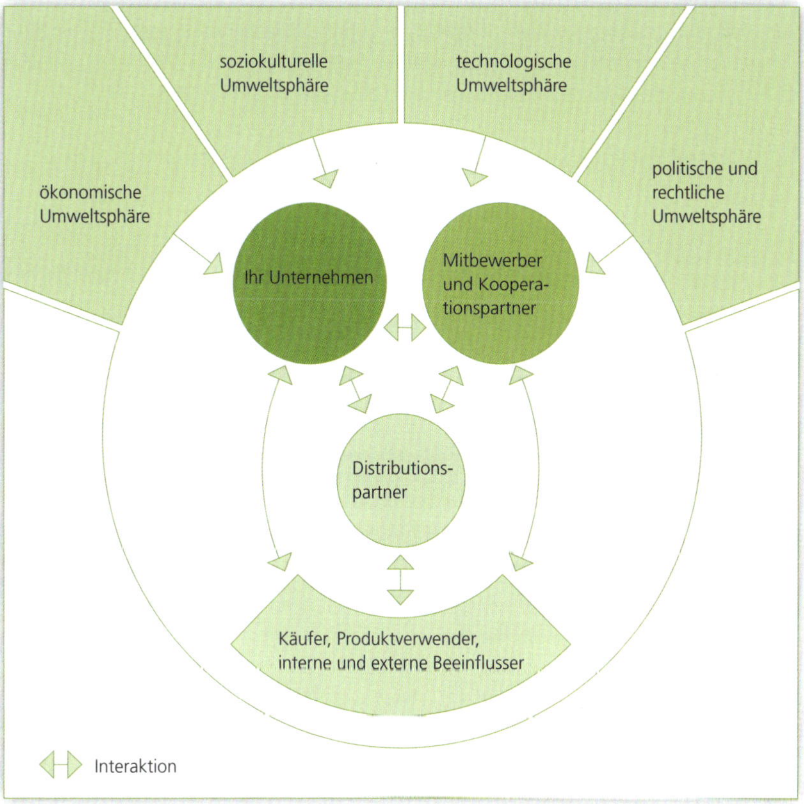

Abb.: Das Marktsystem in Form des Marketinggesichts

So wie alle Menschen ein individuelles Gesicht haben, ist auch das Marketinggesicht je nach Markt sehr unterschiedlich. Das linke Auge steht für Ihr Unternehmen. Das rechte Auge steht für Ihre Mitbewerber und Kooperationspartner. Falls sich auf Ihrem Markt viele relevante Mitbewerber oder Kooperationspartner tummeln, können die auch in mehreren separaten Augen dargestellt werden.

Die Nase steht für den Zwischenhandel (ihre Distributionspartner). Sie kann eine einfache (nur direkter Vertrieb), aber auch sehr komplexe (diverse Kanäle und Stufen) Struktur annehmen.

Beeinflusser (interne):
Personen aus dem direkten Umfeld der Zielgruppe, die Einfluss ausüben. Bspw: Familienangehörige oder Freunde.

Der Mund stellt Ihre Zielgruppe dar. Dazu gehören die Käufer, die Produktverwender sowie die internen und externen **Beeinflusser**.

Schliesslich setzen Sie Ihrem Gesicht eine Frisur auf. Sie steht für die Umweltsphären (vgl. dazu Kapitel 3.2.6 «Ihre Umwelt – die PEST-Analyse»), die unser Marktsystem massgeblich beeinflussen.

Das Marketinggesicht ist exakt auf Ihr Unternehmen zugeschnitten. Erstellt einer Ihrer Lieferanten sein Marketinggesicht, so nehmen Sie die Position des Mundes ein, da Sie dann nämlich die Zielgruppe, das heisst der Kunde des Unternehmens sind.

Auf den kommenden Seiten analysieren wir das Marktsystem detailliert.

3.2.1 Der Markt und seine Teilmärkte

Machen Sie sich Gedanken, auf welchem Markt Sie sich bewegen. Grenzen Sie dazu Ihren Markt klar ab und unterteilen (parzellieren) Sie diesen sinnvoll. Als Beispiel dient uns der Markt für Motorfahrzeuge.

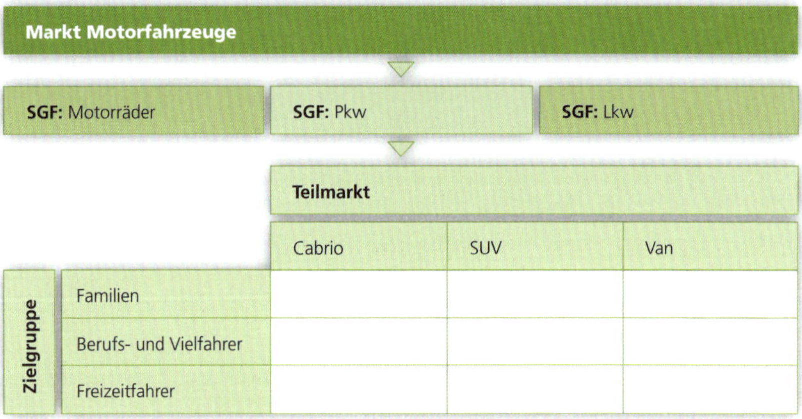

Abb.: Unterteilung Markt Motorfahrzeuge

Strategische Geschäftsfelder (SGF): *Unterteilung eines Marktes in einzelne produktspezifische Tätigkeitsgebiete.*

Zielgruppe: *Gruppe von bestehenden und potenziellen Kunden eines Unternehmens. Wird oft in eine Haupt- und Nebenzielgruppe(n) eingeteilt.*

Den definierten Markt unterteilen wir zunächst in **strategische Geschäftsfelder (SGF)**. In unserem Beispiel sind dies Motorräder, Pkw und Lkw. Diese strategischen Geschäftsfelder können wir weiter in Teilmärkte aufteilen. So umfasst das strategische Geschäftsfeld Pkw zum Beispiel die Teilmärkte für Cabriolets, Sport Utility Vehicles (SUVs) und Minibusse (Vans). Bei einem Teilmarkt handelt es sich um eine Einteilung in verschiedene Produkte oder Dienstleistungen. Gleichzeitig können Sie bestehende oder potenzielle Kunden in homogene **Zielgruppen** einteilen. Wichtig ist es, dass Sie die Unterteilung in Teilmärkte und Zielgruppen klar auseinanderhalten.

Oft werden Unternehmen aufgrund der Marktstruktur organisiert. Das heisst, sie sind in Bezug auf ihr Angebot ähnlich wie der Markt strukturiert. So bilden Unternehmen interne **strategische Geschäftseinheiten (SGE)** – analog der strategischen Geschäftsfelder. Das strategische Geschäftsfeld (SGF) der Pkw könnte also mit einer strategischen Geschäftseinheit (SGE) «Pkw» übereinstimmen. Es macht meist Sinn, die Unternehmensabteilungen entsprechend den Teilmärkten der jeweiligen Branchen zu gliedern.

Strategische Geschäftseinheiten (SGE): *Organisatorische Unterteilung eines Unternehmens in einzelne produkt- oder marktspezifische Tätigkeitsgebiete.*

3.2.2 Marktuntersuchung

Die folgende Marktumschreibung eignet sich hervorragend zur Untersuchung des für Sie relevanten Marktes (in Anlehnung an Kotler / Bliemel 1995). Mit der seriösen Beantwortung der folgenden sieben Fragen schaffen Sie beste Voraussetzungen, um Ihr Unternehmen marktgerecht zu führen.

Zielgruppe: Wer ist am Kaufprozess beteiligt?

Untersuchen Sie, wer Ihre (potenziellen) Kunden sind. Mit Umfragen, einer Durchsicht der eigenen Kundenkartei und mit Blick auf Ihre Mitbewerber grenzen Sie ihre Zielgruppe ein.

Abb.: Bereits Kleinkinder beeinflussen Kaufentscheide

Spannend und hilfreich zugleich ist es, wenn Sie neben Ihrer Zielgruppe auch deren Beeinflusser kennen. Denn der Käufer ist nicht immer dieselbe Person wie der künftige Benutzer, der Entscheidungsträger oder gar der Initiator. So lassen sich ältere Personen beim Kauf eines neuen Mobiltelefons häufig von ihren Kindern beraten. Beim Bau eines Einfamilienhauses steht der Bauherrschaft in vielen Entscheiden ein Architekt zur Seite – sei es bei der Wahl der Bodenbeläge oder des Fensterherstellers. Und zu guter Letzt: Auch heute noch kümmern sich einige Männer nur ungern um die Ausstattung ihrer Garderobe. Oder sie lassen sich zumindest – von den Socken bis zur Krawatte – von ihrer Lebenspartnerin beraten. Nun wissen Sie, wen Sie künftig vom Kauf des Designerhemds wirklich überzeugen müssen. Wie Sie Ihre Zielgruppen genau definieren, erfahren Sie im Kapitel 6, «Marketingstrategien».

Kaufobjekt: Was wird auf dem Markt nachgefragt?

Wollen Sie einen Imbissstand eröffnen, so müssen Sie wissen, was Ihre potenziellen Kunden essen und trinken möchten. Bratwurst mit Pommes Frites oder doch lieber Salate und Sandwichs? In der Regel ist es sinnvoll, sich auf eine Angebotssparte beziehungsweise auf die eigenen Kernkompetenzen zu konzentrieren. So grillt Burger King Hamburger und Pizza Hut setzt auf Pizzas. Bringen Sie in Erfahrung, was auf dem Markt Ihrer Branche angeboten und nachgefragt wird. Und untersuchen Sie die Bedürfnisse Ihrer aktuellen und potenziellen Kunden. Das hilft Ihnen, sich exakt auf die Kundenbedürfnisse einzustellen.

Wichtig ist, dass Sie sich diese Frage immer wieder stellen, denn Marktbedürfnisse ändern sich ständig. Wurden Kosmetikartikel für Männer noch vor einigen Jahren kaum nachgefragt, bilden sie heute einen zunehmend spannenden Markt. Unternehmen wie L'Oreal oder Beiersdorf haben dies früh erkannt und ihr Angebot männergerecht ausgebaut.

Kaufmotivation: Warum wird gekauft?

Kommen Sie nun den treibenden Kräften hinter dem Kauf – der Kaufmotivation – auf die Spur. Grundsätzlich unterscheiden wir zwischen negativer, neutraler und positiver Kaufmotivation. Diese können wie folgt beschrieben werden: Von einem negativ motivierten Kauf spricht man, wenn ein Produkt nachgefragt wird, um etwas zu verhindern, zu beseitigen oder zu beheben. Das kann der Abschluss einer Versicherung oder der Kauf eines Erste-Hilfe-Sets sein. Die neutrale Motivation dient der fortlaufenden Befriedigung von Bedürfnissen. Dazu zählt man beispielsweise Lebensmittel für den täglichen Gebrauch. Positiv motivierte Käufe hingegen werden getätigt, um sich an etwas zu erfreuen. Das kann der Kauf eines edlen Kleidungsstücks oder eines schnellen Motorrads sein. So motiviert die Werbung von Harley Davidson zum Genuss der wahren Freiheit auf Erden – im Sattel einer Harley.

Abb.: Harley-Davidson – «ein Stück Freiheit» / Quelle: © Harley-Davidson

Die Art der Kaufmotivation definiert auch die Kommunikationsmassnahmen: Wird die Notwendigkeit oder das Image eines Produkts hervorgehoben?

Kaufzeitpunkt: Wann wollen meine Kunden kaufen?

Morgens um sieben werden bei der mobilen Minibar im Zug selten alkoholische Getränke verlangt. Vielmehr müssen Kaffee und Croissants vorrätig sein. Speiseeis wird vorwiegend im Sommer genossen, während man das neue Snowboard im Spätherbst kauft. Onlineshopper hingegen wollen rund um die Uhr einkaufen können. Könnte man in Ihrem Onlineshop abends um zehn keinen Flug mehr buchen, hätten Sie bald alle Ihre Kunden verloren. Die Bedürfnisse Ihrer Kunden sind zeitabhängig. Berücksichtigen Sie dies und richten Sie Ihr Angebot entsprechend aus.

Kaufprozesse und Kaufpraktiken: Wie wird gekauft?

Vermutlich gehen Sie selten mit dem alleinigen Ziel in den Supermarkt, Bonbons oder Schokoriegel zu kaufen. Und dennoch landen sie in Ihrem Einkaufskorb. Weshalb? Weil der Verkäufer den Kaufprozess des Kunden kennt. Mit einer geschickten Platzierung bei der Kasse oder in der Nähe von ergänzenden Produkten (Pommes Chips beim Bier) lassen sich **Impulskäufe** auslösen. Kaufentscheide werden nicht nur rational gefällt: Mehr als drei Viertel der Käufe geschehen spontan am Kaufort, am **POP** (Point of Purchase). Menschen lassen sich von Emotionen leiten. Selbst beim Kauf eines Autos spielt neben der rationalen auch die emotionale Komponente eine wichtige Rolle. Analysieren Sie deshalb die Kaufpraktiken Ihrer Kunden.

Impulskäufe: *Spontankäufe, die ungeplant getätigt werden.*

POP (Point of Purchase): *Kaufort, an dem ein Angebot eingekauft und bezahlt wird (entspricht physisch dem POS).*

Kaufstätte: Wo wird gekauft?

McDonald's Restaurants befinden sich an bester Lage: in Einkaufszentren oder an Verkehrsknotenpunkten. Verkaufslokale bekannter Luxusmarken finden Sie entlang berühmter Einkaufsstrassen wie der 5th Avenue in New York oder der Maximilianstrasse in München. Sie führen Marken wie Armani, Prada und Louis Vuitton. Andere Unternehmen setzen auf Onlineshops. Jeder Standort ist bewusst und sorgfältig gewählt worden. Denn genau dort – im jeweils passenden Umfeld – erreichen die Unternehmen Ihre Zielgruppen am besten. Untersuchen Sie also, wo Ihre Kunden am liebsten einkaufen würden. Detaillierte Ausführungen zur Wahl Ihres Vertriebskanals erhalten Sie im Kapitel 9, «Place».

Vertriebsstruktur: Wie ist der Handel organisiert?

Die Vertriebsstrukturen unterscheiden sich nach Branche und geografischen Märkten. Die Verkaufskanäle und Handelsstufen unterscheiden sich stark. So führt im Buchhandel kaum ein Weg an Grosshändlern wie Libri oder dem Buchzentrum vorbei. Seit der Onlinehandel übers Internet völlig neue Perspektiven eröffnete, sind in manchen Branchen die Vertriebsstrukturen im Umbruch. So werden Hotels heute über Portalseiten wie www.ebookers.com oder www.hotels.com gebucht. Der Vertrieb über klassische Reisebüros wird zu teuer. Die genaue Untersuchung der in der Branche vorherrschenden Vertriebsstruktur ist für die spätere Definition des Marketinginstrumentes «Place» im Kapitel 9 unerlässlich.

3.2.3 Markttrends und Marktprognosen

Welches sind die Trends, welches sind die Kundenbedürfnisse von morgen? Gibt es Faktoren, die Ihr Marktumfeld oder Ihr Angebot verändern oder beeinflussen könnten? Nur wer sich laufend mit Markttrends auseinandersetzt, wird auch morgen noch erfolgreich auf dem Markt sein. Seien Sie Ihren Mitbewerbern also stets einen Schritt voraus.

Trends zu spät zu erkennen, kann nicht nur Ihren Umsatz schmälern, sondern Ihr Unternehmen ernsthaft gefährden. Als vor einigen Jahren der finnische Mobiltelefonhersteller Nokia den Trend zu aufklappbaren Modellen verpasste, verlor er wertvolle Marktanteile. Samsung und Sony Ericsson, die den Trend frühzeitig erkannten, waren die Gewinner.

Trendscouting: *Auch Cool Hunting genannt; ist eine Spezialform der Marktforschung mit der (Lifestyle-) Trends aufgespürt und für das eigene Unternehmen genutzt werden sollen.*

Speziell für die Erforschung und Entdeckung von neuen Trends wurde die Marktforschungsmethode des **Trendscouting** entwickelt. Lesen Sie dazu mehr im Kapitel 4, «Marktforschung».

CASE STUDY: *Tote Hose bei Levi's*

Bis heute ist die 1853 von Levi Strauss in San Francisco gegründete Bekleidungsmarke Levi Strauss & Co. weltbekannt. Die Jeans 501 ist eine Legende. Eine 501 zu tragen, war lange das Höchste der Gefühle – für alle und jeden, zu jeder Zeit. Selbst Marilyn Monroe und andere Berühmtheiten trugen Levi's.

Nach jahrelangem Erfolg wurde Levi's 1997 von einer gravierenden Krise eingeholt, der Umsatz brach stark ein. Doch was war geschehen? Levi's produzierte an den Bedürfnissen der jugendlichen Kunden vorbei. In den 90er-Jahren begannen auch Mamas, Papas und Grosseltern sich mit Levi's-Bluejeans einzukleiden. Darum wurde die Marke von den Teenagern nicht mehr akzeptiert. Jugendliche wollen sich von der Erwachsenenwelt distanzieren. Sie verlangen auf der Suche nach der eigenen Identität ihre eigenen Marken, die ihre Werte verkörpern. Obwohl von Experten darauf aufmerksam gemacht, verpasste Levi's wichtige Trends: Überlange, weit geschnittene Modelle oder Baggypants führte Levi's nicht im Sortiment.

Abb.: Die legendäre Levi's-501-Jeans

«You can stretch denim over a wide butt, but you can't stretch it over too many generations», brachte es der amerikanische Marketing-Guru Al Ries auf den Punkt. Was so viel heisst wie: Man kann Jeansstoff zwar über einen breiten Po, aber nicht über zu viele Generationen ausdehnen.

Den Imageverlust hat Levi's bis heute nicht wieder wettgemacht. Selbst millionenteure Werbung und Sponsoringengagements, wie bei den MTV Music Awards, brachten nicht den gewünschten Erfolg.

Quellen: www.cio.com

3.2.4 Marktgrössen und Marktkennzahlen

Zu den weiteren hilfreichen Instrumenten der Marktanalyse zählen die Marktgrössen. Sie analysieren die Märkte mengenmässig nach Geld- oder Stückeinheiten. Dabei werden die Zahlen sowohl für einen Gesamtmarkt (Automobile) als auch für einen Teilmarkt (Cabriolet oder SUV) berechnet. Denn die Zahlen eines Gesamtmarktes und einer seiner Teilmärkte verhalten sich nicht zwingend gleich. Es ist durchaus möglich, dass sich der Schweizer Automobilmarkt negativ entwickelt, während die Teilmärkte für SUVs oder Cabriolets zulegen.

Die folgende Tabelle zeigt die verschiedenen Marktgrössen und deren hierarchische Einordnung und Bedeutung. Alle Grössen beziehen sich auf einen klar definierten Markt und eine zu bestimmende Zeitperiode.

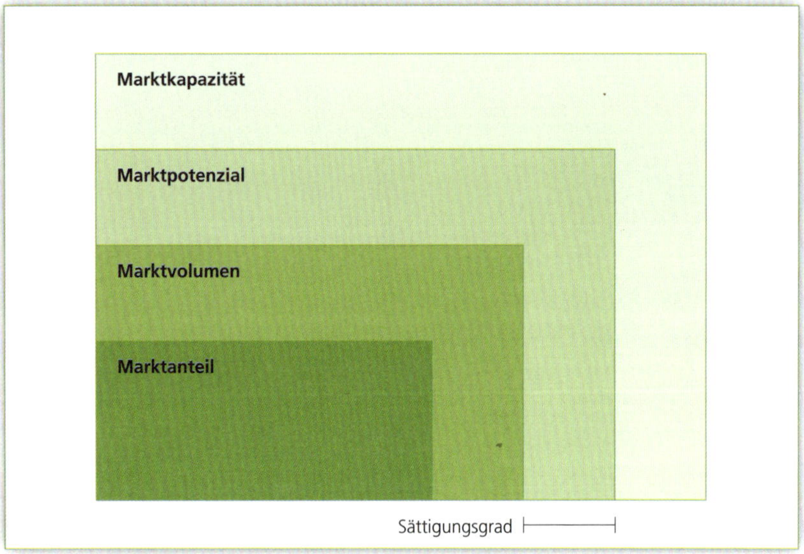

Abb.: Die Hierarchie der Marktgrössen

Marktkapazität

Marktkapazität: *Maximale Aufnahmefähigkeit eines Marktes ohne Berücksichtigung der Kaufkraft.*

Die **Marktkapazität** (in Stücken oder Geldeinheiten) zeigt die Aufnahmefähigkeit eines Marktes – also alle Einwohnerinnen und Einwohner eines bestimmten Wirtschaftsraums, eines Landes oder einer bestimmten Region. So verfügt der Markt Schweiz über eine Marktkapazität von rund 7,9 Millionen, der Markt China über rund 1,3 Milliarden Personen. (Die Kaufkraft der Bevölkerung wird nicht berücksichtigt.)

Marktpotenzial

Das **Marktpotenzial** entspricht der theoretisch maximal möglichen Absatzmenge (in Stücken oder Geldeinheiten) auf einem Markt. Berücksichtigt werden neben der Marktkapazität die Kaufkraft und mögliche generelle Ausschlusskriterien. Das heisst: Es werden nur jene Personen miteinbezogen, die potenzielle Nachfrager einer Leistung sein könnten. Beispiel: Für eine Automarke gelten nur Leute mit Führerschein und einer dem Produkt entsprechenden Kaufkraft als potenzielle Kunden. Folglich gehören Kinder nicht zum Marktpotenzial für Automobilanbieter. Dennoch beeinflussen sie sehr wohl den Autokauf.

Marktpotenzial: *Maximale Aufnahmefähigkeit eines Marktes unter Berücksichtigung der Kaufkraft.*

Marktvolumen

Das **Marktvolumen** entspricht dem tatsächlichen Umsatz (in Stücken oder Geldeinheiten), den alle Anbieter auf einem Markt während eines bestimmten Zeitraums gemeinsam erzielen. Der Automobilmarkt Schweiz erreicht beispielsweise ein totales Marktvolumen von rund 3 Millionen Autobesitzer oder einen Absatz von rund 300 000 Stück pro Jahr. Grundsätzlich kann der Markt mit einem schlagkräftigen Marketing-Mix penetriert werden, bis das Marktvolumen dem Marktpotenzial entspricht. Dann spricht man von einem gesättigten Markt. Das heisst, einzelne Unternehmen können nur noch auf Kosten Ihrer Mitbewerber weiter wachsen.

Marktvolumen: *Die effektiv in einem Markt generierten Umsätze/Absätze.*

Marktanteil

Der **Marktanteil** (in Prozenten) gibt Auskunft über den Umsatzanteil eines Unternehmens am Branchenumsatz, das heisst am Marktvolumen.

$$\frac{\text{Umsatz Stk. (oder Umsatz CHF)} \times 100}{\text{Marktvolumen}} = \textbf{Marktanteil in Prozenten}$$

Marktanteil: *Der von unserem Unternehmen generierte Anteil am Umsatz des Gesamtmarktes. Resultat in Prozent ausgedrückt.*

In der Praxis ist auch der relative Marktanteil als Indikator für die Marktstellung beliebt. Der relative Marktanteil setzt den Umsatz Ihres Unternehmens in Bezug zu demjenigen Ihres grössten Mitbewerbers:

$$\frac{\text{Umsatz Stk. (oder Umsatz CHF)} \times 100}{\text{Umsatz des grössten Mitbewerbers}} = \textbf{relativer Marktanteil in Prozenten}$$

Sättigungsgrad: *Gibt Auskunft, wie weit ein Marktpotenzial bereits ausgeschöpft ist. Formel: Sättigungsgrad = Marktvolumen x 100 : Marktpotenzial.*

Marktnische: *Ein kleiner Teilmarkt, der meist nur von einem oder wenigen Unternehmen mit einem sehr spezifischen Angebot bearbeitet wird.*

Marktlücke: *Teil eines Marktes, der bis anhin noch nicht bearbeitet wird. Diese Lücke kann mit einem entsprechenden Angebot geschlossen werden.*

Substitutionskonkurrenz: *Mitbewerber, die ein Produkt anbieten, das ein eigenes Produkt substituieren (ersetzen) kann.*

Sättigungsgrad

Der **Sättigungsgrad** (in Prozenten) zeigt, wie weit das Marktpotenzial bereits ausgeschöpft ist. **Marktnischen** (nur wenige Anbieter) oder gar **Marktlücken** (noch keine Anbieter) gekoppelt mit einem tiefen Sättigungsgrad sind für neue Unternehmen besonders interessant. Gesättigte Märkte (Marktsättigung von bis zu 100 Prozent) hingegen bedeuten, dass auf diesem Markt keine zusätzlichen Produkte oder Dienstleistungen mehr abgesetzt werden können:

$$\frac{\text{Marktvolumen x 100}}{\text{Marktpotenzial}} = \textbf{Sättigungsgrad in Prozenten}$$

3.2.5 Ihre Mitbewerber

Auf jedem lukrativen Markt tummeln sich Mitbewerber. Um sich von ihnen abzuheben, müssen Sie Ihre Konkurrenten kennen. Durchleuchten Sie sie mit der Konkurrenzanalyse:

Definieren Sie Ihre wichtigsten Mitbewerber

Finden Sie heraus, wer Ihre Mitbewerber sind. Das ist häufig gar nicht so offensichtlich und bedarf einer genauen Analyse. So stehen Wintersportorte nicht nur untereinander, sondern auch mit Destinationen im Süden im Wettbewerb **(Substitutionskonkurrenz)**: Die Badedestination Varadero auf Kuba konkurriert direkt die Wintersportdestination Arosa in den Schweizer Alpen.

Analysieren Sie das Marketingkonzept Ihrer Mitbewerber

Seien Sie überzeugt von Ihrem Unternehmen, doch unterschätzen Sie nie Ihre Mitbewerber. Betriebsblindheit mit fehlendem Blick nach aussen ist gefährlich! Verschliessen Sie nicht Ihre Augen vor vorhandenen oder potenziellen Problemen mit Ihren Mitbewerbern. Erfahren Sie mehr über deren Marktanteil, Zielmärkte und Zielgruppen, Image und Produktspezifikationen. Dazu betrachten Sie Ihre Mitbewerber am besten aus der Perspektive einer neutralen Drittperson.

Untersuchen Sie die Stärken und Schwächen Ihrer Mitbewerber

Eine Teilnehmerin eines meiner Marketingseminare brachte ich neulich in Rage. Beim Thema Distribution erläuterte ich die Vorzüge des Internets und den für den Kunden offenen Markt anhand eines selbst erlebten Beispiels: Ich erwarb eine neue Waschmaschine mit Wäschetrockner. Vor dem Kauf verglich ich im Internet die Preise in der Schweiz mit jenen in Deutschland. Nach kurzer Suche fand ich einen Händler aus Deutschland, der ein vergleichbares Produkt zum halben Preis anbot – Lieferung frei Haus. Ich schlug zu. Die Teilnehmerin, Besitzerin eines Schweizer Elektrofachgeschäfts, fand es unerhört, dass ich über dieses Erlebnis überhaupt berichtete. Es brauchte einiges an Überzeugungskraft, um ihr zu erklären, dass sie sich dieser Problematik nicht verschliessen dürfe, sondern aktiv nach möglichen Lösungen suchen solle. Ich schlug ihr vor, ihren Kunden einen speziellen Service zu bieten, neue Geschäftsbeziehungen aufzubauen oder sich mit anderen Produkten auf dem Markt zu profilieren. Schliesslich sah sie es ein, beruhigte sich und wir tranken während der Pause gemeinsam einen Kaffee – sicherlich aus Übersee importiert.

Beobachten Sie das Spiel Ihrer Mitbewerber auf dem Markt so, wie ein Profitennisspieler seine Herausforderer beurteilt. Analysieren Sie deren Stärken und Schwächen, lernen Sie daraus. Imitieren Sie Stärken und machen Sie die Schwächen der Mitbewerber zu Ihren eigenen Stärken. Seien Sie offensiv und nutzen Sie Ihren Marketing-Mix als Ihre Spielstrategie – zu Ihren Gunsten.

EXKURS: *Das Fünf-Kräfte-Modell*

Der Wirtschaftsprofessor Michael E. Porter eruiert in seiner Five Forces Analysis fünf Kräfte, die auf Ihr Unternehmen einwirken: bestehende Mitbewerber, potenzielle Mitbewerber, Substitutionsprodukte, Lieferanten und Abnehmer. Das **Fünf-Kräfte-Modell** analysiert die Attraktivität Ihres aktuellen oder zukünftigen Marktes. Je stärker die fünf Kräfte auf Ihre Branche einwirken, desto unattraktiver ist Ihr Umfeld. Umso wichtiger ist es, hier mit einem cleveren Marketingkonzept entgegenzuwirken.

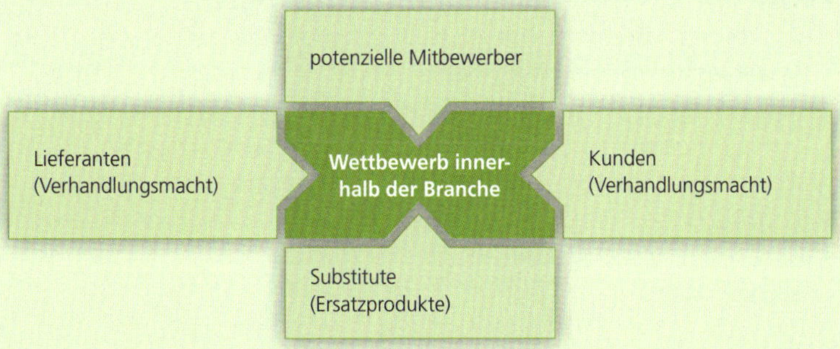

Abb.: Fünf-Kräfte-Modell von Michael E. Porter

Fünf-Kräfte-Modell:
five forces analysis; Branchenstrukturanalyse nach Michael E. Porter.

1. Wettbewerb innerhalb der Branche

Eruieren Sie Ihre wichtigsten Mitbewerber und beschreiben Sie das Verhältnis untereinander. Besteht eine starke Konkurrenzsituation (Rivalität unter den Mitbewerbern)? Wie sind die Kräfte auf dem Markt verteilt? Dominiert ein Mitbewerber den gesamten Markt? Die Intensität des Wettbewerbs hängt von folgenden Faktoren ab:

- Anzahl und Stärke der Mitbewerber
- Strategien der Mitbewerber (Rivalität erhöht sich, wenn Mitbewerber aggressive Wachstumsstrategien verfolgen)
- Sättigungsgrad und Wachstum der Branche (die Rivalität erhöht sich mit zunehmendem Sättigungsgrad und entsprechend kleinem Wachstum)
- Produktdifferenzierung: Ist das Angebot weitgehend identisch oder bestehen grössere Unterschiede?
- Gibt es Marktaustrittsbarrieren wie etwa hohe Stilllegungskosten? (falls vorhanden, intensivieren diese den Wettbewerb)

2. Potenzielle Mitbewerber

In heutiger Zeit des schnellen Wandels müssen Sie Ihren potenziellen Mitbewerbern besonderes Augenmerk schenken. So kann eine Dorfbäckerei ihr Angebot auf Take-away-Produkte wie Salate oder Fertiggerichte ausdehnen und so einen bestehenden Take-away-Stand massiv konkurrenzieren – und diesem Marktanteile abgewinnen. Untersuchen Sie folgende Faktoren, um die Bedrohung durch potenzielle Mitbewerber zu eruieren:

- Hohes Wachstum innerhalb der Branche lockt Neulinge an
- Markteintrittsbarrieren zu Vertriebskanälen, technologisches Know-how oder hohe Investitionserfordernisse machen den Markt für Neulinge unattraktiv
- Markentreue der Konsumenten (Untreue verschärft den Wettbewerb)
- Kostendegression macht den Markt für Neulinge unattraktiv (zum Beispiel Skalenerträge: abnehmende Fixkosten bei hoher Produktionsmenge).
- Subventionen: locken bestehende oder neue Anbieter an oder halten sie ab
- Marktaustrittsbarrieren machen den Markt unattraktiver (z.B. hohe Stilllegungskosten).

3. Substitute (Ersatzprodukte)

Substitute sind Ersatzprodukte. Das heisst, sie vermögen dieselben Kundenbedürfnisse wie die originären Produkte abzudecken. So kann ein Butterproduzent durch einen Margarineanbieter ernsthaft in Bedrängnis geraten. Auch Dienstleistungen sind ersetzbar: Im Herbst 2007 musste die Fluggesellschaft easyjet die Verbindung Basel-Paris einstellen, als die Fahrt im Hochgeschwindigkeitszug TGV von Basel nach Paris um 76 Minuten verkürzt wurde. Der Zug hat das Flugzeug substituiert. Die Bedrohung durch Substitute hängt von folgenden Faktoren ab:

- Markentreue der Konsumenten (Bereitschaft, auf Alternativen umzusteigen)
- Intensität der Kundenbindung (beispielsweise durch langfristige Verträge)
- Kosten, die mit einem Wechsel verbunden sind (Switching Costs)

Substitute: *Produkte, die andere Produkte ersetzen (substituieren) können. Margarine kann beispielsweise Butter ersetzen. Margarine ist ein Substitutionsprodukt (auch Substitut genannt) von Butter.*

4. Lieferanten (Verhandlungsmacht)

Die Macht der Lieferanten beeinflusst den Wettbewerb wesentlich. Idealerweise verfügen Sie über eine grosse Auswahl an Zulieferern. So können Sie sich mit dem geeignetsten oder kostengünstigsten Angebot eindecken und sind nicht von einem einzigen Lieferanten abhängig. Ist dies nicht der Fall, so halten Sie nach möglichen Alternativen Ausschau oder überlegen sich, die Leistungen selber herzustellen **(Make-or-Buy-Entscheid)**. So stellt der Hotelmanager die Torten für das Dessert-Buffet inhouse her oder bezieht sie bei einer Konditorei. Die Verhandlungsmacht der Lieferanten hängt von folgenden Faktoren ab:

- Anzahl Lieferanten (Wettbewerb unter den Lieferanten)
- Lieferanten können durch Vorwärtsintegration (Übernahme eines Abnehmers) Mitbewerber Ihres Unternehmens werden.
- Ihr Unternehmen kann durch Rückwärtsintegration Lieferanten übernehmen.
- Wechselkosten: Ist es einfach für Lieferanten, neue Kunden zu finden?
- Ist Ihr Unternehmen eine wichtige Abnehmerin für die Lieferanten?
- Profitabilität der Lieferanten: Sind sie gezwungen, die Preise zu erhöhen?

Make-or-Buy-Entscheid: *Entscheid, ob eine Leistung oder ein Produkt selber hergestellt oder zugekauft weden soll.*

5. Kunden (Verhandlungsmacht)

Je nach Anzahl Kunden, der Breite Ihres Angebots und der Höhe der Wechselkosten kommt den Kunden eine unterschiedliche Marktmacht zu. Gefährlich kann es werden, wenn Sie nur einige wenige Kunden besitzen. Dies nennt man Klumpenrisiko und kommt in der Praxis oft vor. Da Sie kaum auf einen grossen Kunden verzichten möchten, bleibt Ihnen meist nichts anderes übrig, als dieses Risiko einzugehen.

Wechselkosten: *Transaktionskosten, die einem Abnehmer durch den Wechsel des Anbieters entstehen.*

Die **Wechselkosten** bezeichnen die Hemmnisse Ihrer bestehenden Kunden, zu Mitbewerbern zu wechseln – oder umgekehrt. Die Wechselkosten werden zum Beispiel durch Verträge bewusst hoch gehalten. Mobiltelefonanbieter schliessen mit ihren Kunden über mehrere Monate oder Jahre laufende Verträge ab. Auch Kundenbindungsprogramme wie das Vielfliegerprogramm «Miles & More» von Lufthansa erfüllen den gleichen Zweck. Die Verhandlungsstärke der Kunden hängt von folgenden Faktoren ab:

- Konzentration der Kunden: Gibt es einige wenige Kunden mit grosser Marktmacht (Klumpenrisiko) oder handelt es sich um einen Massenmarkt?
- Wechselkosten: Können Kunden den Anbieter leicht wechseln?
- Qualität und Service: Welche Rolle spielen diese für die Kunden?
- Informationsstand der Kunden

3.2.6 Ihre Umwelt – die PEST-Analyse

Umweltsphären: *Externe, durch ein Unternehmen nur schwer beeinflussbare Vorgaben und Rahmenbedingungen. Sie werden mithilfe der PEST-Analyse eruiert.*

Tabakkonzerne haben es nicht leicht. Das Rauchen in öffentlichen Räumen wird zunehmend eingeschränkt oder gar verboten. Die Zölle auf Tabakwaren steigen, und strikte Auflagen erschweren Zigarettenwerbung. Diese Veränderungen der **Umweltsphären** beeinflussen das Marketing der Tabakkonzerne massgeblich.

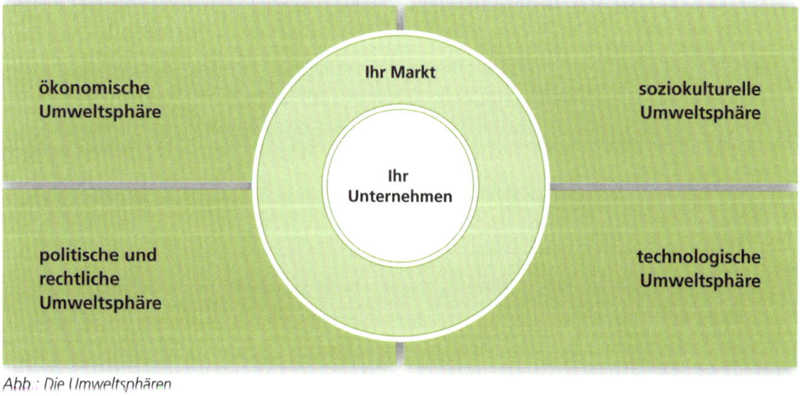

Abb.: Die Umweltsphären

Seien Sie sich bewusst, dass Ihr Unternehmen inmitten einer Umwelt agiert, auf die Sie nur beschränkt Einfluss nehmen können – die im Gegenzug aber Ihr Unternehmen stark prägt. Mit der **PEST-Analyse** nehmen Sie die vier Umweltsphären unter die Lupe. Sie analysieren die Auswirkungen der Umwelt auf Ihr Unternehmen und definieren effiziente Massnahmen, um darauf zu reagieren,

__PEST-Analyse:__ Analyse zur Untersuchung der Rahmenbedingungen der Unternehmensumwelt. Sie beleuchtet folgende Umwelteinflüsse: political & legal factors (politische und rechtliche Umwelt), economic factors (ökonomische Umwelt), social factors (soziale und kulturelle Umwelt) und technological factors (technologische Umwelt).

Die Ergebnisse Ihrer PEST-Analyse lassen sich einfach in Ihre SWOT-Analyse einbauen (vgl. auch Kapitel 3.3.2, «Die SWOT-Analyse»). Dazu brauchen Sie bloss die erfassten Einflüsse aus der Umwelt in Chancen und Gefahren zu unterteilen.

Political & Legal Factors – die politische und rechtliche Umweltsphäre

Die politische Umweltsphäre gibt Auskunft über die politische Stabilität und das politische System eines Landes. Sie beinhaltet auch ökologische Rahmenbedingungen, das heisst den Einfluss von Natur und Umwelt im eigentlichen Sinn. Ihre ökologische Umwelt erfordert einen schonenden Umgang mit den natürlichen Ressourcen wie Wasser und Luft (Energiesparmassnahmen, Lärmreduktionen, Abfallbeseitigungs- und Recyclingvorschriften).

Die rechtliche Umweltsphäre ist zentral, da sie die gesetzlichen Schranken aufzeigt. Neue Verfassungsartikel, Gesetze und Reglemente auf internationaler, nationaler oder lokaler Ebene können einen grossen Einfluss auf Ihr Unternehmen haben. Dazu gehören beispielsweise neue, einschränkende Gesetze über den Alkohol- und Tabakkonsum oder die Ausgestaltung des Arbeitsrechts.

Economic Factors – die ökonomische Umweltsphäre

Die ökonomische Umweltsphäre gibt die wirtschaftlichen Rahmenbedingungen vor: Das Wirtschaftswachstum, Steuersätze, Wechselkurse, Arbeitslosenzahlen oder die konjunkturelle Entwicklung wirken auf Ihr Unternehmen ein. So hatte die Finanzkrise des Jahres 2007 und die nachfolgende Rezession Einfluss auf das Verhalten des Take-away- und Out-of-home-Kaffeekonsums der amerikanischen Bevölkerung. Die Premium-Kaffeekette Starbucks war die grosse Verliererin. Zu den Gewinnern zählten günstigere Anbieter wie McDonald's.

Ebenfalls die Struktur einer Volkswirtschaft und ihre ökonomischen Beziehungen mit dem Ausland sind wichtige ökonomische Umweltfaktoren. So gelten für Unternehmen in einem EU-Mitgliedsland andere ökonomische Bedingungen (zum Beispiel der Freihandel unter den Mitgliedsstaaten) als für Unternehmen in einem Nicht-EU-Mitgliedsland.

Social Factors – die soziokulturelle Umweltsphäre

Die soziokulturelle Umweltsphäre umfasst demografische Faktoren, die Auswirkungen des menschlichen Zusammenlebens sowie die vorherrschenden kulturellen Eigenheiten. Dazu gehören der Lebensstil, die grundlegende Einstellung und Werthaltung Ihres Umfelds zu Gesellschaft, Politik, Wirtschaft und Umwelt und die öffentliche Meinung über Ihr Unternehmen. Je nach Land oder Region können hier ganz unterschiedliche Einflüsse auf Ihr Unternehmen einwirken. Vor allem im internationalen Geschäft müssen Sie mit ortsangepassten Strategien und Massnahmen darauf reagieren. Auch demografische Faktoren wie die Einkommensverteilung, das Bildungssystem und -niveau, die Altersstruktur oder das Bevölkerungswachstum sind wichtige Punkte, die einen Einfluss auf Ihr Unternehmen haben werden.

Technical Factors – die technologische Umweltsphäre

Die technologische Umweltsphäre umfasst den Stand von Forschung und Entwicklung, IT-Technologien, neue Produktionsverfahren und Neuerfindungen. Der Fortschritt der Informations- und Kommunikationstechnologie beeinflusst heute jedes Unternehmen. Doch die Forschungsausgaben der Regierung, die Geschwindigkeit des technologischen Wandels, die Energiekosten oder die Innovationskraft für Neuentwicklungen können je nach Standort vollkommen unterschiedlich sein.

3.3 Kombinierte Analyseinstrumente

Nun wird es besonders spannend: Wir lernen zwei der wichtigsten Instrumente für die Situationsanalyse kennen. Das Positionierungskreuz und die SWOT-Analyse vereinen die Erkenntnisse aus der internen und der externen Analyse.

3.3.1 Das Positionierungskreuz

Positionierungskreuz: *Zweidimensionale Matrix zur Positionierung und zum Vergleich von Produkten verschiedener Wettbewerber.*

Das **Positionierungskreuz** zeigt, inwiefern sich Ihr Unternehmen, Ihr Produkt oder Ihre Dienstleistungen von jenen Ihrer Mitbewerber unterscheiden. Es offenbart Marktlücken und lokalisiert Mitbewerber mit ähnlicher Ausrichtung. Dieses Analyseinstrument ist weit verbreitet und einfach anzuwenden.

So erstellen Sie ein Positionierungskreuz

Bestimmen Sie den für Sie relevanten Markt. Das kann der internationale Markt für Sportwagen, der nationale Markt für Zeitschriften oder der regionale Markt italieni scher Restaurants sein. Benennen Sie beide Achsen des Positionierungskreuzes. Überlegen Sie sich dabei, welche Produkteigenschaften für die Konsumenten besonders wichtig sind: der Preis (günstig/teuer), die geografische Verankerung (regional/global), die Qualität (tief/hoch) oder eine spezifische Eigenheit des Produkts (Technik, Design).

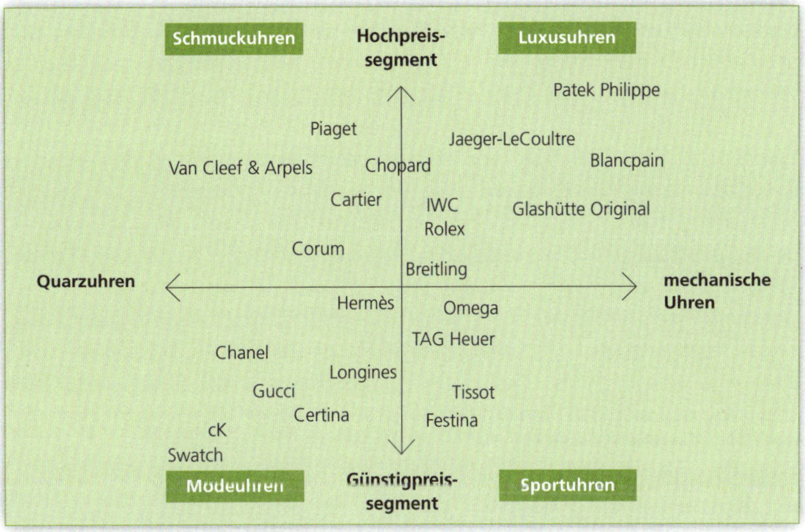

Abb.: Positionierungskreuz Uhrenmarken / Quelle: Swiss Watch Federation und Merrill Lynch Estimates

Nun platzieren Sie sich selbst und Ihre Mitbewerber auf dem Kreuz. Die dazu nötigen Fakten beschaffen Sie sich am einfachsten mithilfe Ihrer Marktforschung (vgl. Kapitel 4, «Marktforschung»).

Das Positionierungskreuz zeigt auf einen Blick, wo Ihre Mitbewerber positioniert sind (vgl. Abb: Positionierungskreuz Uhrenmarken). Sie erkennen ähnlich wie Sie positionierte Mitbewerber als auch jene Unternehmen, denen Sie nicht in die Quere kommen werden. Sind Unternehmen auf denselben Märkten tätig, nehmen jedoch völlig unterschiedliche Positionen auf dem Kreuz ein, ist dies für Unternehmen in der Regel problemlos.

Weiterer Vorteil des Positionierungskreuz ist, dass Sie erkennen, wie Sie sich auf dem Markt zukünftig strategisch ausrichten sollen. Geplante Um- oder Neupositionierungen lassen sich im Positionierungskreuz einzeichnen.

3.3.2 Die SWOT-Analyse

Billigfluggesellschaften verfügen über eine ausgeklügelte Kostenstruktur. Sie können daher mit tiefen Preisen auftrumpfen. Hingegen stehen sie mit mageren Dienstleistungen hinten an. Gleichzeitig profitieren sie von der wachsenden Nachfrage an Flugreisen. Diese Entwicklung wiederum bringt jedoch immer mehr Mitbewerber auf den Markt.

SWOT-Analyse: *Analyse der internen Stärken (Strenghts) und Schwächen (Weaknesses) eines Unternehmens sowie der externen Chancen (Opportunities) und Gefahren (Threats) auf dem Markt. Sie ist ein beliebtes Instrument der Situationsanalyse.*

Solche Überlegungen sind unverzichtbar für die Strategieentwicklung Ihres Unternehmens: Mit der **SWOT-Analyse** untersuchen Sie den Markt und Ihr Unternehmen. Sie ist sehr beliebt – weil flexibel, praktikabel und effektiv – und bildet die Basis für wichtige Marketing- und Unternehmensentscheide. Die SWOT-Analyse untersucht die unternehmensinternen Stärken (Strengths) und Schwächen (Weaknesses) sowie den Einfluss von unternehmensexternen Chancen (Opportunities) und Gefahren (Threats).

Externe Mithilfe kann Ihnen bei der Erstellung nützlich sein. Auf diese Weise schalten Sie die Gefahr der eigenen Betriebsblindheit aus. Sie müssen nicht einmal teure Experten engagieren – fragen Sie einfach Ihre Kunden und Lieferanten oder Bracheninsider, denen Sie vertrauen. Kurzum: Menschen, die Ihr Unternehmen oder den Markt gut kennen.

Optional können Sie die Faktoren zu den vier Untersuchungspunkten Strengths, Weaknesses, Opportunities und Threats nach deren Wichtigkeit ordnen. Dabei empfehle ich Ihnen eine Skala von 1 bis 5. So bewerten Sie beispielsweise eine Stärke, die für Ihren Erfolg von zentraler Bedeutung ist und Sie gegenüber Ihren Mitbewerbern klar unterscheidet, mit einer 5. Eine Stärke, die weniger ins Gewicht fällt, bewerten Sie mit einer entsprechend tieferen Note.

<table>
<tr><th colspan="2">Interne Analyse</th></tr>
<tr><td>Stärken (Strengths)
• zentraler Standort des Unternehmens
• guter Ruf/gutes Image
• motivierte und qualifizierte Angestellte
• tiefe Produktions- oder Betriebskosten
• breites und modernes Angebotssortiment
• guter Kundenmix</td><td>Schwächen (Weaknesses)
• hohe Kosten
• schlechter Ruf/schlechtes Image
• schlechter Verkaufsstandort
• unflexibel/träge interne Abläufe
• schlechte interne Kommunikation
• schlecht ausgebildetes oder wenig motiviertes Personal
• schlechte Marktkenntnisse
• nur einige wenige Kunden (Klumpenrisiko)</td></tr>
<tr><th colspan="2">Externe Analyse</th></tr>
<tr><td>Chancen (Opportunities)
• schwache Mitbewerber
• ein wachsender Markt
• neue Gesetze, die für das Unternehmen positiv sind
• Markttrends, die sich mit Ihrem Angebot decken</td><td>Gefahren (Threats)
• neue, starke Mitbewerber
• sich negativ auf Ihr Unternehmen auswirkende künftige gesetzliche Veränderungen
• schrumpfender Markt
• Rohmaterial oder Betriebsstoffe verteuern sich</td></tr>
</table>

Abb.: SWOT-Analyse mit einigen Beispielen

Interne Analyse: Stärken und Schwächen

Stärken und Schwächen sind relative Grössen. Das heisst, sie müssen mit den Stärken und Schwächen Ihrer Mitbewerber ins Verhältnis gesetzt werden. Im Gegensatz zu den externen Einflussfaktoren Chancen und Gefahren lassen sich Ihre Stärken und Schwächen beeinflussen. Sie können Ihre Stärken fördern und versuchen, Ihre Schwächen abzubauen. Falls Sie den tollen Teamgeist und hoch motivierte Mitarbeiter als Stärken aufführen, dann muss das auch in der Realität so sein. Berücksichtigen Sie auf jeden Fall nur echte und relevante Stärken und überprüfen Sie diese. Anschliessend suchen Sie aktiv nach internen Schwächen. Die SWOT-Analyse wird Ihnen nur helfen, wenn Sie ihre wichtigsten Schwächen ehrlich und objektiv auflisten. Die Analyse muss in sich logisch und konsequent sein.

Externe Analyse: Chancen und Gefahren

Die externe Analyse untersucht den aktuellen Markt, prognostiziert Marktentwicklungen und eruiert Eventualitäten. Chancen und Gefahren sind externe Kräfte, die vom Markt und der Umwelt her auf Ihr Unternehmen einwirken. Sie können diese nicht direkt beeinflussen. So spielen beispielsweise rechtliche Rahmenbedingungen, Umwelteinflüsse oder die Medien eine grosse Rolle. Ein starker US-Dollar kann eine vorübergehende Chance für exportorientierte europäische Unternehmen sein. Und Terroranschläge oder Umweltkatastrophen haben möglicherweise tief greifende, negative Auswirkungen. So brachten die Anschläge vom 11. September 2001 oder der Vulkanausbruch des Eyjafjallajökull auf Island einige Fluggesellschaften arg in Bedrängnis.

Abb.: Eyjafjallajokull: Naturschauspiel und Gefahr für Unternehmen / Quelle: Promote Iceland

Ebenso können sich Werbeverbote für Tabak empfindlich auf einen Tabakkonzern auswirken (zum Beispiel das Verschwinden von Tabakinseraten in Zeitschriften oder der Verlust des Hauptsponsors eines Open-air-Konzerts). Ihre Aufgabe ist es also, aktiv nach strategisch relevanten Chancen, die sich für Ihr Unternehmen öffnen, und externen Gefahren, auf die Sie sich vorbereiten müssen, zu suchen.

EXKURS: *SWOT-Kombinationen*

Als Erweiterung zur SWOT-Analyse empfehle ich Ihnen, die vier SWOT-Felder zu SWOT-Kombinationen zusammenzufassen. Diese Erweiterung ermöglicht es, Stärken und Chancen optimal zu nutzen, Gefahren sinnvoll entgegenzuwirken und Schwächen abzubauen.

Die folgende Grafik veranschaulicht die vier SWOT-Kombinationen, auf die Sie mit geeigneten Massnahmen reagieren können:

		Interne Analyse	
		Stärken	**Schwächen**
Externe Analyse	**Chancen**	Verfolgen Sie neue Chancen, die gut zu den Stärken des Unternehmens passen.	Eliminieren Sie Schwächen, um Chancen zu nutzen.
	Gefahren	Nutzen Sie Stärken, um Gefahren abzuwenden.	Entwickeln Sie Verteidigungsstrategien, um vorhandene Schwächen nicht zur Bedrohung werden zu lassen.

Abb.: SWOT-Kombinationen und einzuleitende Massnahmen

Stärken-Chancen-Kombinationen

Welche Stärken passen zu welchen Chancen? Zeigen Sie einen Weg auf, der es ermöglicht, interne Stärken zur Realisierung externer Chancen zu nutzen.

Schwächen-Chancen-Kombinationen

Welche Schwächen lassen sich mit welchen Chancen kombinieren? Merzen Sie Schwächen aus oder bauen Sie fehlende Stärken auf, um Chancen zu nutzen.

Stärken-Gefahren-Kombinationen

Lassen sich Stärken und Gefahren kombinieren? Wehren Sie mit Ihren internen Stärken externe Gefahren ab.

Schwächen-Gefahren-Kombinationen

Welche Schwächen passen zu welchen Gefahren? Bauen Sie interne Schwächen ab, um externe Gefahren abzuwehren. Das frühzeitige Erkennen von Schwächen-Gefahren-Kombinationen ist wichtig, um Situationen, die Ihr Unternehmen gefährden, auszuweichen.

4. Marktforschung

«Der Köder muss dem Fisch und nicht dem Angler schmecken.» *unbekannt*

Technische Innovationen und schnelllebige Trends bestimmen heute den Markt. Bedürfnisse der Kunden wandeln sich rasch. Doch Anbieter und Endverbraucher haben nur noch selten direkt miteinander zu tun. Die **Marktforschung** versucht, dieses Manko des fehlenden unmittelbaren Kundenkontakts zu kompensieren. Sie liefert unentbehrliche Daten für die Situationsanalyse und die Erfolgskontrolle Ihres Marketingkonzepts.

Marktforschung (MAFO): *Systematische Beschaffung, Verarbeitung und Analyse von marketingrelevanten Informationen.*

Mit der Marktforschung untersuchen wir verschiedene unternehmerische Aspekte in den Bereichen der Meinungs-, Produkt-, Abnahme- und Wettbewerbsforschung. Folgende Anwendungen stehen im Vordergrund:

- Ergründen von Marktcharakteristiken wie Alter und Verhalten der Konsumenten
- Ergründen von Kundenwünschen als Basis für Dienstleistungs- und Produktinnovationen
- Überprüfen von Image, Marktwahrnehmung und Kundenzufriedenheit
- Motivforschung für ein besseres Verständnis, wie Kaufentscheide ausgelöst werden
- Frühzeitiges Erkennen genereller und spezifischer Chancen und Gefahren
- Meinungsforschung, um den Puls der Öffentlichkeit oder der Umwelt zu fühlen
- Absichern von Entscheiden: Testen neuer Produkte und Dienstleistungen, neuer Märkte oder Vorabtest **(Pretest)** von Werbekampagnen
- Kontrolle des Marketingerfolgs und Werbeerfolgskontrolle (vgl. Kapitel 14, «Marketingkontrolle»)

Pretest: *Qualitätssicherung; Marketingentscheide werden vor der Umsetzung auf ihre Tauglichkeit und Wirtschaftlichkeit hin überprüft.*

LERNZIELE – *Nach dem Studium dieses Kapitels sind Sie in der Lage …*

… die richtigen Marktforschungsinstrumente zu berücksichtigen.
… die für Ihr Unternehmen geeigneten Marktforschungsmethoden auszuwählen.
… selbstständig sekundäre Marktforschung zu betreiben.
… mittels eines Fragebogens eine einfache Umfrage durchzuführen.
… eine Marktforschungsstudie mithilfe eines MAFO-Unternehmens zu planen.

4.1 Der Marktforschungsprozess

> Vertiefte Theorie zum Thema Marktforschung liefert Ihnen das Buch von Berekoven, Eckert und Ellenrieder «Marktforschung. Methodische Grundlagen und praktische Anwendungen».

Bevor Sie die einzelnen Methoden und Instrumente der Marktforschung näher kennenlernen, gebe ich Ihnen einen Überblick über den Marktforschungsprozess. Dies wird Ihnen helfen, das Vorgehen der Marktforschungsinstitute zu verstehen oder auf eigene Faust Marktforschungsmassnahmen zu planen. Bei grösseren Marktuntersuchungen verlassen Sie sich besser auf die professionelle Hilfe eines Marktforschungsinstitutes. Das Durchführen einer Marktforschungsstudie besteht (in Anlehnung an Kotler) aus vier Schritten:

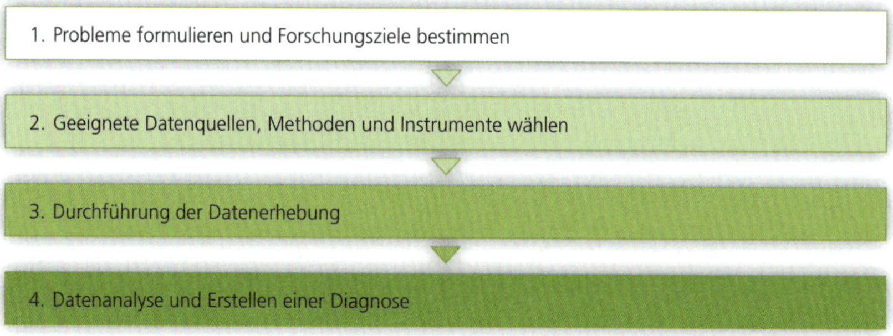

Abb.: Der Marktforschungsprozess (in Anlehnung an Kotler)

Schritt 1: Probleme formulieren und Forschungsziele bestimmen

Halten Sie als Erstes genau fest, was Sie untersuchen wollen. Stellen Sie präzise, realistische und messbare Forschungsziele auf. Definieren Sie die zu untersuchende Zielgruppe und bestimmen Sie die Kriterien (zum Beispiel Alter, Einkommen oder Bildung). Erstellen Sie ein Budget und einen Terminplan, um die Kosten und die Zeitplanung immer im Griff zu haben.

Schritt 2: Geeignete Datenquellen, Methoden und Instrumente wählen

Um an die relevanten Daten zu kommen, müssen Sie den richtigen Mix aus Marktforschungsmethoden und Untersuchungsinstrumenten zusammenstellen. Entscheiden Sie, ob Sie Ihr Forschungsziel mit vorhandenen Daten (sekundäre Marktforschung), noch zu erhebenden Daten (primäre Marktforschung) oder einem Mix aus beiden Methoden erreichen.

***Stichprobe:** Begriff aus der Marktforschung. Zufällig oder nach speziellen Kriterien ausgewählte Teilmenge (Stichprobenauswahl) einer Grundgesamtheit.*

Falls sie keine Vollerhebung planen, dann bestimmen Sie an dieser Stelle auch die Grösse der zu untersuchenden **Stichprobe**. Falls Sie eine repräsentative Umfrage durchführen wollen, müssen Sie eine Gruppe von Personen befragen, welche die Grundgesamtheit ihrer Zielgruppe widerspiegelt.

Schritt 3: Durchführung der Datenerhebung

Jetzt geht es an die Datenerhebung, das heisst um die Generierung der gewünschten Informationen. Wichtig ist es, dass Sie in dieser Phase stets die definierten Ziele im Auge behalten. So sind Sie sicher, dass Sie genau die gewünschte Menge und Qualität der Daten erhalten. Je nach Umfang und Problemstellung Ihrer Untersuchung führen Sie die Datenerhebung selbstständig durch oder arbeiten mit einem Marktforschungsinstitut zusammen.

Schritt 4: Datenanalyse und Erstellen einer Diagnose

Nun stehen Sie vor einem grossen Datenhaufen, den es zu bündeln und analysieren gilt. Bei kleineren Umfragen reicht eine Excel-Tabelle. Bei komplexeren Untersuchungen kann Ihnen die beliebte Statistik- und Analysesoftware SPSS wertvolle Dienste erweisen. Auf jeden Fall benötigen Sie eine genaue Auswertung der erhaltenen Antworten.

Schliesslich verfassen Sie einen Forschungsreport. Er umfasst ein Management Summary, ein Beschrieb der angewandten Forschungsmethoden, die Resultate der Studie sowie eine Diagnose mit konkreten Empfehlungen. Die gewonnenen Erkenntnisse liefern Ihnen wichtige Inputs für Ihre Marketinganstrengungen.

4.2 Methoden der Marktforschung

Welches Marktforschungsinstrument ist wann das richtige? Schauen wir die wichtigsten Methoden kurz an, um Ihnen diese Entscheidung zu erleichtern. Dabei unterscheiden wir zwischen primärer und sekundärer Marktforschung:

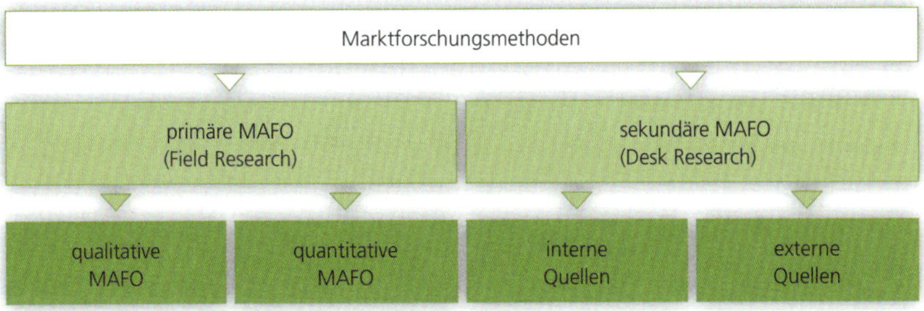

Abb.: Übersicht Marktforschungsmethoden

Primäre Marktforschung: *Field Research; Instrumente zur Marktuntersuchung, die auf individuellen neu zu erhebenden Untersuchungen beruhen.*

Die **primäre Marktforschung** wird auch Felderhebung genannt (englisch: Field Research). Das heisst nichts anderes, als dass Sie nach draussen «aufs Feld» gehen und aktuelle Daten zu einem spezifischen Problem erheben. Beispielsweise befragen Sie auf der Strasse Personen, bei welcher Gelegenheit sie Energy Drinks konsumieren.

Qualitative Marktforschung: *Psychologische Marktforschung, mit deren Hilfe im Vergleich zur quantitativen Marktforschung verhaltensbestimmende Motive und Meinungen untersucht werden, deren Untersuchungsergebnisse aber nicht als mathematisch-statistisch repräsentativ angesehen werden können.*

Quantitative Marktforschung: *Ermittlung numerischer Werte. Das heisst, es wird mit standardisierten Untersuchungsmethoden geforscht. Die quantitative Marktforschung ist abzugrenzen von der qualitativen Marktforschung, die die tieferliegenden Ursachen des Verbraucherverhaltens offenlegt.*

Sekundäre Marktforschung: *Desk Research; das Sammeln von bereits bestehenden Informationen zur Untersuchung eines bestimmten Marktes.*

Primäre Marktforschung wird weiter in qualitative und quantitative Marktforschung unterteilt. Die **qualitative Marktforschung** (auch Motivforschung) geht in die Tiefe, sucht nach Motiven, Bedürfnissen, Ursachen und Irrationalem. Sie beantwortet die Fragen nach dem «Wieso?» und «Warum?». Das Bauchgefühl der Probanden ist dabei mitentscheidend. Deshalb umfasst die Stichprobe meist eine überschaubare Zahl an Menschen. Sie ist selten grösser als 100 Personen. Qualitative Marktforschung liefert Ihnen neue Ideen.

Die **quantitative Marktforschung** geht in die Breite, sie bringt klar messbare, in Zahlen ausdrückbare Resultate hervor. Sie testet und überprüft. Sie beantwortet Fragen nach dem «Wer?», «Wie viel?», «Was?» oder «Wie oft?». Die Stichprobengrösse umfasst meist mehr als 200 Personen und ist meist repräsentativ. Für die Marktforschung werden qualitative und quantitative Methoden durchaus auch kombiniert.

Die **sekundäre Marktforschung** ist «Schreibtischforschung» (englisch: Desk Research). Sie bedient sich bereits bestehender Daten. Die Informationsquellen können sowohl unternehmensintern als auch -extern sein.

Die folgenden zwei Unterkapitel nehmen sich den wichtigsten Instrumenten der primären und sekundären Marktforschung an.

4.3 Primäre Marktforschung (Field Research)

Die primäre Marktforschung sucht nach neuen, noch nicht erfassten Informationen und Marktdaten. Diese Art der Informationsbeschaffung ist zeitaufwendig und kostspielig. Aber sie verschafft Ihnen einen wichtigen Wissensvorsprung gegenüber Ihren Mitbewerbern. Breit abgestützte Markterhebungen sind kaum selber durchführbar. Wenden Sie sich dafür an Marktforschungsinstitute, sie sind darauf spezialisiert.

4.3.1 Qualitative Methoden

Befragen und Beobachten – das sind die zentralen Tätigkeiten bei der qualitativen Marktforschung. Jünger ist die Methode des Trendscouting, auch darauf gehen wir näher ein.

Qualitative Befragungen

Qualitative Befragungen werden als Einzelgespräche (Einzelexploration) oder in Gruppendiskussionen (Fokusgruppen) durchgeführt. Es handelt sich hierbei um offene Gespräche – sogenannte explorative Interviews. Dieses wird von einem erfahrenen und sachkundigen Interviewer aufgrund eines Interviewleitfadens durchgeführt.

Eine besonders spannende Form sind Experteninterviews, das sind Befragungen von Fachpersonen. Mit dem Interviewen von Experten gelangen Sie zu fundierten und wertvollen neuen Erkenntnissen. Dabei müssen die Experten keine Universitätsprofessoren sein. So liefern Pendler, die regelmässig mit dem Zug unterwegs sind, einem Bahnunternehmen nützliche Informationen für die Beschaffung von neuem Rollmaterial. So könnte aus einem qualitativen Interview hervorgehen, dass eine individuell einstellbare Sitzheizung einem Bedürfnis entspricht, da jeder Mensch ein individuelles Temperaturempfinden hat. Der Stellenwert dieses Bedürfnisses müsste anschliessend mit einer quantitativen Umfrage geklärt werden.

Eine spezielle Form von Expertenbefragungen ist die **Delphi-Methode**. Die nach dem griechischen Orakel von Delphi benannte Methode dient zur Generierung von Zukunfts- und Trendprognosen.

Delphi-Methode: *Qualitative Methode zur Erstellung von Zukunftsprognosen. Dabei wird in einem mehr stufigen Verfahren Experten wissen zusammengetragen, diskutiert und ausgewertet.*

CASE STUDY: *Earring Magic Ken bringt Eltern auf die Palme*

Weltberühmt, erfolgreich und geboren im Jahr 1959 in New York auf einer Spielzeugmesse: die Barbie. Grund für diese Bilderbuchkarriere ist, dass der Spielzeughersteller Mattel seine berühmteste Puppe je nach Land und Kultur in unterschiedlichen Varianten anbietet. Barbie's Styling hat sich während ihrer über 50-jährigen Laufbahn immer wieder den aktuellen Trends angepasst. Die Puppe findet daher noch heute Millionen von begeisterten Käuferinnen – und Käufern.

Abb.: Barbie und «Earring Magic Ken»

1993 nahm Mattel das Liebesleben von Barbie ins Visier. Das Unternehmen befragte junge Mädchen, ob Ken weiterhin Barbies Freund sein solle oder ob ein anderer Typ diese Rolle übernehmen müsste. Das Ergebnis war klar: Ken durfte Barbies Freund bleiben, doch unter einer Bedingung: er musste modischer und zeitgemässer daherkommen. Das Styling-Resultat der Marktforschung war ein Ken in violettem Shirt mit Lederweste, Halsband und einem Ohrring.

Kaum auf dem Markt erhielt der neu gestylte Ken den Spitznamen «Gay Ken» und fand unter homosexuellen Männern reissenden Absatz. Die Verkaufszahlen stimmten durchaus, doch konservativen Eltern war der «schwule Ken» ein Dorn im Auge. Der öffentliche Sturm der Entrüstung wurde schliesslich derart heftig, dass Mattel die Puppe vom Markt nehmen musste.

Dieses Beispiel zeigt, dass bei der Planung der Marktforschung (vgl. erster Schritt des Marktforschungsprozesses) die Auswahl der Zielgruppe von entscheidender Bedeutung ist. Im vorliegenden Fall hätten neben den Mädchen auch ihre Eltern als Kaufbeeinflusser befragt werden müssen.

Quelle: «brand failures», Matt Haig

Qualitative Beobachtungen

Laborbeobachtungen:
Beobachtung unter künstlich geschaffenen Voraussetzungen in einem Labor.

Feldbeobachtungen:
Beobachtungen unter realen Bedingungen (auf dem Feld/Markt).

Laborbeobachtungen sind Beobachtungen, die unter künstlich erzeugten Bedingungen stattfinden. So lässt sich mit Augenkameras der Blickverlauf während des Blätterns in einer Illustrierten analysieren. Oder Sie testen eine neue Verpackung und beobachten, wie leicht sie sich von den Konsumenten öffnen lässt. Obwohl solche Tests teilweise mit versteckten Kameras, hinter verspiegelten Glasscheiben oder von getarntem Personal mitverfolgt werden, besteht die Gefahr, dass die künstlichen Bedingungen bei Labortests das Verhalten der Probanden beeinflussen. Solche Einflüsse können bei **Feldbeobachtungen** besser ausgeschlossen werden. Zum Beispiel wird in einem Supermarkt untersucht, welchen Weg Kunden nehmen oder wo sie im Regal zu suchen beginnen, um die Einkaufsprozesse kennenzulernen.

Trendscouting

Aktives Forschen nach neuen Trends in einer bestimmten Branche nennt man Trendscouting. Was ist morgen angesagt? Welches sind neue Kundenbedürfnisse? Grössere Unternehmen aus der Modebranche oder der Kommunikationstechnologie verfügen über eigene Trendscouts, die weltweit nach Neuheiten Ausschau halten. Doch Sie müssen nicht zwingend in die Trendmetropolen New York, London oder Tokio reisen. Es genügt, mit offenen Augen durchs Leben zu gehen und für Ihr Unternehmen relevante Eindrücke zu sammeln. Die Kamera Ihres Mobiltelefons unterstützt sie dabei. Gute Inputs liefern auch auf Trendscouting spezialisierte Unternehmen wie www.trendwatching.com.

> Aktuelle Maketing- und Produkttrends liefern Ihnen beispielsweise die folgenden Blogs: www.frog-blog.ch, www.cscout.com und www.inventorspot.com.

Eine äusserst ergiebige Informationsquelle ist das Internet: Blogs, RSS-Feeds und Newsletter halten Sie up-to-date. Das Forschen nach Trends im Internet nennt man Netscouting (vgl. dazu auch Kapitel 14, «Exkurs: Social-Media-Monitoring»).

4.3.2 Quantitative Methoden

Die Methoden der quantitativen Marktforschung bringen klar messbare Resultate zum Vorschein. Das kann eine in Zahlen ausgedrückte Menge, Anzahl oder Häufigkeit sein. Quantitative Methoden schaffen Klarheit für anstehende Entscheide. Ganz grundsätzlich müssen Sie sich erst einmal Gedanken über das Auswahlverfahren Ihrer Probanden machen.

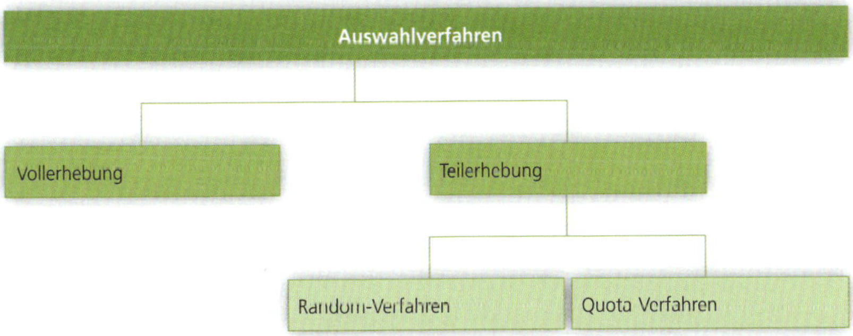

Abb: Auswahlverfahren der quantitativen Marktforschung

Eine Vollerhebung erfasst alle Personen einer Grundgesamtheit. Sie ist selten sinnvoll, da sie teuer und aufwendig ist. Daher empfiehlt sich eine Teilerhebung, welche sich auf einen repräsentativen Teil der Grundgesamtheit beschränkt. Es stehen Ihnen zwei Methoden zur Verfügung: Mit dem **Random-Verfahren** wählen Sie Ihre Probanden zufällig aus. Mit dem **Quota-Verfahren** hingegen bilden Sie eine Stichprobe, die der Grundgesamtheit nachempfunden ist.

Random-Verfahren: *Auswahlverfahren der Marktforschung, bei der die Stichprobenauswahl zufällig erfolgt. Das heisst, jedes Element der Grundgesamtheit hat die gleiche Chance in die Stichprobe zu gelangen.*

Quota-Verfahren: *Auswahlverfahren der Marktforschung, bei der die Stichprobenauswahl verhältnismässig den Merkmalen (bspw. Alter oder Geschlecht) der Grundgesamtheit entspricht.*

Ein Beispiel: Ihr Unternehmen hat 10'000 Kunden (darunter 70 Prozent Frauen und 30 Prozent Männer, je 20 Prozent verfügen über einen Hochschulabschluss). Würden sämtliche 10'000 Kunden befragt, wäre dies eine Vollerhebung. Für die Teilerhebung befragen Sie nun 100 Personen, darunter 70 Frauen und 30 Männer, von denen je

20 Prozent über einen Hochschulabschluss verfügen. Diese Teilmenge (100 Personen) repräsentiert die Grundgesamtheit (10 000 Personen).

Quantitative Umfragen (Befragungen)

Die quantitative Befragung ist weit verbreitet in der Marktforschung. Mit standardisierten Fragen wird eine grössere, vielfach repräsentative Anzahl von Personen befragt. Die Befragten werden nach dem Zufallsprinzip (Random-Verfahren) oder demografischen Merkmalen (Quota-Verfahren) ausgesucht. Quantitative Umfragen eignen sich, um etwas zu testen, zu bestätigen oder zu bewerten. Zur Ideengewinnung sind sie nicht geeignet. Dazu stehen Ihnen qualitative Umfragen zur Verfügung.

Die erhaltenen Daten werden systematisch erfasst und anschliessend ausgewertet. Befragungen lassen sich persönlich (Face-to-face), online, telefonisch oder schriftlich durchführen. Onlinebefragungen werden immer beliebter, weil sie kostengünstig und einfach durchführbar sind.

Folgende Tabelle gibt Ihnen einen Überblick über die Vor- und Nachteile der verschiedenen Befragungsmethoden. Als Sonderformen werden die Omnibusumfrage, die Multi-Client-Umfrage sowie die Panelerhebung separat erklärt.

Persönliche (Face-to-Face-) Umfragen	
Vorteile: • Bei der Befragung kann verschiedenes Zeigematerial wie Gestaltungsvorschläge oder Produktbeispiele eingesetzt werden. • Kontrollmöglichkeit und aktive Steuerung sind durch den Befrager möglich. • besonders für längere Interviews geeignet	**Nachteile:** • Oft muss das Interview von einem Experten durchgeführt werden, um ein Maximum an Informationen zu erhalten. • Je nach Menge und Zweck können persönliche Befragungen relativ teuer sein. • sehr zeitaufwendig
Onlinebefragung	
Vorteile: • verhältnismässig kostengünstig und schnell • Automatische Filterfragen und Plausibilitätsprüfungen sind möglich. • Zeigematerial wie Gestaltungsvorschläge oder Produktbeispiele können (mit Einschränkung) gezeigt werden. • leichte Auswertung der Interviewdaten, wenn mit einer Auswertungssoftware verknüpft	**Nachteile:** • Nur Personen, die privat oder beruflich über einen Internetanschluss verfügen, können befragt werden. • Da die Methode sehr anonym ist, besteht die Gefahr von unseriösen Beantwortungen und einem unkontrollierten Einfluss durch Dritte. Daher sind Filterfragen und eine Plausibilitätsprüfung wichtig. • tiefe Rücklaufquote

Telefonbefragung	
Vorteile: • hohe Ausschöpfungsrate (relativ geringe Verweigerungsrate bei kurzen Interviews) • Innerhalb kurzer Zeit können viele Interviews durchgeführt werden (am besten in einem Call-Center eines Marktforschungsinstitutes mittels **CATI**). • Zu geringen Kosten können viele Personen befragt werden. • Da Befragungen anonym sind, ist die Hemmschwelle bei heiklen Fragen gering.	**Nachteile:** • Zeigematerial wie Gestaltungsvorschläge oder Produktbeispiele können nicht eingesetzt werden. • Ein Interview sollte nicht länger als 15 Minuten dauern, weil die befragten Personen ermüden und ihre Geduld verlieren. So könnten die Resultate verfälscht werden. • eignet sich eher für simple Fragen • Erreichbarkeit von gewissen Personengruppen ist schwierig
Schriftliche Befragung (postalisch oder per E-Mail)	
Vorteile: • verhältnismässig kostengünstig (muss jedoch in Verhältnis mit dem Rücklauf gebracht werden) • einfache Durchführung ohne Call-Center oder speziell trainierte Interviewer	**Nachteile:** • unflexibel • vielfach schlechte Rücklaufquote; kann jedoch durch Incentives (kleine Geschenke) gesteigert werden • unkontrollierter Einfluss durch Dritte möglich • Zeigematerial wie Gestaltungsvorschläge und Produktbeispiele können nur eingeschränkt gezeigt werden.

Abb.: Übersicht Befragungsarten (Datenerhebungsmethoden)

***CATI:** Computer Assisted Telephone Interviewing; Durchführen telefonischer Umfragen mit Hilfe einer Softwareapplikation.*

EXKURS: *Schritt für Schritt zum eigenen Fragebogen*

Mit folgenden Tipps führen Sie relativ einfach eine Umfrage durch. Daraus lassen sich wertvolle und präzise Schlüsse ziehen. Arbeiten Sie bei grösseren und komplexeren Umfragen mit einem professionellen Marktforschungsinstitut zusammen.

11 Tipps zur Erstellung eines Fragebogens (für quantitative und qualitative Umfragen)

- KISS, «keep it short and simple». Halten Sie sich kurz und verzichten Sie auf Fremdwörter. Verwenden Sie kurze Sätze. Schwerfällige, überladene Schachtelsätze verwirren bloss.

- Stellen Sie klare und eindeutige Fragen. Behandeln Sie pro Frage nur ein Thema. Machen Sie aus der Frage «Wie schmeckt Ihnen der neue Schokoladenriegel und wie beurteilen Sie dessen Verpackung?» zwei Fragen: «Wie schmeckt Ihnen der neue Schokoladenriegel?» und «Wie beurteilen Sie die Verpackung des neuen Schokoladenriegels?»

- Stellen Sie keine Fragen, die eine bestimmte Antwort provozieren (Suggestivfragen). Fragen wie «Meinen Sie nicht auch, dass der 24-Stunden-Service für die Kunden wichtig ist?» gehören nicht in seriöse Fragebögen. Sie täuschen sich mit den Resultaten selbst.

- Achten Sie auf eine neutrale beziehungsweise geschickte Reihenfolge der Fragen. Fragen Sie zuerst nach der politischen Einstellung, wird der Befragte alle nachfolgenden Fragen in diesem Sinne beantworten (weil er nicht als unglaubwürdig dastehen möchte). Stellen Sie solche kritischen Fragen an den Schluss Ihres Fragebogens.

- Seien Sie vorsichtig mit intimen oder persönlichen Fragen. Die Interviewten könnten eine Antwort verweigern oder unehrlich antworten. Stellen Sie daher beispielsweise die Frage nach dem Einkommen an den Schluss des Fragebogens.

- Machen Sie sich Gedanken über die Abfolge. Oft ist es sinnvoll, vom Allgemeinen zum Speziellen zu kommen. Einleitende «Warm-up»-Fragen können hilfreich sein. Nummerieren Sie die Fragen.

- Stellen Sie Fragen, die dem Vorwissen Ihrer Zielpersonen gerecht werden. Zum Thema Wein hat «Otto Normalverbraucher» nur oberflächliches Wissen. Handelt es sich bei den Befragten jedoch um Winzer, können Sie viel spezifischere Fragen stellen – und detailliertere Antworten erwarten.

- Bei einer vorgegebenen Auswahl an Antworten sollte sich der Befragte mit mindestens einer möglichen Antwort identifizieren können. Definieren Sie im Voraus, ob Mehrfachnennungen sinnvoll sind. (Gilt ausschliesslich für quantitative Umfragen.)

- Stellen Sie nur Fragen, aus denen Sie relevante Infos und Handlungen ableiten können. Irrelevante Fragen bereiten unnötigen Mehraufwand und halten den Befragten hin.

- Falls die Befragung nicht von einem von Ihnen instruierten Interviewer durchgeführt wird, müssen sie genaue Instruktionen für das Ausfüllen des Fragebogens schriftlich mitliefern.

- Testen Sie Ihren Fragebogen zuerst an einigen unbeteiligten Personen. So haben Sie die Möglichkeit, Mängel oder Unklarheiten vorgängig zu beheben.

Fragearten

Je nachdem, was Sie testen oder analysieren wollen, eignen sich unterschiedliche Fragearten. Die Art der Frage richtet sich nach der Untersuchungsmethode (qualitativ oder quantitativ).

Offene W-Fragen (qualitativ)

Die qualitative Forschung verwendet strukturierte Interviewleitfäden. Diese stellen sicher, dass im Gespräch alle relevanten Themen behandelt werden. Anstelle einer grossen Anzahl von Personen werden dazu bloss einzelne, ausgewählte Experten oder einige Repräsentanten einer bestimmten Zielgruppe befragt. Durch die offenen Fragen erhalten Sie neue Denkanstösse und Inputs. Deshalb müssen Sie dem oder den Interviewten die Möglichkeit geben, sich frei zu einem Thema äussern zu können.

Dabei leitet der Befrager das Interview so, dass er an möglichst viele relevante Daten kommt. Offene W-Fragen (wie, was, warum, wodurch oder womit) können folgendermassen lauten: «Welches sind für Sie die wichtigsten Funktionen eines Mobiltelefons?» oder «Wie lautet Ihre Meinung zu rauchfreien Restaurants?» Die Antworten werden je nach befragter Person sehr unterschiedlich ausfallen.

Geschlossene Fragen (quantitativ)

Auch in der quantitativen Marktforschung sind Fragebögen ein zentrales Instrument der Datengewinnung. Meist wird eine grosse Anzahl von Personen zu einer Vielfalt von Fragen interviewt. Mit vorgegebenen Antwortmöglichkeiten kommen Sie zu klar messbaren und leicht auszuwertenden Ergebnissen. Folgende Fragetypen sind je nach Einsatz sinnvoll:

Single-Option-Fragen

Bei Single-Option-Fragen müssen sich Ihre Befragten für eine Antwort entscheiden. Mehrfachnennungen sind nicht möglich:

1. Wie oft sind Sie im vergangenen Jahr nach Italien in die Ferien verreist?

☐ Nie ☐ 1 Mal ☐ 2 Mal ☐ 3 Mal ☐ 4 Mal ☐ mehr als 4 Mal

(Single-Option-Fragen können auch über nur zwei mögliche Antworten verfügen: ja/nein, richtig/falsch oder einverstanden/nicht einverstanden.)

Multiple-Option-Fragen

Bei Multiple-Option-Fragen sind mehrere Antworten möglich:

1. Welche Tageszeitungen haben Sie im letzten Monat gelesen?

☐ NZZ ☐ FAZ ☐ Tages-Anzeiger ☐ Süddeutsche ☐ Blick ☐ Bild

Filterfragen

Eine Single-Option-Frage kann als Filterfrage zu einer weiteren Single-Option- oder Multiple-Option-Frage dienen. Ein Beispiel: Die Frage «Sind Sie Raucher?» lässt sich gut als Filterfrage einsetzen. Denn nur wenn Sie die Frage mit «Ja» beantwortet bekommen, werden Sie die Folgefrage «Wie viele Zigaretten rauchen Sie täglich?» stellen.

1. Sind Sie Raucher? ☐ ja ☐ nein

Falls die Entscheidungsfrage mit Ja (bzw. Nein) beantwortet wird, werden Zusatzfragen gestellt:

2. Falls Sie die Frage 1 mit Ja beantwortet haben: Wie viele Zigaretten rauchen Sie durchschnittlich täglich?

☐ 1–5 ☐ 6–10 ☐ 11–20 ☐ über 20

Skalenfragen

Auf Skalenfragen wird mit einer Note geantwortet. In der Praxis hat sich die fünfstufige Likertskala (nach Professor Rensis Likert) bewährt. Falls Sie jedoch eine gerade Anzahl Antworten, zum Beispiel eine sechsstufige Skala, wählen, hat dies den Vorteil, dass die arithmetische Mitte wegfällt und sich Ihre Probanden für eine Richtung entscheiden müssen. Zudem ist die sechsstufige Skala (in Anlehnung an das Schulnotensystem) bekannt. Den Befragten wird die Abstufung der Skala somit vertraut vorkommen.

1. Ich freue mich auf die kommenden Olympischen Sommerspiele.

☐ 1 ☐ 2 ☐ 3 ☐ 4 ☐ 5

1 trifft überhaupt nicht zu / 2 trifft eher nicht zu / 3 neutral / 4 trifft eher zu / 5 trifft völlig zu

CASE STUDY: *Gästeumfrage im Park Hotel Weggis*

Das Fünf-Sterne-Haus am Vierwaldstättersee bürgt für Gastfreundschaft auf höchstem Niveau. Moderne Suiten, preisgekrönte Gastronomie und ein vorzügliches Wellnessangebot zeichnen die traditionsreiche Herberge aus. Da sind eine ständige Qualitätskontrolle und Analyse der Gästezufriedenheit von zentraler Bedeutung. Die Gästeumfrage des Hotels liefert uns ein hervorragendes Beispiel, wie die Marketingtheorie der Marktforschung einfach und effektiv in die Praxis umgesetzt wird.

Mit einem einfachen, aber zweckmässigen Fragebogen kommen die Marketingmitarbeiter und das Management zu wichtigen Informationen. Die Auswertung der Umfrage zeigt, ob die definierten Ziele und die angestrebte Qualität auch eingehalten werden. Zudem liefert der Fragebogen nützliche Verbesserungsvorschläge. So wird beispielsweise aufgrund dieser Inputs den Gästen ein Übersichtsplan des Hotels abgegeben und ihnen eine Auswahl an verschiedenen Kopfkissen zur Verfügung gestellt.

Nehmen wir den Aufbau der Gästeumfrage genauer unter die Lupe. Eine kurze Einleitung durch den Gastgeber motiviert die Gäste, den Fragebogen auszufüllen. Er gibt Ihnen das Gefühl, ernst genommen zu werden. Viele

Personen sind nämlich gerne bereit, ihre Meinung kundzutun. Die Zahl der Rückmeldungen bestätigt dies. Rund ein Drittel der Gäste des Park Hotels füllen den Fragebogen aus.

Abb.: Gästeumfrage im Park Hotel Weggis

Der Fragebogen beginnt mit einigen geschlossenen Fragen. Dabei wurde eine vierstufige Likertskala gewählt. Dies fordert die Befragten auf, klar Stellung zu beziehen, denn es gibt keinen Mittelwert. Unterschiedliche Smiley-Symbole helfen, dass sich die Probanden auf der Skala sofort zurechtfinden.

Die quantitativen Fragen werden durch qualitative Fragen ergänzt. Mit offenen W-Fragen wie «Was würden Sie ändern, wenn Sie Gastgeber wären?» werden Inputs für künftige Verbesserungen des bestehenden Angebotes gewonnen.

Zusätzlich wird am Schluss der Umfrage nach der E-Mail-Adresse und der Einwilligung für den Versand des hoteleigenen Newsletters gefragt. So dient die Umfrage neben Marktforschungs- auch Promotionszwecken. Wichtig dabei ist, dass diese Angaben freiwillig sind und sich klar vom Marktforschungsteil abheben.

Quelle: Park Hotel Weggis

Die Omnibusumfrage

Bei **Omnibusumfragen** integriert ein Marktforschungsinstitut die Fragen von mehreren Unternehmen zu unterschiedlichen Themen in einem Fragebogen. Omnibusumfragen funktionieren im Prinzip wie ein richtiger Omnibus: Man springt auf, fährt ein Stück mit und steigt (mit neuem Wissen) bei der nächsten Station wieder aus. Unternehmen mit einem kleinen Budget können sich mit dieser Umfragemethode preiswert an einer professionellen Erhebung beteiligen. Weitere Vorteile sind die schnelle, unkomplizierte Durchführung und die exakte Planbarkeit.

Omnibusumfrage: *Mehrthemenumfrage, bei der unterschiedliche Fragen verschiedener Auftraggeber in einer Erhebung zusammengefasst werden.*

Die Multi-Client-Umfrage

Für **Multi-Client-Umfragen** schliessen sich ebenfalls mehrere Auftraggeber zusammen. Im Unterschied zur Omnibusumfrage stellen sie der Zielgruppe jedoch die gleichen Fragen. Die Ergebnisse werden anschliessend allen Auftraggebern zur Verfügung gestellt.

Multi-Client-Umfrage: *Erhebung, die von verschiedenen Unternehmen gemeinsam durchgeführt wird.*

Die Panelerhebung

Panels sind gleichbleibende, strukturierte und repräsentative Umfragen, die über einen längeren Zeitraum regelmässig durchgeführt werden. Daher zeigen sie Verhaltensänderungen und Trends sehr klar auf. Panels werden meist von Marktforschungsunternehmen in Eigenregie kreiert. Die Ergebnisse werden an interessierte Unternehmen verkauft. So untersucht ein Marktforschungsinstitut mit einem Konsumentenpanel das Kaufverhalten der Schweizer Bevölkerung. Das Panel hält zum Beispiel fest, ob sich neue Produkte auf dem Markt behaupten können und wie beliebt sie bei welcher Zielgruppe sind. Eine bekannte **Panelerhebung** wird von der Telecontrol durchgeführt und widerspiegelt das Fernsehverhalten der Schweizer Bevölkerung. Das repräsentative Panel wird permanent bei 1870 Haushaltungen in der Schweiz durchgeführt.

Panelerhebung: *Repräsentative, strukturierte Erhebung, die in regelmässigen Abständen mit einem gleichbleibenden Kreis von Personen (Panel) durchgeführt wird.*

Test

Es war ein Debakel: 1997 kippte ein Wagen der neu eingeführten A-Klasse von Mercedes-Benz beim Elchtest (Ausweichtest) und blieb wie ein Käfer auf dem Dach liegen. Der Elchtest war Marktforschung im eigentlichen Sinne. Denn die Marktforschung kennt unterschiedliche Formen von Tests. Ziel ist es stets herauszufinden, ob eine Dienstleistung, ein Produkt oder eine bestimmte Marketingmassnahme auf dem Markt Erfolg haben wird. Ein Test ist eine einmalige Analyse. Mit Markttests wird ein neues Angebot zuerst auf einem Testmarkt eingeführt. Will eine Warenhauskette eine neue Herrenbekleidungsmarke aufnehmen, testet sie diese Marke zuerst an einigen wenigen Standorten. Bei unbefriedigendem Absatz kann die neue Marke ohne grossen Aufwand wieder aus dem Sortiment genommen werden. Oder ein Lebensmittelhersteller testet einen neuen Schokoladenriegel zuerst mittels Degustationen bei Vertretern der potenziellen Zielgruppe. Bei unbefriedigenden Rückmeldungen wird die Rezeptur überarbeitet oder der Riegel nicht weiterentwickelt.

Übrigens: Mercedes-Benz musste als Folge des Elchtests die Auslieferung der neuen A-Klasse vorübergehend stoppen. Das Modell wurde serienmässig mit dem elektronischen Stabilitätsprogramm (ESP) ausgestattet. Der entstandene Imageschaden konnte erst allmählich wieder behoben werden.

Quantitative Beobachtung

Im Gegensatz zu qualitativen Beobachtungen sind quantitative Beobachtungen meist fortlaufende Analysen, die nonverbal durchgeführt werden. Dazu zählt das systematische Erfassen des Marktvolumens, der Marktanteile oder eines speziellen Kundenverhaltens. Letzteres wird heute häufig mit automatischen Messgeräten wie Scannerkassen oder Kundenkarten registriert. Weitere Beispiele sind die statistische Erhebung der Markenhäufigkeit von Schuhen, die von den Läufern an einem Marathonlauf getragen werden, oder das Zählen der Fahrzeuge, die einen Tunnel passieren.

4.4 Sekundäre Marktforschung (Desk Research)

Im Gegensatz zur primären Marktforschung wird bei der sekundären Marktforschung auf bereits vorhandene Informationen zurückgegriffen. Die Datenquellen müssen jedoch aktuell und möglichst präzise auf die Fragestellung zugeschnitten sein. Die Daten können aus Ihrem Unternehmen selber stammen (interne Quellen) oder von aussen bezogen werden (externe Quellen). Dieses Vorgehen spart Zeit und Kosten. Für aussagekräftige Analysen werden primäre und sekundäre Marktforschung häufig kombiniert.

4.4.1 Interne Quellen

Aus internen Quellen lässt sich eine erstaunliche Menge an nützlichen Daten gewinnen. Doch dieses Vorgehen setzt voraus, dass Sie die Datenquellen bestimmen, die für Sie relevant sind. Zudem müssen die Daten systematisch gesammelt und ausgewertet werden können. Folgende Zusammenstellung gibt Ihnen einen Überblick, über die am häufigsten verwendeten internen Datenquellen.

Die Finanz- und Betriebsbuchhaltung:

- Zahlen aus der Bilanz und Erfolgsrechnung
- Kennzahlen und Erfolgsanalysen
- Absatzzahlen und Umsatzentwicklung der vergangenen Jahre
- Produktionsstatistiken
- Lagerstatistik

Informationen über die Kunden:

- Name, Adresse, Branche
- Betriebsgrösse (bei Unternehmen)
- Kaufverhalten, Entscheidungsprozess
- Kundengeschichte

Die Statistik der eigenen Website:

- Visits (Besucher)
- Page Impressions (Seitenaufrufe)
- Google Analytics (diverse statistische Auswertungen)

Rapporte und interne Studien:

- Aussendienstrapporte von Kundenbesuchen
- Berichte von Messen, Ladenlokalen von Kunden usw.
- Statistiken über Kundenreklamationen oder besonderes Lob

Existierende interne Marktstudien:

- Marktforschungsberichte aus früheren Untersuchungen

Marketing Information System (MIS)

Bei grösseren Unternehmen liefert meistens ein professionelles **MIS** aktuelle Informationen (Kennzahlen des Unternehmens und des Marktes). Aus diesen Daten kann die Marketingabteilung Informationen beziehen und Untersuchungen durchführen (z.B. ABC-Analyse). Die Ergebnisse der Untersuchungen erleichtern zukünftige Marketingentscheide und das Erkennen von Trends. Sie helfen, konkrete Marketingmassnah-

***MIS:** Marketing Informations System; betriebliche Informations- und Analyse-Software.*

men präziser zu planen. Mit einem MIS lassen sich also Zieldefinitions- und Strategieanpassungen vornehmen. Um genaue und effektive Informationen zu liefern, muss ein MIS laufend mit aktuellen internen und externen Daten (beispielsweise von Marktforschungsunternehmen) gefüttert werden. Diese stammen meist aus einem Data-Warehouse, einer internen, aktuellen Datensammlung.

CRM (Customer Relationship Management): *Bedeutet Kundenbeziehungsmanagement. Dabei werden meist mithilfe einer speziellen Software (CRM-System) Kundendaten zu Marketingzwecken gewonnen, ausgewertet und für Marketingaktionen verwendet.*

Eine abgespeckte Form eines MIS ist ein Sales Information System, das beispielsweise aktuelle Verkaufszahlen und Informationen über Kundenkontakte liefert. Ebenfalls ein **CRM** (Customer Relationship Management) System, als Teil eines MIS, liefert hilfreiche Informationen zur Analyse (vgl. dazu Kapitel 10 «Promotion», Exkurs: CRM).

4.4.2 Externe Quellen

Markt- und Trendforschungsinstitute, wie beispielsweise ACNielsen (www.acnielsen.ch) oder das Gottlieb-Duttweiler-Institut (www.gdi.ch), veröffentlichen Auszüge oder sogar ganze Studien zum kostenlosen Download. Sie werden erstaunt sein, was Sie aus öffentlichen Quellen alles erfahren können! Doch bedenken Sie: Diese Informationen stehen nicht nur Ihnen zur Verfügung – Ihre Mitbewerber kennen möglicherweise die gleichen Quellen. Besonders nützliche externe Quellen:

- das Internet – die heute wichtigste Informationsquelle
- Publikationen und Statistiken öffentlicher Ämter (beispielsweise Bundesamt für Statistik: www.bfs.admin.ch)
- kostenlose oder gegen Bezahlung zugängliche Statistiken und Studien von Marktforschungsinstituten, Unternehmen und Verbänden
- Fachliteratur, Tageszeitungen und Marketingfachmagazine, Fachbücher, Forschungsberichte und Dissertationen
- Preislisten, Jahresberichte und Werbematerial der Mitbewerber
- Messen und Ausstellungen

SASCH
SASCH
SASCH
MODESTA
SASCH
MODESTA
EMPORIO ARMANI

Teil II:

Strategische Vorgaben – planen und entscheiden

Einkaufszentrum GUM am Roten Platz, Moskau

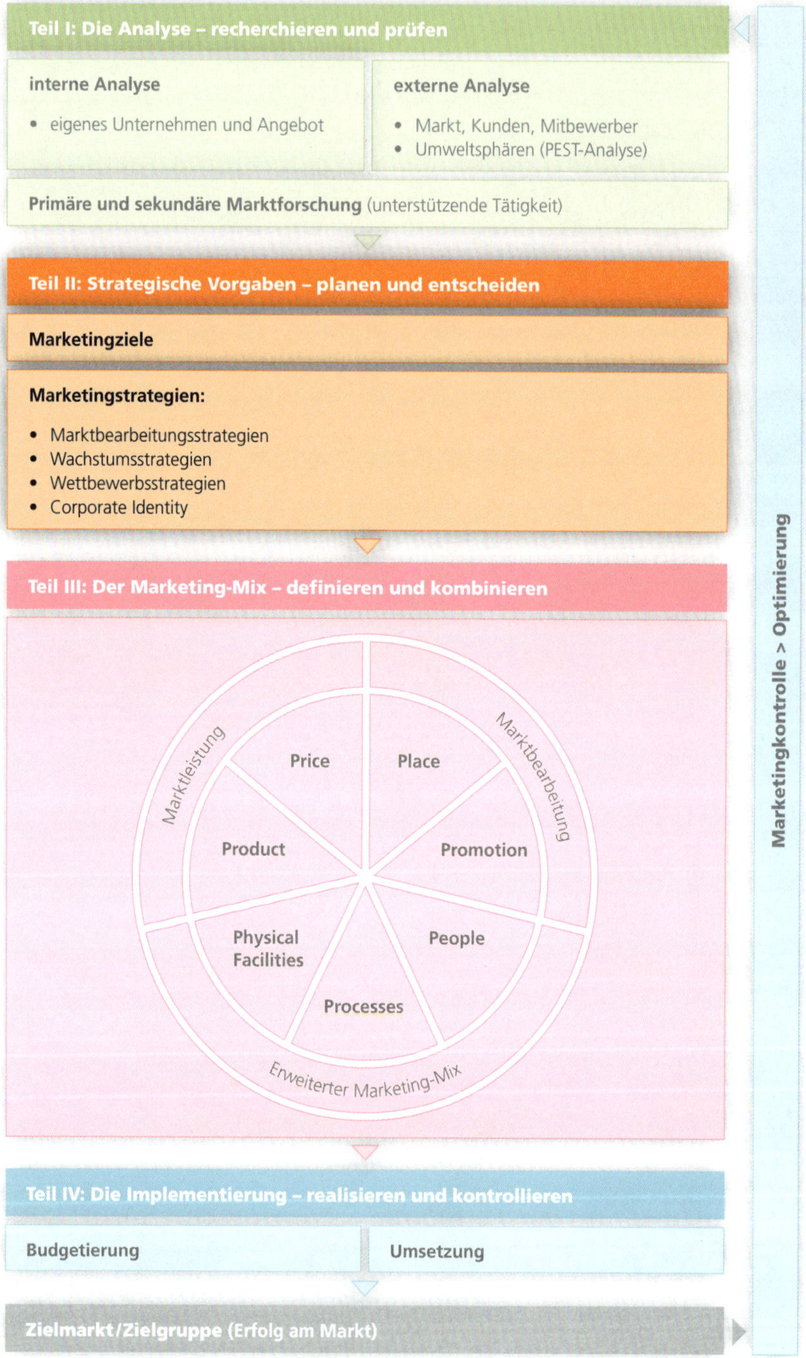
Teil I: Die Analyse – recherchieren und prüfen
interne Analyse
• eigenes Unternehmen und Angebot
externe Analyse
• Markt, Kunden, Mitbewerber
• Umweltsphären (PEST-Analyse)
Primäre und sekundäre Marktforschung (unterstützende Tätigkeit)
Teil II: Strategische Vorgaben – planen und entscheiden
Marketingziele
Marketingstrategien:
• Marktbearbeitungsstrategien
• Wachstumsstrategien
• Wettbewerbsstrategien
• Corporate Identity
Teil III: Der Marketing-Mix – definieren und kombinieren
Marktleistung
Marktbearbeitung
Price
Place
Product
Promotion
Physical Facilities
People
Processes
Erweiterter Marketing-Mix
Teil IV: Die Implementierung – realisieren und kontrollieren
Budgetierung
Umsetzung
Zielmarkt/Zielgruppe (Erfolg am Markt)
Marketingkontrolle > Optimierung

5. Marketingziele

«Wenn man das Ziel nicht kennt, ist kein Weg der richtige.» *aus dem Koran*

Mittlerweile haben Sie Ihr Unternehmen, den Markt und Ihr Umfeld analysiert. Damit sind Sie bereit, Ihre Marketingziele festzulegen. Mit diesem wichtigen Schritt stellen Sie die Weichen für die bevorstehenden strategischen Entscheide sowie Ihren Marketing-Mix. Denn wie jedes Ziel geben auch die Marketingziele die Marschrichtung vor.

Klar formulierte Ziele ermöglichen es, Ihren Erfolg zu kontrollieren. Doch Ziele müssen regelmässig überprüft werden. Denn erst mit einem Soll-Ist-Vergleich und den nötigen Kurskorrekturen werden Sie Ihr Marketingkonzept effizient umsetzen (vgl. dazu Kapitel 14, «Marketingkontrolle»).

Und Ziele motivieren ungemein. Realistische, erreichbare Ziele funktionieren sehr gut als interne Marketingmassnahme. Marketingabteilungen werden vielfach am Grad ihrer Zielerfüllung gemessen. Auf dieser Grundlage wird in der Regel auch die Höhe allfälliger Boni berechnet.

LERNZIELE – *Nach dem Studium dieses Kapitels sind Sie in der Lage …*

… die geeignete Gliederungsmethode für Ihre Marketingziele zu finden.
… Marketingziele auf Ihre definierten Unternehmensziele abzustimmen.
… die Bedeutung von Marketingzielen als Wegweiser für die Marketingstrategie und den Marketing-Mix zu erkennen.
… mithilfe der SMART-Regel Ihre Ziele richtig und sinnvoll zu formulieren.
… zu erkennen und zu untersuchen, wie sich Ihre Ziele gegenseitig beeinflussen.

5.1 Marketingziele sinnvoll unterteilen

Die Marketingziele haben sich stets der Unternehmensvision und den daraus abgeleiteten Unternehmenszielen unterzuordnen. Nach Bedarf werden die Marketingziele in Ober- und Unterziele unterteilt. Erfolg versprechende Unternehmensziele sind heute meist stark marketingorientiert.

Abb.: Zielhierarchie und Einordnung der Marketingziele

Instrumentalziele: *Unterteilung der Marketingziele nach den einzelnen Marketinginstrumenten.*

Nun aber zur Darstellung der Marketingziele. In den folgenden zwei Unterkapiteln lernen Sie zwei praxiserprobte Gliederungsmethoden zu dessen Unterteilung kennen. Es sind dies einerseits die Gliederung nach **Instrumentalzielen** und andererseits die Gliederung nach ökonomischen und psychologischen Zielen. Die beiden Gliederungsvorgaben lassen sich sogar kombinieren.

Strategische, operative und taktische Marketingziele

Parallel zu den zwei erwähnten Gliederungsmethoden lassen sich ihre Vorgaben bei Bedarf in strategische, operative und taktische Ziele unterscheiden. Die Unterteilung richtet sich nach deren zeitlichen Ausrichtung, wie sie in der Abbildung «Hierarchie der Marketingkonzeption» im Kapitel 2 «Das Marketingkonzept» beschrieben werden.

5.1.1 Instrumentalziele

Ich empfehle Ihnen, Ihre Marketingziele nach den Marketinginstrumenten (den 7 P) zu unterteilen. Der Vorteil dabei ist, dass Sie stets den Überblick haben, nach welchen Richtlinien sich die einzelnen Marketinginstrumente zu richten haben. Die folgende Tabelle stellt den 7 P einige passende Themenkreise zur Zielfestlegung gegenüber (dabei handelt es sich nicht um ausformulierte Ziele).

Marketinginstrumente	Themen der Zielformulierung
Product	• Umsatz • Markteinführung von neuen Produkten • Marktanteil • Verbesserung von Serviceleistungen
Price	• Preisveränderung • Rabattgewährung
Place	• Markterweiterungen • Aufnahme von neuen Distributoren
Promotion	• Markenimage erhöhen • Markenbekanntheit steigern
People	• Kundenzufriedenheit steigern • Erhöhung des Know-hows beim Personal
Processes	• Optimierung der internen Prozesse • Verbesserung der Auslieferung • Einsatz von neuen Technologien
Physical Facilities	• Kundengerechte Gestaltung von Verkaufspunkten • Schaffung einer speziellen Erlebniswelt

Abb.: Auswahl von Themenkreisen zu den einzelnen Instrumentalzielen

5.1.2 Ökonomische und psychologische Ziele

Auch die Unterteilung in **ökonomische** und **psychologische** Marketingziele ist eine gängige Kategorisierungsart. Die ökonomischen Ziele sind quantitative Grössen. Sie sind präzise, klar erfass- und messbar. Sie lassen sich häufig mit Instrumenten des Rechnungswesens messen. So können Sie den Umsatz oder den Gewinn eines Produkts jederzeit Ihrer Buchhaltung entnehmen.

__Ökonomische Ziele:__ Klar messbare, quantifizierbare Ziele (bspw. Umsatzvorgaben).

Psychologische Ziele beinhalten qualitative Vorgaben. Sie sind schwieriger messbar als ökonomische Ziele. Zur Messung werden meist spezielle Marktforschungsinstrumente entwickelt. Ihr Image oder die Zufriedenheit Ihrer Kunden können Sie nur erfassen, indem Sie spezifische Umfragen entwickeln, durchführen und auswerten.

__Psychologische Ziele:__ Meist nur mit speziellen Marketingtools messbare, qualitative Ziele (bspw. Image der eigenen Marke).

ökonomische (quantitative) Ziele	psychologische (qualitative) Ziele
Umsatz / Absatz	Markenimage
Marktanteil	Corporate Image
Lieferbereitschaft	Markenbekanntheit
Gewinn	Kundenzufriedenheit
Deckungsbeitrag	Kundenbindung
ROI (Return on Investment)	Dienstleistungs- und Produktqualität
	Service-Standards
	Innovationsgrad

Abb.: Aufteilung in ökonomische und psychologische Ziele

5.2 Die SMART-Regel: Ziele richtig definieren

Abb.: Mobiler Speiseeisverkaufsstand in New York

Stellen Sie sich vor, Sie möchten einen mobilen Speiseeisverkaufsstand eröffnen. Vor der Unternehmensgründung erstellen Sie ein Marketingkonzept. Dabei machen Sie sich Gedanken über Ihre Marketingziele. Spontan fällt Ihnen vielleicht «Speiseeis verkaufen» als mögliches Ziel ein. Sicherlich würden Sie jedoch schnell erkennen, dass die se Zieldefinition als Vorgabe für die Erarbeitung der Strategie und des Marketing-Mixes nur bedingt taugt. Das Ziel wäre viel zu allgemein definiert und würde eine sinnvolle Erfolgskontrolle verunmöglichen.

Ziele müssen zweckmässig und eindeutig gesetzt sein. Ansonsten wird Ihnen kein brauchbares und messbares Marketingkonzept gelingen. Mit der **SMART-Regel** definieren Sie Ihre Ziele richtig. Und Sie werden in der Lage sein, Abweichungen festzustellen und – falls nötig – korrigierend einzugreifen. SMART steht für Specific, Measurable, Achievable, Relevant und Time based.

***SMART-Regel:** Vorgabe zur erfolgreichen Zieldefinierung. Akronym für Specific, Measurable, Achievable, Relevant und Time based.*

Specific (genau)

Legen Sie genau fest, was Sie erreichen wollen. Geben Sie sich nicht mit schwammigen Aussagen zufrieden; Ihre Ziele müssen konkret, eindeutig und präzise sein. Die Formulierung darf keinen Interpretationsspielraum zulassen. Denn nur mit exakten Vorgaben bleiben die Ziele messbar. «Wir wollen den Umsatz unserer Sonnenschutzmittel bis in drei Jahren um 20 Prozent steigern» oder «Unser Hotel soll im nächsten Jahr in die Vereinigung ‹The Leading Hotels of the World› aufgenommen werden» sind Beispiele präzise festgelegter Ziele.

Measurable (messbar)

Ihre Ziele müssen messbar sein. Nur so können Sie überprüfen, ob diese auch erreicht wurden. Falls Sie langfristige Ziele setzen, ist es sinnvoll, Teilziele (Milestones) zu definieren. Auf diese Weise erkennen Sie frühzeitig, ob Sie sich auf dem richtigen Weg befinden. Falls nicht, haben Sie die Chance, Ihre Marketingmassnahmen zu optimieren – oder allenfalls Ihre Ziele zu korrigieren. Weil quantitative Ziele sich in Zahlen ausdrücken lassen, sind sie einfacher messbar als qualitative Ziele. Für Letztere eignen sich entsprechend gestaltete Umfragen als Messmethode (z.B. beim Ziel «Imagekorrektur»).

Achievable (erreichbar)

Setzen Sie ehrgeizige, aber innert Frist erreichbare Ziele. Achten Sie darauf, dass Ihre Ziele mit den zur Verfügung stehenden Ressourcen (Mitarbeitende, Produktionsmittel und Kapital) überhaupt realisierbar sind.

Relevant (bedeutungsvoll)

Ist das gesetzte Ziel für Ihr Unternehmen wichtig und richtig? Ein Marketingziel muss Ihr Unternehmen weiterbringen und der Unternehmensstrategie entsprechen. Konzentrieren Sie sich also nur auf Ziele, die für den Erfolg tatsächlich relevant sind.

Time based (zeitbezogen)

Legen Sie stets fest, bis wann Ihr Marketingziel erfüllt sein soll. Definieren Sie, ob Sie das Ziel kurz-, mittel- oder langfristig erreichen wollen, und setzen Sie Zwischentermine (Milestones) und Endtermine. So erleben Sie keine bösen Überraschungen und haben, wie bereits erwähnt, Gelegenheit, «unterwegs» korrigierend einzugreifen.

5.3 Beziehungen der Ziele untereinander

Die richtigen Ziele zu definieren, ist keine leichte Aufgabe. Obwohl Sie sich auf Ihre gründlich erarbeitete Analyse und die dazugehörige Marktforschung stützen können, ist die Zieldefinition letztlich eine subjektive Angelegenheit der jeweiligen Entscheidungsträger. Eine hilfreiche Methode, um Ihre Ziele sinnvoll zu definieren, ist, deren Beziehung untereinander zu überprüfen. Entweder verhalten sich Ziele neutral zueinander, sie harmonieren oder vertragen sich nicht:

Zielneutralität

Die Beziehung unter Marketingzielen ist neutral, wenn diese sich in ihrer Erfüllung nicht tangieren. Beispiel: Als Ziel A wollen Sie einen neuen, ausländischen Markt erschliessen, um zu wachsen. Gleichzeitig möchten Sie als Ziel B Ihr Kommunikationsbudget von der Werbung weg in die Verkaufsförderung verlagern. Ziel A und B tangieren sich grundsätzlich nicht. Sie können sie beibehalten und die jeweils nötigen Massnahmen planen.

Zielharmonie

Verstärken sich die gesetzten Marketingziele gegenseitig, so sprechen wir von komplementären Beziehungen. Beispielsweise wirkt sich eine Steigerung der Kundenzufriedenheit positiv auf die Kundentreue aus. Eine harmonische Beziehung unter den Zielen ist zwar nicht notwendig, jedoch erstrebenswert.

Zielkonflikt

Ein Zielkonflikt liegt dann vor, wenn sich Marketingziele konkurrieren. Die Qualität eines Produkts zu steigern und zeitgleich den Preis massiv zu senken, ist kaum möglich. Bei Zielkonflikten müssen Ihre Alarmglocken läuten. Überprüfen Sie anhand der Marketinganalyse, ob der eingeschlagene Weg zum Erfolg führen wird. Falls nicht, passen Sie die Ziele an.

6. Marketingstrategien

«A good hockey player plays where the puck is. A great hockey player plays where the puck is going to be.» *Wayne Gretzky, ehemaliger kanadischer Eishockeyspieler*

Sie haben eine Situationsanalyse erstellt und Sie haben Marketingziele festgelegt. Jetzt sind Sie für die spannende Arbeit bereit, sich den bedeutenden strategischen Entscheiden zu widmen. Mit der Strategie definieren Sie Ihre mittel- bis langfristige Ausrichtung und setzen die Rahmenbedingungen für den Marketing-Mix. Die Marketingstrategien lassen sich in folgende drei Kategorien unterteilen:

- **Marktbearbeitungsstrategien**
- **Wachstumsstrategien**
- **Wettbewerbsstrategien**

Jede Strategie dient dazu, ein definiertes Ziel zu verfolgen und zu erreichen. Nicht zuletzt entscheiden eine ausgewogene und durchdachte Wahl sowie eine geschickte Kombination der Strategien – der Strategie-Mix – über den Erfolg auf dem Markt.

Marktbearbeitungsstrategien: *Strategien hinsichtlich der geografischen und kundenbezogenen Marktabgrenzung.*

Wachstumsstrategien: *Strategien, die das künftige Umsatzwachstum einer Unternehmung garantieren sollen. Oftmals werden Sie mithilfe der Ansoffmatrix definiert.*

LERNZIELE – *Nach dem Studium dieses Kapitels sind Sie in der Lage …*

… die Aufgaben des strategischen Marketings zu erkennen.
… die Bedeutung von strategischem Marketing zu verstehen und zu wissen, wie es sich von operativen Massnahmen unterscheidet.
… die richtigen Strategieentscheide zu fällen.
… Ihre Strategieentscheide zu einem schlagkräftigen Strategie-Mix zu bündeln.
… die Richtlinien Ihrer Corporate Identity vorzugeben.

Wettbewerbsstrategien: *Strategien, die zum Erfolg auf einem umkämpften Markt führen können. Dabei konzentrieren sie sich auf unterschiedliche Wettbewerbsvorteile.*

6.1 Marktbearbeitungsstrategien

Zielmarktstrategie: *Strategie zur geografischen Unterteilung von unterschiedlichen Märkten.*

Marktsegmentstrategie: *Strategie zur kundenspezifischen Unterteilung von unterschiedlichen Märkten.*

Differenzierte Marktbearbeitung: *Für jeden unterschiedlichen Zielmarkt oder Zielgruppe wird ein individueller Marketing-Mix entwickelt.*

Undifferenzierte Marktbearbeitung: *Massenmarketing: Der gesamte Markt wird mit einem einheitlichen Marketing-Mix bearbeitet. Auf unterschiedliche Zielmärkte oder Zielgruppen wird keine Rücksicht genommen.*

Mit den Marktbearbeitungsstrategien legen Sie fest, welche Märkte Sie bearbeiten wollen. Dazu fragen Sie sich, wen Sie wo mit welchem Angebot erreichen wollen. Legen Sie zur Beantwortung dieser Frage folgende Teilstrategien fest:

- **Zielmarktstrategie** (geografische Abgrenzung)
- **Marktsegmentstrategie** (kundenbezogene Abgrenzung)

Gleichzeitig entscheiden Sie, ob Sie mit Ihrem Unternehmen oder Ihrem Produkt den Markt **differenziert, undifferenziert** oder konzentriert bearbeiten wollen. Ein Beispiel für eine undifferenzierte Marktbearbeitung (auch Massenmarketingstrategie genannt) liefert uns Aldi. Die Kunden werden nicht in unterschiedliche Zielgruppen unterteilt. Das heisst, mit einem einheitlichen Marketing-Mix werden sämtliche Kunden auf dieselbe Weise angesprochen. Von jeder Produktkategorie wird nur ein Artikel angeboten.

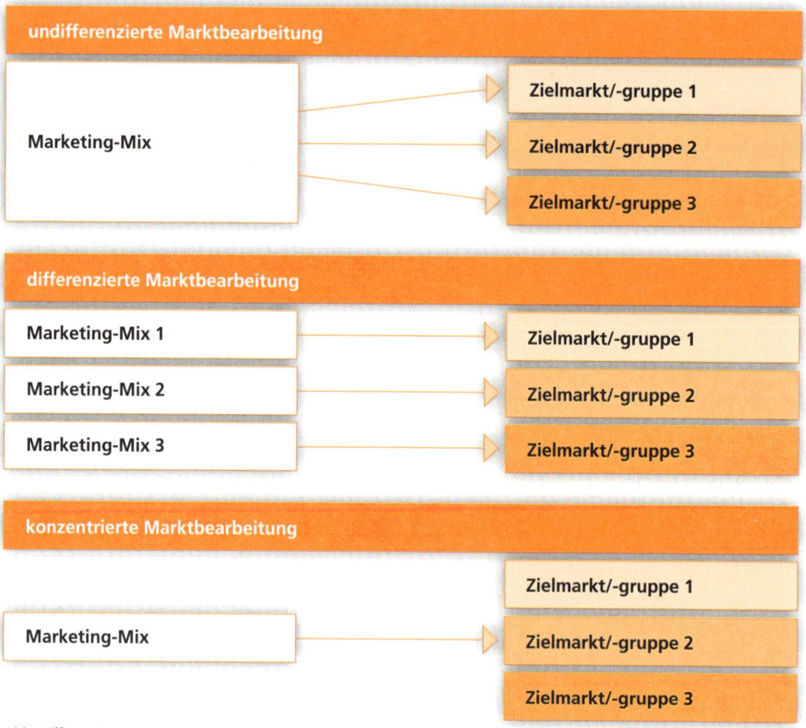

Abb: Differenzierungsgrad der Marktbearbeitung

Ganz anders verhält sich Beiersdorf, der Hersteller von Pflegeprodukten. Mit den Marken «Nivea» und «La Prairie» beispielsweise, die sich voneinander völlig unterscheiden, sowie einer breiten Produktpalette spricht Beiersdorf verschiedenste Zielgruppen an. So existiert zum Beispiel speziell für Männer die Pflegelinie «Nivea for Men». Diese differenzierte Marktbearbeitung erfordert die Ausgestaltung unterschiedlicher Marketing-Mixe, die individuell auf die jeweilige Zielgruppe zugeschnitten sind.

Falls Sie Ihr Angebot nur an eine ganz spezifische Zielgruppe richten, spricht man von einer **konzentrierten Marktbearbeitung**.

Konzentrierte Marktbearbeitung: *Ein Unternehmen konzentriert sich mit seinem Angebot nur auf eine spezifische Zielgruppe oder einen spezifischen Zielmarkt.*

6.1.1 Zielmarktstrategie

Überlegen Sie sich, ob es hilfreich ist, Ihren Markt räumlich (geografisch) differenziert zu bearbeiten. Neben einer global einheitlichen Strategie kann diese multinational, national oder regional unterschiedlich definiert werden. Eine differenzierte Marktbearbeitung bedeutet, dass Sie Ihre Strategien und Massnahmen jeweils dem Zielmarkt anpassen.

McDonald's zum Beispiel passt das Angebot regional an. Viele Inder essen kein Rindfleisch, jüdische Konsumenten in Israel essen koscher. Kulturelle Unterschiede und länderspezifische Sitten machen es für ein international tätiges Unternehmen wie McDonald's unumgänglich, die verschiedenen Märkte gesondert anzugehen. Deshalb ist McDonald's dank vegetarischer Gerichte oder spezieller Hühnerfleisch-Menüs auch in Indien beliebt. In Israel ist die Fastfoodkette neben den üblichen «grünen» Filialen auch mit speziell «blauen» Koscher-Restaurants präsent.

Abb.: Koscher McDonald's in Israel / Quelle: gettyimages

Bei der Unterteilung der Märkte sind Sie völlig frei. Sie müssen bloss entscheiden, ob es Sinn hat, nach Sprachregionen, Kulturräumen, Ländern oder Ländergruppen zu unterscheiden.

6.1.2 Marktsegmentstrategie

Primärzielgruppe: *Hauptzielgruppe, der das Augenmerk Ihrer Unternehmung gilt.*

Sekundärzielgruppe: *Nebenzielgruppe.*

Nehmen Sie nun Ihre bestehenden und Ihre potenziellen Kunden ins Visier. Existiert Ihr Unternehmen bereits, so haben Sie im Analyseteil Ihre Zielgruppe bereits definiert. In diesem Fall müssen Sie überprüfen, ob diese Zielgruppendefinition auch für die kommenden Jahre gültig ist oder ob Anpassungen nötig werden. Haben Sie Ihre Zielgruppe noch nicht definiert, sollten Sie dies nun tun. Oft werden eine **Primärzielgruppe** (Hauptzielgruppe) und eine oder mehrere **Sekundärzielgruppen** (Nebenzielgruppen) bestimmt. Die definierte Zielgruppe beeinflusst den Marketing-Mix massgeblich. Zum Beispiel werden Sie bei der Gestaltung Ihrer Kommunikationsmittel in der Lage sein, Ihre Zielgruppe effizient und mit einem Minimum an Streuverlusten zu erreichen.

Grundsätzlich bestimmen Sie Ihre Zielgruppe nach einer Auswahl der folgenden Kriterien:

Soziodemografische Kriterien: *Kriterien zur Segmentierung von Zielgruppen. Dazu gehören u.a. Geschlecht, Alter, Familienstand, Einkommen, Beruf oder Sprache.*

Psychografische Kriterien: *Kriterien zur Segmentierung von Zielgruppen. Dazu gehören u.a. der Lebensstil, die Einstellung, die Persönlichkeit und die Werte.*

Bereich	Kriterien
Geografisch	• Länder • Regionen • Orte • Stadt/Land • Kultur- oder Sprachkreis
Soziodemografisch	• Geschlecht • Alter • Familienstand • Einkommen • Beruf • Sprache
Verhaltensbezogen	• Art der Freizeitgestaltung • Interessen • Kaufanlass, Verwenderstatus, Kaufgrund und Markentreue
Psychografisch	• Lebensstil (Lebensstiltypologien) • Einstellung • Persönlichkeit (konservativ, sparsam usw.) • Sinus-Milieus (vgl. Exkurs Sinus-Milieus)

Abb.: Mögliche Kriterien zur Bestimmung von Zielgruppen

Business-to-Business: *Kommunikations- und Handelsbeziehungen zwischen Unternehmen.*

Falls Sie im **Business-to-Business-**Geschäft tätig sind, wird ihre Zielgruppe nicht aus natürlichen Personen, sondern aus Unternehmen bestehen. Genau wie natürliche Personen lassen sich auch diese in verschiedene Kategorien einteilen. Beliebte Kriterien sind die geografische Lage, die Branche oder deren Grösse (Anzahl Mitarbeitende oder Umsatz).

Ein Beispiel aus meiner Tätigkeit als Marketingberater: Ein Verbund von Fahrlehrern plante zur Kundenakquisition einen Postversand an potenzielle Fahrschülerinnen und -schüler. Für den Zukauf der Adressen war die Zielgruppendefinition besonders wichtig. Abklärungen im Sinne einer Marktforschung bei der Ausgabestelle für Lehrfahrausweise ergaben, dass rund 80 Prozent der Autofahrerinnen und -fahrer die Fahrprüfung im Alter von 18 bis 20 Jahren absolvieren. In Verbindung mit der geografischen Definition genügte diese Information, um die Primärzielgruppe «Fahrschüler» für die Kampagne wie folgt abzugrenzen:

- Jugendliche im Alter von 17 bis 19 Jahren
- Wohnhaft in den Zentralschweizer Kantonen Luzern, Ob- und Nidwalden

Zusätzlich zum Postversand an die rund 6000 Jugendlichen der Primärzielgruppe erreichten wir mit Inseraten in der Regionalausgabe der Verbandszeitung des Touring Clubs der Schweiz folgende Sekundärzielgruppe:

- Eltern und Verwandte der Primärzielgruppe (sind wichtige Beeinflusser und steuern oft einen Geldbetrag an die Fahrprüfung bei)

Der Postversand (Direktmarketing) erreichte die richtigen Personen und war mit einer hohen Rücklaufquote ein voller Erfolg. Auch die Inserate verfehlten ihre Wirkung nicht.

EXKURS: *Die Sinus-Milieus*

Neben den geografischen, soziodemografischen und verhaltensbezogenen Segmentierungskriterien werden psychografische Kriterien immer wichtiger. Das Heidelberger Sinus-Institut entwickelte mit dem Ansatz der **Sinus-Milieus** ein anschauliches, international vergleichbares Segmentierungsverfahren. Die unterschiedlichen homogenen Gruppen (sogenannte Sinus-Milieus) setzen sich aus Personen zusammen, die über eine ähnliche Wertorientierung verfügen. Das heisst, sie haben eine ähnliche Lebensauffassung und Lebensweise. Die Übergänge zwischen den einzelnen Milieus sind dabei fliessend.

Sinus-Milieus: *Instrument zur Zielgruppenplanung anhand von sozialen Milieus.*

> Weitere Informationen und Praxisbeispiele zu den Sinus-Milieus finden Sie auf folgender Website: www. sinus-institut.de.

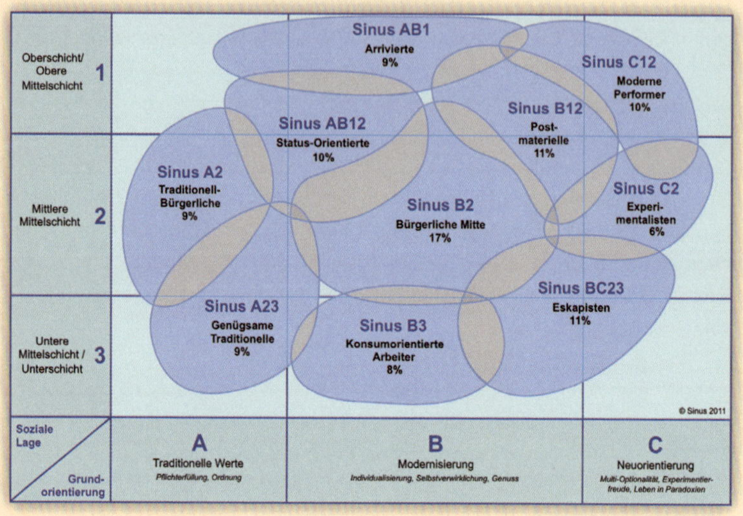

Abb: Die Verteilung der Sinus-Milieus in der Schweiz

Dargestellt werden die Sinus-Milieus in einem Diagramm. Die senkrechte Y-Achse zeigt die soziale Lage. Einkommen, Bildung und Beruf sind jedoch keine milieukonstituierenden Variablen. Es wird zwischen drei Schichten unterschieden: gehobene, mittlere und untere soziale Lage.

Die waagrechte X-Achse gibt Auskunft über die Wertorientierung der Gruppen. Es geht vorab um grundlegende Alltagseinstellungen, beispielsweise zur Arbeit, zur Familie, zur Freizeit, zum Konsum. Unterteilt wird in die drei Stufen Tradition, Modernisierung und Neuorientierung.

Die Segmentierung mithilfe der Sinus-Milieus erlaubt es, Ihr Angebot mit geringem Streuverlust bei der avisierten Zielgruppe zu bewerben. Branchenspezifische Daten zu den einzelnen Milieus werden jeweils als Ad-hoc-Studien in Zusammenarbeit mit dem Sinus-Institut erhoben. So sind Untersuchungen über Markenbekanntheit oder -besitz, Mediennutzung oder Alltagsästhetik möglich. Auch qualitative Forschung wie Gruppendiskussionen oder Einzelinterviews mit Vertretern der Milieus werden angeboten. Des Weiteren können Kommunikationsmittel von Experten des Instituts auf ihre milieuadäquate verbale und grafische Gestaltung hin analysiert und optimiert werden (Desk Research).

Ein Beispiel liefert die folgende Praxisanwendung: Statistisch gesehen verfügen die Milieus der Arrivierten und Statusorientierten besonders häufig über ein Eigenheim und sollten somit überdurchschnittlich an Hypothekarkrediten interessiert sein. Beiden Milieus ist wiederum gemeinsam, dass sie Sendungen während der abendlichen «Prime Time» wie etwa das Konsumentenmagazin «Kassensturz» oder die News-Sendung «10 vor 10» verfolgen. Das bedeutet für Sie, dass Sie Hypothekarkredit-Angebote im Umfeld dieser Sendungen (beispielsweise mit TV-Spots) mit guten Erfolgschancen und geringem Streuverlust bewerben können.

Quelle: Sinus-Institut, Zürich

Einteilung der Zielgruppe nach der Aufnahmefreudigkeit

Haben Sie Ihren Computer sofort nach der Markteinführung von Windows 7 mit dem neuen Betriebssystem ausgestattet? Dann gehören Sie zu den **Innovatoren** oder zumindest zu den **Early Adopters**. Falls Sie Windows 7 erst einige Monate nach der Markteinführung installiert haben, gehören Sie zur Gruppe der **Mainstreamers** oder **Followers**. Diese Einteilung nach der Aufnahmefreudigkeit von neuen Produkten lässt sich auch auf dem Markt der Mobiltelefone gut zeigen.

Neue Mobiltelefone, die eine tolle Leistung mit innovativen Produktvorteilen bieten, lassen sich zu einem guten Preis verkaufen. Nur wenige Monate später finden die gleichen, technisch nicht mehr ganz aktuellen Mobiltelefone zu reduzierten Preisen immer noch genügend Absatz – jedoch bei einer anderen Käuferschaft, den Mainstreamers und noch später bei den Followers.

Analog zum Produktlebenszyklus – den Phasen, die Ihr Angebot durchlebt – unterteilen wir die Konsumenten in folgende Gruppen:

Zielgruppe	Lebensabschnittsphase
Innovatoren, ca. 5 % der Käufer	kaufen sofort nach Markteintritt bzw. in der Einführungsphase
Early Adopters, ca. 10 % der Käufer	kaufen in der Wachstumsphase
Mainstreamers, ca. 70 % der Käufer	kaufen während der Reifephase
Followers, ca. 15 % der Käufer	kaufen während der Abschwungphase

Abb.: Zielgruppen, Unterteilung nach dessen Aufnahmefreudigkeit

Innovatoren: *Die ersten Käufer eines neuen innovativen Produktes, die oft über Top oder Flop desselben bestimmen.*

Early Adopters: *Verbraucher, die sich nach dem Kaufverhalten der Innovatoren und Opinion Leaders richten.*

Mainstreamers: *Personen, die ihr Kaufverhalten nach dem allgemeinen Trend richten; die breite Bevölkerungsmasse.*

Followers: *Verbraucher, die der breiten Masse hinterherlaufen. Anstelle eines innovativen Produktes verführt sie eher eine Preisreduktion zum Kauf.*

***Opinion Leader:** Innovatoren (oftmals gesellschaftlich angesehene Personen), die eine Signalwirkung auf die restlichen Käufer ausüben und sie in ihrem Kaufentscheid beeinflussen.*

Die Aufnahmefreudigkeit der potenziellen Käufer von neuen Produkten wird sich im später festzulegenden Marketing-Mix widerspiegeln. Wie das einführende Beispiel zeigte, finden neue Produkte bei den Innovatoren guten Absatz. Der Preis spielt für sie eine untergeordnete Rolle, denn sie wollen stets das Neuste und übernehmen in der Gesellschaft die Rolle der **Opinion Leader** (Meinungsführer). Hingegen können Produkte, die nicht mehr angesagt sind, noch immer erfolgreich an konservative, preisbewusste Kunden – die Followers – verkauft werden.

Probleme bei der Zielgruppendefinition

Markentreue, loyale und schlecht informierte Kunden sind eine aussterbende Spezies. Der Kunde von heute ist selbstbewusst, gut informiert und multioptional. Das heisst, er informiert sich, vergleicht und prüft genau, bevor er kauft. Ist er mit einer Marke nicht vollständig zufrieden oder trifft er auf ein besseres Angebot, so wechselt er mit hoher Wahrscheinlichkeit und ohne Skrupel zu einem Mitbewerber.

> Eine spannende Studie zum Thema Zielgruppeneinteilung bei Jugendlichen finden Sie auf: www.viacombrandsolutions.de/media/6_research/studien_pdfs/Mindsets_30.pdf.

Wir sprechen dabei vom hybriden (multioptionalen) Konsumenten: Er lässt sich nur schlecht in ein Schema oder in eine klar definierte Zielgruppe einteilen. So fährt er mit dem Range Rover zu Aldi, um günstig einzukaufen, und wäscht sein teures Designerhemd mit einem Billigwaschpulver eines Discounters.

Dieser Trend erschwert es, Zielgruppen eindeutig zu bestimmen. Daher müssen Sie die am besten geeigneten Kriterien zur Zielgruppenselektion sorgfältig auswählen.

> Weitere Erklärungen und Definitionen von aktuellen Trendgruppen finden Sie auf: www.code-knacker.de/trendgruppen.htm.

EXKURS: *Trendgruppen*

Für die Zielgruppendefinition gibt es eine Menge beliebter Abkürzungen (Akronyme). Sie umschreiben Trendgruppen, deren Mitglieder sich jeweils durch einen ähnlichen Lebensstil auszeichnen. Die Begriffe wurden von der amerikanischen Werbe- und Marktforschungsbranche geschaffen. Trendgruppen dienen nur dazu, Zielgruppen grob einzuteilen. Verstehen Sie also diesen Exkurs als «Infotainment» und weniger als Hilfsmittel zur Zielgruppendefinition.

BOBO (Bourgeois Bohemian)

Nachfolger der Yuppies, mit ähnlichen Allüren, zeichnen sich jedoch zusätzlich durch Toleranz und Einfühlungsvermögen gegenüber Mitmenschen aus.

DINKS (Double Income, No Kids)

Doppelverdiener ohne Kinder. Sie leisten sich gerne Luxusgüter wie exklusive Wohnungen oder regelmässige Ferien in fernen Ländern. Eine Untergruppe der DINKS sind schwule und lesbische Paare, die oft über überdurchschnittlich hohe Bildung und ein gutes Einkommen verfügen.

DOBYS (Daddy Older, Baby Younger)

Männer über Vierzig, die bis anhin ein ausschweifendes Singleleben genossen haben, meist ein erfolgreiches Berufsleben führen und nun Vater werden. Frauen, die beruflich einiges erreicht und ihre Familienplanung auf Ende Dreissig gelegt haben, werden als MOBYS (Mummy Older, Baby Younger) bezeichnet.

GOLDIES (Golden Oldies)

Konsumfreudige Personen ab 50, die finanziell gut gestellt sind und das Leben geniessen. Für diese Gruppe gibt es viele weitere Akronyme wie SELPIES (Second Life People; Personen im zweiten Lebensabschnitt), BEST AGER oder SENIOR DINKS. Auch der Begriff WOOPIES (Well of Older People, besser verdienende Senioren) ist gebräuchlich.

GRUPS (Grown-Ups)

Die sogenannte Metajugend: erwachsene Personen, die sich wie Jugendliche verhalten. Sie tragen Sneakers, besitzen Spielkonsolen und fahren Skateboard. Sie tragen Klamotten, deren Marken (zum Beispiel Volcom oder Carhartt) eigentlich Jugendlichen vorbehalten sind.

LOHAS (Lifestyle Of Health And Sustainability)

Stilbewusste, eher gut situierte Personen, die einen umweltbewussten und auf Gesundheit und Nachhaltigkeit ausgelegten Lifestyle pflegen. Mehrere neue Magazine und Zeitschriften wurden speziell für LOHAS konzipiert.

PUPPIES (Poor Urban Professionals)

Finanziell schlechter gestellte, berufstätige Personen, die in urbanen Regionen leben. Oft sind sie freiberuflich tätig. Sie verachten – vielleicht mit gewissem Neid – die Yuppies und Bobos.

SKIPPIES (School Kids with Income and Purchasing Power)

10- bis 16-jährige Schulkinder mit Taschengeld. Sie können sich verhältnismässig teure Güter wie Smartphones und Snowboards leisten. Und sie beeinflussen die Kaufentscheide ihrer Eltern, wenn sich diese zum Beispiel ein neues Handy, einen Computer oder ein Auto anschaffen wollen.

Yuppies (Young Urban Professionals)

Junge, meist gut verdienende Berufstätige, die in urbanen Regionen wohnen. Das Yuppie-Image ist durch Egoismus, Arroganz und Rücksichtslosigkeit negativ geprägt. Der Begriff war in den 80er-Jahren sehr verbreitet.

Marktentwicklungsstrategie: *Wachstumsstrategie, bei der bestehende Produkte auf neuen Märkten beziehungsweise an neue Verbraucher verkauft werden sollen.*

Produktentwicklungsstrategie: *Wachstumsstrategie, bei der neue Produkte für bereits bestehende Märkte entwickelt werden sollen.*

Diversifikationsstrategie: *Wachstumsstrategie, bei der mit neuen Produkten auf neuen Märkten das Wachstum gesteigert werden soll.*

Ansoffmatrix: *Portfoliodiagramm, mit dem nach Igor Ansoff vier verschiedene Wachstumsstrategien unterschieden werden: Marktpenetrationsstrategie, Marktentwicklungsstrategie, Produktentwicklungsstrategie und Diversifikationsstrategien.*

6.2 Wachstumsstrategien

Seit der Gründung der Coca-Cola Company im Jahre 1892 verfolgt der Limonadehersteller eine beispiellose **Marktentwicklungsstrategie**. Heute gibt es kaum einen Ort auf der Erde, wo die beliebteste aller Limonaden nicht erhältlich ist. Da der Markt für Coca-Cola heute weitgehend gesättigt ist, setzt der globale Konzern auf eine **Produktentwicklungsstrategie**. So übernimmt die Coca-Cola Company Unternehmen wie den Mineralwasserhersteller «Valser» und entwickelt laufend neue Geschmacksrichtungen. Auch mit der Anpassung des Sortiments an geografische und kulturelle Eigenheiten verfolgt Coca-Cola eine erfolgreiche **Diversifikationsstrategie**. So sind in den USA beliebte Cola-Variationen wie Cherry Coke in Europa nur selten anzutreffen. Sie treffen den Geschmack der Europäer nur bedingt.

Legen Sie nun fest, mit welchen Produkten und auf welchen Märkten Sie künftig Ihr Umsatzwachstum sicherstellen. Mit der Vier-Felder-Matrix **(Ansoffmatrix)** bestimmen Sie auf einfache Weise die künftige Wachstumsstrategie.

Abb.: Coca-Cola-Weihnachts-Truck

		Markt	
		bestehend	**neu**
Produkt	**bestehend**	**Marktpenetrationsstrategie**	**Marktentwicklungsstrategie**
	neu	**Produktentwicklungsstrategie**	**Diversifikationsstrategie**

Abb.: Wachstumsstrategien nach Ansoff (Ansoffmatrix)

Wie Sie in der Grafik erkennen können, müssen Sie zwei Entscheide fällen. Erstens: Wollen Sie mit einem bestehenden oder einem neuen Produkt wachsen? Zweitens: Setzen Sie auf einen angestammten oder einen neuen Markt? Aufgrund dieser zwei Entscheide lässt sich die Wachstumsstrategie bestimmen. Dabei unterscheiden wir zwischen vier Hauptstrategierichtungen, den sogenannten marktfeldstrategischen Optionen:

- Marktpenetrationsstrategie (bestehendes Produkt auf bestehendem Markt)
- Produktentwicklungsstrategie (neues Produkt auf bestehendem Markt)
- Marktentwicklungsstrategie (bestehendes Produkt auf neuem Markt)
- Diversifikationsstrategie (neues Produkt auf neuem Markt)

Natürlich ist es möglich, mit einem oder mehreren Produkten zur gleichen Zeit verschiedene Strategien zu verfolgen. Tanzen Sie jedoch nicht auf zu vielen Hochzeiten. Eine Sache richtig zu machen, ist meist effizienter, als an allen Fronten zu kämpfen. Nicht zuletzt aus finanziellen Gründen.

Die Ausführungen in den folgenden vier Unterkapiteln zeigen die Wachstumsstrategien im Detail.

6.2.1 Marktpenetrationsstrategie

Marktpenetrationsstrategie: *Wachstumsstrategie, bei der bestehende Produkte auf bereits bestehenden Märkten intensiver beworben und entwickelt werden.*

Mit der **Marktpenetrationsstrategie** zielen Sie auf mehr Marktanteil ab: Sie wollen mit Ihrem aktuellen Angebot auf jenen Märkten wachsen, auf denen Sie bereits heute tätig sind – also mit bewährtem Angebot mehr Umsatz generieren. Dazu müssen Sie im Verdrängungswettbewerb mit Mitbewerbern Ihren Marktanteil erhöhen. Folglich müssen Sie Ihre bestehenden Produkte an neue Kunden auf Ihren Stammmärkten verkaufen. Sie penetrieren mit den geeigneten Marketinginstrumenten (einem schlagkräftigen Marketing-Mix, wie beispielsweise attraktiven Preisen) den Markt.

Mit einer Marktpenetrationsstrategie beabsichtigen Sie, folgende Ziele zu erreichen:

- Umsatzsteigerung bei bestehenden Kunden (Steigerung der Verbrauchsintensität)
- Gewinnung von Neukunden auf bestehenden Märkten
- Steigerung des Marktanteils (Gewinnung von Kunden der Mitbewerber)

Entscheiden Sie sich für die Marktpenetrationsstrategie, so heisst das nicht, dass Sie keine Änderungen am bestehenden Angebot vornehmen dürfen. Im Gegenteil: Kleinere Anpassungen – sogenannte Faceliftings wie Farbanpassungen aufgrund von Modetrends – sind wichtig. Gerade bei Produkten, die lange auf dem Markt bleiben, müssen Sie aufpassen, dass Sie die neuen Bedürfnisse Ihrer Konsumenten und die Entwicklung Ihrer Mitbewerber stets im Auge behalten. Unbeachtete Marktveränderungen können für Unternehmen katastrophal enden.

6.2.2 Marktentwicklungsstrategie

Beim Wachstum durch Marktentwicklung dringen Sie mit Ihrem bestehenden Angebot in neue Märkte vor. Die gängigste Variante ist das Erschliessen neuer geografischer Märkte. Um erfolgreich in Länder oder Regionen vorzustossen, wo Sie noch nicht tätig sind, müssen Sie die Distribution der Güter und Dienstleistungen präzise planen.

Doch Marktentwicklungsstrategien beschränken sich nicht auf geografische Märkte. Ihr Unternehmen kann auch wachsen, indem Sie neue Marktsegmente oder Absatz wege erschliessen. Dadurch dehnen Sie Ihr Angebot auf neue Zielgruppen aus. Aber geben Sie Acht, dass Sie Ihre Marke nicht verwässern. So ist es meistens falsch, ein Luxusprodukt durch eine Preissenkung einem breiten Massenpublikum zugänglich zu machen, weil die Gefahr besteht, dass es dadurch seinen Status als Luxusprodukt verliert. Dies passierte vor einigen Jahren der Marke Calvin Klein. Damals war deren Unterwäsche vorab bei einem jungen Publikum sehr beliebt. Als Boxershorts von Calvin Klein aber plötzlich im Multipack und zu einem günstigen Preis bei Discountern zu kaufen waren, verloren die vormals edlen Unterhosen ihre Attraktivität.

Das Ziel der Marktentwicklungsstrategie ist das Ausweiten des Marktes und des Umsatzes. Folgende Möglichkeiten stehen zur Verfügung:

- neue Märkte erschliessen (Regionen, Länder)
- neue Teilmärkte erschliessen (andere Verwendungsbereiche)
- neue Abnehmer gewinnen (Erweiterung der Zielgruppen)
- neue Absatzkanäle erschliessen

6.2.3 Produktentwicklungsstrategie

Wollen Sie mit neuen Produkten oder Dienstleistungen auf Ihren angestammten Märkten wachsen, so entscheiden Sie sich für die Produktentwicklungsstrategie. Damit sind wirklich neue, innovative Produkte oder Sortimentserweiterungen gemeint. Einfache Anpassungen (Faceliftings) gehören zur Marktdurchdringungsstrategie und gelten nicht als echte Neuproduktentwicklung.

Mit der Produktentwicklungsstrategie stärken Sie Ihre Marktposition und steigern Ihren Marktanteil. Diese Strategie empfiehlt sich, wenn Sie mit dem bestehenden Angebot kein Wachstumspotenzial mehr sehen. Zum Beispiel kann eine Brauerei auf dem gesättigten Markt der Lagerbiere mit einem alkoholfreien Bier wachsen.

Doch beachten Sie: Die Entwicklung eines neuen Produkts braucht in der Regel Zeit. Von der Ideenfindung über die Forschung und Entwicklung bis hin zur Lancierung können mehrere Jahre vergehen.

6.2.4 Diversifikationsstrategie

Die Diversifikationsstrategie kombiniert eine Markt- und Produktentwicklung. Das heisst, Sie entwickeln ein neues Produkt für neue Märkte oder Segmente. Der neue Markt kann sich dabei geografisch oder angebotsbezogen vom angestammten Markt unterscheiden.

Weichen Sie angebotsbezogen vom bisherigen Markt ab, so werden Sie auf einem neuen Teilmarkt tätig und nehmen ausserhalb des bisherigen Tätigkeitsfeldes eine Marktchance wahr. Die Fashion-Industrie liefert uns ein Beispiel: Bekannte und gut eingeführte Modelabels ergänzen ihr Angebot gerne mit einem Parfum. Konzentrieren Sie sich auf neue Segmente, so sprechen Sie eine neue, zusätzliche Zielgruppe an.

Horizontale Diversifikation: *Erweiterung der Leistungsbreite oder Produktpalette innerhalb eines bestehenden Marktes.*

Vertikale Diversifikation: *Ausdehnung der Produktpalette auf vor- oder nachgelagerte Wirtschaftsstufen.*

Laterale Diversifikation: *Erweiterung des eigenen Angebotes auf fremde Märkte.*

Die Diversifikationsstrategie eignet sich gut zur Risikostreuung (Vermeidung eines Klumpenrisikos). Idealerweise ergänzen sich das bestehende und das neue Angebot. Bezüglich Verwandtschaft von bestehenden und neuen Produkten beziehungsweise Tätigkeitsbereichen unterscheiden wir zwischen **horizontaler, vertikaler** und **lateraler** Diversifikation:

Horizontale Diversifikation

Hierbei erweitern Sie die Leistungsbreite oder Produktpalette innerhalb eines bestehenden Marktes. Sie tun dies mit einem neuen Angebot (allenfalls mit Bezug auf das bestehende Angebot). Ein Beispiel dafür wäre eine Bäckerei, die neu auch Take-away-Produkte wie Salate und Fertigmenüs verkauft.

Vertikale Diversifikation

Bei der vertikalen Diversifikation dehnen Sie Ihre Produktpalette auf vor- oder nachgelagerte Wirtschaftsstufen aus. Beispiel: Eine Bäckerei hat neuerdings eine eigene Mühle (vorgelagert) oder betreibt neu ein eigenes Bistro (nachgelagert).

Laterale Diversifikation

Lateral heisst branchenübergreifend, das bedeutet, Sie bewegen sich weg vom angestammten Tätigkeitsgebiet. Sie dringen mit Ihrem Unternehmen in neue Märkte ein oder sprechen ein neues Marktsegment an. So kann eine Bäckerei den Ticketverkauf für einen Konzertsaal übernehmen. Auch bei der lateralen Diversifikation können Synergieeffekte entstehen. Genau nach diesem Muster verkauft seit einiger Zeit die Post an ihren Poststellen auch Produkte wie Papeterieartikel oder Prepaid-Mobiltelefone.

Die Case Study «Jamie Oliver – Koch und Marketingprofi auf Wachstumskurs» gibt Ihnen ein anschauliches Beispiel, was Wachstum dank Diversifikation bedeutet.

CASE STUDY: *Jamie Oliver – Koch und Marketingprofi auf Wachstumskurs*

Jamie Oliver wurde das Kochen in die Wiege gelegt. Bereits früh half er im elterlichen Restaurant in Essex in England in der Küche mit. Er blieb der Gastronomie treu und landete einige Jahre später im berühmten «River Café» in London. Dank einer TV-Reportage über das Restaurant wurde auch dessen Küchenchef und Ausnahmetalent Jamie Oliver entdeckt. Von da an ging's Schlag auf Schlag. Mit «The Naked Chef» bekam er seine eigene TV-Kochshow. Sie wurde ein voller Erfolg und machte ihn berühmt. Auf die Kochsendung folgte ein völlig neu aufgebautes Kochbuch, das sich kurz darauf zum Bestseller entwickelte.

Abb: Jamie Oliver / Quelle: Jamie Oliver Limited, David Loftus

Nun bewies Jamie Oliver, dass er nicht nur ein Spitzenkoch, sondern auch ein ausgekochter Marketingprofi ist. In rasantem Tempo baute er die Marke Jamie Oliver auf und aus. Parallel verfolgte der Tausendsassa eine beispiellose Markt- und Produktentwicklungsstrategie. Neben zahlreichen Kochbüchern entstanden unter der Marke Jamie Oliver unzählige weitere Produkte. Dazu zählen Kochsendungen im TV und auf DVD, «Jamies Magazin» für Kochen und Lifestyle und «Jamies Shop» mit Esswaren und Küchenartikeln. Neben einer sehr umfangreichen Website mit Blog ist er auf sämtlichen wichtigen Social-Media-Plattformen wie YouTube, Facebook oder Twitter vertreten. Apps für Smartphones und sogar ein Nintendo-DS-Spiel verraten Kochanleitungen und Tipps, die Gäste richtig zu bedienen. Nicht zuletzt betreibt er zusammen mit match.com eine Datingseite für Food Lovers.

Seitdem sich Jamie Oliver gegen eine stattliche Summe als Testimonial für die Supermarktkette Sainsbury's zur Verfügung stellt, beweist er auch soziales Engagement: Seine Wohltätigkeitsorganisation Fifteen Foundation bildet junge Arbeitslose zu Köchen aus und betreibt in Amsterdam, Cornwall, London und Melbourne eigene Restaurants. Zudem setzt er sich an Schulen für gesündere Verpflegung mit weniger Fast Food ein.

Quelle: www.jamieoliver.com; www.fifteen.net

6.3 Wettbewerbsstrategien

In gesättigten Märkten ist die Wahl der am besten geeigneten Wettbewerbsstrategien (auch Konkurrenzstrategien genannt) der zentrale Strategieentscheid. Ziel ist es, attraktiver als die Mitbewerber zu sein. Schliesslich müssen Sie versuchen, ihren Konkurrenten Marktanteile abzuringen. So können Sie Umsatz und Gewinn steigern und Ihr langfristiges Überleben auf dem Markt sichern.

Nehmen Sie nun Ihr Positionierungskreuz zur Hand, falls Sie es im Analyseteil bereits erstellt haben. Es eignet sich hervorragend, um Marktlücken oder Marktnischen zu erkennen und Ihre angestrebte Position auf dem Markt einfach darzustellen. Je nach Beschriftung der Achsen lässt sich die eingeschlagene Wettbewerbsstrategie im Umfeld der Mitbewerber verdeutlichen.

Wir unterscheiden die folgenden fünf Wettbewerbstrategien:

- Präferenzstrategie
- Preis-Mengen-Strategie
- Nischenstrategie
- Me-too-Strategie
- Kooperationsstrategie

6.3.1 Präferenzstrategie

Die Präferenzstrategie ist der richtige Weg, wenn Sie sich auf dem Markt durch ein einzigartiges Angebot behaupten wollen. Das heisst, Sie bieten ein Produkt von hoher Qualität an. Die überdurchschnittliche Qualität kann sich in den unterschiedlichsten Formen manifestieren (z.B. spezielles Design, unschlagbarer Kundendienst, prestigeträchtiges Markenimage). Da Sie sich mit einem solchen einzigartigen Angebot – oder einem überzeugenden USP – von den Mitbewerbern abheben, können Sie auf dem Markt einen entsprechend höheren Preis verlangen.

Meist ist mit einer Präferenzstrategie auch der Aufbau einer starken Marke unabdingbar. Erfolgreiche Unternehmen, die eine Präferenzstrategie verfolgen, sind Louis Vuitton, BMW oder der Schweizer Wodkahersteller Xellent.

CASE STUDY: *Xellent – der Schweizer Superpremium-Wodka*

Wodka ist «in». Das jahrhundertealte Zarengetränk ist beliebt wie nie zuvor. Auf dem hart umkämpften Markt finden sich unzählige Marken. Trotzdem tauchen immer wieder neue Produkte auf, die den Markenhimmel hell erleuchten. Mit dabei ist auch ein hochprozentiges Wässerchen aus der Schweiz – Xellent Swiss Vodka.

Abb.: Werbung, Xellent Swiss Vodka / Quelle: DIWISA

Dank einer klaren Differenzierungsstrategie nimmt der Wodka heute eine Spitzenposition unter seinesgleichen ein, wovon mehrere internationale Auszeichnungen zeugen. Und was ist sein Erfolgsrezept? In erster Linie wohl der Herstellungsprozess:

- Die Rohstoffe: Es wird nur qualitativ erstklassiger Brotroggen aus der Zentralschweiz verwendet.

- Das Destillationsverfahren: Dank einer dreifachen, in jedem Schritt sorgfältig durchgeführten Destillation entsteht ein feiner, harmonischer Wodka mit 96 Volumenprozenten.
- Das Wasser: Der reine Wodka wird ausschliesslich mit reinem, mineral- und sauerstoffhaltigem Wasser angereichert, das vom Titlisgletscher stammt.

Neben der Zusammensetzung und dem feinen Geschmack haben auch die gelungene Verpackung und die Herkunft (Schweizer Qualitätsprodukt) dazu beigetragen, dass Xellent ein äusserst erfolgreicher Superpremium-Wodka wurde. Dass Xellent allerdings weder russisch ist, noch eine lange Tradition hat, beeinträchtigt den Markterfolg keineswegs. Mit einem gesunden Selbstbewusstsein kommuniziert der Hersteller in seiner Werbung denn auch: «Wir haben den Wodka nicht erfunden, aber wir haben ihn perfektioniert.» Die durchdachte Differenzierungsstrategie und dessen stringente Umsetzung haben funktioniert. Und sie erlauben einen gegenüber einem Durchschnittswodka rund doppelt so hohen Verkaufspreis.

Quelle: xellent.ch

Der Aufbau einer starken Marke ist zentral für die Präferenzstrategie. Beachten Sie jedoch, dass Sie dafür ein umfangreiches Kommunikationsbudget und meist viel Zeit benötigen. Und wenn Sie dereinst eine starke Marke geschaffen haben, müssen Sie ständig auf der Hut sein, diese nicht durch Fehlverhalten zu ruinieren. Weitere Informationen zum Thema Marken finden Sie im Kapitel 7, «Product».

6.3.2 Preis-Mengen-Strategie

Preis-Mengen-Strategie: *Wettbewerbsstrategie, bei der sich ein Unternehmen durch einen niedrigen Preis auf dem Markt behaupten will.*

Kostenführerschaft: *Hat das Ziel, durch geringe Kosten einen Wettbewerbsvorteil zu erlangen.*

Im Gegensatz zur Präferenzstrategie sind bei der **Preis-Mengen-Strategie** die niedrigen Kosten **(Kostenführerschaft)** für das Bereitstellen des Angebots ausschlaggebend. Ihre Kunden profitieren von einem niedrigen Endverkaufspreis. Eine Preis-Mengen-Strategie kann Ihnen den Weg zur Preisführerschaft auf dem Markt ebnen. Sie ist eine Voraussetzung, um eine aggressive Preisstrategie längerfristig aufrechtzuerhalten. Es sind hauptsächlich Discounter wie Aldi, Denner oder Lidl, die auf die Preis-Mengen-Strategie setzen. Wichtig ist jedoch, dass Sie auch bei der Preis-Mengen-Strategie die Qualität der Produkte nicht vernachlässigen.

Um ein preisgünstiges Produkt von guter Qualität auf dem Markt anzubieten, dessen Kosten für Sie möglichst tief sind, können folgende Punkte hilfreich sein:

- moderne, leistungsfähige Produktionsanlagen
- Herstellung in Billiglohnländern (preiswerte Beschaffung)
- Absatz von grossen Mengen (Skaleneffekte)
- schlanke Verwaltung und effiziente Prozesse
- spezielles Know-how (das Ihre Mitbewerber nicht besitzen)
- Weglassen von unnötigen Zusatzleistungen (No-frills-Angebote)
- Bedienen neuer Verkaufskanäle (Onlinestores im Internet)

Für potenzielle Mitbewerber wird der Markteintritt aufgrund der tiefen Preise des vorhandenen Angebots weniger attraktiv, weil die Markteintrittsbarrieren höher liegen.

No-frills-Konzepte

«Geiz ist geil». Der Slogan schlug 2003 wie eine Bombe ein. Die Werbekampagne der deutschen Elektronikhandelskette Saturn traf den Nerv der Zeit: Es macht Spass, Geld zu sparen, und es ist «en vogue», nach Schnäppchen Ausschau zu halten. Dieses Motto widerspiegelt exakt das No-frills-Konzept – eine Form der Preis-Mengen-Strategie. Der englische Begriff bedeutet soviel wie «ohne Schnickschnack». Damit sind Angebote gemeint, die sich durch einen tiefen Preis und eine Reduktion auf das absolut Nötigste, das Kernprodukt, beschränken (vgl. auch Kapitel 7, «Product», «Die drei Produktebenen»).

Bekannt wurde das Konzept durch die Billigairlines, die sich auf den Transport von Passagieren von A nach B beschränken. Für Mahlzeiten, Zeitungen oder eine Sitzplatzreservation muss zusätzlich bezahlt werden. Auf Zusatzdienste wie Airportlounges oder Vielfliegerprogramme wird oft verzichtet. Zudem werden oftmals Sekundärflughäfen angeflogen. In Stockholm beispielsweise wird anstelle des Hauptflughafens Arlanda (mit bester Zugverbindung an die Innenstadt von Stockholm) der 100 Kilometer ausserhalb von Stockholm liegende Flughafen Skavsta angeflogen. Von dort aus dauert eine Busfahrt in die Stockholmer Innenstadt über eine Stunde. Der günstige Preis hat also seinen «Preis». No-frills-Konzepte wenden auch Hotelgruppen (z.B. Etap) oder Autohersteller wie Dacia an.

6.3.3 Nischenstrategie

Neben den grossen Reisebüros und Touroperators, die mit Ihren Pauschalreisen der grossen Masse preisgünstige Ferien ermöglichen, gibt es auch Anbieter, die sich bloss an ein sehr kleines Zielpublikum richten. Ein sogenannter Nischen-Player ist ein Reisebüro, das sich auf Passagierreisen auf Frachtschiffen spezialisiert hat.

***Nischenstrategie:** Wettbewerbsstrategie, bei der sich ein Unternehmen mit seinen Produkten auf ein Marktsegment konzentriert, das bisher nicht oder nur unzureichend versorgt wurde.*

Gute Beispiele bietet uns auch hier die Automobilindustrie: Neben den grossen Herstellern wie Volkswagen, Toyota oder Ford fanden kleine Spezialisten wie Aston Martin oder Maserati erfolgreiche Nischen. Mit kleinen Stückzahlen sind beide Marken seit Jahren auf dem Markt präsent und befriedigen die Bedürfnisse einer ganz speziellen Klientel. Dabei wird die **Nischenstrategie** mit einer Differenzierungsstrategie kombiniert.

Dies zeigt, dass nicht nur Grossunternehmen mit einem Angebot, das sich an die breite Masse richtet, auf dem Markt eine Chance haben. Auch die Fokussierung auf ein ganz bestimmtes Zielpublikum oder einen speziellen Teilmarkt kann zum Erfolg führen. Nischen-Player vermögen dank ihrer Spezialisierung die Bedürfnisse einer Zielgruppe oft besser zu befriedigen als ihre grossen Mitbewerber. «Klein, aber fein» kann sich auszahlen – egal, ob Sie ein regional oder international tätiges Unternehmen sind.

6.3.4 Me-too-Strategie

***Me-too-Strategie:** Wettbewerbsstrategie, bei der ein Unternehmen ein vergleichbares, erfolgreiches Konzept oder Angebot kopiert.*

Beabsichtigen Sie, ein innovatives Originalprodukt oder ein erfolgreiches Geschäftsmodell eines Marktführers nachzuahmen, dann verfolgen Sie eine **Me-too-Strategie**. Eine Folge daraus sind sogenannte Me-too-Produkte (wörtlich übersetzt: «Ich-auch-Produkte»), die in vielen Eigenschaften dem Originalprodukt entsprechen. So entwickelte der Schweizer Taschenmesserhersteller Victorinox unter dem Namen «SwissTool» ein Multifunktionswerkzeug, das dem Original «Leatherman» sehr nahe kommt.

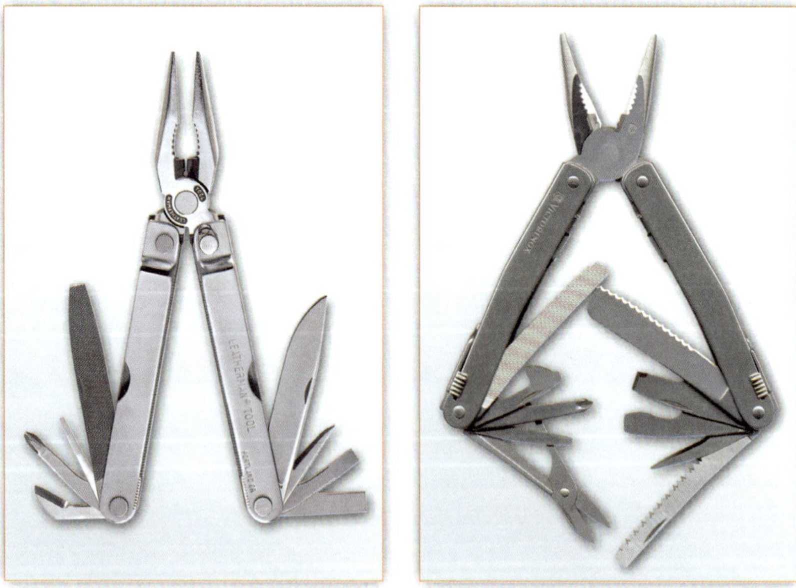

Abb.: Der «Leatherman» und das Me-too-Produkt «SwissTool»

Auch das Konzept der Kaffeehauskette Starbucks wurde mehrfach kopiert: «Wayne's Coffee» bietet in Nordeuropa ein ähnliches Angebot an, McDonald's ringt mit seinen InHouse-Ketten McCafé Starbucks Marktanteile ab. Es ist nicht grundsätzlich verboten, bestehende Produkte nachzuahmen. Doch der rechtliche Schutz – wie etwa eingetragene Patente – muss respektiert werden.

Besonders häufig kommen Nachahmerprodukte (Generika) in der Pharmaindustrie zum Einsatz. Ein pikantes Detail dabei ist, dass die Generikahersteller nicht selten zu demselben Konzern wie die Herausgeber des Originalprodukts gehören. So ist der schweizerische Pharmakonzern Novartis mit der Generika-Divison Sandoz gleich selbst im Geschäft mit Nachahmerprodukten tätig. Obwohl Novartis dabei seine eigenen Produkte teilweise kannibalisiert, ist dies gewinnbringender, als das Geschäft den Mitbewerbern zu überlassen.

6.3.5 Kooperationsstrategie

Statt Ihre Mitbewerber zu konkurrenzieren, kann es auf hart umkämpften Märkten richtig sein, mit den Mitbewerbern zu kooperieren. Nach der Formel 1 + 1 = 3 sollen alle beteiligten Partner von der Zusammenarbeit profitieren – es entsteht eine sogenannte Win-win-Situation. Dabei lässt sich eine **Kooperationsstrategie** auf verschiedene Arten umsetzen: als blosse Interessensgemeinschaft, als punktuelle operative Zusammenarbeit oder auch als langfristige strategische Kooperation.

Kooperationsstrategie: *Wettbewerbsstrategie, bei der sich ein Unternehmen auf eine strategische Partnerschaft mit einem oder mehreren anderen Unternehmen einlässt.*

Bekannte und erfolgreiche Beispiele strategischer und operativer Zusammenarbeit sind die Allianzen unter Luftfahrtunternehmen. Die Partner profitieren dabei von gemeinsamen Verkaufsbüros, Codeshareflügen, der Zusammenarbeit bei Wartungsarbeiten sowie weiteren Kooperationen. Heute gibt es weltweit drei grosse Allianzen: Oneworld, Skyteam und Star Alliance. Letzterer gehören unter anderem die Lufthansa und deren Tochtergesellschaften Austrian und Swiss an.

Die Flugbranche kooperiert auch mit branchenfernen Unternehmen: Nach der Buchung eines Fluges werden Ihnen häufig auch Hotel- oder Mietwagenangebote unterbreitet. Bei einer allfälligen Buchung generiert die Airline einen Zusatzverdienst in Form einer Provision. Und der Kooperationspartner gewinnt neue Kunden – eine Win-win-Situation.

6.4 Strategie-Mix

Erinnern Sie sich an die anfänglich schwammige Strategie der heute erfolgreichen Fluggesellschaft Swiss? Gleich bei Aufnahme des Flugbetriebs versuchte diese, sich als Premium-Airline zu positionieren. Gleichzeitig wollte man mit den Preisen der Billig-

Stuck in the Middle:
«Gefangen-in-der-Mitte»-Problematik; benennt die Gefahr des Scheiterns, falls ein Unternehmen keine klare Strategie, beziehungsweise über keinen klaren Strategie-Mix verfügt.

fluggesellschaften mithalten (vgl. auch Kapitel 11.1, «People»). Ein sehr zwiespältiges Angebot war die Folge: Obwohl sich Swiss in Imagekampagnen als Premium-Airline verkaufte, musste der Gast in der Economyklasse für Verpflegung an Board zusätzlich bezahlen. **«Stuck in The Middle»** oder zu Deutsch «Weder-Fisch-noch-Vogel-Strategie» sollten Sie um jeden Preis vermeiden.

Bereits bei der Zieldefinition haben Sie sich mit den Themen Harmonisierung und Konflikt auseinandergesetzt. Genauso wichtig ist es, dass sich die einzelnen Strategien zu einem schlagkräftigen und schlüssigen Strategie-Mix integrieren lassen.

	Strategieoptionen			
Marktbearbeitungsstrategie (geografisch)	regional	national	multinational	global
Marktbearbeitungsstrategie (kundenbezogen)	traditionell bürgerliche	konsumorientierte Arbeiter	Arrivierte	Eskapisten
Wachstumsstrategie	Marktpenetrationsstrategie	Produktentwicklungsstrategie	Marktentwicklungsstrategie	Diversifikationsstrategie
Wettbewerbsstrategie	Präferenzstrategie	Preis-Mengen-Strategie	Mee-too-Strategie	Kooperationsstrategie

Abb.: Das Strategieprofil (hier am Beispiel von Aldi) gibt einen Überblick über den Strategie-Mix

Corporate Identity (CI):
Das strategisch geplante und operativ umgesetzte Erscheinungsbild eines Unternehmens in der Öffentlichkeit. Die CI besteht aus den Teilstrategien Corporate Design, Corporate Communications und Corporate Behaviour.

Ein Strategieprofil gibt Ihnen einen nützlichen Überblick über den gewählten Strategie-Mix. Optional können Sie Ihre Strategie mit derjenigen Ihres wichtigsten Mitbewerbers vergleichen.

EXKURS: *Corporate Identity*

Corporate Identity wird auf Deutsch mit Unternehmensidentität oder Unternehmenspersönlichkeit übersetzt. Sie definiert, wie Ihr Unternehmen nach innen und aussen kommuniziert und wie es sich verhält.

Die Corporate Identity (CI) wird oft ausserhalb des Marketingkonzepts geregelt. Die grundlegenden Stossrichtungen zur Corporate Identity sollten Sie jedoch an dieser Stelle festhalten. Zweifelsfrei bilden sie einen wichtigen Bestandteil der Marketingstrategie, denn sie setzen Leitplanken für die Ausgestaltung des Marketing-Mix und insbesondere des Kommunikations-Mix.

Die Corporate Identity definiert die Persönlichkeit, den Charakter und das Erscheinungsbild Ihres Unternehmens. Die Leitplanken der Corporate Identity werden geschaffen, um das Bild eines Unternehmens in der Öffentlichkeit auf die Unternehmensziele auszurichten. Die Corporate Identity besteht aus drei Teilen:

- **Corporate Design**
- **Corporate Communications**
- **Corporate Behaviour**

Um einer starken Corporate Identity Ausdruck zu verleihen, haben einige Unternehmen sogar eigene Corporate Anthems (Unternehmenshymnen) komponieren lassen. IBM, Apple und selbst der deutsche Konsumgüterhersteller Henkel verfügen über eigene Songs.

Letztlich soll Ihre Corporate-Identity-Strategie und die daraus abgeleiteten Massnahmen ein positives Bild Ihres Unternehmens in der Öffentlichkeit erzeugen.

Corporate Design (CD)

Das **Corporate Design** als Teilbereich der Corporate Identity beinhaltet die Vorgaben zum gesamten visuellen Erscheinungsbild eines Unternehmens. Dazu zählen das Logo, verwendete Schriftarten, spezielle Farben sowie die Gestaltung von Briefschaften, Gebäudebeschriftungen, Produktdesign, Mitarbeiteruniformen und von Werbemitteln.

Corporate Design (CD): *Die Vorgaben zum visuellen Erscheinungsbild eines Unternehmens. Wird in einem Corporate Design Manual festgehalten.*

Sämtliche Designvorgaben werden in einem CD-Manual dokumentiert. So wird garantiert, dass diese sauber in die Praxis umgesetzt werden und eine maximale Wiedererkennung bei jedem Kontakt mit dem Unternehmen erreicht wird.

Corporate Communications (CC)

Corporate Communications – auf Deutsch Unternehmenskommunikation – legen Richtlinien fest, wie Informationen an interne und externe Personen weitergegeben werden. Sie bilden wichtige strategische Vorgaben für den Marketing-Mix, speziell für die Public Relations. Mit einer aktiven Unternehmenskommunikation sollen festgelegte Unternehmenswerte und -normen glaubwürdig vermittelt werden. Hauptziel ist es, das Unternehmen ins rich-

Corporate Communications (CC): *Strategische Vorgaben zu den Informations- und Kommunikationsmassnahmen eines Unternehmens.*

tige Licht zu rücken und ein positives Corporate Image zu erlangen beziehungsweise zu pflegen.

Mit der internen Unternehmenskommunikation richtet sich die Geschäftsleitung an die Mitarbeitenden. Sie informiert über wichtige interne Richtlinien, Entscheide und News. Ein Intranet als Kommunikationsplattform, elektronische und gedruckte Newsletters, Mitarbeiterzeitungen, Informationsveranstaltungen oder Infopoints sind typische Kommunikationsmittel, um die interne Zielgruppe zu informieren.

Zur externen Zielgruppe gehören Investoren, Aktionäre, Zulieferer, Kunden und die Öffentlichkeit. Auch für die externe Unternehmenskommunikation stehen Ihnen wichtige Kommunikationsmittel zur Verfügung, wie zum Beispiel die Unternehmenswebsite, Social-Media-Plattformen, der jährlich erscheinende Geschäftsbericht, Kundenveranstaltungen, Presseaussendungen oder Medienkonferenzen (vgl. Kapitel 10, «Promotion»).

Corporate Behaviour (CB)

Corporate Behaviour (CB): *Vorgaben zur Unternehmenskultur und dem unternehmensinternen und -externen Verhalten der Mitarbeitenden.*

Die Corporate-Behaviour-Strategie beschreibt die Unternehmenskultur (Corporate Culture). Mit ihr definieren Sie das Auftreten, Verhalten und Benehmen der Mitarbeitenden und Führungskräfte Ihres Unternehmens – sowohl untereinander als auch gegenüber externen Partnern wie Kunden, Lieferanten oder der Öffentlichkeit.

Ziel der Corporate-Behaviour-Richtlinien ist es, eine positive Atmosphäre zu schaffen. Sie soll im Arbeitsalltag zu besseren Leistungen der Mitarbeitenden führen und das Gesamtbild des Unternehmens in der Öffentlichkeit positiv beeinflussen:

- Führungsstil und -instrumente
- Mitarbeiterförderungs- und Fortbildungsangebote
- Verkaufspraktiken
- soziales und ökologisches Verhalten
- Qualitätsgrundsätze und Garantieleistungen gegenüber Kunden
- Umgang mit Reklamationen und Kundenwünschen
- Offenheit und Umgang mit der Öffentlichkeit

Je nach Unternehmen sind weitere Grundsätze von Bedeutung. Alle definierten Grundsätze sollen in einem Verhaltenskodex festgelegt und bei der täglichen

Arbeit gelebt werden. Sie müssen kommuniziert und durch Schulungsmassnahmen und Führungsanweisungen eingeübt und vermittelt werden. Oft werden Sie in einem schriftlichen Unternehmensleitbild (vgl. Kapitel 3, «Unternehmens-, Markt- und Umfeldanalyse») festgehalten.

Corporate Image

Die Corporate-Identity-Strategie mit ihren drei Teilbereichen Corporate Design, Corporate Communications und Corporate Behaviour erzeugt das Corporate Image Ihres Unternehmens. Das bedeutet, dass Ihre Corporate-Identity-Strategie direkt die Art und Weise beeinflusst, wie Ihr Unternehmen von Ihren Mitarbeitenden, den externen Anspruchsgruppen und der Öffentlichkeit wahrgenommen wird.

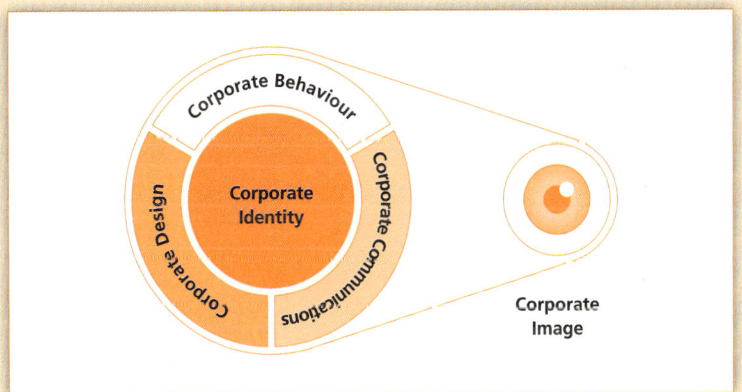

Abb.: Die Ausgestaltung der Corporate Identity erzeugt das Corporate Image

Das Corporate Image wiederum ist die Summe aller Eindrücke und Erwartungen. Sie ist das Fremdbild Ihres Unternehmens, das in den Köpfen der verschiedenen Anspruchsgruppen gespeichert ist.

Corporate Image: *Das durch die Umsetzung der Corporate-Identity-Vorgaben erzeugte Bild eines Unternehmens in der Öffentlichkeit.*

> Ein interessantes, wenn auch schon ein bisschen in die Tage gekommenes Werk zum Thema Corporate Communications ist das Buch von Cees B.M. van Riel «Principles of Corporate Communications».

> Zum spannenden und wichtigen Spezialthema «Unternehmenssprache» empfiehlt sich das Buch von Armin Reis «Corporate Language».

Teil III:
Der Marketing-Mix – definieren und kombinieren

Louis Vuitton Store: Omotesando, Tokio

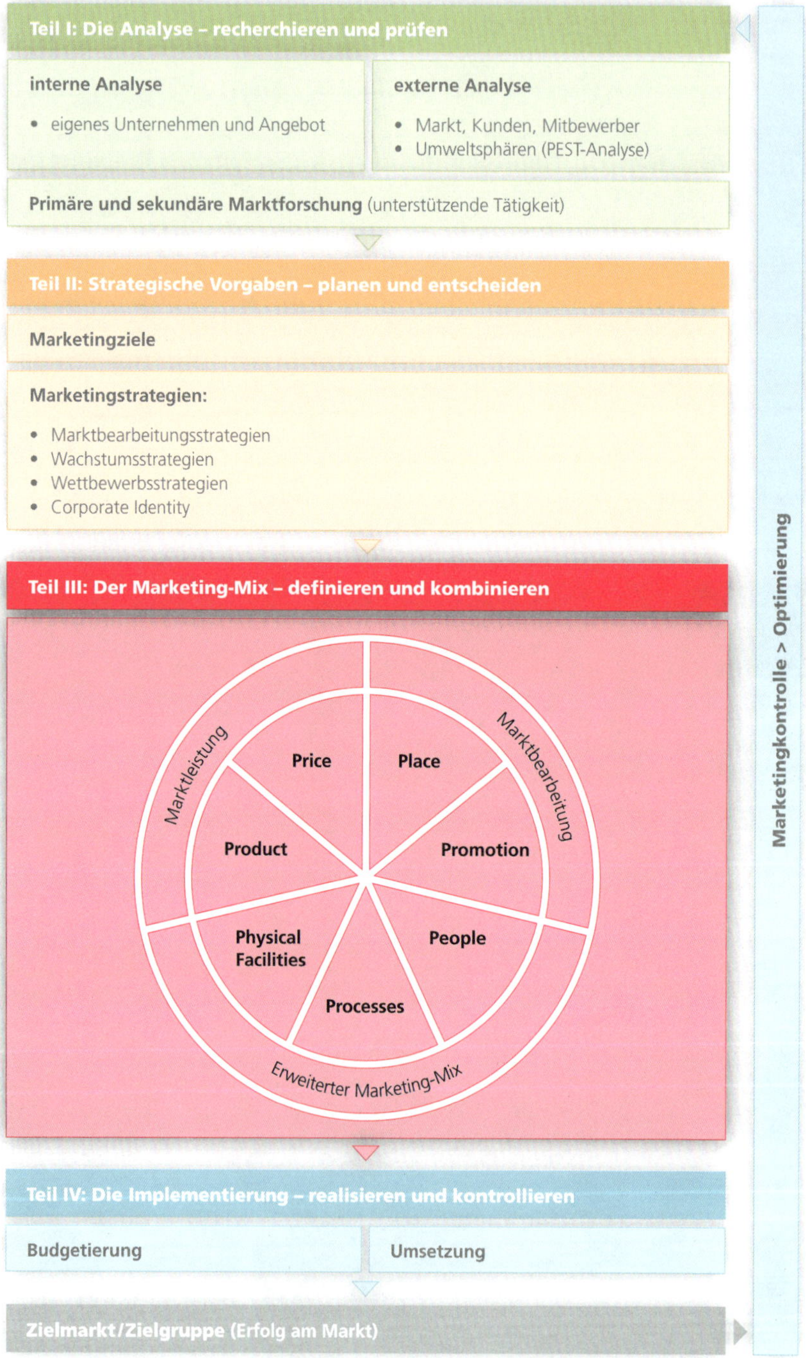
Teil I: Die Analyse – recherchieren und prüfen
interne Analyse
• eigenes Unternehmen und Angebot
externe Analyse
• Markt, Kunden, Mitbewerber
• Umweltsphären (PEST-Analyse)
Primäre und sekundäre Marktforschung (unterstützende Tätigkeit)
Teil II: Strategische Vorgaben – planen und entscheiden
Marketingziele
Marketingstrategien:
• Marktbearbeitungsstrategien
• Wachstumsstrategien
• Wettbewerbsstrategien
• Corporate Identity
Teil III: Der Marketing-Mix – definieren und kombinieren
Marktleistung
Marktbearbeitung
Price
Place
Product
Promotion
Physical Facilities
People
Processes
Erweiterter Marketing-Mix
Teil IV: Die Implementierung – realisieren und kontrollieren
Budgetierung
Umsetzung
Zielmarkt/Zielgruppe (Erfolg am Markt)
Marketingkontrolle > Optimierung

7. Product

«Wir kaufen nicht, was wir haben wollen, wir konsumieren, was wir sein möchten.» *John Hegarty, Werber*

Unter Product – oder auf Deutsch Produkt – verstehen wir, wie im Einführungskapitel erwähnt, ganz allgemein wirtschaftliche Güter. Dabei unterscheiden wir zwischen materiellen und immateriellen Gütern. Ein materielles Gut ist das, was wir unter einem klassischen (Sach-)Produkt verstehen. Ein immaterielles Gut ist zum Beispiel eine Dienstleistung, wobei es aber auch noch weitere immaterielle Güter gibt.

In diesem Kapitel erfahren Sie, wie Sie sich intensiv mit Ihrem Product auseinandersetzen. Sie werden es «in Einzelteile zerlegen» und sich Gedanken machen, welche Ausstattungen und Eigenschaften Ihre Kundschaft verlangt: Was ist wichtig, was ist unwichtig? Grundsätzlich gilt: Ihr Angebot muss einen Nutzen schaffen, um ein bestehendes oder von Ihrem Unternehmen bewusst geschaffenes Bedürfnis zu befriedigen.

Dazu definieren Sie den Product-Mix so, dass Ihre Produkte und Dienstleistungen als Stars und Cash Cows auf dem Markt erfolgreich sind. Sie behalten dabei die «Destination Ihrer Reise», das heisst die Ziele und strategischen Vorgaben, stets im Auge. Haben Sie sich beispielsweise für eine Präferenzstrategie entschieden, wird sich Ihr Produkt durch eine USP, Qualitätsvorteile, spezielle Serviceleistungen oder andere Benutzervorteile hervorheben müssen.

LERNZIELE – *Nach dem Studium dieses Kapitels sind Sie in der Lage …*

… die drei Produktebenen Ihres Angebots zu unterscheiden.
… Ihr Angebot und Ihr Sortiment klar zu umschreiben.
… die Anforderungen an eine starke Marke zu nennen.
… die für Sie wichtigen Serviceleistungen zu definieren.
… eine Erfolg versprechende Verpackung zu finden.

7.1 Materielle und immaterielle Güter

Als Erstes erhalten Sie einen Überblick über die verschiedenen Arten materieller und immaterieller Güter. Wobei Sie sicher schon festgestellt haben, dass heutzutage materielle und immaterielle Güter oft zu einem Angebot verschmelzen. So sind beim Kauf eines Autos (materielles Gut) die damit verbundenen Serviceleistungen (immaterielle Güter) bereits enthalten.

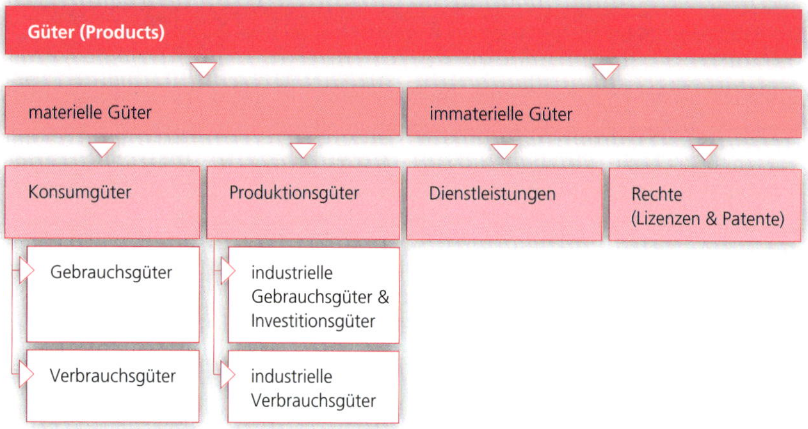

Abb: Übersicht Güter – «Products»

7.1.1 Materielle Güter

Konsumgüter: *Verbrauchs- und Gebrauchsgüter, die für den Endkonsumenten bestimmt sind.*

Materielle Güter sind Sachgüter und werden in Konsum- und Produktionsgüter unterteilt:

Konsumgüter

Verbrauchsgüter: *Konsumgüter, die zum einmaligen Gebrauch geeignet sind (bspw. Lebensmittel).*

Gebrauchsgüter: *Konsumgüter, die über eine längere Zeit gebraucht werden (bspw. ein Küchengerät).*

Konsumgüter werden unmittelbar vom Endverbraucher ge- oder verbraucht. Diese sogenannten **Verbrauchs-** und **Gebrauchsgüter** lassen sich in mehrere Unterkategorien einteilen. Die folgende Aufzählung gibt Ihnen einen Überblick über die wichtigsten Kategorien. Dabei schliessen sich die einzelnen Untergruppen nicht unbedingt gegenseitig aus. So handelt es sich bei einem Duschmittel sowohl um ein FMCG wie auch ein Gut des täglichen Gebrauchs.

- **FMCG** (Fast Moving Consumer Good): Konsumgüter mit einem meist tiefen Preis und einem hohen Warenumschlag; bspw. Zahnpasta, Duschgel oder Batterien

- **convenience goods** (Bedarfsdeckungsgüter): oft aufbereitete Nahrungsmittel, die sich zum Sofortverzehr eignen; bspw. Mischsalat, Fertigpizza oder rezeptfreie Medikamente
- **impulse goods** (Impulsgüter): Kauf erfolgt spontan, nicht geplant; bspw. Kaugummis oder Schokoladenriegel
- **shopping goods** (langlebige Gebrauchsgüter): Güter, die meist länger als ein Jahr im Einsatz stehen; die Kaufentscheidung erfolgt nach einem sorgfältigen Auswahlprozess; bspw. Spielkonsole, Pkw oder Markenkleider
- **emergency goods** (Notfallgüter): Waren, die aufgrund eines dringenden Bedürfnisses gekauft werden; bspw. Kopfwehtabletten oder Insulin für Diabetiker

Produktionsgüter

Im Gegensatz zu Konsumgütern handelt es sich bei **Produktionsgütern** um Güter für die gewerbliche Nutzung. Hierbei unterscheiden wir zwischen industriellen Gebrauchsgütern, die zur Produktion von weiteren Gütern verwendet werden, und klassischen **Investitionsgütern**, wie etwa Baumaschinen, Offsetdruckmaschinen oder Lastwagen für Transportunternehmen.

Produktionsgüter: *Verbrauchs- und Gebrauchsgüter, die zur gewerblichen Nutzung, das heisst zur Produktion von Konsum- und Industriegütern benutzt werden.*

Investitionsgüter: *Gebrauchsgüter zur gewerblichen Nutzung, das heisst zur Herstellung von Gütern.*

Abb.: Ein Bagger – klassisches Investitionsgut für eine Bauunternehmung / Quelle: Kuhn Schweiz AG / Komatsu

Industrielle Verbrauchsgüter sind Hilfsmittel, Rohstoffe oder Betriebsstoffe wie Schmiermittel oder Stahl.

7.1.2 Immaterielle Güter

Immaterielle Güter werden in Dienstleistungen und Rechte unterteilt.

Dienstleistungen

Dienstleistungen sind meist nicht lager- oder übertragbar. Das heisst: Erzeugung und Bezug der Leistung fallen zeitlich zusammen. Wie bereits erwähnt, verläuft die Grenze zwischen Sach- und Dienstleistungen oft fliessend. So braucht ein Kunde, der eine Maschine kauft, oft auch eine Beratung. Zudem sind mit Konsumgütern häufig Dienstleistungen verknüpft, wie ein spezieller Service mit Hotline, Klubmitgliedschaft oder sonstigem Support. Dabei sprechen wir auch von hybriden Produkten.

Ob es sich nun um ein materielles oder immaterielles Gut handelt – das Erfüllen der aktuellen oder latenten Kundenbedürfnisse steht stets im Zentrum. Seien Sie sich dessen bewusst, wenn Sie Ihr Produkt beschreiben.

Eine wichtige Unterkategorie von Dienstleistungen sind Serviceleistungen. Je nach Angebot erwartet Ihre Kundschaft verschiedene Serviceleistungen. Bei Dienstleistungen, Gebrauchs- und Industriegütern sind sie häufig kaufentscheidend. Bei Konsumgütern spielen sie eine eher untergeordnete Rolle. Wir unterscheiden Serviceleistungen vor, während und nach dem Kauf:

Serviceleistungen vor und während dem Kauf (pre-sales & sales services):

- Beratung, Information, Betreuung
- Produkttest (Probefahrt mit Auto)
- Bestelldienst (Telefon oder online)
- Lieferdienst und Montageservice
- Parkplätze, Kinderhort, Gratiskaffee

Serviceleistungen nach dem Kauf (after sales service):

- Kundendienst (Helppoint; telefonisch oder online, eventuell 24 h / 7 Tage)
- Beratung und Schulung
- Reparaturleistungen, Wartungsdienst, Ersatzteilservice
- Garantieleistungen (Vor-Ort-Garantie)
- Information über Neuigkeiten (Newsletter, Kundenmagazin, Kundenevents)

Rechte

Rechte lassen sich in Lizenzen und Patente unterteilen. Sie erlauben dem Erwerber ein definiertes materielles oder immaterielles Gut, wie etwa einen Markennamen, weiter zu vertreiben oder zu benutzen. So vergibt beispielsweise die FIFA eine Lizenz, um Merchandisingartikel für eine Fussball-WM herzustellen und zu vermarkten.

CASE STUDY: ***«The black card» – Exklusivität im Kreditkartenformat***

Der Kernnutzen einer Kreditkarte ist klar: Man kann damit bargeldlos bezahlen. Während sich gebührenlose Karten auf diesen Kernnutzen beschränken, sind bei entsprechender Jahresgebühr und Kreditwürdigkeit auch Kreditkarten mit zusätzlichen, teils aussergewöhnlichen Serviceleistungen verfügbar. Ganz oben im Premiumsegment ist die Centurion Card von American Express positioniert. Die «black card», wie sie auch genannt wird, besticht durch wirklich exklusive Serviceleistungen, von denen die meisten Kreditkartenbesitzer kaum zu träumen wagen:

Abb.: American Express Centurion Karte – «the black card»

Concierge Service: Ausgebucht ist nicht gleich ausgebucht – jedenfalls nicht für den stolzen Centurion-Karteninhaber. Rund um die Uhr und rund um den Globus steht ihm eine kostenlose Hotline zur Verfügung. Ob begehrte Konzerttickets oder der beste Tisch im Luxusrestaurant nach Wahl, die Mitarbeitenden von American Express kümmern sich darum. Selbst ausgefallene Shoppingwünsche werden erfüllt – und natürlich unverzüglich per Kurierdienst weltweit ausgeliefert.

Privilegien auf Reisen: Kein Kauf ohne Zweitmeinung – der «black card»-Inhaber lässt sich beim Shopping von einem persönlichen Assistenten beraten. Oder erholt sich vor dem nächsten Flug in einer bequemen Flughafenlounge. Weiter werden Kartenbesitzer in ausgesuchten Nobelherbergen in die nächsthöhere Zimmerkategorie befördert oder mit Gratisübernachtungen beschenkt. Das alles organisiert der Centurion-Reise-Service.

Centurion-Magazin: Viermal jährlich erhalten alle Kartenbesitzer das preisgekrönte Kundenmagazin. Dieses stellt ausgesuchte Member-Angebote vor und präsentiert unterhaltsame Lifestylereportagen. Zusätzlich steht den Mitgliedern eine passwortgeschützte Internetseite mit exklusiven Member-Informationen zur Verfügung.

Titanium: Keine Lust auf schnödes Plastik? Im Gegensatz zu Kunden anderer Kreditkartenanbieter erhält der Centurion-Besitzer in einigen Ländern eine Karte aus Titan. Zusätzlich können für Familienmitglieder auf Wunsch bis zu fünf weitere American-Express-Kreditkarten angefordert werden.

Wem also das Prestige und die Zusatzleistungen einer Gold- oder Platinumkarte nicht genügen, ist mit der «black card» gut bedient. Das kleine, viereckige Statussymbol gibt einem das schöne Gefühl, dazuzugehören – zum auserlesenen Kreise jener, die es wirklich geschafft haben. Warum zögern Sie also noch, eine Mitgliedschaft zu beantragen? Na ja, ganz so einfach ist es natürlich nicht. Besitzer einer «black card» wird man nur auf persönliche Einladung von American Express. Ein Jahresumsatz im sechsstelligen Bereich wird selbstverständlich vorausgesetzt.

Quellen: Mediendokumentation Swisscard AECS AG, www.americanexpress.com

7.2 Entwicklung und Betreuung von Produkten und Dienstleistungen

Selbst wenn Sie Ihr Angebot und das entsprechende Marketingkonzept längst definiert haben, müssen Sie offen für Veränderungen sein. Denn die Entwicklung und Betreuung von Produkten ist ein laufender Prozess. Wir unterscheiden dabei drei Formen:

Produktinnovationen: Damit bezeichnen wir die Entwicklung eines komplett neuen Angebots. Falls bis anhin auf dem gesamten Markt kein vergleichbares Angebot existiert hat, spricht man von einer Marktinnovation. Ein Paradebeispiel sind die im Jahr 1980 von 3M eingeführten Post-it-Haftzettel

Produktverbesserungen: Bereits auf dem Markt etablierte Angebote müssen laufend beobachtet und bei Bedarf überarbeitet werden. Das Buch, das Sie in den Händen halten, wurde bereits ein Jahr nach dessen Erstauflage überarbeitet und erweitert. Dies garantiert, dass es ein innovatives und beliebtes Werk bleibt – so hoffe ich.

Produktdifferenzierungen: Aus bestehenden Angeboten lassen sich manchmal verwandte Produkte oder Dienstleistungen ableiten. So entwickelte Kellogg's auf Basis des erfolgreichen Special K Müeslis den Special K Riegel. Durch Produktdifferenzierungen können Sie Ihr Sortiment auf spannende Weise ergänzen.

Neue Produkte entwickeln

Der Markt wird heute von neuen Angeboten überschwemmt. Viele verschwinden nach kurzer Zeit wieder, da sie floppen oder weil ihr Lebenszyklus nur wenige Monate dauert (vgl. dazu Kapitel 3.1.3, «Der Produktlebenszyklus»). Nur eine kleine Anzahl schafft es über längere Zeit, als Star und Cash Cow auf dem Markt zu bestehen. Wie neue Angebote entwickelt werden und erfolgreich auf dem Markt bestehen, zeigen Ihnen die folgenden vier Schritte.

1. Ideen generieren: In einem ersten Schritt müssen Sie herausfinden, welche Kundenbedürfnisse existieren und welche Chancen der Markt bietet. Die unterschiedlichen Formen der Marktforschung unterstützen Sie dabei. Auch Kreativitätstechniken (beispielsweise **Brainstorming**) und externe **Think-Tanks** helfen, Lösungen auf die eruierten Kundenbedürfnisse zu finden. Heute wird die Ideengewinnung auch professionell angeboten (vgl. Literaturtipp: Die Ideenmaschine). Eine Idee oder Erfindung kann auch ein Kundenbedürfnis decken, das auf den ersten Blick nicht offensichtlich ist und bis dahin nur latent existierte. Das latente Bedürfnis, eine Mahlzeit schnell zubereiten zu können, wurde so durch die Erfindung des Mikrowellenofens befriedigt. Schliesslich werden auch direkte Inputs von potenziellen Kunden zunehmend wichtig. Social-Media-Plattformen liefern hier wertvolle Hinweise.

***Brainstorming:** Kreativitätstechnik, bei der in der Gruppe eine grosse Anzahl von neuen Ideen generiert werden*

***Think-Thank:** Denkfabrik; Forschungsinstitut, das professionell und gegen Bezahlung Ideen und Konzepte entwickelt.*

2. Ideen bewerten und testen: Nachdem Sie verschiedene neue Angebotsideen generiert haben, müssen Sie diese auf deren Tauglichkeit bewerten. Das Ziel dabei ist es, die Flopprate zu reduzieren. Der Fakt, dass rund drei Viertel der neu eingeführten Produkte floppen und nach kurzer Zeit wieder vom Markt verschwinden, zeigt die Wichtigkeit dieses Schrittes.

Wiederum hilft hier die Marktforschung, zum Beispiel in Form von Produkt- und Markttests mit Prototypen. Die Resultate zeigen, ob das Angebot von den Kunden angenommen wird oder nicht. Und sie liefert Hinweise auf die genaue Ausgestaltung der Produkte und Dienstleistungen. Diese sollen in das Produktkonzept und den Marketingplan einfliessen.

3. Produktkonzept, Marketingkonzept und Angebot erstellen: Haben die Markttests ergeben, dass Ihr Produkt auf dem Markt gute Überlebenschancen hat, beginnen Sie mit der Herstellung. Dabei definieren Sie die drei Produktebenen im Detail und planen dessen Herstellung im Detail. Allfällige **Beta-Tests** liefern Ihnen zudem Inputs für Detailanpassungen.

Für den gewünschten Erfolg am Markt brauchen Sie ein schlagkräftiges, operatives Marketingkonzept. Darin definieren Sie sämtliche Marketingüberlegungen in Bezug auf die 7 Ps, also Ihren Maketing-Mix.

4. Markteinführung und Betreuung des Angebots: Bei der Lancierung des neuen Angebots muss die Logistik klappen: Das Angebot muss zur richtigen Zeit, in der richtigen Menge am richtigen Ort verfügbar sein. Jetzt ist der Zeitpunkt, Ihre Promotionsmassnahmen in die Tat umzusetzen und bei den potenziellen Kunden das Verlangen nach Ihrem Angebot zu generieren.

Ein erfolgreich eingeführtes neues Angebot muss begleitet und weiterentwickelt werden. Rückmeldungen von Kunden und Distributionspartnern sowie die Reaktion der Mitbewerber sind wichtige Inputs für die Produktverbesserung und die Weiterentwicklung.

7.3 Die drei Produktebenen

Nun geht es um die marktgerechte Gestaltung Ihrer Produkte: Sie legen fest, welche Leistungen Sie in welcher Qualität anbieten. Die folgenden Ausführungen werden Ihnen helfen, genau zu definieren, wie sich Ihr Angebot zusammensetzt. Dazu werden Sie Ihr Angebot auseinandernehmen, die drei Produktebenen beschreiben und, falls sinnvoll, ergänzen.

Ein Mobiltelefon dient der Kommunikation. Diesen Kernnutzen teilen sämtliche Modelle. Doch wenn Sie genauer hinschauen, bestehen grosse Unterschiede, so etwa zwischen einem iPhone und einem BlackBerry. Die Funktionen, das Design, die Handhabung und die Serviceleistungen sind bei nahezu jedem Gerät anders.

Das Zerlegen in drei Produktebenen hilft Ihnen, sich über die Zusammensetzung Ihres Angebots klar zu werden. Sie erkennen, ob Anpassungen und Ergänzungen an Ihrem Produkt vorzunehmen sind. Zu guter Letzt entscheidet der Ausstattungs-Mix Ihres Produkts über Erfolg oder Misserfolg. Wir unterscheiden folgende drei Ebenen:

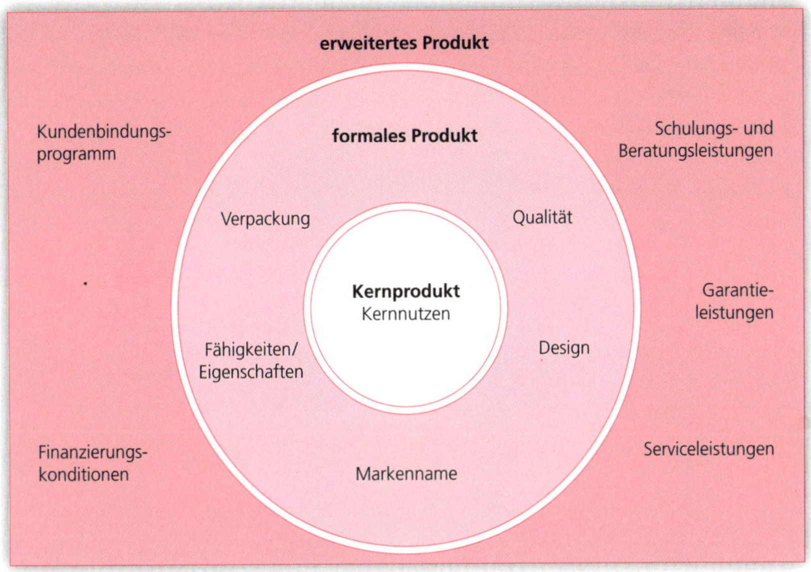

Abb.: Die drei Produktebenen

Kernprodukt: *Beschreibt den Grundnutzen eines Produktes.*

Erste Ebene – das Kernprodukt (Core Values): Das Kernprodukt beschreibt den Grund- beziehungsweise den Kernnutzen Ihres Produkts. Anders ausgedrückt: Das Kernprodukt erfüllt für Ihre Kunden einen Grundnutzen.

Formales Produkt: *Die sogenannte «mittlere Ebene» eines Produktes; Merkmale wie Qualität, Design, Markenname, Verpackung und Fähigkeiten/Eigenschaften, die das eigentliche Kernprodukt näher definieren.*

Zweite Ebene – das formale Produkt (Added Values): Das formale Produkt gibt Auskunft über die Ausgestaltung Ihres Produkts. Es stiftet diverse Nebennutzen, die mit dem Kernnutzen zusammenhängen.

Dritte Ebene – das erweiterte Produkt (Real Extras): Das erweiterte Produkt umschreibt Zusatzleistungen, die nur indirekt mit Ihrem Kernprodukt zusammenhängen. Dazu gehören besondere Serviceleistungen, die der Kundenbindung dienen. Diese «Real Extras» erfüllen eine unterstützende Produktfunktion.

Added Value*: Ein marketingrelevanter materieller oder immaterieller Zusatznutzen, der ein Kernprodukt ergänzt.*

Bei einem intensiven Wettbewerb unter Unternehmen, deren Angebot den gleichen Grundnutzen aufweist, ist die Ausgestaltung des formalen und erweiterten Produkts von zentraler Bedeutung. Zudem wird an dieser Stelle deutlich, dass materielle Angebote oft mit einem immateriellen Angebot verschmelzen.

Erweitertes Produkt: *Besondere Merkmale eines Produktes (Zusatzleistungen) wie Garantie, Serviceleistungen, Finanzierungskonditionen oder exklusive Kundenbindungsprogramme.*

Wie materielle und immaterielle Leistungen zusammenhängen, sehen Sie sehr gut am Beispiel von «Nespresso». Die drei Produktebenen lassen sich wie folgt beschreiben:

Kernprodukt: Das Kaffeesystem mit Maschine und Kapsel bietet den Kernnutzen, schnell eine Tasse qualitativ hochstehenden Kaffees zuzubereiten.

Formales Produkt: Nespresso zeichnet sich durch das hochwertige Design und die einfache Handhabung der Maschinen bekannter Hersteller aus. Die Kapseln werden in unterschiedlicher Geschmacksrichtung angeboten. Sie verfügen über hervorragende Lagereigenschaften und eine konstante Qualität.

Erweitertes Produkt: Mitglieder im Nespresso-Club profitieren von speziellen Beratungs-, Garantie- und Serviceleistungen. Die Teilnahme ist für Nespresso-Konsumenten kostenlos.

Ein weiteres, äusserst interessantes Produkt mit eigenständigen formalen Eigenschaften und einer klaren USP ist das Wüstenmotorrad Sand-X:

CASE STUDY: *Sand-X – die ultimative Rennmaschine für die Wüste*

Ein neues Produkt auf dem Markt einzuführen, ist ein risikoreiches Unterfangen. Die Floprate bei Neulancierungen ist hoch, je nach Branche beträgt sie über 50 Prozent. Mut und Unternehmergeist bewiesen die beiden Schweizer Res und Urs Eiselin. Sie entwickelten im Jahr 2007 das Wüstenfahrzeug Sand-X, das den alteingesessenen Konkurrenten die Rücklichter zeigt.

Abb.: Sand-X in Action

Hinter dem innovativen Vehikel verbirgt sich ein für den Sand umgerüsteter Schnee-Motorschlitten. Die ultimative Rennmaschine beschleunigt in gerade mal 2,8 Sekunden von 0 auf 100 km/h. Das ist doppelt so schnell wie herkömmliche Quadbikes und übertrumpft sogar den Supersportwagen Ferrari Enzo. Neben dieser USP ist Sand-X seinen Mitbewerbern auch in Sachen Fahrsicherheit überlegen – dank der ausgezeichneten Spurtreue. Mit dem Motorschlitten lassen sich sogar bisher nicht bezwingbare Dünen erklimmen.

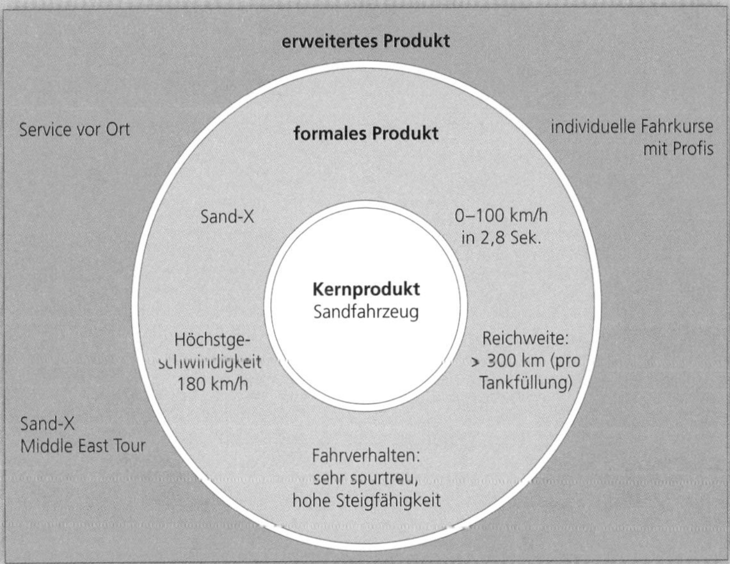

Abb.: Die Produktebenen von Sand-X

Das Produkt ist derart begehrt, dass ein äusserst bescheidenes Werbebudget ausreicht. Medien aus der ganzen Welt berichten über das neuartige Wüstenfahrzeug. Einige Messeauftritte und ein massgeschneiderter Wettbewerb – die «Sand-X Middle East Tour» – genügen für zusätzliche Publicity bei der Zielgruppe des rund 30 000 Franken teuren Fahrzeugs.

Eine äusserst gut betuchte Zielgruppe übrigens, besteht diese doch vorwiegend aus Scheichs der Vereinigten Arabischen Emirate und weiteren Golfstaaten. Doch auch staatliche Institutionen wie Polizeicorps bekundeten bereits Interesse.

Quelle: www.sand-x.com

7.4 Sortimentspolitik

Sortiment: *Die Auswahl beziehungsweise die Struktur aller angebotenen Produkte.*

Sie haben sich mit Ihrem Produkt befasst und wissen, wie Sie Ihre Kunden zufriedenstellen wollen. Haben Sie bereits mehrere Produkte in Ihrem Angebot oder beabsichtigen Sie, Ihre Angebotspalette zu erweitern? Dann sollten Sie sich Gedanken über die ideale Zusammensetzung und den Umfang Ihres künftigen **Sortiments** machen: die Sortimentstiefe und die Sortimentsbreite. Zudem müssen Sie festlegen, nach welchen Kriterien Sie neue Produkte aufnehmen, bestehende Produkte entwickeln und erfolglose Produkte ausscheiden.

Sortimentsstruktur

Wie eine Sortimentsstruktur definiert wird, zeigt uns das Textil- und Haushaltspflegesortiment des global tätigen Konsumgüterherstellers Procter & Gamble:

Abb.: Auszug aus der Sortimentsstruktur von Procter & Gamble im Bereich Textil- und Haushaltspflege

Sortimentsbreite

Die Sortimentsbreite bezeichnet die Anzahl der Produktarten (Produktlinien), die Sie führen. Wir unterscheiden zwischen einem schmalen und einem breiten Sortiment: Ein breites Sortiment beinhaltet mehrere Produktlinien. Procter & Gamble verfügt beispielsweise im Bereich Textil- und Haushaltspflege mit den Produktlinien Ariel, Lenor, Fairy und anderen über ein breites Sortiment. Auch das Sortiment eines Warenhauses ist breit, weil es ein grosses Angebot an unterschiedlichsten Produktlinien und Artikeln führt.

Ein schmales Sortiment finden Sie an Tankstellenshops. Dort besteht das Angebot bloss aus einigen wichtigen Gütern des täglichen Bedarfs.

Sortimentstiefe

Neben der Breite wird die Sortimentsstruktur auch durch ihre Tiefe charakterisiert. Wir unterscheiden zwischen einem tiefen und einem flachen Sortiment: Ein tiefes Sortiment umfasst eine Vielzahl von Varianten einer einzigen Produktlinie. Procter & Gamble verfügt demnach im Bereich Textil- und Haushaltspflege nicht nur über ein breites, sondern auch ein tiefes Sortiment. Dies verdeutlichen die vielen Varianten innerhalb der einzelnen Marken.

Ein weiteres anschauliches Beispiel liefert der Pommes-Chips-Hersteller Zweifel. Im Vergleich zu anderen Lebensmittelproduzenten verfügt er über ein sehr schmales Sortiment, da er sich auf die Herstellung von Chips konzentriert. Gleichzeitig bietet er jedoch ein äusserst tiefes Sortiment mit unterschiedlichen Chips-Variationen an.

Auch Distributoren lassen sich hinsichtlich ihrer Sortimentsstruktur vergleichen. So verfügt der Detaillist Aldi über ein flaches und für einen Detailhändler schmales Sortiment von insgesamt nur rund 700 Lebensmittelartikeln.

Sortimentsgeschlossenheit

Ein abgerundetes oder eben geschlossenes Sortiment bedeutet, dass Sie Ihrem Kunden diverse Produkte bieten, die sich gegenseitig ergänzen. Ein geschlossenes Sortiment ist für den Konsumenten interessant, da er «alles aus einer Hand» bekommt. Dies erspart ihm Zeit, Kosten und Mühen. Auch für Sie als Anbieter ist es interessant, einem Kunden mehrere verschiedene Produkte zu verkaufen. So wird ein Kunde, der mit dem Badreiniger von Mr. Proper zufrieden ist, mit grosser Wahrscheinlichkeit auch den Allzweckreiniger von Mr. Proper ausprobieren wollen. Suchen Sie daher aktiv nach Produkten oder Dienstleistungen, mit denen Sie Zusatzverkäufe generieren können.

Line Extension: *Sortimentserweiterung durch ein Angebot unter gleicher Marke und mit ähnlicher Ausprägung wie ein bereits bestehendes.*

Treiben Sie es bei der Sortimentserweiterung (englisch: **line extension**) nicht zu weit. Ein Hersteller von Duschgels, der 20 verschiedene Sorten anbietet, läuft Gefahr, dass sich seine Produkte gegenseitig kannibalisieren. Zudem wird der Konsument mit der Auswahl schlichtweg überfordert sein. Überlegen Sie sich also gut, welche Produktvarianten auf dem Markt wirklich Erfolg haben können.

Saisonale Anpassung

Saisonale Anpassungen können sehr wichtig sein. Ein Kiosk wird im Winter kaum Speiseeis, dafür aber jede Menge Taschentücher und Hustenbonbons verkaufen. Auch für Tourismusorte ist ein saisonal abgestimmtes Angebot von grosser Bedeutung. Der bekannte Wintersportort Davos zum Beispiel führt in der schneefreien Zeit mit Open-Air-Konzerten, Theaterveranstaltungen und Golfturnieren ein saisonspezifisches Angebot.

7.5 Markenpolitik (Branding)

Branding: *Markenmanagement, der Aufbau und die Pflege von Marken.*

> Eine Fülle an Informationen zum Thema «Branding» finden Sie auf folgenden Websites: www.markenlexikon.com, www.brandchannel.com, www.promarca.ch, www.martinlindstrom.com.

Der Begriff **Branding** stammt aus der traditionellen Viehzucht: Um ein Rind auf den ersten Blick seinem Besitzer zuordnen zu können, wurde diesem mit einem glühend heissen Eisen ein Zeichen in die Haut gebrannt. Im Marketing ist der Begriff Branding weniger schmerzvoll geprägt und umfasst alle Marketingüberlegungen, die mit Marken (engl. Brands) zu tun haben.

Abb: Diesel Flagshipstore in Tokio

7.5.1 Markenelemente

In der Praxis können die unterschiedlichsten Elemente Bestandteil einer Marke sein. Die folgende Tabelle nennt die wichtigsten und liefert Ihnen konkrete Beispiele:

Markenelement	Beispiele
Name	Novartis, Rolex, Shell
Domainname	www.rocket.ch, www.dell.com, www.luzern.ch
Logo	Apfel von Apple, Mercedes-Stern, Schriftzug von Coca-Cola
Slogans/Claims	Just do it (Nike), YES WE CAN (Wahlkampfslogan von US-Präsident Barack Obama)
Farben	Blau und Weiss bei Nivea, Orange bei Orange
Bilder	«Marlboro Country» (Cowboy, Pferd und Prärie), Grüner Dreimaster und Meer von Beck's Bier
Formen	Produktdesign eines iPod, Form einer Coca-Cola-Flasche
Maskottchen	Lila Milka-Kuh, Burger King, Michelin-Männchen «Bib»
Hörzeichen (Jingles, Corporate Anthems, Sound Branding)	«Waschmaschinen leben länger mit Calgon» (Melodie und Slogan von Calgon), Erkennungsmelodie (fünftöniges Audiologo) der Deutschen Telekom

Abb.: Markenelemente

7.5.2 Markenfunktionen

Marken erfüllen sowohl für Unternehmen wie auch für Kunden und weitere Anspruchsgruppen essenziell wichtige Funktionen. Auf den folgenden Seiten lernen Sie die fünf wichtigsten kennen.

Identifikations- und Differenzierungsfunktion

Eine Marke muss einprägsam, wiedererkennbar und eigenständig sein. Sie muss sich von anderen Marken abheben und positive Assoziationen zum Produkt, zu dessen Positionierung auf dem Markt und zu den Kundenbedürfnissen wecken. Das Logo von «The Leading Hotels of the World» (beispielsweise angebracht beim Hoteleingang oder auf der Website) zeigt, dass es sich nicht um eine Jugendherberge oder eine Low-Budget-Pension, sondern ein Hotel der Luxusklasse handelt. Die Verbandsmitglieder von «The Leading Hotels of the World» heben sich dadurch auf den ersten Blick von Nichtmitgliedern ab.

Garantiefunktion

Die Marke verleiht dem Produkt ein besonderes Image und somit einen Mehrwert. Sie verspricht dem Käufer eine Güte- und Qualitätsgarantie. So steht und garantiert die Marke «FedEx» für einen schnellen, zuverlässigen und weltweiten Kurierdienst.

Das aber eine Marke und dessen Garantiefunktion nicht in Stein gemeisselt sind, zeigt das Beispiel Toyota: Nach einer Pannenserie (Gaspedal-Skandal im Jahre 2010) erlitt das Image des japanischen Autobauers Kratzer. Die Verkaufszahlen brachen ein.

Zur Markierung einer bestimmten Qualität wurden extra Gütesiegel geschaffen. So etwa das Bio- oder TÜV-Gütesiegel, das auf Verpackungen von zertifizierten Produkten getragen werden darf.

Profilierungsfunktion

Viele Leute möchten sich mit einer bestimmten Marke Prestige verschaffen. Der Träger eines Lacoste-Hemdes, die Käuferin einer Louis-Vuitton-Tasche oder der Besitzer einer goldenen Kreditkarte wollen sich gesellschaftlich höher positionieren, indem sie Zugehörigkeit zu einer bestimmten Gruppe manifestieren. «Ihre» Marke muss daher ein exklusives und wertiges Image ausstrahlen.

Kommunikationsfunktion

Marken müssen klar erkennbar, leicht verständlich und problemlos auszusprechen sein. Wird Ihre Marke international vertrieben, so sollten Sie darauf achten, dass sich der Markenname uneingeschränkt anwenden lässt. Er darf keine ethischen oder religiösen Gefühle verletzen. Schon mehrmals sind renommierte internationale Unternehmen in Fettnäpfchen getreten: Der Autohersteller Mitsubishi taufte sein Geländewagenmodell «Pajero», was im spanischsprachigen Teil Südamerikas ein arger Kraftausdruck ist. Und das finnische Bier «KOFF» wird für manche heitere Runde in britischen Pubs sorgen, spricht man es doch gleich aus wie «cough», das englische Wort für Husten. Na dann, Prost auf das Hustenbier!

Schutzfunktion

Marken lassen sich schützen. Mit dem Eintrag Ihrer Marke ins Markenregister schützen Sie diese vor Missbrauch durch Nachahmer und Mitbewerber. Das Eidgenössische Institut für geistiges Eigentum beschreibt die Form der schützbaren Marken wie folgt: «Als Marken eingetragen werden können z.B. Wörter (Wortmarken, z.B. Shiseido), Buchstabenkombinationen (z.B. ABB), Zahlenkombinationen (z.B. 501), bildliche Darstellungen (Bildmarken, z.B. Shell-Logo), aus einer Waren- oder Verpackungsform bestehende oder davon losgelöste dreidimensionale Marken (z.B. Mercedes-Stern), Slogans (z.B. «Katzen würden Whiskas kaufen»), aus Tonabfolgen bestehende akustische Marken oder aus einer unlimitierten Farbe bestehende Farbmarken.»

Leider garantiert der Eintrag in ein Markenregister keinen uneingeschränkten Schutz vor Nachahmern und Fälschern. Vor allem die Produkte von Luxusmarken wie Rolex, Armani oder Prada werden im grossen Stil kopiert und als preisgünstige Imitationen auf den Markt gebracht.

7.5.3 Markenwert

An welchen Brand denken Sie zuerst, wenn von Bekleidungsmarken die Rede ist? Diesel, Esprit oder La Martina? Marken lösen bei Konsumenten Assoziationen und Emotionen aus. Sie verkörpern spezielle, individuelle Werte und helfen, sich durch den Angebotsdschungel zu schlagen. Erfolgreiche Marken haben ein eigenes Gesicht und einen eigenen Charakter. David A. Aakert identifiziert in seinem Markenwertmodell vier Schlüsselelemente:

Abb: Das Markenwertmodell (in Anlehnung an David A. Aker, 1991)

Markenbekanntheit: Wählen Konsumenten ein Produkt unter Ähnlichen, greifen sie gerne auf ihnen bekannte Marken zurück. Denn die Bekanntheit steigert das Vertrauen in eine Marke.

Markentreue: Zufriedene Kunden werden höchstwahrscheinlich zu treuen Kunden. Für ein Unternehmen beziehungsweise eine Marke ist dies bedeutend, denn bestehende Kunden zu halten, ist um ein Vielfaches günstiger, als neue zu gewinnen. Bei «Love Brands» wie etwa Apple sorgen die «Brandapostel» gleich selber dafür, dass die Marken weiter an Popularität gewinnen.

Markenassoziationen: Je positiver unsere Wahrnehmung einer Marke ist, desto eher sind wir bereit, den entsprechenden Preis dafür zu bezahlen. Dabei geht es neben der Qualität auch um die positiven Emotionen, die eine bestimmte Marke bei uns auslöst.

Markenqualität: Die subjektiv wahrgenommene Qualität steigert durch eigene positive Erfahrung ebenfalls den Wert einer Marke. Dabei nehmen Konsumenten bekannte Marken oft als qualitativ hochwertiger wahr. Dieses Markenimage kann den potenziellen Kunden bewusst wie auch unbewusst zu einer Kaufentscheidung verführen.

Branding und das Steigern des Markenwerts sind Match entscheidende Marketingfunktionen. Ihre Aufgabe ist es nun, Ihre Marke mit den richtigen Attributen aufzuladen.

Die Markenberatungsagentur Interbrand erstellt jährlich eine Rangliste der wertvollsten Marken. Durch ein aufwendiges Erhebungsverfahren ermittelt sie deren Markenwert (Brand Equity) in US-Dollar.

Rang	Marke	Herkunftsland	Branche	Wert in Mia. USD
1	Coca-Cola	USA	Beverages	70.452
2	IBM	USA	Business Services	64.727
3	Microsoft	USA	Computer Software	60.895
4	Google	USA	Internet Services	43.557
5	GE	USA	Diversified	42.808
6	McDonald's	USA	Restaurants	33.578
7	Intel	USA	Electronics	32.015
8	Nokia	Finnland	Electronics	29.495
9	Disney	USA	Media	28.731
10	hp	USA	Electronics	26.867
11	Toyota	Japan	Automotive	26.192
12	Mercedes-Benz	Deutschland	Automotive	25.179
13	Gillette	USA	FMCG	23.298
14	Cisco	USA	Business Services	23.219
15	BMW	Deutschland	Automotive	22.322

Abb.: Die wertvollsten Marken / Quelle: Interbrand, 2010

Viel Zeit, Geld und Marketinggeschick sind nötig, um eine starke Marke aufzubauen. Doch mit nur wenigen Fehlgriffen kann der Wert einer Marke immensen Schaden nehmen, der kaum wieder gut zu machen ist (vgl. Kapitel 3, Case Study: «Tote Hose bei Levi's»).

EXKURS: *Markenarchitektur*

Die Automarken Maybach, Mercedes-Benz und Smart könnten unterschiedlicher nicht sein, doch haben sie eines gemeinsam: Sie gehören alle zur Daimler AG. Dank ihrer eigenständigen Charaktere verkörpern die drei Marken ganz unterschiedliche Werte, Assoziationen und Emotionen.

Sobald Sie mehr als ein einziges Produkt anbieten, müssen Sie sich die Organisation Ihrer Marken überlegen. Das Bestimmen der Hierarchien zwischen den einzelnen Marken nennen wir Markenarchitektur. Grundsätzlich gibt es drei Richtungen (Markenstrategien), die Sie verfolgen können: die Einzelmarken-, die Familienmarken- sowie die Dach- oder Unternehmensmarkenstrategie.

Einzelmarkenstrategie (Individual Brand Strategy)

Verfolgen Sie die Einzelmarkenstrategie, so verleihen Sie jedem Ihrer Produkte einen eigenständigen Namen. Die Pflege von Einzelmarken (auch Monomarken genannt) ist teuer, da normalerweise alle Produkte eigene Marketingabteilungen, Markenwebsites, Werbekonzepte und Verkaufsförderungsmassnahmen benötigen.

Ein grosser Vorteil der Einzelmarkenstrategie ist, dass Marken, wenn sie in Bedrängnis kommen, die übrigen Einzelmarken des Unternehmens kaum beeinträchtigen. Oder hätten Sie gewusst, dass die Katzenfuttermarken Whiskas, Sheba und Kitekat alle zum Nahrungsmittelkonzern Mars gehören? Zudem erlaubt Ihnen das Führen eigenständiger Marken, unterschiedliche Zielgruppen gezielt anzusprechen.

Familienmarken (Product Line Strategy)

Bei der Familienmarkenstrategie wählen Sie für eine ganze Produktlinie oder Angebotsauswahl eine einheitliche Marke. Die Familienmarke erhält dabei einen Zusatz, um die einzelnen Produkte voneinander unterscheiden zu können. Ein Paradebeispiel liefert uns Kellogg's. Die Kellogg's-Frühstücksflocken tragen stets den Namen Kellogg's sowie eine Zusatzbezeichnung, die das Produkt näher beschreibt (z.B. Kellogg's Frosties, Kellogg's Special K, Kellogg's Chocos).

Dach- oder Unternehmensmarke (Corporate Brand Strategy)

***Dachmarke:** Umbrella Brand; Marke, die für mehrere oder sogar sämtliche Produkte (Einheitsmarke) eines Unternehmens steht.*

Eine Dach- oder Unternehmensmarkenstrategie bedeutet, dass ein Unternehmen sämtliche Leistungen unter einer einheitlichen Marke anbietet. So unterscheiden sich bei BMW die Modelle BMW X3 oder BMW Z4 nur durch einen alphanumerischen Zusatz. Auch andere global tätige Unternehmen wie die Banken UBS oder Credit Suisse treten unter einer einzigen **Dachmarke** auf. Sie verfolgen dabei eine Einheitsmarkenstrategie (Single Brand Strategy). Eine Dachmarke kann auch verschiedene Familienmarken umfassen:

Das Beispiel von Perfetti van Melle veranschaulicht dies deutlich.

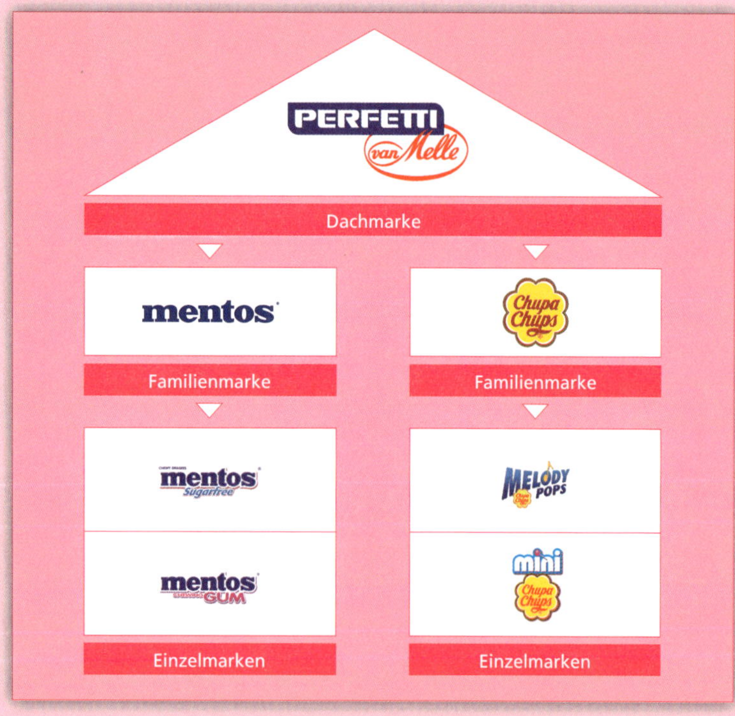

Abb.: Auszug aus der Markenarchitektur von Perfetti van Melle, Markt Schweiz/ Quelle: Perfetti van Melle, Markt Schweiz

7.6 Verpackung

Wollen Sie ein Produkt beim Konsumenten als starke Marke verankern, brauchen Sie eine unverwechselbare Verpackung. Toblerones Verpackung zum Beispiel ist unverkennbar, sie hebt sich von den Mitbewerbern ab und passt hundertprozentig zum Produkt.

Abb.: Die weltbekannte Tobleroneverpackung

Drei Viertel der Kaufentscheide werden direkt am Kaufort (**POS** / POP) gefällt! Da die Verpackung meist den kaufentscheidenden Impuls auslöst, muss sich Ihr Produkt von der Masse abheben. Es muss Emotionen wecken und zum Kauf verführen. Form, Material und Design spielen dabei eine bedeutende Rolle.

POS (Point of Sale): *Verkaufsort, an dem ein Angebot eingekauft und bezahlt wird (entspricht physisch dem POP).*

Eine erfolgreiche Verpackung erfüllt folgende sechs Funktionen:

Werbefunktion (Differenzierungsfunktion)

Die Verpackung muss potenzielle Käufer verführen, ein Produkt zu kaufen. Ihr Produkt muss sich also bereits am Verkaufspunkt deutlich und positiv von den Angeboten Ihrer Mitbewerber abheben. Eine ansprechende, auffallende Verpackung erreichen Sie durch eigenständige Farben, aussergewöhnliche Materialien, spannende Kundeninformationen oder eine unverwechselbare Form.

Die Verpackung ist wichtiger Imageträger und muss sich durch einen hohen Wiedererkennungswert auszeichnen. So verleihen exklusive Verpackungen und speziell kreierte Flaschendesigns den unterschiedlichen Parfümmarken ihre Eigenständigkeit.

Verkaufsförderungsfunktion

***Gimmick:** Ein Werbegeschenk (Give-away), das einem Produkt beigefügt wird.*

Die Verpackung eignet sich ausgezeichnet, um zeitlich begrenzte Aktionen zu kommunizieren: 20 Prozent mehr Inhalt, ein Wettbewerb oder Produktzugaben **(Gimmicks)** werden auf der Verpackung angekündigt. Derartige Aktionen locken auch Erstkäufer an.

Informationsfunktion

***RFID-Code:** Radio Frequency Identification Code; ermöglicht die automatische Identifizierung von Produkten und dient zur Erfassung und Speicherung von Daten.*

Die Verpackung beschreibt das Produkt nach Art, Menge, Gewicht und Preis. Sie informiert über Gefahren, Verfallsdaten und Verwendungszweck. Als Trägerin eines Strichcodes (EAN-Code) oder eines **RFID-Codes** erlaubt sie das schnelle Einlesen an Scanner-Kassen, gibt Informationen an die Lagerbuchhaltung weiter und ermöglicht Rückschlüsse auf das Kundenverhalten. Die Informationen, die auf der Verpackung stehen dürfen oder müssen, sind durch länderspezifische rechtliche Bestimmungen und Vorschriften festgelegt. Beispiele für informationsreiche Verpackungen sind Medikamente, Zigaretten und Nahrungsmittel.

Schutz- und Handelsfunktion

Pommes Chips sind ein zerbrechliches Gut. Und wer serviert schon gerne Brosamen zum Aperitif? Mit einer stabilen Kartonverpackung wird Pringles diesem Problem gerecht und erfüllt somit eine kaufentscheidende Voraussetzung.

Die Verpackung muss Ihr Produkt optimal vor Umwelteinflüssen, Beschädigung, Verunreinigung, Wärme, Licht oder Mengenverlust schützen. Für den Transport, die Lagerung und den Handel ist darauf zu achten, dass sich die Ware platzsparend stapeln und lagern lässt und zu den vorgegebenen Normgrössen (wie Paletten oder Containern) passt.

Umweltfunktion

Immer mehr Kunden verlangen nach umweltverträglichen Verpackungsmaterialien. Mit einer sparsamen, ressourcenschonenden und recyclebaren Verpackung kommen Sie diesem Wunsch nach. Konkret kann dies der Einsatz von Mehrwegflaschen anstelle von Aludosen sein. Oder Sie verwenden Biokunststoffe, aus welchen Einweggeschirr, Obstnetze und Dosen hergestellt werden können und die kompostierbar sind.

Bei Premiumprodukten wie Kosmetikartikeln wird der Umweltaspekt noch immer vernachlässigt. Das Parfüm «Le mal» von Jean-Paul Gaultier mit der massiven Aluverpackung ist ein Beispiel dafür. Da der Käufer eines Luxusprodukts jedoch weniger ökologisch sensibel ist, findet es gleichwohl Absatz.

Zusatzfunktionen

Bieten Sie mit Ihrer Verpackung dem Konsumenten einen Zusatznutzen. Der Zusatznutzen braucht keinen direkten Bezug zu Ihrem Produkt zu haben, wie etwa Honig- und Senfgläser, die nach dem Konsum als Trinkglas verwendet werden können. Auch Keksdosen, die nach dem Verzehr der Kekse als Aufbewahrungsbehälter dienen, bieten einen Zusatznutzen. Solche Dosen dürfen durchaus aus einem edlen Material wie Aluminium bestehen, da sie nach dem Verbrauch des Inhalts nicht weggeworfen, sondern weiterverwendet werden.

Abb.: Feldschlösschen «Cool-Keg» – das selbstkühlende Bierfass

Der Bierhersteller Feldschlösschen bietet seinen Kunden nicht nur einen kleinen Zusatznutzen, sondern ein ganz entscheidendes Verkaufsargument: Mit dem «Cool-Keg» (zu Deutsch: kühles Fass) vertreibt die Brauerei ein selbstkühlendes 20-Liter-Bierfass. Dank einem speziellen physikalischen Verfahren (ohne Chemie) wird das Bier innert 30 Minuten nach dem Öffnen eines Ventils auf 6 bis 9 Grad heruntergekühlt. Das durchdachte, umweltfreundliche Mehrweggebinde der Cool-System KEG GmbH gewann mehrere internationale Verpackungspreise und kann bis zu 500 Mal wiederverwendet werden.

CASE STUDY: *Verpackungsflop bei Cailler*

Cailler, der traditionsreiche, zum Nestlékonzern gehörende, Schweizer Schokoladenhersteller, wollte 2006 seine neue strategische Ausrichtung als Premiummarke mit einem angepassten Marketing-Mix auf dem Markt umsetzen. Zu den Marketingmassnahmen gehörten im Bereich des Marketinginstruments «Product» ein komplett neues Verpackungsdesign. Für die Gestaltung arbeitete man mit dem französischen Stararchitekten Jean Nouvel zusammen.

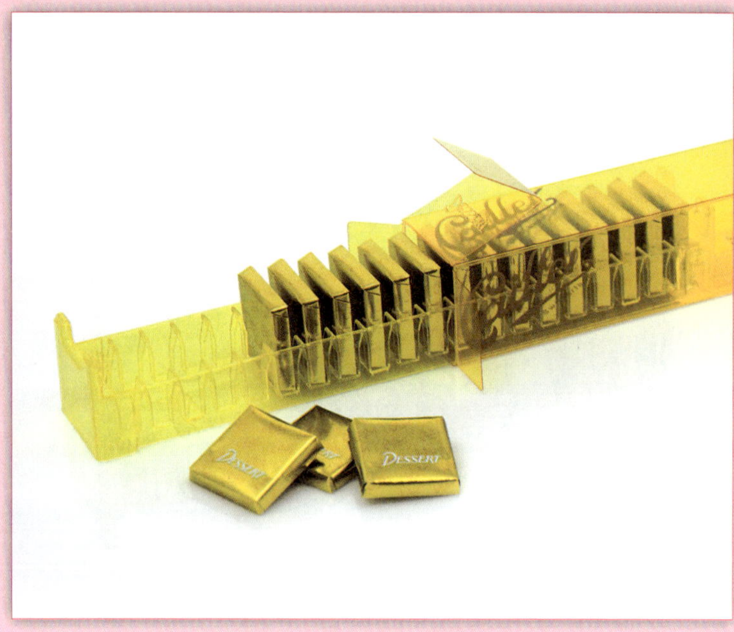

Abb.: Flop-Verpackung von Cailler mit dem Design von Jean Nouvel

Mit grossem Werbeaufwand wurden die neu verpackten Cailler-Produkte der Öffentlichkeit präsentiert. Beifall gab es dafür keinen: Die aufwendigen PET-Verpackungen wurden von den Konsumenten als ökologischer Unsinn abgelehnt. Neben dem Abfall- und Recyclingproblem wurden die höheren Preise der neu verpackten Schokolade derart schlecht aufgenommen, dass der Detailhändler Denner die Produkte sogar kurzerhand aus dem Sortiment strich.

Das Rebranding hatte einen Umsatzrückgang von 30 Prozent zur Folge. Schliesslich sah sich Cailler gezwungen, den «Marketing-Gag» bereits 2007 rückgängig zu machen und die Schokolade wieder in Papierverpackungen anzubieten.

Dieser Marketingflop sorgte für einen Verlust von einigen Millionen Franken. Uns zeigt er als eindrückliches Beispiel, dass mit Änderungen an erfolgreichen Marken äusserst behutsam umgegangen werden muss.

Quellen: werbewoche.ch; handel-heute.ch

8. Price

«Price is what you pay. Value is what you get.»

Warren Edward Buffett, amerikanischer Investor und CEO von Berkshire Hathaway

Macht es Sie glücklich, wenn Sie ein teures Paar Sommerschuhe kaufen und kurze Zeit später entdecken Sie sie im gleichen Laden zu stark reduziertem Preis? Kaum. Ein solches Vorgehen ist für das Image des Unternehmens kaum förderlich. Andererseits ist es der Modeboutique im August kaum mehr möglich, Ihre Sommerschuhe zum ursprünglichen Preis zu verkaufen. Sie sehen: Das Bestimmen des Preises ist eine Knacknuss. Deshalb erfahren Sie in diesem Kapitel, wie Sie das Thema Preispolitik professionell angehen.

Preise hängen stark von Angebot und Nachfrage ab. In Kapitel 3 haben Sie den Markt nach der Struktur von Anbietern und Nachfragern untersucht. Nun legen Sie in Abstimmung mit der definierten Strategie fest, zu welchem Preis und welchen Konditionen Sie Ihr Angebot auf dem Markt platzieren wollen. Ihr Ziel: das langfristige Maximieren Ihres Gewinns.

Die Preisfindung ist kein einmaliger, abgeschlossener Prozess. Nach dem Festlegen des Preises für die Neulancierung müssen Veränderungen auf dem Markt beobachtet werden. Auch der Produktlebenszyklus wirkt sich auf den Preis aus. Das bedeutet für Sie: Während der Wachstumsphase können Sie grundsätzlich einen höheren Preis erzielen als gegen das Ende des Produktlebens.

Im Gegensatz zu den anderen Marketinginstrumenten wird der Preis-Mix oft kurzfristig angepasst. Bei wichtigen unternehmensinternen oder -externen Ereignissen müssen Sie Ihren Preis überprüfen und gegebenenfalls anpassen. Dies können Veränderungen in Ihrer Kostenstruktur, Nachfrageschwankungen oder Preisanpassungen Ihrer Mitbewerber sein.

LERNZIELE – *Nach dem Studium dieses Kapitels sind Sie in der Lage …*

… die für Sie am besten geeignete Methode zur Preisfindung auszuwählen und anzuwenden.
… eine Break-even-Analyse durchzuführen.
… die Auswirkungen der Nachfrageelastizität auf die Preise zu erkennen.
… durch eine geschickte Preisdifferenzierung Ihren Umsatz zu maximieren.
… die Eckpfeiler Ihrer Konditionenpolitik festzulegen.

8.1 Einflussfaktoren der Preisbildung

Die fünf folgenden Einflussfaktoren liefern wertvolle Anhaltspunkte zur Preisbestimmung:

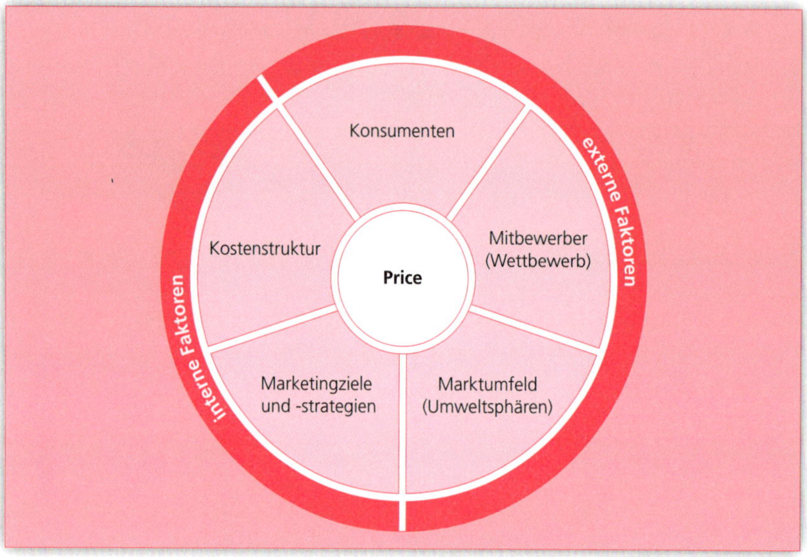

Abb.: Die fünf Einflussfaktoren der Preisbildung

Zu den unternehmensinternen Faktoren zählen die Kostenstruktur sowie die definierten Marketingziele und -strategien. Die drei unternehmensexternen Faktoren sind das Marktumfeld (die Umweltsphären), Ihre Mitbewerber sowie die Konsumenten.

Obwohl Sie alle fünf unternehmensinternen und -externen Faktoren beachten müssen, empfiehlt es sich, einen Faktor für Ihre Berechnung auszuwählen. Anschliessend können Sie überprüfen, ob Ihr errechneter Preis auch den übrigen vier Einflussfaktoren gerecht wird. Auf den folgenden Seiten erfahren Sie alle Details zur Preisbildung nach den fünf Einflussfaktoren.

8.1.1 Kostenorientierte Preisbildung

Selbstkosten: *Die Summe aller fixen und variablen Kosten. Werden auch Gesamtkosten genannt.*

Bei der kostenorientierten Preisbildung nehmen Sie Ihre Kostenstruktur zur Hilfe. Sie ist die am weitesten verbreitete Methode. Doch Vorsicht: Die rein kostenorientierte Preis findung ist für ein marktgerechtes Unternehmen nicht unproblematisch. Sie bietet zwar einen idealen Ausgangspunkt, doch muss der berechnete Preis auf die übrigen Einflussfaktoren abgestimmt werden. Selbstverständlich können Sie Ihr Produkt nicht über längere Zeit unter dem **Selbstkostenpreis** anbieten, sonst sind Ihre Überlebenschancen gering.

	Fixe Kosten
+	variable Kosten
=	**Selbstkosten**
+	Gewinnzuschlag (Reingewinn)
=	**Nettoverkaufspreis (Zielverkaufspreis)**
+	Rabatte und weitere Abzüge
+	Mehrwertsteuer (MwSt.)
=	**Bruttoverkaufspreis (Listenverkaufspreis) inkl. MwSt.**

Abb.: Berechnung bei der kostenorientierten Preisbildung (Kalkulationsschema)

Um den Verkaufspreis zu berechnen, addieren Sie zunächst sämtliche **fixen** und **variablen** Kosten Ihres Produkts. So erhalten Sie die Selbstkosten (die Zahlen liefert Ihnen das Rechnungswesen). Zu den Selbstkosten addieren Sie einen Gewinnzuschlag, um so auf Ihren Nettoverkaufspreis zu kommen. Als Unternehmerin oder Unternehmer entscheiden Sie sich für den höchstmöglichen vom Markt akzeptierten Gewinnzuschlag. Kenntnisse über die von den Kunden tolerierte Preisobergrenze Ihres Angebots sind Ihnen dabei nützlich.

Zukünftige Kundenrabatte müssen Sie schon jetzt festlegen. Ein Rabatt ist ketzerisch ausgedrückt nichts anderes als der nachträgliche Abzug eines Preisaufschlags. Deshalb addieren Sie diesen Aufschlag zum Nettoverkaufspreis hinzu.

Folgender Exkurs zur **Break-Even-Analyse** zeigt, wie Sie Ihren Minimalpreis beziehungsweise Ihre Mindestabsatzmenge berechnen:

EXKURS: *Die Gewinnschwelle*

Mit der Berechnung der **Gewinnschwelle** (englisch: Break-Even-Analyse) legen Sie einen gewinnorientierten Preis fest. Zur Vereinfachung gehen wir von einer linearen Gesamtkosten- und Erlöskurve aus.

Ein Beispiel: Ihre Fixkosten betragen CHF 120000, die variablen Stückkosten CHF 11.90 und Sie streben einen Verkaufspreis von CHF 19.90 an. Dann werden Sie bei 15000 verkauften Einheiten die Gewinnschwelle erreichen. Bei einer Absatzmenge von 15000 Stück kreuzt sich die Erlös- und Kostenkurve. Sobald Sie also mehr als 15000 Stück verkaufen, durchbrechen Sie den Break-Even-Point und erzielen somit Gewinn.

Fixe Kosten: *Aufwände, die unabhängig der produzierten Menge entstehen, bspw. Mietkosten.*

Variable Kosten: *Aufwände, die von den Stückkosten (der produzierten Menge) abhängen, bspw. Rohstoffe.*

Break-Even-Analyse: *Gewinnschwellenanalyse; Methode zur Berechnung der abzusetzenden Mindestverkaufsmenge, bei der ein Gewinn erzielt wird.*

Gewinnschwelle: *Break-Even-Point; Punkt, an dem Erlös und Kosten gleich hoch sind.*

Zur Berechnung der Gewinnschwelle wenden Sie folgende Formel an:

$$\frac{\text{Fixkosten}}{(\text{Verkaufspreis} - \text{variable Kosten})} = \textbf{Gewinnschwelle}\ (\text{Absatzmenge})$$

Adaptiert auf unser Beispiel:

$$\frac{\text{CHF } 120\,000}{(\text{CHF } 19.90 - \text{CHF } 11.90)} = \textbf{15 000 Stück}$$

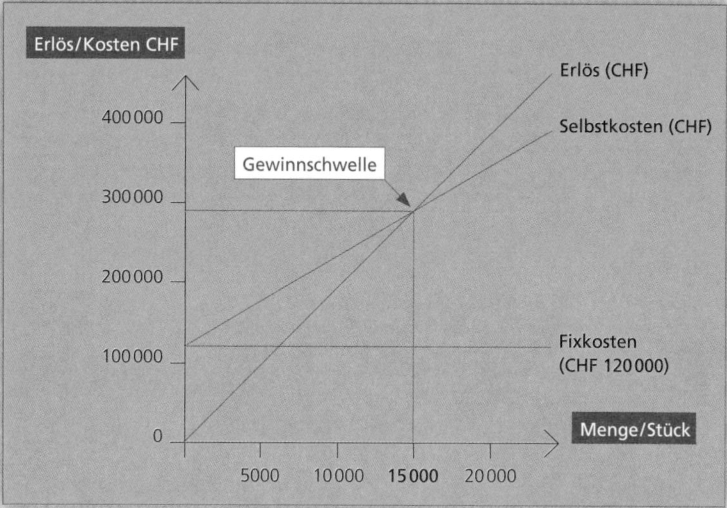

Abb.: Berechnungsbeispiel mit einer Gewinnschwelle bei 15 000 Stück

Mithilfe des Break-Even-Diagramms können Sie die minimale Höhe Ihres Verkaufspreises bei einer bestimmten Absatzmenge errechnen. Auf diese Weise lassen sich verschiedene Absatzszenarien durchspielen.

Wichtig ist es, dass Sie bei der Prognose Ihrer erwarteten Absatzmenge und des angestrebten Verkaufspreises weitere Überlegungen zur Preisfestlegung einbeziehen (vgl. Abschnitt 8.1 «Einflussfaktoren der Preisbildung» in diesem Kapitel). Dabei spielt die Preiselastizität der Nachfrage eine entscheidende Rolle (vgl. Exkurs «Die Preis-Absatz-Funktion (Preiselastizität)» in diesem Kapitel).

Skaleneffekte

Der Skaleneffekt beschreibt, wie der Absatz grösserer Mengen die Gewinnmaximierung fördert. Wie Sie dem Diagramm entnehmen können, sinkt mit der Zunahme der verkauften Stückzahl der Anteil der Fix- beziehungsweise Selbstkosten am Erlös. Ihre Gewinnmarge nimmt somit mit jedem verkauften Stück zu. Daher sollten Sie grundsätzlich bestrebt sein, möglichst viele Produkte zu verkaufen. Was nicht zwingend heisst, dass das Unternehmen mit dem grössten Marktanteil auch das profitabelste ist.

Preisbündelung

Unternehmen, die über eine umfassende Produktpalette verfügen, schnüren meistens Produktbündel, die zu Vorzugskonditionen **(Preisbündel)** angeboten werden. Dadurch soll mit einem **Cross-Selling** der Umsatz gesteigert werden. Das Ziel ist es, den Umsatz pro Verkauf zu erhöhen. Bekannte Beispiele von Produktbündeln sind Softwarepakete wie etwa MS-Office oder auch Menüs bei McDonald's.

Preisbündelung: *Gesamtpreis von mehreren Produkten, der günstiger als der Gesmatpreis der einzelnen Produkte ist.*

Cross-Selling: *Strategie, bei der Kunden ermuntert werden, weitere zusätzliche oder ergänzende Produkte aus dem eigenen Sortiment zu kaufen.*

Das Rockefellerprinzip

Der amerikanische Unternehmer und Inhaber von Standard Oil, John D. Rockefeller, verschenkte Ende des 19. Jahrhunderts Millionen von Öllampen. Sie waren sehr beliebt, da sie ein helleres Licht als die damals üblichen Kerzen spendeten. Die Nachfrage für Lampenöl stieg rapide und Rockefeller's Geschäft florierte.

Das **Rockefellerprinzip** ist heute eine verbreitete Marketingstrategie. So bieten Hersteller von Laserdruckern ihre Geräte zu sehr günstigen Konditionen an. Umsatz und Gewinn generiert wird mit den dazugehörigen Druckerpatronen **(Komplementärgut).** Es findet ein kalkulatorischer Ausgleich statt (Mischkalkulation), der aus Marketingsicht durchaus Sinn macht. D.h.: Die Preise der einzelnen Produkte werden als «Puzzleteile» des Ganzen betrachtet.

Rockefellerprinzip: *Marketingstrategie, bei der ein Produkt gratis oder sehr günstig angeboten wird, um mit dazugehörigen Verbrauchsmaterialien oder Dienstleistungen Gewinne zu erzielen.*

Komplementärgut: *Produkt, das ein anderes ergänzt.*

8.1.2 Marketingorientierte Preisbildung

Wieso müssen Sie für ein Poloshirt von Lacoste bis zu zehn Mal mehr bezahlen als für ein vergleichbares Eigenprodukt einer günstigen Modekette? Allein an den höheren Herstellkosten, die für die bessere Qualität nötig sind, liegt es nicht. Vielmehr stecken dahinter eine andere Marketingstrategie – und damit verbundene Kosten und höhere Margen.

Ihr Preis orientiert sich an Ihrer Marketingstrategie (bzw. an den übergeordneten Unternehmenszielen). Er muss sich perfekt in den Marketing-Mix integrieren und zur Ausgestaltung der restlichen Marketinginstrumente passen. Bieten Sie ein hochwertiges Premiumprodukt an, so wird sich der Preis im oberen Segment bewegen. Ein günstiger Discountpreis wäre falsch, denn die Konsumenten verbinden mit einem tiefen Preis auch eine geringere Produktqualität. Ein hoher Preis hingegen lässt auf ein qualitativ hochwertiges Produkt schliessen.

Dieses Wissen machte sich einst der Wodkahersteller Smirnoff zu Nutzen. Vor einigen Jahren senkte Smirnoffs ehemals grösster Mitbewerber Wolfschmidt den Preis pro Flasche um einen US-Dollar. Smirnoff liess sich nicht auf einen Preiskampf ein und erhöhte sogar den Verkaufspreis um einen US-Dollar. Die Käufer hatten nur wenig Ahnung vom Produkt Wodka und konnten keinen Qualitätsunterschied feststellen. Dank dem Preisunterschied aber nahmen sie Smirnoff plötzlich als Premiumwodka wahr, während Wolfschmidt ins Mittelfeld verbannt wurde. Der Umsatz von Smirnoff stieg in der Folge kräftig an.

Dieser Fall zeigt, dass Konsumenten bereit sind, für ihr Wunschprodukt einen entsprechend hohen Preis zu bezahlen. Und es gibt sogar Konsumenten, die für einen Liter Mineralwasser rund 100 Franken hinlegen:

CASE STUDY: ***Bling water – edles Wasser aus Kalifornien***

Kevin G. Bling ist der geistige Vater von «bling h2O». Dem Autor und Produzenten fiel bei seiner Arbeit in Hollywood auf, dass die Marke einer Flasche Mineralwasser viel über deren Konsumenten aussagt. Jedes Wässerchen hat seine eigene Geschichte und Ausstrahlung. Diese werden durch Promotionsmassnahmen gezielt aufgebaut. Vor allem im Premiumbereich sind der Markenhintergrund und die Verpackung – das Flaschendesign – enorm wichtig. Dies war dem findigen Amerikaner schnell klar.

Abb.: Auszüge aus der Website von «bling h2O»-Mineralwasser

Strategisch positioniert sich «bling h2O» als das edelste aller Mineralwasser. Es zielt damit direkt auf den expandierenden Super-Luxus-Markt. Die strategischen Vorgaben werden im Marketing-Mix konsequent umgesetzt. Das Mineralwasser ist in edle Flaschen abgefüllt, ausgestattet mit Swarovskikristallen. Auch der Name passt: Bling kommt aus dem amerikanischen Hip-Hop-Slang und lässt sich auf Deutsch mit Diamanten oder Klunker übersetzen. Der Rolls-Royce unter den Mineralwässern kostet zwischen 20 und mehreren Hundert Dollar die Flasche. In der Schweiz wird die 7,5-dl-Flasche sogar für 99 Franken verkauft.

Für beste Werbung sorgen die Hollywoodstars, die sich das teure Wasser leisten. Sie sind das Zielpublikum und mit ihnen die ganzen Starlets der Schickeria. Der Slogan von Bling lautet denn auch: «Do you bling?», was soviel bedeutet wie: Gehörst du auch zu denen, die es sich leisten können? Oder frei nach dem Motto: Nobel geht die Welt zugrunde.

Millionen von Menschen haben kaum Zugang zu ausreichend Trinkwasser. So mag es weltfremd wirken, wenn Paris Hilton ihrem Schosshündchen Tinkerbell edles «bling h2O» serviert ...

Quelle: www.blingh2o.com

8.1.3 Konsumentenorientierte Preisbildung

Stellen Sie sich vor, Sie müssen an ein wichtiges Meeting und haben verschlafen. Womöglich werden Sie sich eine teure Taxifahrt leisten oder eine Parkbusse riskieren. Das pünktliche Erscheinen am Meeting ist es Ihnen wert. Sie sehen: Die Zahlungsbereitschaft der Konsumenten hängt in hohem Masse vom subjektiven Nutzen ab. Ihre Aufgabe ist es, die Zahlungsbereitschaft Ihrer potenziellen Kunden einzuschätzen. Denn je höher die Konsumenten den subjektiven Nutzen eines Produkts oder einer Dienstleistung einstufen, desto mehr Geld geben sie dafür aus.

Jedes Käufersegment verhält sich in Sachen Preissensitivität (Stellenwert des Preises bei Kaufentscheidungen) anders. Um den verschiedenen Käufersegmenten gerecht zu werden, hat es Sinn, mit einem differenzierten Angebot auf dem Markt präsent zu sein. Fluggesellschaften bieten zum Beispiel mehrere Reiseklassen an. Der Konsument entscheidet entsprechend seinen Bedürfnissen und finanziellen Mitteln, ob er in der Economy-, Business- oder First-Class reisen möchte. Die Fluggesellschaft kann so mehr Kunden ansprechen und gleichzeitig einen höheren Gewinn abschöpfen.

Psychologische Preisbildung

Psychologische Effekte beeinflussen das Verhalten der Konsumenten. Weit verbreitet sind gebrochene Preise (oder Schwellenpreise): Beträge wie CHF 9.95 oder CHF 798 vermitteln Konsumenten das Gefühl, bedeutend weniger als den nachfolgenden runden Betrag zu bezahlen. Auch magische Zahlen wie eine Mitgliedschaft für CHF 33 oder ein Notebook für CHF 1 111 fördern den Kaufreiz.

EXKURS: *Die Preis-Absatz-Funktion (Preiselastizität)*

Die Preis-Absatz-Funktion ermittelt den «gewinnmaximalen Preis». Das ist der höchstmögliche Preis, den möglichst viele Konsumenten zu zahlen bereit sind. Die so genannte **Elastizität der Nachfrage** liefert Ihnen hilfreiche Informationen dazu.

Elastizität der Nachfrage: *Zeigt die Reaktion der Nachfrage auf eine Preisveränderung.*

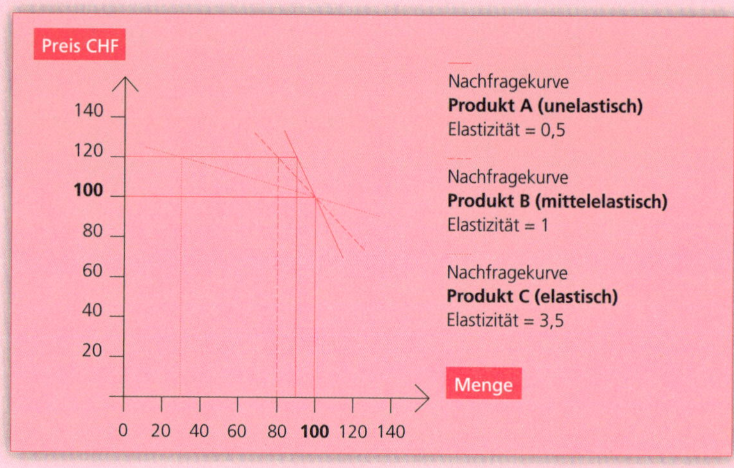

Abb.: Preiselastizität Produkt A (unelastisch), B (mittelelastisch) und C (elastisch)

Die Grafik zeigt, dass bei einem Preis von 100 Schweizer Franken jeweils 100 Stück abgesetzt werden können. Eine Preiserhöhung um 20 Prozent kann sich dabei ganz unterschiedlich auf die abgesetzten Mengen auswirken. Die Produkte A, B und C weisen eine völlig unterschiedliche Preiselastizität auf.

Die Elastizität der Nachfrage gibt also Auskunft über die Sensibilität der Kunden auf Preisänderungen. Sie zeigt die relativen Änderungen der nachgefragten Menge als direkte Folge einer Preisänderung. Oder anders ausgedrückt: Sie offenbart die Reaktionen Ihrer Kunden auf Preisänderungen. Normalerweise nimmt die Nachfrage bei steigenden Preisen ab, daher ist die Elastizität negativ. Folgende Formel dient zur Berechnung der Elastizität der Nachfrage:

$$\frac{\text{relative Mengenänderung (Mengenänderung in Prozent)}}{\text{relative Preisänderung (Preisänderung in Prozent)}} = \textbf{Elastizität e}$$

Berechnungsbeispiele für die Produkte A, B und C:

A: $\frac{-10\,\%}{20\,\%}$ = **e -0,5** **B:** $\frac{-20\,\%}{20\,\%}$ = **e -1** **C:** $\frac{-70\,\%}{20\,\%}$ = **e -3,5**

Ein Ergebnis von < -1 gilt als unelastisch, ein Ergebnis von > -1 als elastisch. Verfügt ein Produkt über eine Elastizität von -0,5, so bedeutet dies, dass es unelastisch ist. Eine Preiserhöhung um 20 Prozent löst dabei einen Nachfragerückgang von 10 Prozent aus. Ein Preisnachlass von 20 Prozent wird hingegen eine Steigerung der Nachfrage von ebenfalls bloss 10 Prozent auslösen.

Eine elastische Nachfrage bedeutet eine starke Reaktion auf Preisänderungen. Das heisst, dass Preiserhöhungen einen sehr starken Nachfragerückgang zur Folge haben. Als besonders elastisch gelten Produkte, die leicht ersetzt werden können (z.B. Butter durch Margarine) oder auf die leicht verzichtet werden kann (z.B. Kinotickets, Blumenschmuck, Luxusgüter wie Uhren, Champagner und Kosmetika).

Ist die Nachfrage unelastisch, so fällt die Reaktion auf Preisänderungen schwach aus. Das heisst, auf eine Preiserhöhung folgt ein verhältnismässig geringer Nachfragerückgang. Unelastisch sind Produkte des täglichen Bedarfs wie Grundnahrungsmittel, Kleidung, Benzin, Elektrizität oder Tabak. Sobald jedoch Ersatzgüter (Substitute) – wie etwa alternative Treibstoffe, die Benzin ersetzen – zur Verfügung stehen, wird der Nachfragerückgang verstärkt.

In seltenen Fällen führt eine Anhebung der Preise zu einer Zunahme der verkauften Menge und entsprechend zu einer positiven Elastizität (inverse Elastizität). Dies kann bei Luxusgütern der Modeindustrie vorkommen, sofern ein höherer Preis imagefördernd wirkt.

Massnahmen		Elastizität eines Gutes: unelastisch (Produkt A)	Elastizität eines Gutes: mittelelastisch (Produkt B)	Elastizität eines Gutes: elastisch (Produkt C)
	Preis-erhöhung	geringer Nachfragerückgang; Umsatz steigt	Nachfragerückgang proportional zur Preiserhöhung, kaum Umsatzveränderung	starker Nachfragerückgang; Umsatz sinkt
	Preis-senkung	geringer Nachfragezuwachs, jedoch erheblicher Umsatzrückgang; Umsatz sinkt	Nachfragezuwachs proportional zur Preissenkung, kaum Umsatzveränderung	starker Nachfragezuwachs; Umsatz steigt
	Preistaktik	Preis stabil halten oder erhöhen	keine besonderen Preismassnahmen notwendig	Preissenkung bis zum Punkt der Marktsättigung; Vorsicht mit Luxusgütern, ihr Image kann unter Preissenkungen leiden

Abb.: Zusammenhang zwischen Preiselastizität und Preisänderungen.

Bitte beachten Sie: In der Praxis ist es relativ schwierig, die Preiselastizität der Nachfrage zu bestimmen. Greifen Sie deshalb ruhig auf Erfahrungswerte und Analysen früherer Preisänderungen zurück. Oder ändern Sie die Preise in einem klar begrenzten Testmarkt, um Rückschlüsse auf die Elastizität Ihrer Produkte zu ziehen. Wichtig ist es, dass Sie sich der hier erwähnten Zusammenhänge zwischen Preiselastizität und Preisänderungen bewusst sind und diese in der Preisbestimmung berücksichtigen.

8.1.4 Mitbewerberorientierte Preisbildung

Dumpingpreis: *Verkaufspreis, der die Selbstkosten nicht deckt.*

Als Sie beschlossen, Auto fahren zu lernen, wählten Sie Ihre Fahrschule vermutlich anhand zweier Kriterien: die Empfehlung eines Bekannten und der Preis pro Lektion. Falls Sie mehrere Angebote geprüft haben, wird Ihnen aufgefallen sein, dass bei den Preisen keine grossen Unterschiede bestehen. Die einzelnen Fahrschulen studieren nämlich die Preise ihrer Mitbewerber genau und legen den eigenen Preis im ähnlichen Rahmen fest. Ausnahmen bilden dabei höchstens Fahrschulen, die neu auf den Markt kommen und mit **Dumpingpreisen** versuchen, Kunden zu gewinnen.

Die Preise Ihrer Mitbewerber liefern Ihnen hilfreiche Anhaltspunkte zur Preisgestaltung. Wägen Sie ab, ob Sie den gleichen Preis wie Ihre Mitbewerber wählen oder ob Sie deren Preise unter- oder überbieten wollen. Wie das Beispiel von Smirnoff-Wodka zeigt (vgl. Unterkapitel 8.1.2, «Marketingorientierte Preisbildung»), führt jede gewählte Strategie zu unterschiedlichem Erfolg.

Möchten Sie beispielsweise den relativen Marktanteil erhöhen, obwohl Ihr Produkt praktisch identisch mit jenem der Mitbewerber ist, so müssen Sie Ihren Preis tendenziell unter dem Niveau der Mitbewerber ansetzen. Ändern Ihre Mitbewerber den Preis, so werden auch Sie gezwungen sein, Ihren Preis anzupassen. Bieten Ihre Produkte den Konsumenten aber einen echten Mehrwert? Oder verfügen Sie über eine starke Marke oder eine klare, eigenständige USP? Dann werden Sie Ihren Preis in der Regel oberhalb des Preisniveaus Ihrer Mitbewerber ansiedeln.

Der Wettbewerb auf dem Markt hat einen wichtigen Einfluss auf Ihre Preisgestaltung. Nutzen Sie die folgende Tabelle und untersuchen Sie, wie hart umkämpft (kompetitiv) Ihr Marktumfeld ist:

	Anbieter	
Nachfrager	**einer**	**viele**
einer	zweiseitiges Monopol	Nachfragemonopol
viele	Angebotsmonopol	Polypol

Abb.: Unterschiedlich kompetitive Märkte

Ein Angebotsmonopol besteht dann, wenn Sie der einzige Anbieter auf einem Markt mit vielen Nachfragern sind. Falls eine Nachfrage nach Ihrem Produkt besteht, erlaubt Ihnen ein Angebotsmonopol, den Preis hoch zu halten. Diese Situation war früher bei monopolistischen, staatlichen Telekommunikationsunternehmen der Fall. Man spricht dabei auch von einem Verkäufermarkt. Heute finden wir Angebotsmonopole – aufgrund des Patentschutzes – zum Beispiel in der Pharmaindustrie. Sobald der Patentschutz jedoch hinfällig wird, entsteht ein Polypol und das Preisniveau wird sinken. Beim Polypol stehen die Preise (beziehungsweise die Gewinnmargen) verstärkt unter Druck.

Ein zweiseitiges Monopol und ein Nachfragemonopol existieren vor allem im Business-to-Business-Bereich, kommen aber selten vor.

8.1.5 Marktumfeldorientierte Preisbildung

Jeder Markt ist eingebettet in einem Umfeld. Dieses Umfeld wirkt auch auf die Preisbildung ein. Allen voran sind es die ökonomische und die politisch-rechtliche Umweltsphäre (vgl. Kapitel 3.2.6, «Ihre Umwelt – die PEST-Analyse»), die den Preis beeinflussen. Im internationalen Verkehr sind dies Wechselkurse und örtliche Steuern, aber auch Gesetze und Reglemente. Von der marktumfeldorientierten Preisbildung sind heute neben der Tabak- und Alkoholindustrie (Sondersteuern) zunehmend auch die Verkehrs-, die Telekommunikations- und die Versicherungsbranche betroffen (zunehmende Privatisierung von einst staatlichen, monopolistischen Betrieben).

CASE STUDY: *Sondersteuer dreht Hooch den Hahn ab*

Ein beinahe tragisches Beispiel liefert das alkoholische Süssgetränk «Hooch» des amerikanischen Unternehmens Hooper's. Die Mutter aller Alcopops wurde in der zweiten Hälfte der neunziger Jahre auf den europäischen Markt gebracht und richtete sich an ein junges Zielpublikum. Dank des süsslichen Limonadegeschmacks war der enthaltene Alkohol kaum wahrnehmbar – ein cleverer Schachzug und unter den Teenagern ein Riesenhit.

Abb.: Hooch – die alkoholhaltige Limonade von Hooper's

Allein in Grossbritannien sollen kurz nach Markteinführung wöchentlich rund 2,5 Millionen Flaschen Hooch verkauft worden sein. Ähnlich schnell wurde jedoch in vielen europäischen Ländern Kritik laut, dass Hooch zu einem frühen Einstieg in den Alkoholkonsum verführte. Aus diesem Grund wurde in der Schweiz eine Sondersteuer auf Alcopops eingeführt, die den Verkaufspreis massiv verteuerte. Es folgte ein Absatzrückgang, der in kurzer Zeit zu einem Marktzusammenbruch für Alcopops führte. Hooch verschwand aus den Regalen und die Jugendlichen mixten fortan ihre Getränke wieder selber.

8.2 Möglichkeiten der Preisdifferenzierung

Rabatte für Studierende oder Last-Minute-Ferien zu Schnäppchenpreisen: Wenn das gleiche Produkt an verschiedene Konsumenten zu unterschiedlichen Preisen verkauft wird, handelt es sich um eine Preisdifferenzierung. Eine flexible Preisbildung erlaubt Ihnen, auf eine schwankende Nachfrage zu reagieren und dadurch Umsatz und Gewinn zu maximieren.

Mit den folgenden sechs Möglichkeiten der Preisdifferenzierung stehen Ihnen gleich mehrere interessante Optionen zur Verfügung. Entscheiden Sie selbst, ob diese auch für Ihr Unternehmen anregend sind.

Zeitliche Preisdifferenzierung

Zeitliche Preisunterschiede sind weit verbreitet. So variieren je nach Zeitpunkt die Preise von Mietautos, Parkgebühren oder Bargetränken (Happy Hour). Die Hotellerie verbessert in der Zwischensaison die Auslastung mit günstigen Zimmerpreisen. Auch im Flugverkehr sind zeitliche Preisdifferenzierungen üblich (lesen Sie dazu den Exkurs **«Yield Management»** in diesem Kapitel). Passen Sie auch Ihre Preise zeitlich an, sei es nach der Tageszeit, dem Wochentag oder der Saison. Der Grund für eine zeitliche Preisdifferenzierung ist die schwankende Nachfrage. In Zeiten geringer Nachfrage wird mit tieferen Preisen der Umsatz hoch gehalten.

Yield Management: *Wird auf Deutsch mit Ertragsmanagement übersetzt und ist ein Instrument zur nachfrageorientierten Preisbildung.*

Eine weitere Form einer zeitlichen Preisdifferenzierung ist die Abschöpfungsstrategie **(Price Skimming)**. Sie passt sich dem Produktlebenszyklus an: Ein neues Produkt wird zu einem hohen Preis auf dem Markt eingeführt. Sobald die ersten Konsumenten (Innovatoren) über das Produkt verfügen, wird der Preis kontinuierlich gesenkt, um preissensitivere Kunden (Early Adopters, Mainstreamers und schliesslich Followers) zu erreichen. Der Markt der Mobiltelefone bedient sich ausgiebig der Abschöpfungsstrategie.

Price Skimming: *Strategie, bei der der Preis eines Angebotes erst hoch gehalten, im Laufe der Zeit jedoch gesenkt wird.*

EXKURS: *Yield Management (Ertragsmanagement)*

Das Yield Management (Ertragsmanagement) ist ein Marketinginstrument zur nachfrageorientierten Angebots- und Preissteuerung. Es findet vor allem im Dienstleistungsmarketing Verwendung.

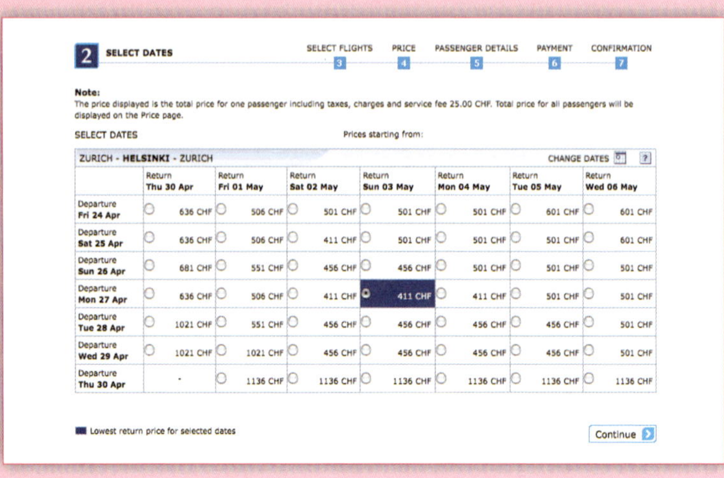

2 SELECT DATES

SELECT FLIGHTS 3 · PRICE 4 · PASSENGER DETAILS 5 · PAYMENT 6 · CONFIRMATION 7

Note:
The price displayed is the total price for one passenger including taxes, charges and service fee 25.00 CHF. Total price for all passengers will be displayed on the Price page.

SELECT DATES — Prices starting from:

ZURICH - **HELSINKI** - ZURICH — CHANGE DATES

	Return **Thu 30 Apr**	Return **Fri 01 May**	Return **Sat 02 May**	Return **Sun 03 May**	Return **Mon 04 May**	Return **Tue 05 May**	Return **Wed 06 May**
Departure **Fri 24 Apr**	636 CHF	506 CHF	501 CHF	501 CHF	501 CHF	601 CHF	601 CHF
Departure **Sat 25 Apr**	636 CHF	506 CHF	411 CHF	501 CHF	501 CHF	501 CHF	601 CHF
Departure **Sun 26 Apr**	681 CHF	551 CHF	456 CHF	456 CHF	501 CHF	501 CHF	501 CHF
Departure **Mon 27 Apr**	636 CHF	506 CHF	411 CHF	411 CHF	411 CHF	501 CHF	501 CHF
Departure **Tue 28 Apr**	1021 CHF	551 CHF	456 CHF	456 CHF	456 CHF	456 CHF	501 CHF
Departure **Wed 29 Apr**	1021 CHF	1021 CHF	456 CHF	456 CHF	456 CHF	456 CHF	501 CHF
Departure **Thu 30 Apr**	-	1136 CHF	1136 CHF	1136 CHF	1136 CHF	1136 CHF	1136 CHF

Lowest return price for selected dates — Continue

Abb.: Unterschiedliche Flugdaten mit krass unterschiedlichen Preisen / Quelle: www.finnair.com

Der Passagierflieger einer Fluggesellschaft hat 120 Plätze. Diese werden in drei Tarife aufgeteilt. Die 20 zuerst gebuchten Sitze werden zum tiefsten Tarif angeboten. Dann folgen 50 Sitze zum mittleren Preis und schliesslich die restlichen 50 Sitze zum höchsten Tarif. Meistens sind also kurzfristig gebuchte Flüge am teuersten. Falls ein Flug jedoch schlecht ausgelastet ist, versucht die Fluggesellschaft, den Flieger mit tiefen Last-Minute-Preisen zu füllen. Die Abbildung des Onlinebuchungssystems von Finnair zeigt, dass die Flugpreise stark variieren.

Hinter einem professionellen Ertragsmanagement steckt meist ein computergestütztes Preis- und Kapazitätsberechnungsprogramm. Das Ziel ist es, mit flexiblen Preisen eine schwankende Nachfrage auszugleichen. Die Preise richten sich nach Erfahrungswerten und der aktuellen Nachfrageentwicklung. Ursprünglich wurde das Konzept des Yield Managements im Zuge der Deregulierungen des Luftfahrtsektors von amerikanischen Fluggesellschaften eingeführt. Inzwischen sind entsprechende Techniken und Systeme bei jeder grösseren Airline zu finden. Yield Management findet sich auch in der Hotellerie, bei Veranstaltern von kulturellen Events und bei Autovermietungen.

Preisdifferenzierung nach Absatzkanal

Neulich reiste ich kurzfristig ins Ausland und fuhr vom Flughafen direkt zu meinem Stammhotel. Im Taxi checkte ich auf meinem BlackBerry, ob noch Superior Doppelzimmer verfügbar sein würden. Das Ergebnis war positiv. Im Hotel angekommen bot man mir ein Superior Doppelzimmer an, das satte 80 Euro mehr kostete, als meine Onlinerecherche ergeben hatte. Kalten Blutes setzte ich mich an die Internetstation im Empfangsbereich und buchte das gewünschte Zimmer online. Ich druckte den Beleg aus und wandte mich wieder an die Rezeption. Zwei Minuten später konnte ich mein komfortables Zimmer zum Onlinepreis beziehen.

Dieser Vorfall scheint auf den ersten Blick unglaublich. Doch Tatsache ist, dass je nach Absatzkanal unterschiedliche Konditionen für die gleiche Leistung verlangt werden. Prüfen Sie, ob es auch für Sie Gründe gibt, Ihren Preis nach Absatzkanal zu differenzieren und den Endkundenpreis entsprechend zu gestalten. Denn Kosten, Vor- und Nachteile variieren je nach Absatzkanal.

Räumliche Preisdifferenzierung

Vergleichen Sie bei Ihrer nächsten Reise den Preis eines Big Mac's bei McDonald's in Ihrer Heimatstadt mit demjenigen an Ihrem Feriendomizil. Sie werden staunen, wie unterschiedlich die Preise für exakt das gleiche Produkt sind (vgl. folgende Abbildung). Warum das so ist? Ganz einfach: weil McDonald's die Zahlungsbereitschaft der Kunden ausschöpft – abgesehen von den lokal unterschiedlichen Kosten.

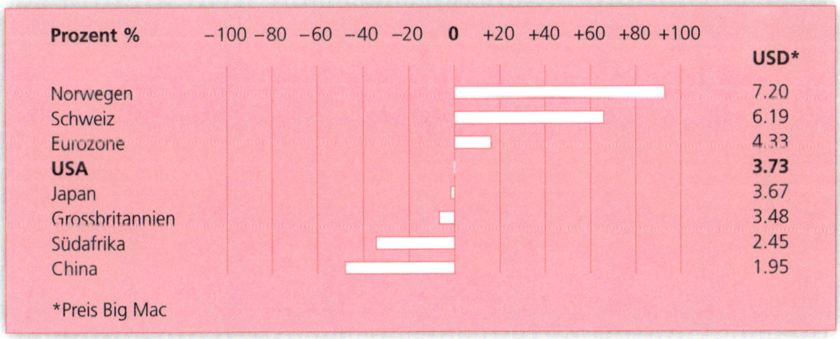

Abb.. Big Mac Index / Quelle: The Economist, 2010

Dieses Beispiel verdeutlicht, dass auch in der heutigen globalisierten Welt immer noch räumliche Preisunterschiede bestehen. Es gibt auch regionale Unterschiede. So wird Benzin auf dem Land, in einer Grossstadt oder auf einer Autobahnraststätte selten zum gleichen Preis angeboten.

Entscheidend für die räumliche Preisdifferenzierung sind die Nachfrage der Konsumenten, die mit dem Standort direkt verbundenen Kosten und das allgemeine Preisniveau (Lohnkosten, Rohstoffpreise usw.). Überlegen Sie sich daher, ob sich eine räumliche Preisdifferenzierung auch für Ihre Produkte aufdrängt.

Preisdifferenzierung nach Käufersegmenten

Der Preis kann auch nach unterschiedlichen Käufersegmenten differenziert werden. Üblich sind Spezialpreise für Studierende, Senioren und Familien. Einer Preisdifferenzierung nach Käufersegmenten können unterschiedliche Motivationen zugrunde liegen: Banken versuchen mit attraktiven Konditionen, Studierende als zukünftige lukrative Kunden zu gewinnen. Oder eine Versicherung gewährt Mitgliedern einer Berufsorganisation Rabatte, um mit möglichst geringem Werbeaufwand eine grosse Anzahl neuer Kunden zu erreichen.

Preisdifferenzierung nach Absatzmengen

Der Grund für eine Preisdifferenzierung nach Absatzmenge (Mengenrabatt) leuchtet ein: Je mehr Sie verkaufen, desto geringer sind Ihre Fixkosten pro verkaufte Einheit. Also versuchen Sie, Ihre Kunden zur Bestellung möglichst grosser Mengen zu bewegen. Deshalb hat es Sinn, Grossabnehmern einen besseren Preis pro Einheit, einen Mengenrabatt, zu gewähren. Autohändler geben zum Beispiel Flottenrabatte beim Bestellen mehrerer Geschäftsfahrzeuge der gleichen Marke.

Eine Sonderform der Preisdifferenzierung nach Absatzmengen sind sogenannte Bundle- oder All-inclusive-Preise. So werden häufig Computer-Bundles geschnürt, die einen Computer inklusive Bildschirm, Drucker, Soundsystem, Software und Internetabo beinhalten.

Produktbezogene Preisdifferenzierung

Je nach verwendeten Materialien oder angebotenen Zusatzleistungen können Sie für die gleiche Basisleistung unterschiedliche Preise verlangen. Ein Beispiel dafür sind Kreditkartenorganisationen, die ihren Kunden Silber-, Gold- und Platinum-Karten anbieten. Neben dem unterschiedlichen Status sind es vor allem kleine Zusatzleistungen wie Versicherungen, höhere Ausgabelimiten oder der Zugang zu Airportlounges, welche die einzelnen Karten voneinander unterscheiden. Dafür können die Kreditkartenorganisationen von Ihren Kunden einen unterschiedlich hohen, produktbezogenen Preis (Jahresgebühr) abschöpfen. (Lesen Sie dazu auch die Case Study «The black card – Exklusivität in Kreditkartenformat», im Kapitel 7, «Product».)

8.3 Konditionenpolitik

Die Konditionenpolitik ist ein zentraler Teil der Preisgestaltung. Sie beschäftigt sich mit der Art und Höhe von preislichen Spezialangeboten sowie der Ausgestaltung der Liefer-

und Zahlungsbedingungen. Wenn Sie Ihre Konditionenpolitik definieren, dann achten Sie darauf, sie überschaubar, transparent und einfach zu halten. Und geben Sie sich genügend Spielraum, um flexibel auf neue Situationen reagieren zu können – zum Beispiel mit Sonderrabatten.

Rabatte

Ob Händlerrabatt, Sonderrabatt, Einführungsrabatt, Treuerabatt, Barzahlungsrabatt, Messerabatt, Jubiläumsrabatt, Mitarbeiterrabatt oder Mengenrabatt: Rabatte werden in verschiedensten Formen und Kombinationen mit unterschiedlichen Zielen eingesetzt. Sie erlauben, den Verkaufspreis schnell und flexibel vorübergehend anzupassen. Am effektivsten verführen Sie Ihre potenziellen Kunden zu einem Kauf, wenn Sie dem Aktionspreis den höheren Referenzpreis oder den Preisabschlag in Prozenten (beispielsweise Aktion: 20 % Rabatt) beifügen.

Preisabschläge müssen Sie vorgängig in ihrer Kostenrechnung berücksichtigen. Doch seien Sie vor einem zu lockeren und unüberlegten Umgang mit Rabatten gewarnt. Das Aktionsfieber kann, frei nach dem Motto «einmal Rabatt, immer Rabatt», zu uner wünschten Dauerrabatten führen: Produkte wie Waschmittel, Schokoriegel oder Windeln gehen meist mit massiven Preisabschlägen über den Ladentisch. 70 Prozent der Waschmittel und 56 Prozent des Toilettenpapiers werden unter dem eigentlichen Verkaufspreis dem Konsumenten angepriesen (vgl. Abb.: Aktionen und Rabatte im Detailhandel).

Food- und Near-Food-Produkte	Verkauf mit Preisabschlägen
Grosswaschmittel	69,9 %
Branches (Schokoladenstängel)	68,3 %
Windeln	62,4 %
Lachs	61,9 %
Toilettenpapier	56,0 %
Haushaltspapier	52,0 %
Kosmetiktücher und Taschentücher	49,7 %
Pizza	48,1 %

Abb.: Aktionen und Rabatte im Detailhandel / Quelle: AC Nielsen

Preisnachlässe können Ihre Kundschaft sogar verärgern. Ein Beispiel: H&M und C&A sind zwei Modehäuser, die stark auf Sonderverkäufe setzen. Dass die hohen Rabatte nicht unbedingt sein müssen, beweist der Mitbewerber Zara. Die spanische Modekette gewährt äusserst selten Rabatte und ist trotzdem sehr erfolgreich.

Skonto

Skonti sind Preisnachlässe, die bei Bezahlung innerhalb einer bestimmten Frist gewährt werden. Sie sind Bestandteil der Zahlungskonditionen. Weit verbreitet ist ein Skonto von 2 Prozent, der bei Bezahlung innerhalb von 10 Tagen gewährt wird. Für den Schuldner lohnt sich die schnelle Bezahlung finanziell. Der Lieferant hingegen kann seine Liquidität hoch halten und muss sich weniger um säumige Zahler kümmern.

Rebate

***Rebate:** Eine Art Rabatt, der erst nach dem Kauf gewährt wird.*

«USD 59, after **Rebate**» (USD 59 nach Abzug des Rebates) steht auf dem Preisschild in einer Filiale von Radio Shack, einer amerikanischen Elektronikhandelskette. An der Kasse müssen für das Produkt USD 79 bezahlt werden. Doch nachträglich kann der Käufer den Rebate von USD 20 zurückfordern, indem er einen Gutschein an die Unternehmung einsendet. Nach einigen Wochen wird der Rebate-Betrag dem Kunden gutgeschrieben.

Ähnlich wie Rabatte werden Rebates als Verkaufsförderungsinstrument eingesetzt. Dem Hersteller oder Händler bieten Rebates einige Vorteile. So müssen auf dem Coupon meistens persönliche Daten angegeben werden, die der Anbieter zu Marketingzwecken weiterverwenden kann. Ausserdem fordern viele Käufer den Rebate gar nie ein, weil der Rückforderungsprozess ihnen zu aufwendig oder kompliziert ist.

In den USA sind Rebates ein weit verbreitetes Instrument. Im deutschsprachigen Raum ist diese Spezialform der Rabattierung auch unter dem Namen «Cash Back» bekannt, aufgrund gesetzlicher Regelungen jedoch seltener anzutreffen.

Zugaben

Als Alternative zu einem Preisnachlass können Sie Ihrem Kunden mit Zugaben einen Mehrwert bieten: eine kostenlose Extraportion. So werden Waschmittel, Zahnpasta oder Bierdosen für bestimmte Aktionen in grösseren Verpackungen angeboten. Auf der Verpackung wird die Zusatzmenge speziell angepriesen. Da steht dann beispielsweise «20 Prozent mehr Inhalt» oder «12 für 10».

Auch auf Dienstleistungen können Sie Zugaben gewähren: Die Gewährung eines **Upgrades** in ein grösseres Zimmer kann für ein Hotelunternehmen eine lukrative Alternative zu einem Stammkundenrabatt sein.

Upgrade: *Eine Höherstufung eines Services beziehungsweise Kunden. Ein Hotelgast bekommt (gratis oder gegen Bezahlung) anstelle des gebuchten Zimmers eine Suite.*

> Vertieft mit der Problematik der Preisfindung beschäftigt sich das Buch von Werner Pepels «Pricing leicht gemacht».

9. Place

«Ich bediene Märkte nicht. Ich schaffe sie.» *Akio Morita, Co-Gründer von Sony*

Früher wurden Produkte entweder auf zentralen Märkten oder direkt am Unternehmensstandort angeboten. Im Laufe der Zeit entstanden immer neue Distributionskanäle (auch Absatz- oder Vertriebskanäle genannt). Heute gibt es unzählige Möglichkeiten und Wege, ein Angebot an den Kunden zu bringen. So wird ein selbstständiger Kleiderdesigner seine Mode nicht nur in der örtlichen Boutique, sondern auch weltweit über einen Onlineshop anbieten.

Nun sind Sie gefragt: Bestimmen Sie Ihren Distributions-Mix und überlegen Sie sich für Ihr Angebot den am besten geeigneten Vertrieb. Entscheiden Sie, über welche Absatzkanäle Sie Ihr Produkt an den Kunden bringen wollen. Eine durchdachte Distributionspolitik ist für Ihren Unternehmenserfolg ausschlaggebend. Ein geniales Produkt zu einem attraktiven Preis, das mit einer teuren Werbekampagne beworben wird, bringt Ihnen nichts, wenn Ihre Kunden es nirgends kaufen können. Der Anspruch an die **Distribution** lässt sich somit wie folgt definieren: die richtige Marktleistung in der passenden Menge und gewünschten Qualität zum richtigen Zeitpunkt am richtigen Ort zu den optimalen Kosten zur Verfügung stellen.

Distribution: *Die Organisation und Durchführung von Verteilung und Vertrieb eines Produkts vom Anbieter zum Kunden.*

Fehlentscheide in der Distribution können Sie teuer zu stehen kommen. Selbst internationale Unternehmen mit professionellen Marketingabteilungen sind nicht vor Fehlplanungen gschützt. So wurde Apple im Jahr 2004 bei der Markteinführung des iPod Mini's in Europa von der grossen Nachfrage überrumpelt – mit grossen Lieferengpässen als Folge. Nicht wenige potenzielle Kunden entschieden sich für ein alternatives Produkt. Welchen finanziellen Schaden Apple erlitt, lässt sich schwer beziffern.

LERNZIELE – *Nach dem Studium dieses Kapitels sind Sie in der Lage ...*

... die Aufgabe der Distribution innerhalb des Marketing-Mix zu formulieren.
... den Distributionsgrad Ihres Produkts zu berechnen.
... die Vor- und Nachteile der direkten und indirekten Distribution für Ihr Unternehmen zu beurteilen.
... sich für die am besten geeigneten Absatzkanäle zu entscheiden.
... ihre Ansprüche an den logistischen Vertrieb zu definieren.

9.1 Direkte und indirekte Distribution

Absatzkanal: *Weg, über den ein Angebot vom Anbieter zum Kunden gelangt. Auch Distributionskanal genannt.*

Direkter Absatzkanal: *Der Hersteller bietet sein Produkt direkt dem Endkunden an. B2C-Beziehung, auch nullstufiger Absatzweg genannt.*

Indirekter Absatzkanal: *Ein Hersteller bietet sein Produkt über einen oder mehrere Zwischenhändler dem Endkonsumenten an. B2B-Beziehung.*

Bei der Distribution wird zwischen **direkten** und **indirekten Absatzkanälen** (Distributionswegen) unterschieden. Direkt oder nullstufig bedeutet, dass Sie Ihre Produkte ohne Zwischenhandel an den Endkunden verkaufen. Schalten Sie einen oder mehrere Händlerstufen dazwischen, handelt es sich um einen indirekten beziehungsweise mehrstufigen Vertrieb.

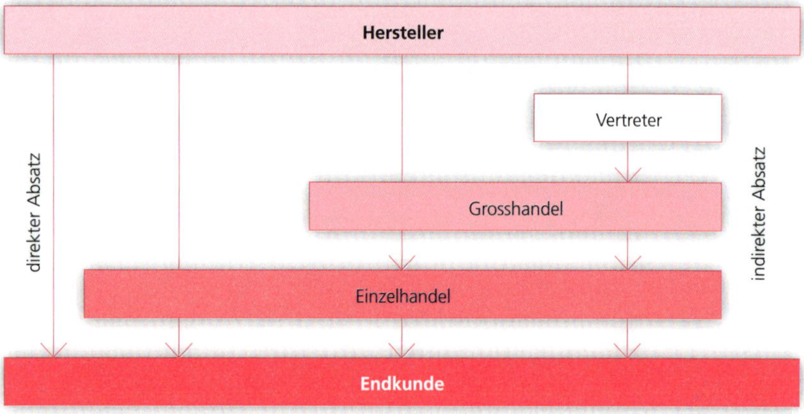

Abb.: Direkte und indirekte Distributionswege (Absatzkanäle)

Natürlich können Sie für Ihren Distributions-Mix auch ein- und mehrstufige Vertriebswege kombinieren. Ein Beispiel dafür ist der kombinierte Vertrieb Ihres Produkts über einen Onlineshop (direkt) und über den Detailhandel (indirekt).

Direkte Distribution

Befassen wir uns zuerst mit dem Vertrieb ohne Zwischenhändler: der direkten Distribution. Weil Sie dank ihr keine Margen an den Zwischenhandel abtreten müssen, ist sie für Ihr Unternehmen besonders interessant. Aber nicht in allen Fällen. Im Folgenden sind die wichtigsten Vor- und Nachteile der direkten Distribution zusammengestellt:

Vorteile:

- höhere Erträge und Margen: keine Provisionskosten für Zwischenhändler
- direkter Kontakt zum Kunden und Markt (wichtig für Rückmeldungen von den Konsumenten und das Erkennen von veränderten Kundenbedürfnissen)
- kurze Liefer- und Reaktionszeiten, ohne Umwege über Zwischenhändler
- keine Abhängigkeit von externen Partnern

Nachteile:

- hoher Kapitaleinsatz zur Einrichtung und Aufrechterhaltung der eigenen Vertriebsorganisation und Lagerkapazität
- meist nur beschränkte Marktdurchdringung; Markteinführung nur langsam möglich
- fehlende Einbindung in ein Sortiment (etwa mit Komplementärgütern)
- hohe Belastung des Verkaufs sowie des Innen- und Aussendienstes
- erhöhtes Risiko von Fehlentscheiden durch ungenügende Marktkenntnisse bei einer Markterweiterung

Die direkte Distribution eignet sich besonders gut bei:

- einem bereits bestehenden Filialnetz oder einer Aussendienstorganisation
- technisch komplexen und erklärungsbedürftigen Angeboten
- Beratungsdienstleistungen von Unternehmen und Mitarbeiter mit einem speziellen Know-how
- einer überschaubaren Anzahl von Kunden
- Produkten, die sich über einen Onlineshop anbieten lassen
- Anbietern von Industriegütern oder Investitionsgütern mit hohem Erklärungsbedarf
- Luxusgütern mit exklusivem Vertrieb

CASE STUDY: *Diesel macht sich rar*

Diesel ist ein weltbekanntes Modeunternehmen. Gegründet wurde es 1978 von Reno Rosso. Das durchgestylte, hochwertige Sortiment umfasst neben Jeans diverse weitere Kleidungsstücke, Accessoires und Parfüms. Das Unternehmen erzielt heute einen Umsatz von rund einer Milliarde Euro. Bereits weit fortgeschritten ist die Umpositionierung von der Freizeit- zu einer Premiummarke.

Abb.: Sujet aus einer Diesel-Werbekampagne / Quelle: Diesel

Im Zuge der neuen Premiumstrategie reduzierte Diesel die einst rund 10 000 Verkaufsstellen und trennte sich von Absatzpartnern wie Kaufhof oder Karstadt. Heute ist Diesel nur noch in rund 5000 Verkaufsgeschäften in 80 Ländern präsent. Dazu kommen 400 exklusive Diesel Flagshipstores. Somit verfolgt Diesel heute eine streng selektive Distributionspolitik.

Einige Anpassungen beim Distributions-Mix allein machen jedoch noch keine Premiumstrategie aus. So hat Diesel zusätzlich die Preise erhöht.

Quelle: diesel.com

Indirekte Distribution

Ubiquität: *Omnipräsenz; die «Überall-Erhältlichkeit» von Markenartikeln.*

Die Alternative zur direkten Distribution sind die Verkaufskanäle des indirekten Vertriebs. Dabei werden eine oder mehrere Händlerstufen zwischengeschaltet. Aus betriebswirtschaftlichen Überlegungen sind Sie natürlich daran interessiert, dass Ihr Produkt zeitlich und räumlich möglichst überall erhältlich ist. Im Zusammenhang mit Markenartikeln spricht man dabei von der **Ubiquität** eines Produkts. Luxusgüter bilden hier eine Ausnahme, da diese nur an exklusiven Orten zu kaufen sein sollten.

Folgende Tabelle zeigt die Vor- und Nachteile der indirekten Distribution auf:

Vorteile:

Distributionsgrad: *Kennzahl für die Verbreitung eines Produktes auf dem Markt (Höhe der Marktabdeckung).*

- geringe Kapitalbindung und interne Kosten für Infrastruktur, Verkaufs- und Logistikpersonal (es wird kein Kapital für den Aufbau eines eigenen Distributionskanals benötigt)
- breite Palette an verschiedenen Absatzkanälen steht zur Verfügung
- kleine, übersichtliche Anzahl an Ansprechpartnern (Kunden / Distributionspartner)
- schnelle Marktpenetration, Marktentwicklung und Markteintritt in neue Märkte möglich (geeignet, um schnell einen hohen **Distributionsgrad** zu erreichen)
- eigenes Angebot wird in ein Sortiment eingebunden und ist so eventuell besser verkäuflich
- profitieren von externem Handels-Know-how auf den jeweiligen Märkten

Nachteile:

- durch das Abtreten von Margen an Zwischenhändler schrumpft der eigene Ertrag; Kundenservice und Servicequalität werden schwieriger zu steuern

- Abhängigkeit von wenigen externen Partnern, wenig Kontrolle und Einflussnahme
- fehlende direkte Beziehung zum Endkunden (wichtig für Inputs und das Erkennen von veränderten Kundenbedürfnissen)
- bei FMCGs (Fast Moving Consumer Goods) teils hohe Kosten, um einen Regalplatz bei einem Einzelhändler zu erhalten (Listing- und Werbebeiträge)

Die indirekte Distribution eignet sich besonders gut für:

- Newcomer, die noch kein eigenes Vertriebsnetz besitzen
- kleine Anbieter, deren Kunden geografisch weit verstreut sind
- problemlose Konsumgüter (zum Beispiel Produkte des täglichen Bedarfs)
- Angebote, die sich leicht in ein Sortiment mit Produkten von verschiedenen Anbietern einbinden lassen (zum Beispiel Lebensmittel)

9.2 Absatzkanäle

Heutzutage stehen Ihnen so viele Absatzkanäle wie nie zuvor zur Auswahl. Damit die Wahl nicht zur Qual wird, nehmen Sie am besten die folgende Zusammenstellung zur Hand. Studieren Sie die einzelnen Absatzkanäle und picken Sie anschliessend die für Sie am besten geeigneten Kanäle heraus – mithilfe der im folgenden Kapitel 9.3, «Entscheidungskriterien für die Wahl des Absatzkanals», besprochenen Entscheidungskriterien.

Die einzelnen Absatzkanäle lassen sich in folgende Gruppen unterteilen:

- betriebseigene Absatzkanäle (direkter Absatz)
- Einzelhandel (indirekter Absatz)
- Grosshandel (indirekter Absatz)
- Vermittler (indirekter Absatz)
- Onlinevertrieb (direkter oder indirekter Absatz)
- alternative Absatzkanäle (direkter oder indirekter Absatz)
- **Franchising** (Mischform zwischen direktem und indirektem Absatz)

***Franchising:** Distributions- und Geschäftsmodell, bei der ein Lizenzgeber (Franchisor) an einen Lizenznehmer (Franchisee) für eine bestimmte Zeit das Recht zum Verkauf oder zur Distribution von Produkten oder Dienstleistungen erteilt.*

9.2.1 Betriebseigene Absatzkanäle (direkter Absatz)

Falls Sie Ihr Angebot ohne Umwege über den Zwischenhandel an den Endkunden bringen möchten, sind Sie auf eine schlagkräftige betriebseigene Distribution angewiesen. Der direkte Absatz eignet sich gut für kleine Unternehmen – dank den Möglichkeiten von E-Commerce (dem Verkauf über Onlineshops im Internet). Lesen Sie zum Onlinevertrieb die Ausführungen im entsprechenden Kapitel.

Verkaufsabteilung

Distributionskanal: *Absatzweg, auf dem ein Produkt vom Hersteller zum Kunden gelangt. Auch Absatzkanal genannt.*

In vielen Unternehmen ist das eigene Verkaufsteam das Rückgrat und der wichtigste **Distributionskanal**. Dabei kommen klassisches Verkaufspersonal, Berater und Marketingfachleute zum Einsatz. In Industriebetrieben wird die Verkaufsabteilung oft auch durch Ingenieure ergänzt. Sie können die Kundschaft dank ihrer Fachkompetenz optimal beraten.

Industriegüterunternehmen wie die ABB sind auf den persönlichen Verkauf angewiesen. Nur so können sie sicherstellen, dass die Kunden das bekommen, was sie wirklich benötigen. Oder könnten Sie sich vorstellen, dass jemand eine Gasturbine für mehrere Millionen Schweizer Franken über einen Onlineshop bestellt?

Auch bei Dienstleistungsunternehmen wie Banken spielen eigene Beraterteams eine tragende Rolle. Da die meisten Banken über ähnliche Produkte verfügen, müssen sie sich über ihre Beratungskompetenz unterscheiden. Massgeschneiderte Lösungen sind in der Regel das Resultat intensiver Gespräche mit den Kunden.

Key Account Manager (KAM): *Marketingmitarbeiter, der für die Betreuung von Schlüsselkunden zuständig ist.*

Verkaufsabteilungen von Konsumgüterherstellern richten sich hingegen meist an Zwischenhändler und nicht an Endkunden. **Key Account Manager** (Schlüsselkundenbetreuer) kümmern sich dabei um die wichtigsten Distributoren, wie beispielsweise die Detailhandelsketten Coop oder Rewe. Lesen Sie mehr zum Thema Verkauf im Kapitel 10, «Promotion».

Verkaufsniederlassung

Die Verkaufsniederlassung als wohl wichtigster direkter Absatzkanal bietet den Vorteil, dass Sie keine Margen an Zwischenhändler abgeben müssen. Zudem können Sie Ihre Verkaufsstelle ganz nach Ihrem Belieben einrichten und sich so von Ihren Mitbewerbern abheben. Überlegen Sie sich auch den Standort gut, denn Ihr Erfolg hängt davon ab. Eröffnen Sie zum Beispiel eine Bar, werden Sie an stark frequentierten Lagen spontane Laufkunden erreichen. Selbst die Nähe zu weiteren Bars bringt mehr Kundschaft, da Nachtschwärmer an einem Abend mehrere Lokale aufsuchen.

Flagshipstore: *Ein herstellereigener Vorzeigeladen. Befindet sich oft an bekannten Einkaufsstrassen in Grossstädten.*

Ein weiteres Beispiel liefert der schwedische Möbelhersteller IKEA, der seine Möbel weltweit über eigene Verkaufsstellen vertreibt. Auch berühmte Konsumgütermarken richten gerne eigene Verkaufsstellen ein: **Flagshipstores** fördern die Imagebildung wesentlich und gehören für starke Marken wie Gucci, Swatch oder Swarovski zum Pflichtprogramm.

Abb.: Apple-Flagshipstore an der 5th Avenue in New York

Factory Outlet Store

Über Factory Outlets vertreiben die Hersteller ihre Waren mit kleinen Mängeln oder aus Vorjahreskollektionen direkt. Die Produkte werden in speziellen Ladenlokalen zu sehr günstigen Konditionen weit unter dem üblichen Verkaufspreis angeboten. Diese Absatzform aus Nordamerika wird auch in Europa immer beliebter. In Factory Outlet Villages vereinen sich unterschiedliche Markenhersteller unter einem Dach (z.B. Fox-Town Factory Store in Mendrisio, Schweiz, und Schanghai, China)

Eine Sonderform des Factory Outlet Stores ist der Fabrikverkauf. Fabrikläden sind oftmals im Verwaltungsgebäude eines Unternehmens untergebracht. Ähnlich wie in den Factory Outlets werden dabei Produkte zweiter Wahl mit kleinen Produktionsfehlern oder aber einwandfreie Produkte wie Lebensmittel mit einem eingeschränkten Verbrauchsdatum oder in sehr grossen Mengen zu reduzierten Preisen verkauft (z.B. Kambly Biscuits, Trubschachen, Schweiz).

9.2.2 Der Einzelhandel (indirekter Absatz)

In vielen Branchen ist der mit Abstand wichtigste Absatzkanal der Einzelhandel (auch Detailhandel oder Retailhandel genannt). Sein Hauptziel ist es, Produkte auch in kleinen Mengen und Ausführungen an den Endkunden zu bringen.

Im Einzelhandel treten Sie als «Bittsteller» auf. Oft braucht es einiges an Überzeugungskraft, einen bestimmten Einzelhandelskanal von Ihrem Angebot zu überzeugen. Denn womöglich haben weder der Markt noch der Distributor auf Ihr Produkt gewartet.

Einzelhandelsbetrieb (Retailbetrieb)

Einzelhandelsbetriebe sind unabhängige Verkaufslokale. Vielfach handelt es sich um inhabergeführte Fachgeschäfte, die ihre Produktgruppe auf wenigen Quadratmetern Verkaufsfläche anbieten. Typische Einzelhandelsbetriebe sind der klassische «Tante-Emma-Laden» für Lebensmittel und Produkte des täglichen Bedarfs sowie Kleiderboutiquen, Foto- oder Schmuckgeschäfte. Der Einzelhandel verliert zunehmend an Bedeutung, weil er durch Absatzkanäle wie Fachmärkte, Onlineshops und Verkaufsniederlassungen internationaler Ketten (z.B. H&M oder Media Markt) konkurriert wird.

Convenience-Store

Convenience bedeutet Bequemlichkeit. Viele Convenience-Stores sind rund um die Uhr geöffnet und an Tankstellen oder zentralen Standorten in grösseren Städten anzutreffen. Sie führen ein begrenztes Angebot an Lebensmitteln und Gütern des täglichen Bedarfs (Zeitungen, alkoholische Getränke oder rezeptfreie Medikamente). Als Urgestein unter den Convenience-Stores gilt das amerikanische Franchiseunternehmen 7-Eleven.

Abb: 7-Eleven Convenience-Store

Heute haben einige traditionelle Einzelhandelsbetriebe das Konzept der Convenience-Stores übernommen. Bäckereien bieten neben Backwaren weitere Lebensmittel an, führen Imbissecken und haben auch nachts geöffnet. Grossverteiler kopieren das Konzept mit zentral gelegenen Expressshops. Typische Beispiele dafür sind die schweizerischen Coop-Pronto- oder die österreichischen Spar-Express-Läden.

Eine Sonderform des Convenience-Stores sind Kioske. Sie spezialisieren sich vor allem auf Presseerzeugnisse, Tabakwaren und Süsswaren.

Supermarkt

Supermärkte vertreiben Artikel aus den Bereichen Food (Lebensmittel), Near Food (z.B. Waschmittel oder Kosmetika) und Non-Food. Die Selbstbedienung, bequeme Anfahrtswege sowie genügend Parkmöglichkeiten sind bezeichnend für Supermärkte.

Ist Ihr Distributionspartner ein Supermarkt, verfügen Sie idealerweise über eine gewisse Marktmacht und können bei wichtigen Entscheiden mitreden. Denn je grösser die Zahl Ihrer Mitbewerber ist, desto höher sind die Eintrittsbarrieren und die Macht des Distributionspartners (Absatzmittler). Im Detailhandel äussert sich dies durch hohe Eintrittsgebühren – sogenannte Akquisitionskosten (auch Werbebeiträge oder **Listinggebühren**). Sie müssen verrichtet werden, um überhaupt in die Regale aufgenommen zu werden. Ein Hersteller von Schokoladeriegeln bezahlt grossen Detailhandelsketten wie Coop oder Carrefour in der Regel 50 000 Schweizer Franken und mehr, damit sein Produkt ins Sortiment aufgenommen wird.

Listinggebühr: *Gebühr, die für die Aufnahme in ein Sortiment bei einem Detailhändler bezahlt werden muss.*

Fachmärkte

Fachmärkte werden meist in der Peripherie von Ballungszentren errichtet. Spezialisiert auf eine Non-Food-Branche, ist ihr Sortiment dennoch breit und tief. Der Spielzeugfachmarkt Toys«R»Us, der Sportfachhändler Athleticum oder der Heimwerkermarkt Hornbach sind bekannte Vertreter dieser Gattung.

Einkaufszentrum

Einkaufszentren vereinen mehrere unabhängige Detailhandelsunternehmen unter einem Dach. Mit dem Ziel der Standortkooperation bildet sich eine abwechslungsreiche Palette verschiedener Food- und Non-Food-Anbieter. Meist errichtet eine Verwaltungsgesellschaft das Einkaufszentrum und vermietet die Verkaufsflächen an unabhängige Unternehmen. Beispiele dafür sind die Sihlcity in Zürich, die Shopping City Süd bei Wien oder der Limbeckerplatz in Essen.

Warenhaus

Im Gegensatz zu Supermärkten verfügen Warenhäuser über ein massiv grösseres Non-Food-Sortiment. Charakteristisch ist die breite Auswahl an Markenartikeln. Warenhäuser sind zentral in grösseren Städten gelegen und bieten Zusatz- und Serviceleistungen an. Zwei Beispiele: Karstadt mit dem Flagschiff KaDeWe in Berlin oder die Globus-Kette in der Schweiz.

Shop-in-Shop-System

Shop-in-Shop: *Vertriebssystem, bei dem sich ein Hersteller («Markenartikler») bei einem Einzelhändler (oftmals Warenhaus) einmietet und so mit einer individuell gestalteten Verkaufsfläche und eigenem Verkaufspersonal vertreten ist.*

Das **Shop-in-Shop**-System ist eine Spezialform des Einzelhandels. Konsumgüterhersteller mieten Verkaufsflächen in einem Warenhaus und führen ihre Verkaufsstände auf eigene Rechnung. Das Verkaufspersonal ist direkt beim Unternehmen der vertretenen Marken angestellt. Dieses System nutzen Anbieter von Kleider- und Kosmetikartikeln wie Shiseido, Clarins oder Biotherm.

Abb.: Shop-in-Shop-System im Warenhaus Stockmann in Helsinki

Automaten

Beim Verkauf über Automaten vertreibt ein Distributionsunternehmen die Produkte nach dem Selbstbedienungsprinzip. Auf kleinstem Raum und ohne Bedienpersonal ermöglichen Automaten naturgemäss nur ein sehr beschränktes Sortiment. Dem Besitzer der Automaten (dem Distributor) kommen dabei die Aufgaben zu, die Verbreitung der

Automaten voranzutreiben, die Automaten aufzufüllen und die Funktion der Geräte zu gewährleisten. Die Distributionsform des Automatenverkaufs ist bei Zigarettenherstellern und Vertreibern von haltbaren Lebensmitteln sehr beliebt. Aber auch Dienstleister wie Banken (Geldautomaten) oder Transportunternehmen (Fahrscheinverkauf) nutzen diese Vertriebsform. In den Niederlanden vertreibt die Fastfoodkette FEBO sogar ihre warmen Snacks über Automaten an die Kundschaft.

Versandhandel

Beim Versandhandel werden Produkte in Versandhauskatalogen und im Internet angeboten. Bestellt wird online, telefonisch, auf dem Postweg oder per Fax. Der Versandhandel wird oft als komplementärer Verkaufskanal eingesetzt. Bekannte Versandhäuser sind Ackermann, Neckermann und der Otto-Versand.

Eine Sonderform des Versandhandels ist das Teleshopping. Auf einem eigenen Teleshopping-Kanal (Commercial TV Channel) wird Tag und Nacht aktive Fernsehwerbung betrieben. Die einzelnen Werbeaktionen dauern bis zu 15 Minuten und werden zwei bis drei Mal täglich wiederholt. Professionelle Darsteller preisen die Angebote an und spielen die Rolle des Verkäufers.

9.2.3 Der Grosshandel (indirekter Absatz)

Der Grosshändler ist ein Zwischenhändler (auch Absatzmittler genannt). Er beschafft die Ware in grossen Mengen vom Hersteller und verkauft sie weiter. Im Gegensatz zu Handelsagenten werden Grosshändler physische Besitzer der Ware und kümmern sich auch um die Lagerung und die anschliessende Feinverteilung zu den Einzelhändlern, Weiterverarbeitern oder Grossverbrauchern.

Konsum- und Spezialgrosshandel (Wholesaler)

Der Konsum- oder Spezialgrosshandel richtet sich an Wiederverkäufer, also an den Einzelhandel. Konsumgrosshändler vertreiben eine breite Produktpalette wie zum Beispiel verschiedene Lebensmittel. Der Spezialgrosshändler verfügt hingegen über ein relativ flaches, aber tiefes Angebotssortiment. Er spezialisiert sich auf einen Teilmarkt, wie den Handel mit Früchten, Fisch oder Autoersatzteilen.

Eine Sonderform des Spezialgrosshandels ist der Generaldistributor (auch Generalimporteur genannt). Er besitzt das exklusive Recht, Waren in einem geografisch definierten Gebiet an Zwischenhändler oder Endkunden zu verkaufen. Er ist daher vor allem im internationalen Handel von Bedeutung. Im Autohandel ist diese Distributionsform üblich.

Abholgrosshandel (Cash-and-Carry)

Beim Abholgrosshandel handelt es sich um eine Sonderform des Konsumgrosshandels. Dabei errichten Grosshändler an kosten- und verkehrsgünstigen Standorten grossflächige Verkaufshallen, in denen Einzelhändler und Gewerbetreibende wie Gastwirte ihre Waren in Selbstbedienung und gegen Barzahlung einkaufen können. Der Abholgrosshändler gewährt keine Debitorenkredite, verkauft in grossen Mengen und befindet sich an Standorten mit günstigen Immobilienpreisen. Daher kann er die Ware zu besonders günstigen Preisen anbieten. Bekannte Vertreter sind Prodega/Growa CC in der Schweiz oder Edeka C+C in Deutschland.

Regalgrosshandel (Rack-Jobber)

Regalgrosshändler mieten in Lebensmittelläden und Supermärkten ganze Regale oder lassen eigene Verkaufstheken aufstellen. Ein Verkaufsbetreuer überwacht den Warenbestand beim Einzelhändler und ergänzt diesen mit fertig abgepackter und mit einem Preis versehener Ware, die er von einem Zentrallager des Regalgrosshändlers bezieht. Im Gegensatz zum Shop-in-Shop-System übernimmt der Ladenbesitzer die Verkaufsberatung, das Inkasso und die Abrechnung. Dafür erhält er ein festes Entgelt.

9.2.4 Vermittler (indirekter Absatz)

Im Gegensatz zum Einzel- und Grosshandel werden Vermittler nur selten physische Besitzer einer Ware. Sie sind blosse Repräsentanten eines Produzenten und bringen das Angebot gegen eine Kommission an den Endkonsumenten.

Agenten

Die Distribution über Agenten und Agenturen ist insbesondere in der Reisebranche verbreitet. In der Regel verkaufen Reisebüros die Angebote sogenannter Tour Operators, die Reisen organisieren oder ganze Ferienpackages zusammenstellen. Die Angebote werden neben den eigenen Reisebüros auch von Dritten vertrieben. So erhalten Sie im Reisebüro Sun Travel Prospekte von Tui, Kuoni oder dem African Safari Club.

Ambulanter Handel (In-home Retailer)

Beim ambulanten Handel geht der traditionelle Vertreter mit seiner Ware von Tür zu Tür und versucht so, seine Ware zu verkaufen. Oft ist die ganze Distribution hierarchisch nach dem Pyramidensystem strukturiert. Ein Verkäufer untersteht einem Regionalverantwortlichen und dieser wiederum einem Gebietsverantwortlichen. Im deutschsprachigen Raum nutzt das Unternehmen Amway den ambulanten Handel. Mithilfe seiner Vertreter verkauft es Haushalts- und Wellnessartikel.

Eine spezielle Ausprägung des In-home Retailings sind Heimdemonstrationen: Ein Kunde lädt einige Bekannte zu sich nach Hause ein, um gemeinsam einer Produktpräsentation beizuwohnen. Bekannt wurde diese Vertriebsform durch die legendären Tupperware-Partys. Heute verdrängt der Onlinevertrieb mehr und mehr den ambulanten Handel.

Broker

Die Aufgabe der Broker ist es, potenzielle Käufer und Verkäufer zusammenzuführen. Für die erfolgreiche Vermittlung erhält der Broker eine im Voraus vereinbarte Kommission. Diese Form des Zwischenhandels ist im Wertpapierhandel, im Schiffstransportgeschäft oder beim Handel mit Rohstoffen verbreitet. Broker sind häufig an Börsen anzutreffen.

9.2.5 Der Onlinevertrieb (direkter oder indirekter Absatz)

Die Möglichkeiten des E-Commerce haben die Distribution revolutioniert. Der Onlinevertrieb gilt heute als einer der wichtigsten Absatzkanäle, eignet sich für Güter aller Art und erlaubt mit geringem Aufwand eine weltweite Präsenz. In den folgenden Abschnitten erfahren Sie mehr über den Onlineshop (direkter Absatz) sowie das **Affiliatemarketing** (indirekter Absatz):

Affiliatemarketing: *Vertriebsform, bei der ein Unternehmen ein Angebot über Partnerunternehmen (Affiliate) vertreibt. Die Affiliates werden mit einer Provision für den Verkauf entschädigt.*

Onlineshop (E-Commerce)

Dank des Onlinevertriebs kann der Kunde rund um die Uhr bequem von zu Hause aus einkaufen – ganz egal, ob er seinen Wocheneinkauf erledigt, eine Reise bucht oder einen Spielfilm herunterlädt.

Onlineshops machen es Ihnen leicht, direkt und kostensparend am Markt präsent zu sein. Ihre Kunden finden in einem gut strukturierten Onlineshop schnell die gesuchten Produkte mit allen für sie relevanten Produktinformationen. Audiovisuelle Hilfsmittel wie Animationen, Filme oder die persönliche Beratung über Chat oder Video animieren zum Kauf. Die Zahlungsabwicklung erfolgt bequem per Kreditkarte. Dank Expresskurierdiensten wie FedEx oder DHL sind die Produkte schnell beim Kunden.

Doch nicht alle Onlineshops sind direkte Vertriebskanäle: Amazon oder E-Bay treten beispielsweise als Vermittler zwischen Hersteller und Endkunden auf und gelten somit als indirekter Vertriebskanal (vgl. auch das folgende Kapitel «Affiliate Marketing»).

CASE STUDY: *LeShop – ein Onlinepionier auf Erfolgskurs*

Der schweizerische Onlinedetaillist LeShop startete im Jahr 1997 als Schweizer Pionier in der Westschweiz. Von dort aus belieferte er anfänglich eine begrenzte Anzahl an Konsumenten mit einem Sortiment von rund 1500 Produkten. Obwohl Angebot und Liefergebiet laufend vergrössert wurden, kam das Start-up nicht richtig vom Fleck. 2002 konnte LeShop nur durch eine Solidaritätsaktion von Kunden, Partnern und Lieferanten vor seinem vorzeitigen Untergang bewahrt werden.

Mit dem Einstieg von Migros bei LeShop ging es schlagartig wieder aufwärts. Ein stark wachsender Umsatz und erstmalig auch ein Gewinn waren die ersten positiven Resultate dieser Zusammenarbeit. Die Markenprodukte wurden mit einer breiten Palette an Migros-Eigenmarken, Tiefkühlprodukten, Parfümerieartikeln und anderem ergänzt. Im Gegensatz zu den Migros-Supermärkten bietet der Onlineshop auch Alkohol und Tabakwaren an. Diese runden das heute schweizweit erhältliche Angebot von LeShop ab. Der Onlineshop steigerte in den letzten Jahren den Jahresumsatz durchschnittlich um rund 40 Prozent.

Abb.: LeShop.ch, rund um die Uhr einkaufen und nach Hause liefern lassen

Für eine schnelle Verteilung sorgt die Express Post, die von Beginn an den Onlineshop unterstützte. Heute ist die Kooperation zwischen LeShop und der Schweizerischen Post eine Win-win-Situation.

Quelle: LeShop.ch SA

Affiliate Marketing

Als Affiliate Marketing wird der Onlinevertrieb über eine Drittwebsite (Publisher oder Affiliate) bezeichnet. Der Anbieter (Advertiser) publiziert beim Affiliate seine Produkte zielgruppenaffin. Mit Affiliate Marketing lässt sich in kurzer Zeit ein erfolgversprechendes Vertriebsnetzwerk aufbauen.

Ein Beispiel: Die Betreiber einer Website zum Thema Marketing schalten als Publisher einen Banner für ein neues Marketingbuch. Klickt ein Besucher auf den Banner, landet er im Onlineshop einer Buchhandlung (Advertiser). Falls der potenzielle Kunde im Onlineshop das Buch bestellt, erhält die Marketingwebsite als Publisher des Werbebanners eine Provision.

Die Vergütung erfolgt erfolgsorientiert. Die häufigste Methode ist umsatzabhängig, pro verkauftes Stück (Pay per Sale). Als Alternative kommt eine Vergütung pro Klick (Pay per Click) oder pro Kontaktaufnahme (Pay per Lead) infrage. Der Aufbau eines aussichtsreichen Affiliate-Programms erfordert technisches und marketingmässiges Know-how. Deshalb ist das Hinzuziehen spezialisierter Berater empfehlenswert.

9.2.6 Alternative Absatzkanäle (direkter oder indirekter Absatz)

Verlassen Sie altbekannte Pfade und suchen Sie nach neuen innovativen Absatzkanälen. Die Möglichkeiten, wie Ihr Angebot noch besser und effizienter zu Ihrer Zielgruppe gelangt, sind unerschöpflich. Vielleicht lässt sich Ihr Produkt in das Duty-Free-Sortiment einer Fluggesellschaft einbinden? Auch der Verkauf von Früchten direkt ab Bauernhof, das Feilbieten von Speiseeis über Strandverkäufer oder der Vertrieb von Pausenbrötchen direkt ab Bäckerei-Verkaufsfahrzeug sind alternative Absatzkanäle.

Abb.: Strassenverkäufer in New York

9.2.7 Franchising (Mischform direkter und indirekter Absatz)

Franchising ist eine Mischform des direkten und indirekten Absatzes. Bei dieser beliebten und erfolgreichen Vertriebsform stellt der Franchisegeber dem Franchisenehmer gegen Entgelt (Eintrittsgebühr und monatliche Franchisegebühren) ein funktionierendes Geschäftsmodell für eine bestimmte Region oder einen bestimmten Standort zur Verfügung. Der Franchisenehmer führt die jeweilige Filiale in eigener wirtschaftlicher Verantwortung, hat jedoch die Vorschriften und Rahmenbedingungen des jeweiligen Franchisegebers einzuhalten. Franchising kann für beide Partner attraktiv sein. Dem Franchisegeber erlaubt es, mit einem geringen Kapitaleinsatz und beschränktem Risiko schnell in neue Märkte vorzustossen. Für den Franchisenehmer sind die Übernahme eines erprobten Business- und Marketingplans und das meist umfassende Leistungspaket (das beispielsweise die Beratung bei der Umsetzung, die Schulung der Mitarbeiter oder die Verwendung einer bekannten Marke beinhaltet) eine spannende Sache.

Zu den bekanntesten Unternehmen, die auf Franchising setzen, gehören The Body Shop, McDonald's, Fressnapf sowie OBI.

9.3 Entscheidungskriterien für die Wahl des Absatzkanals

Nun haben Sie alle wichtigen Absatzkanäle kennengelernt. Folgende Ausführungen zu den Entscheidungskriterien helfen, um die für Sie sinnvollsten auszuwählen.

Grundsätzliche Eignung und Leistungen des Kanals

Definieren Sie die Anforderungen an Ihren Vertriebspartner. Wichtig ist es, dass er Interesse zeigt und zu einer Zusammenarbeit bereit ist. Überlegen Sie sich, ob der jeweilige Kanal zu Ihrem Angebot passt. Vielleicht benötigt Ihre verderbliche Ware auf der Reise von der Herstellung bis zum Endverbraucher eine lückenlose Kühlkette, und Sie müssen auf spezielle Lager- und Transportmöglichkeiten achten. Unternehmen mit erklärungsbedürftigen Produkten sind auf das Fachwissen der Mitarbeitenden des Distributionspartners angewiesen. Erst wenn ein Vertriebskanal sich grundsätzlich für die Distribution Ihres Angebots eignet, können Sie mit der Prüfung der weiteren Punkte fortfahren.

Affinität zur Zielgruppe

Der Absatzkanal muss auf Ihre Kunden zugeschnitten sein. So können Sie ein Produkt, das den Kunden erklärt werden muss, nicht über einen Automaten verkaufen. Besteht Ihre Zielgruppe hauptsächlich aus älteren Personen unterer sozialer Schichten, ist der Verkaufskanal Internet nur bedingt geeignet, da Haushalte dieser Personengruppe teilweise nicht mit eigenem Internetzugang ausgestattet sind.

Noch ein Tipp zur Zielgruppenaffinität: Nehmen Sie die Absatzkanäle Ihrer Mitbewerber unter die Lupe! Prüfen Sie, ob diese auch für Sie nützlich sind. Und suchen Sie aktiv nach neuen Möglichkeiten, die Ihre Mitbewerber (noch) nicht oder nur selten nutzen.

Single-Channel- oder Multi-Channel-Distribution

Sie können auf dem Markt über einen einzigen Kanal **(Single-Channel)** oder über mehrere Kanäle **(Multi-Channel)** präsent sein. Die Präsenz in mehreren Absatzkanälen hat zum Vorteil, dass Sie schneller eine bessere Marktabdeckung erreichen und so die unterschiedlichen Zielgruppen individueller und direkter ansprechen können. Dies wiederum wirkt sich positiv auf Ihren Umsatz und die Wirtschaftlichkeit aus.

Single-Channel-Distribution: *Ein Produkt wird nur über einen einzigen Absatzkanal angeboten.*

Multi-Channel-Distribution: *Ein Produkt wird über mehrere Absatzkanäle angeboten.*

Setzen Sie auf eine Multi-Channel-Distribution, müssen Sie die einzelnen Kanäle sorgfältig aufeinander abstimmen. Im Idealfall ergänzen sie sich. So wird häufig ein traditioneller Absatzkanal mit einem Onlineshop kombiniert. Passen Sie aber auf, denn lässt sich ein Kanal schlecht integrieren, kann es zu Konflikten kommen: Ein Möbelhändler würde kaum akzeptieren, dass sein Möbellieferant die Möbel in seinem eigenen Onlineshop 20 Prozent unter dem offiziellen Ladenpreis anbietet.

Distributionsgrad

Die Kennzahl Distributionsgrad verrät, wie weit ein Produkt auf einem bestimmten Markt verbreitet ist beziehungsweise wie viele Verkaufsstellen ein Absatzmittler bietet. Die allgemeine Formel lautet:

$$\frac{\text{Anbieter mit Produkt XY} \times 100}{\text{Summe aller Anbieter}} = \textbf{numerischer Distributionsgrad in Prozenten}$$

Ich gebe Ihnen dazu ein Beispiel: Sie sind im Marketing eines Uhrenherstellers tätig und wollen den Distributionsgrad Ihrer Marke auf dem Markt Schweiz untersuchen. Dann müssen Sie alle Uhrengeschäfte, die Ihre Marke führen, an der Anzahl sämtlicher Uhrengeschäfte in der Schweiz messen. Die Formel dazu lautet:

$$\frac{\text{Anzahl Uhrengeschäfte, die Ihre Marke im Sortiment führen} \times 100}{\text{Anzahl Uhrengeschäfte insgesamt}} = \textbf{numerischer Distributionsgrad in Prozenten}$$

Marktabdeckungsstrategien: *Definition der Anzahl Verkaufspunkte nach folgenden drei Stufen: intensive Distribution, selektive Distribution, exklusive Distribution.*

Ganz grob lässt sich die Höhe des Distributionsgrads in drei Stufen beziehungsweise drei unterschiedliche **Marktabdeckungsstrategien** unterteilen:

- **intensive Distribution:** Ihr Produkt soll an möglichst vielen Verkaufsstellen erhältlich sein.
- **selektive Distribution:** Ihr Produkt soll an ausgesuchten Verkaufsstellen erhältlich sein.
- **exklusive Distribution:** Ihr Produkt soll nur an wenigen, nach strengen Kriterien ausgewählten Verkaufsstellen erhältlich sein.

Ein Luxusgut wird normalerweise über einen exklusiven Distributionskanal verkauft, während Massenprodukte wie Limonaden intensiv vertrieben werden, sodass sie möglichst überall erhältlich sind.

Ergänzend zur allgemeinen Formel verwendet man in der Praxis den gewichteten Distributionsgrad. Dieser beziffert den effektiven Umsatz in Geldeinheiten und ist somit aussagekräftiger als der numerische Distributionsgrad. Der gewichtete Distributionsgrad zeigt, wie umsatzstark Ihre gewählten Distributionskanäle sind. Interessant dabei ist, dass Sie mit dem Verkauf über einige wenige – jedoch umsatzstarke – Distributionskanäle mehr Umsatz erzielen als mit vielen kleinen.

Kosten und Erträge

Das Erschliessen und Aufrechterhalten eines Absatzkanals ist mit bedeutenden Kosten verbunden. Transportkosten, Lagerkosten, aber auch Listinggebühren oder der Aufbau von eigenen Kanälen sind nur einige Faktoren, die je nach Kanal ganz unterschiedlich zu Buche schlagen. Ein weiterer wichtiger Entscheidungspunkt ist die Höhe der vom Zwischenhandel geforderten Margen. Grundsätzlich gilt: Halten Sie bei maximalem Ertrag die Kosten möglichst tief, um Ihren Gewinn zu maximieren und den langfristigen Erfolg zu sichern.

Entwicklungsmöglichkeiten des Absatzkanals

Jeder Absatzkanal hat seine eigenen Entwicklungsmöglichkeiten. Deshalb spielt die von Ihnen definierte Wachstumsstrategie eine Rolle bei der Wahl des richtigen Kanals. Haben Sie sich beispielsweise für eine Marktentwicklungsstrategie entschieden und möchten zukünftig in ferne Länder expandieren, so müssen Sie einen Distributionspartner finden, der in den entsprechenden Märkten verwurzelt ist. Ein Laden in der Nachbarschaft, der Ihre Produkte ausschliesslich lokal vertreibt, wird Ihnen dabei nicht weiterhelfen können. Ein international tätiger Detailhändler hingegen wohl eher.

Auch das Internet eröffnet Ihnen gute Entwicklungsmöglichkeiten. Eigentlich müssen Sie nur die Sprachwahl Ihres Internetshops anpassen, und schon erweitern Sie Ihr Absatzgebiet.

Image des Absatzkanals

Vor allem bei einer selektiven oder gar exklusiven Distribution von Markenartikeln kommt dem Image des Absatzkanals eine grosse Bedeutung zu. Das heisst, dass der Absatzkanal zum Angebot und zur gewählten Wettbewerbsstrategie passen muss. Luxusuhren an einem Kiosk oder einem Automaten verkaufen zu wollen, wäre unpassend. Beratung, Verkaufsumfeld und Exklusivität wären vollkommen ungenügend, und auch das Markenimage würde leiden. Deshalb sind Uhrenmarken wie Patek Philippe oder Rolex nur in ausgewählten Uhrengeschäften erhältlich.

Die Aufnahme Ihres Produkts in einem profilierten Kanal hat zudem einen positiven, rückkoppelnden Effekt: Das Eigenprestige des Kanals stellt Ihr Produkt in ein gutes Licht und steigert wiederum das Image Ihres Angebots.

9.4 Logistischer Vertrieb

Die physische Distribution, das heisst der logistische Vertrieb, muss gut organisiert und effizient sein. Er hat folgende, für Ihr Unternehmen zentrale Aufgaben zu erfüllen:

- Auftragsverarbeitung
- Lager- und Transportwesen
- Fakturierung
- Überwachung und Kontrolle des Vertriebs

Obwohl der logistische Vertrieb grundsätzlich zur betriebswirtschaftlichen Disziplin der Logistik gehört, stellt das Marketing einige Anforderungen daran. Daher sei hier kurz festgehalten, was Ihre Logistikabteilung zu leisten hat. Am einfachsten formulieren Sie Ihre Ansprüche an die Logistikabteilung mit der Beantwortung dieser sieben W-Fragen:

Was?	… die richtige Marktleistung
Wem?	… der richtigen Zielgruppe
Wann?	… zur richtigen Zeit
Wo?	… am richtigen Ort
Womit?	… mit dem richtigen Transportmittel
Wie?	… zu den optimalen Kosten
Wie viel?	… in der richtigen Menge

Die Logistikabteilung hat nun dafür zu sorgen, dass Ihre Produkte auf den definierten Absatzwegen reibungslos zu Ihren Kunden und Distributoren gelangen. Sie setzt die Vorgaben der Marketingabteilung und die Wünsche der Kunden um.

9.5 Wahl des Unternehmensstandorts

Neben der Wahl Ihres Distributionskanals kann auch der Unternehmensstandort von grosser Wichtigkeit sein. Vielleicht ist es von Vorteil, in der Nähe der Distributoren, an einer bestimmten Geschäftslage oder in einem bestimmten Land angesiedelt zu sein. Aus historischen Gründen entspricht der Unternehmensstandort vielmals nicht dem aus Marketingsicht sinnvollsten Ort. Die Standortfrage muss sowohl bei der Neugründung eines Unternehmens wie auch bei bestehenden Unternehmen von Zeit zu Zeit geklärt werden. Folgende Kriterien spielen für die Standortwahl eine massgebliche Rolle:

Ressourcen	**Infrastruktur und Kosten**
• Arbeitskräfte • Rohstoffe • Energieversorgung • Landreserven • Zugang zum Kapitalmarkt	• Verkehrsanbindung • vorhandene Dienstleistungen • Technologie- und Entwicklungsstandard • Kaufkraft / Preisniveau • Bildungsangebot, -niveau
Staatliche Auflagen	**Immaterielle Werte**
• Gesetzgebung • Steuern / Abgaben • baurechtliche Auflagen • staatliche Förderung (Subventionen) • Bürokratie	• Wohnqualität • Klima • Image des Standorts • Umwelt • Kundennähe • Wettbewerbsintensität • vorherrschende Kultur • Wirtschaftsklima

Abb.: Wichtige Kriterien bei der Standortwahl

10. Promotion

«Wer aufhört zu werben, um Geld zu sparen, kann ebenso seine Uhr anhalten, um Zeit zu sparen.» *Henry Ford*

Stellen Sie sich vor, Sie haben ein geniales Produkt entwickelt. Es trifft den Nerv der Zeit. Doch obwohl es exakt den Kundenwünschen entspricht, kennt es niemand. Kurz, Sie verdienen mit Ihrem fantastischen Produkt keinen Rappen. Was nun? Sie müssen Ihr Produkt bei Ihren potenziellen Kunden, Ihrer Zielgruppe, bekannt machen. Das ist das Ziel der Promotion. Sie umfasst insgesamt acht Promotionsinstrumente:

- Werbung
- Onlinekommunikation
- Verkaufsförderung
- Direktmarketing
- Public Relations (Öffentlichkeitsarbeit)
- Eventmarketing
- Sponsoring
- persönlicher Verkauf

Promotion ist wie gute Musik. Als Orchesterdirigent wollen Sie Ihr Publikum mit einem packenden Stück begeistern. Statt Musikinstrumente orchestrieren Sie Ihre Promotionsinstrumente zu einem Promotions-Mix. Mal leiser, mal lauter. Lassen Sie immer alle Instrumente auf einmal spielen, geht Ihnen die Puste aus. Drängt sich ein Instrument stets in den Vordergrund, verlassen gelangweilte Zuhörer den Saal. Improvisieren Sie nur, wird die Symphonie zur Glückssache. Darum brauchen Sie eine durchdachte Komposition: Ihre Promotionsplanung. Sie legt fest, welches Promotionsinstrument Sie wann und in welchem Ausmass einsetzen. Kurz, wie viel Geld Sie wofür investieren.

Die Auswahl an On- und Offlinepromotionsmöglichkeiten ist heute riesig. Nach dem Studium dieses Kapitels werden Sie imstande sein, die richtige Wahl zu treffen und eine schlagkräftige – oder nachhaltig klingende – Promotion zu erstellen.

LERNZIELE – *Nach dem Studium dieses Kapitels sind Sie in der Lage ...*

... erfolgversprechende Promotionsmassnahmen zu planen.
... ein professionelles Werbebriefing zu erstellen.
... die Einsatzbereiche der einzelnen Werbeträger zu unterscheiden.
... einen schlagkräftigen Mediaplan zu erstellen.
... die acht Promotionsinstrumente zu einem starken Mix zu kombinieren.

10.1 Promotionsplanung: Die sechs M

> Für einen vertieften Einblick in das Thema Werbung empfehle ich das englischsprachige Standardwerk von Wells Moriarty und Burnett: «Advertising. Principles and Practice».

Bevor wir die acht Promotionsinstrumente genau unter die Lupe nehmen, werfen wir einen Blick auf die Promotionsplanung. Die Promotionsplanung besteht aus den sechs Ms (in Anlehnung an «the 5 M's of Advertising», Kotler, 2000). Sie ermöglichen eine systematische Planung, Durchführung und Erfolgskontrolle Ihrer Promotion. Mit der Promotionsplanung und den sechs M klären Sie den Einsatz Ihrer Promotionsinstrumente und klären folgende neun W-Fragen :

- Welche Promotionsziele sollen verfolgt werden (Zweck)?
- Wer soll angesprochen werden (Zielgruppen)?
- Was soll vermittelt werden (Botschaft)?
- Wie soll die Botschaft vermittelt werden (Kreation, Stil)?
- Womit soll die Botschaft vermittelt werden (Kommunikationsträger und -mittel)?
- Wo soll kommuniziert werden (Zielgebiet)?
- Wann soll kommuniziert werden (Zeitpunkt)?
- Wie viel soll investiert werden (Budget)?
- Werden die Promotionsziele erreicht (Erfolgskontrolle)?

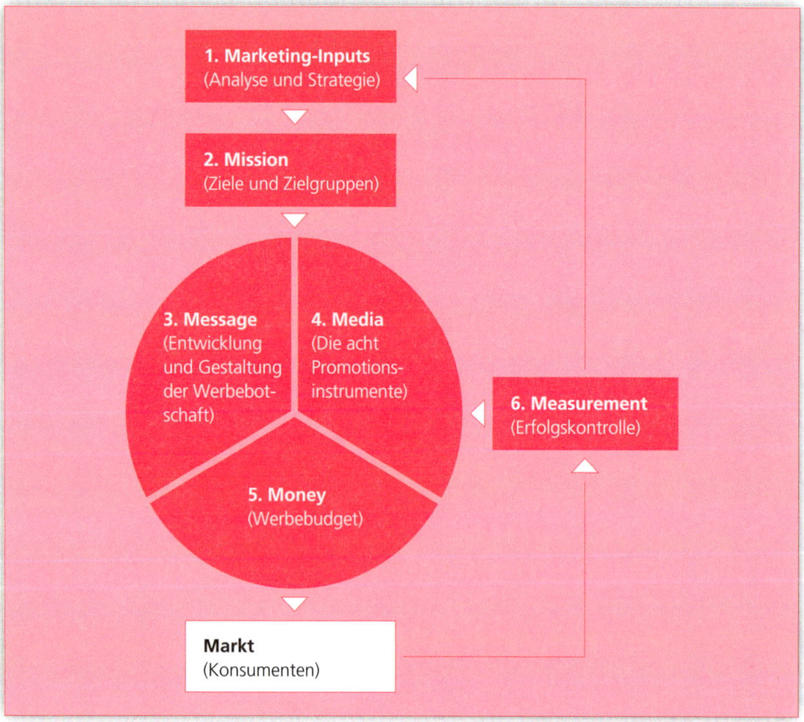

Abb.: Die sechs M der Promotionsplanung

1. Marketing-Inputs (Analyse und Strategie)

Promotion, die wirkt, ist entscheidend für Ihren Marketingerfolg. Nutzen Sie die Erkenntnisse (Marketing-Inputs) aus der Marketinganalyse und -strategie für Ihre Promotionsplanung, damit Ihre Promotionsinstrumente im Einklang mit Ihrer Marketingstrategie sind: Logisch, dass sich beispielsweise die Werbeziele einer geplanten Anzeigenkampagne an Ihrem Marketingkonzept zu orientieren haben. Ob Sie die Marketing-Inputs in Ihrem Promotionsplan schriftlich festhalten oder Sie diese lediglich im Hinterkopf behalten, ist Ihnen überlassen.

2. Mission (Promotionsziele und Zielgruppen)

Ihre Promotionsplanung starten Sie mit folgenden Fragen: Was und wen wollen Sie mit Ihren Massnahmen erreichen? Lancieren Sie ein neues Produkt oder soll einem bestehenden neuer Schub verliehen werden? Wollen Sie das Image Ihres Unternehmens ins richtige Licht rücken? Umschreiben Sie Ihre Ziele und Zielgruppen so genau wie möglich. Dies erleichtert es, die treffende Botschaft (engl. Message) zu entwickeln und sich für die passenden Promotionsinstrumente zu entscheiden. Sie vermeiden Streuverluste und setzen Ihr Promotionsbudget effizient ein.

Das Festhalten der Promotionsziele hat einen weiteren Vorteil: Mit den Zielen lässt sich später messen, ob Ihr Promotionsplan erfolgreich war (vgl. dazu auch Kapitel 14, «Marketingkontrolle»). Zur Ziel- und Zielgruppenbestimmung finden Sie nützliche Angaben in den Kapiteln 5 und 6, «Marketingziele» und «Marketingstrategien».

3. Message (Entwicklung und Gestaltung der Botschaft)

Die Message bildet den Kern Ihrer Promotionsplanung. Doch welche Botschaft beschreibt Ihren Produktvorteil am treffendsten? Bieten Sie genau das Waschpulver an, das jeden Flecken entfernt? Erfrischt Ihr Duschgel wie kein zweites? Seien Sie sich im Klaren, welche Message Ihre Zielgruppe verinnerlichen soll. Denn genau diese Botschaft müssen Sie anschliessend in Ihrer gesamten Kommunikation zum Ausdruck bringen; kreativ und mithilfe der passenden Medien.

Ihr Hauptziel als Unternehmerin oder Unternehmer ist natürlich, den Gewinn zu maximieren. Trägt Ihre Kommunikation nicht direkt oder indirekt dazu bei, hat Ihre Werbebotschaft das Ziel verfehlt – egal, wie witzig oder wie schön Ihre Promotionsanstrengungen sind. Ihre Werbung muss bei Ihrer Zielgruppe das Bedürfnis nach Ihrem Angebot wecken und sie zum Kauf anregen. Wie Sie erfolgreich eine Werbebotschaft entwickeln, verrate ich Ihnen ein wenig später im Unterkapitel «Entwicklung der Werbebotschaft».

Ich empfehle Ihnen grundsätzlich, bei der Entwicklung Ihrer Kreativstrategie, der gestalterischen Umsetzung und der Promotionsplanung mit einer professionellen Werbeagentur zusammenzuarbeiten. Dank deren Erfahrung wird Ihr Promotionsbudget effizient und mit grösserem Erfolg eingesetzt.

4. Media (Auswahl und Kombination der Promotionsinstrumente)

Passend zu Botschaft und Budget wählen Sie die am besten geeigneten Promotionsinstrumente. Welcher Promotions-Mix aus den acht Instrumenten verleitet Ihre Zielgruppe zu einem Verhalten, das Ihre Ziele erfüllt? Dieses Vorgehen nennt man Promotionsplanung (auch Kommunikationsplan oder Media-Mix). Die Kunst der erfolgreichen Promotionsplanung besteht darin, die geeigneten Promotionsinstrumente zu finden, sie richtig zu kombinieren und in der nötigen Frequenz zum richtigen Zeitpunkt einzusetzen. Ein Beispiel: Sie leiten mit einer Medienkonferenz eine Kampagne ein und begleiten mit einem Sponsoring-Engagement und mit Events Ihre Kampagne.

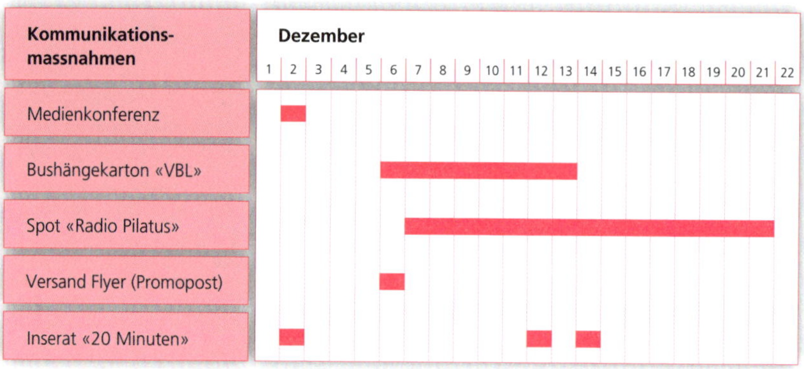

Abb.: Promotionsplanung für die Kampagne «AggloMobil» in der Region Zentralschweiz

«Steter Tropfen höhlt den Stein». Das heisst, ein regelmässiger Kommunikationseinsatz bringt mehr, als auf einen Schlag das ganze Budget zu verpulvern. Dank der Promotionsplanung behalten Sie den Überblick über all Ihre kommunikativen Aktivitäten.

5. Money (Promotionsbudget)

Wie viel Budget steht Ihnen für die Promotion zur Verfügung? Oder besser gesagt, wie hoch soll Ihr Budget sein, um die definierten Ziele zu erreichen? Stimmen Sie Ihr Promotionsbudget mit Ihrem Marketingbudget sowie mit den geplanten Massnahmen ab, die Sie parallel unter den Punkten 3 «Message» und 4 «Mix» definieren (vgl. dazu auch Kapitel 12, «Budgetierung»).

6. Measurement (Erfolgskontrolle)

War Ihre Promotion erfolgreich und haben sich Ihre definierten Ziele erfüllt? Messen Sie den Erfolg, um diese Frage zu beantworten. Die Überprüfung der Promotionswirkung wird leider oft vernachlässigt. Dabei hilft die Wirkungskontrolle, zukünftige Promotionsaktionen effizienter zu gestalten. Weitere Ausführungen zu diesem Thema finden Sie im Kapitel 14, «Marketingkontrolle».

10.2 Werbung

Die Werbewelt ist schrill und laut: Tag für Tag werden wir mit unzähligen Werbeinformationen konfrontiert. So wird die Marke Coca-Cola seit Jahrzehnten ohne Unterbruch beworben. Obwohl sie in den vergangenen Jahren zugunsten anderer Promotionsinstrumente an Gewicht verloren hat, ist die Werbung noch immer das beliebteste Instrument der Promotion.

Grundsätzlich soll Werbung informieren, überzeugen und vor allem: verführen. Ihr Produkt (Produkt- oder Servicewerbung) oder Ihr Unternehmen (Imagewerbung) machen Sie mithilfe klassischer oder alternativer Werbeformen bekannt. Imagewerbung soll ein bestimmtes Unternehmensimage in den Köpfen Ihrer Zielgruppe verankern. Heute unterscheiden wir zwischen klassischer Mediawerbung und dem neuen Feld der Onlinewerbung. Weil Letzteres die Werbemöglichkeiten enorm erweitert, widme ich der Onlinewerbung ein eigenes Kapitel (vgl. Kapitel 10.3 «Onlinekommunikation»).

Werbeträger: *Medium zur Übertragung der Werbebotschaft, bspw. TV, Website oder Zeitung.*

Werbemittel: *Konkrete Form, in der eine Werbebotschaft vermittelt wird, bspw. Banner oder Inserat.*

10.2.1 Klassische Mediawerbung (Werbeträger und Werbemittel)

In der klassischen Mediawerbung unterscheiden wir zwischen **Werbeträgern** und **Werbemitteln**. Klassische Werbeträger sind Medien wie Zeitschriften, Aussenwerbestellen oder das Fernsehen. Der Begriff Werbemittel hingegen bezeichnet verschiedene Formen der Werbung wie Inserate, Plakate oder TV-Spots. Werbemittel übermitteln die Werbebotschaft.

Streuverlust: *Gibt Auskunft über die Höhe der Personen, die durch Ihre Werbung angesprochen werden, jedoch nicht zur definierten Zielgruppe gehören.*

Die Frage lautet also: Über welchen Werbeträger und mit welchem Werbemittel erreicht Ihre Werbebotschaft auf direktem Weg Ihre Zielgruppe? Eine sorgfältige Auswahl der Werbeträger hilft, den **Streuverlust** zu minimieren: Schaut Ihre Zielgruppe nie fern, würden TV-Spots sie nicht erreichen und nur unnötig Geld kosten. Erst nach der Wahl der Werbeträger entscheiden Sie sich für die Werbemittel. Folgende Kriterien erleichtern Ihnen die Wahl:

Affinität: *Bezeichnet den Grad der Übereinstimmung. Beispielsweise ein Medium oder ein Produkt verfügt über eine gewisse Affinität zu einer bestimmten Zielgruppe.*

- **Affinität** zur Zielgruppe
- Verfügbarkeit von Werbeplatz

Reichweite: *Kennzahl, die über die Anzahl (Zielgruppen-) Kontakte eines Werbeträgers Auskunft gibt (z.B. Anzahl Personen, die ein Werbespot sehen).*

TKP (Tausend-Kontakt-Preis): *Werbekosten pro 1000 Kontakte.*

OTS (Opportunities to See): *Durchschnittliche Anzahl Kontakte eines Werbemittels mit der definierten Zielgruppe. Diese Zahl verrät, wie häufig die anvisierten Personen erreicht wurden (mindestens jedoch einmal).*

- **Reichweite**
- Impact (Intensität des Werbedrucks)
- **Tausend-Kontakt-Preis** oder Tausend-Leser-Preis
- **Opportunities to See**
- Kosten pro Kontakt

Benützen Sie folgende Liste sowie die Tabellen auf den kommenden Seiten, um die am besten geeigneten klassischen Werbeträger und -mittel zu finden.

Printmedien

Bei Printmedien unterscheiden wir zwischen Zeitungen und Magazinen. Die Tageszeitung ist ein klassischer und bis heute beliebter Werbeträger, dies zeigt auch die Lancierung vieler Gratiszeitungen und Sonntagszeitungen in den letzten Jahren. Dennoch machen Onlinemedien den klassischen Tageszeitungen zunehmend das Leben schwer. Vor allem junges Publikum hält sich online auf dem Laufenden.

Magazine bedienen meist eine klar definierte Leserschaft. Dies erleichtert Ihnen als Werbekunden die Wahl des geeigneten Titels. Und das oftmals sachverständige Publikum versteht auch komplexere Werbebotschaften (z.B. in Fachzeitschriften).

Aussenwerbung

Abb.: Times Square in New York: Eine wahre Werbeflut kämpft um die Aufmerksamkeit der Passanten

Der Begriff Aussenwerbung steht für eine breite Palette unterschiedlicher Werbemittel. Um auf sich aufmerksam zu machen, stanzten Unternehmen einst Messingschilder und bemalten Hauswände. Heute erfüllen Plakatwände, Verkehrsmittelwerbung, Megaposter und elektronische Anzeigetafeln (E-Boards) diesen Zweck.

Direktwerbung (Direct Mail)

Es spielt keine Rolle, ob Sie einen einfachen Flyer oder ein Warenmuster versenden: Direktwerbung eignet sich ausgezeichnet, um eine präzise definierte Zielgruppe zu erreichen. Denn ein Direct Mail ist eine Botschaft, der per Post oder elektronisch an meist persönlich adressierte Empfänger geschickt wird (vgl. auch Kapitel 10.5, «Direktmarketing»).

Fernsehen

An welche Werbung erinnern Sie sich spontan? Sehr wahrscheinlich an einen TV-Spot. Mehr als alle anderen Medien weckt das bewegte Bild Aufmerksamkeit. Es erlaubt Ihnen, Geschichten zu erzählen und so Ihrer Marke das gewünschte Image zu verleihen. Mit der Zunahme von lokalen Sendern wird Fernsehwerbung auch für kleinere Budgets erschwinglich. Heute lässt sich das bewegte Bild auch einfach über das Internet verbreiten. Das eröffnet neue Perspektiven für Kunden und für Werbetreibende.

Radio (Hörfunk)

Neben den staatlichen Radiosendern existieren heute viele regionale, private Radiostationen. Reine Webradios (Verbreitung exklusiv über das Internet) bieten spannende Alternativen und machen die Senderlandschaft nahezu unüberschaubar. Einen Vorteil hat diese Vielfalt: Unter all den Nischenformaten findet sich garantiert auch ein Sender, der genau Ihre Zielgruppe anspricht.

Kino

Neben den Trailern, die bevorstehende Filmstarts ankünden, zeigen die meisten Kinos kommerzielle Spots oder Standbilder. Die Besucherfrequenz hängt von der Saison ab: Im Herbst und Winter sind die Kinos am besten besucht. In den Sommermonaten bieten die Freiluftkinos eine interessante Ausweichmöglichkeit.

	Printmedien	Aussenwerbung
Zielgruppe (Nutzer des Mediums)	Über Printmedien kann je nach Titel eine breite Masse (Zeitungen und grosse Publikumszeitschriften) oder auch eine ganz spezifische Interessengruppe (Fachmagazine) erreicht werden. Bei Zeitungen kann die Zielgruppe meist regional sowie durch die Platzierung innerhalb des Mediums gezielt erreicht werden.	Aussenwerbung ist meist Massenwerbung, bei der Sie Ihr Zielpublikum kaum einschränken können. Teilweise gelingt dies mit der Wahl des Standorts, zum Beispiel an Flughäfen, in Shoppingzentren oder in Tiefgaragen.
Vorteile des Mediums	• hohe Glaubwürdigkeit • hohe Werbeakzeptanz, falls die Leserschaft eine Affinität zum beworbenen Angebot hat • erreichen eines grossen Massenmarktes (bei auflagenstarken Titeln) • flexibel und kurzfristig buchbar (Zeitungen) • erreichen von sehr spezifischen Zielgruppen (Magazine)	• Mit entsprechendem Budget erreicht man eine grosse Masse. • Aussenwerbung kann nicht ignoriert werden – während 24 Stunden am Tag. • Falls man Zugang zu einem exklusiven Standort hat, kann Aussenwerbung eine relativ günstige Alternative zu anderen Werbemitteln sein.
Nachteile des Mediums	• hoher Werbeanteil in Verhältnis zum redaktionellen Inhalt • je nach Titel, relativ hoher Streuverlust • Werbung in Form von Beilagen verärgert viele Leser	• Ist nur für Angebote, die eine grosse Masse ansprechen, wirklich effizient. • Aussenwerbung kann als störend empfunden werden. • Die Botschaft muss kurz und prägnant sein, denn Aussenwerbung wird nur wenige Sekunden lang betrachtet.
Werbemittel	• Inserate (in unterschiedlichen Formen und Grössen • Beilagen (Beihefter, Gimmick, DVD, Muster, Banderolen, Post-its) • Publireportagen • oftmals Print- plus Online-Kombi möglich	• Plakate, Leuchtplakate und Banden (in diversen Formaten und Ausführungen) • Megaposter (überformatige Banden an Hausfassaden usw.) • Verkehrsmittelwerbung • E-Boards (electronic billboards)
Kosten	• Preis pro Millimeter und Spalte • Zuschläge für bestimmte Platzierungen • Mengen und Volumenrabatte	• Produktionskosten • Schaltkosten
Messmethoden	TLP (Tausend-Leser-Preis): die Kosten, um 1000 Leser zu erreichen.	OTS (Opportunity to See); die Wahrscheinlichkeit, dass ein bestimmtes Plakatsujet auf der Strasse gesehen wird

	Direktwerbung (Direct Mail)	Fernsehen
Zielgruppe (Nutzer des Mediums)	Mit Direktwerbung können Sie eine klar definierte Zielgruppe ohne Umwege erreichen. Wichtig ist, dass Sie über gute Adressdaten verfügen: entweder aus einer eigenen Datenbank oder durch den Zukauf oder die Miete von Adressen bei einem spezialisierten Direct-Mail-Unternehmen.	Während der Prime Time (Haupteinschaltzeit vor und nach den Abendnachrichten) erreichen Sie ein sehr breites Publikum. Mit dem Sponsoring von spezifischen Sendungen oder der Platzierung von Spots im Umfeld oder während speziellen Sendungen kommen Sie näher an Ihre Zielgruppe. Andernfalls können hohe Streuverluste entstehen.
Vorteile des Mediums	• präzise und selektive Auswahl der Zielgruppe, nahezu kein Streuverlust • kann eine direkte Nachfrage stimulieren • genaue Überprüfung der Werbeeffektivität durch das Messen des Rücklaufs • auf Ihr Angebot zugeschnittene Werbung • personifizierbar: Sie können jeden einzelnen Empfänger persönlich ansprechen	• hoher Impact durch das bewegte Bild in Kombination mit Ton (Musik und Sprache) • prestigeträchtiges Medium • für Produkte, die sich an ein breites Publikum wenden, sehr gut geeignet und kosteneffizient
Nachteile des Mediums	• Die Kosten pro angesprochene Person sind höher als bei den klassischen Massenmedien. • Als Werbung erkennbare Mailings werden häufig ignoriert. • kann von den Adressaten als Belästigung empfunden werden	• Die Spotproduktion kann relativ hohe Initialkosten verursachen. • Gute Sendeplätze müssen oft relativ lange im Voraus gebucht werden. • Unterbrecherwerbung während Filmen wird als störend empfunden und häufig «weggezappt». • keine Werbung für Alkohol und Tabak erlaubt
Werbemittel	• unadressierte Streusendungen • adressierte Direktwerbung • personalisierte Direktwerbung (falls Daten über die Adressaten vorhanden sind) • Brief, Paket, Fax, Telefon, E-Mail, SMS	• klassischer TV-Spot (meist 20 bis 30 Sekunden lang) • Sendungssponsoring • Product Placement • Teletext
Kosten	• Produktions- und Versandkosten • Zukauf oder Miete von Adressen	• Produktionskosten • Schaltkosten pro Sekunde (Tarif stark von Tageszeit abhängig) • Mengen- und Volumenrabatte
Messmethoden	Kosten pro Kontakt	TKP (Tausend-Kontakt-Preis); die Kosten, um 1000 Zuschauer zu erreichen

	Radio (Hörfunk)	Kino
Zielgruppe (Nutzer des Mediums)	Durch die zunehmende Vielfalt an Radiostationen können Sie Ihre Zielgruppe geografisch wie demografisch präziser erreichen. Radiowerbung erlaubt Ihnen besonders am frühen Morgen und am späten Nachmittag bei einer breiten Bevölkerungsgruppe präsent zu sein. Zusätzlich bieten Ihnen Formatradios, die sich auf einen einheitlichen Musikstil konzentrieren, die Möglichkeit, Ihre Zielgruppe präzise zu erreichen.	Mit der Platzierung im Vorfeld von bestimmten Filmen können Sie Ihre Zielgruppe relativ genau anvisieren. So erreichen Sie junge Männer im Vorfeld von Actionfilmen, während bei Animations- und Fantasyfilmen viele Kinder und junge Familien im Kino sitzen. Grundsätzlich zieht das Kino ein eher junges, urbanes und kaufkräftiges Publikum an.
Vorteile des Mediums	• Die Zielgruppe kann relativ genau bestimmt werden. • Radiowerbung kann kurzfristig gebucht und angepasst werden. • Die genaue Schaltzeit ist weitgehend individuell wählbar. • Mit einem verhältnismässig kleinen Budget lässt sich eine grosse Masse erreichen.	• Der Betrachter wird nicht abgelenkt und kann nicht «wegzappen». • Gute Kinospots haben einen hohen Unterhaltungswert und werden vom Publikum gut aufgenommen. • Auch preiswerte Standbilder geniessen eine hohe Aufmerksamkeit.
Nachteile des Mediums	• Radio ist ein Begleitmedium, Radiowerbung wird deshalb oft nicht aktiv wahrgenommen oder schnell wieder vergessen. • nur beschränktes Angebot zur Schaltung von nationalen Werbespots • Radiowerbung spricht nur den Hörsinn an. Ein Angebot kann nicht visuell präsentiert werden. • Radiowerbung kann als störend empfunden werden.	• Die Spotproduktion kann relativ hohe Initialkosten verursachen. • Das Zielpublikum ist nur beschränkt erreichbar (saisonale Schwankungen).
Werbemittel	• klassischer Radiospot (meist 20 bis 30 Sekunden lang) • Sendungssponsoring	• klassischer Kinospot • Standbilder • Product Placement
Kosten	• Produktionskosten • Schaltkosten pro Sekunde (Tarif stark tageszeitabhängig) • Mengen- und Volumenrabatte	• Produktionskosten • Schaltkosten pro Sekunde (von der Anzahl Zuschauer abhängig) • Mengen- und Volumenrabatt
Messmethoden	TKP (Tausend-Kontakt-Preis); die Kosten, um 1000 Hörer zu erreichen	TKP (Tausend-Kontakt-Preis); die Kosten, um 1000 Zuschauer zu erreichen

10.2.2 Alternative Werbeformen

Die Meinungen, wie sich klassische **(above the line)** und **alternative Werbeformen (below the line)** voneinander abgrenzen lassen, sind verschieden. Grundsätzlich gehören alle standartisierten Werbeträger zu den klassischen oder Onlinewerbeformen. Zu den alternativen Werbeformen werden alle übrigen, nicht standardisierten Werbemassnahmen gezählt. Dazu gehören auch die unzähligen Varianten des Guerillamarketings.

above the line (ATL) advertising: *Klassische, das heisst traditionelle und online Promotionsformen.*

Alternative Werbeformen: *Sämtliche nicht klassische beziehungsweise standarsdisierte Werbeformen (below the line advertising).*

below the line (BTL) advertising: *Alternative Webeformen.*

Guerillamarketing

Wenn die Medien berichten, dass eine rüstige Rentnerin namens Mary Woodbridge mit ihrem Dackel den Mount Everest besteigen will, dann ist für Aufmerksamkeit gesorgt. Die vom Outdoor-Spezialisten Mammut geschickt eingefädelte, medienwirksame Aktion bewegt sich fernab klassischer Werbepfade. Sie wählt eine alternative Werberoute. Das ist typisch für Guerillamarketing.

Mit minimalem Budget eine maximale Werbewirkung erzeugen – dieser Grundsatz steht hinter allen Guerillamarketingmassnahmen. Benutzen Sie deshalb möglichst unkonventionelle und spektakuläre Methoden, die Ihr Zielpublikum überraschen. Im Idealfall begeistert Ihre Botschaft die Empfänger so sehr, dass sie diese selber weiterverbreiten. Dies wird Mundpropaganda oder **Viralmarketing** genannt. Übers Internet verbreiten sich heute Bilder und Spots nach dem Schneeballprinzip: YouTube oder Facebook sind solche Plattformen.

Viralmarketing: *Neuere Form der Mundpropaganda, bei der Internetnutzer aus eigenem Antrieb Werbung weiterleiten und somit als Multiplikatoren dienen.*

Beispiele für alternative Guerillamarketingmassnahmen sind:

- «Sandwich-Mann» (Person, die mit einem Plakatumhang durch die Strassen zieht)
- Lastwagen, Zeppeline oder Flugzeuge mit Werbung beschriften
- **Give-aways** wie bedruckte T-Shirts oder Ballone
- Werbung auf Toiletten (Werbespots oder Plakate)
- inszenierte Demonstrationen auf der Strasse

Give-away: *Kleines Werbegeschenk, das zu Promotionszwecken an bestehende und potenzielle Kunden abgegeben wird.*

Ambush Marketing

Wenn auch eher weniger rühmlich, ist **Ambush Marketing** dennoch eine kreative Form des Guerillamarketings. Dabei versucht sich ein Unternehmen mit einer Marke an einem Grossanlass medienwirksam in Szene zu setzen, ohne dabei offizieller Sponsor zu sein.

Ambush Marketing: *Eine Form des Guerillamarketings, bei der sich ein Unternehmen als Trittbrettfahrer absichtlich mit einem Event in Verbindung bringt, ohne dabei offizieller Sponsor zu sein.*

Beim Spiel Niederlande gegen Dänemark an der Fussball WM 2010 in Südafrika betrieb die niederländische Biermarke Bavaria Ambush Marketing. Sie schickte als Dänemark-Fans verkleidete weibliche Niederlande-Fans ins Stadion. Nach Spielbeginn zogen die

Fans ihre Tarnung aus und tanzten in orangenen «Beer Babes Dresses» der Biermarke. Die FIFA duldete neben dem offiziellen Biersponsor Anheuser-Busch keine Trittbrettfahrer und liess die Niederländerinnen vorübergehend festnehmen. Natürlich steigerte dies die Aufmerksamkeit für Bavaria zusätzlich.

Einen Coup landete auch Puma. Im Jahr 1996 sponserte Nike offiziell die Olympischen Sommerspiele in Atlanta. Den Athleten war es nicht erlaubt, Logos anderer Sponsoren auf ihren Kleidern zu präsentieren. Also bestückte Puma den Sprintstar Linford Christie mit Kontaktlinsen, die das Puma-Logo zierten. An einer Medienkonferenz sorgte er für viel Aufsehen: Die Bilder gingen um die Welt, die Werbepräsenz für Puma war immens.

10.2.3 Entwicklung der Werbebotschaft

Ihre Werbebotschaft ist das Destillat aus den Werbezielen und dem Werbebriefing. Eine griffige, zielgerichtete Werbebotschaft zu entwickeln, ist keine leichte Aufgabe. Deshalb gebe ich Ihnen gerne einige Tipps mit auf den Weg. Sie werden Ihnen auch bei der Zusammenarbeit mit einer Werbeagentur nützlich sein.

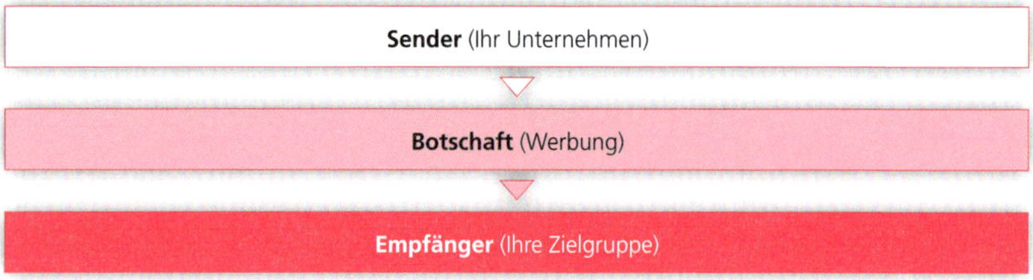

Abb.: Sender-Empfänger-Modell in Anlehnung an Stuart Hall

Werbung kann nur erfolgreich sein, wenn sie ankommt und richtig verstanden wird. Das abgebildete Sender-Empfänger-Modell veranschaulicht diesen Prozess. Ihre Werbung muss ansprechen und berühren – und zwar nicht irgendwen, sondern Ihre Zielgruppe. Die fühlt sich jedoch nur angesprochen, wenn die Werbung ihre Sprache spricht. Ist diese Hürde geschafft, sollte sich Ihre Werbung in den Köpfen der Zielgruppe einprägen. Es ist vorteilhaft, wenn Ihre Werbung gleich mehrere Sinne anspricht. Die fünf menschlichen Sinne sind nämlich auch für Werbebotschaften empfänglich (vgl. dazu auch Kapitel 11.3, «Physical Facilities», Beispiel «Starbucks Coffee»):

Art der Botschaft	Träger der Botschaft
visuelle Werbebotschaften	Bilder, aber auch die Schrift (Typografie)
auditive Werbebotschaften	gesprochene Worte und/oder Musik
olfaktorische Werbebotschaften	Düfte (vor allem in der Kosmetik- und Nahrungsmittelindustrie wichtig)
gustatorische Werbebotschaften	Degustation eines Produkts
haptische Werbebotschaften	Form, Oberfläche und Anmutung eines Produkts (den Tastsinn ansprechend)

Abb.: Die fünf Sinne und die Werbebotschaft

Wie bereits erwähnt, kommt dem bewegten Bild mit Ton (TV-, Web- oder Kino-Spot) eine besondere Bedeutung zu. Die sogenannten audiovisuellen Botschaften vermögen überdurchschnittlich starke Emotionen auszulösen und werden von unserem Hirn besonders schnell und dauerhaft aufgenommen.

Welchen Sinn oder welche Kombination der Sinne Sie auch immer ansprechen: Die Übertragungsart der Botschaft und die Botschaft selbst müssen zu Ihrem Produkt passen. Stimmt der Bezug zwischen Werbebotschaft und beworbenem Objekt nicht, wirkt Ihre Werbung unglaubwürdig.

Die Kampagnen-Idee

Bevor Sie sich nun für die entsprechenden Werbeträger und Werbemittel entscheiden und mit der Gestaltung der Botschaft beginnen, brauchen Sie einen Aufhänger für Ihre Werbekampagne. Die «Big Idea» ist der Ursprung einer erfolgreichen Werbekampagne. Auf Basis eines **Werbebriefings** (vgl. dazu Kapitel 13, Exkurs: «Das Werbebriefing») entwickelt die Werbeagentur für Sie Ideen. Auf der Suche nach der Big Idea und der Entwicklung der Creative Strategie haben sich verschiedenen Ansätze bewährt:

***Werbebriefing:** Mündlicher oder schriftlicher Auftrag an eine Werbeagentur.*

- Humor: Ihre Botschaft bringt die Konsumenten zum Lachen und bleibt so in ihren Köpfen hängen. Beispiel: Das Plakat des Niederländischen Roten Kreuzes.
- USP: Sie betonen Ihren einzigartigen Wettbewerbsvorteil und zeigen, warum er dem Konsumenten nützt. Beispiel: Die Smart-Werbung betont das aussergewöhnliche Design des Autos.
- Slice of Life (Alltagssituation): Sie zeigen eine alltägliche Szene, bei der Ihr Produkt das Leben erleichtert und Bedürfnisse befriedigt. Beispiel: Hartnäckige Flecken mit entsprechendem Reinigungsmittel problemlos entfernen können.

- Lifestyle: Sie verbinden Ihr Angebot mit einem spezifischen Lifestyle. Beispiel: Die Kampagne für Vespa Motorroller vermittelt Italianità und Sexappeal.
- Vergleichen: Sie stellen Ihre USP oder einen besonderen Produktvorteil einem konkurrierenden Produkt gegenüber. Beispiel: Die Performance eines Aktienfonds gegenüber jenen der Mitbewerber (Achtung: Vergleichende Werbung ist im deutschsprachigen Raum nur begrenzt erlaubt.).
- Testimonials: Sie lassen beliebte Berühmtheiten für Ihr Angebot sprechen. Beispiel: Eine Skirennfahrerin outet sich als eine Konsumentin eines spezifischen Energydrinks.
- Schockieren: Die Aufmerksamkeit wird mit einem schockierenden Auftritt geweckt. Dieser Werbeansatz ist umstritten, da trotz Aufmerksamkeit der Betrachter fraglich ist, ob deren Konsumlust dadurch gesteigert wird. Beispiel: Die im ersten Kapitel erwähnte Benetton-Werbung.

Abb.: Werbeinserat des Niederländischen Roten Kreuzes / Quelle: The Netherlands Red Cross

Die während der Fussball-WM 2006 geschaltete Plakatkampagne des Niederländischen Roten Kreuzes «Das Rote Kreuz hilft allen» (sogar der deutschen Nationalelf) ist ein gutes Beispiel für humorvolle, emotionale Werbung. Durchschnittliche, angepasste und emotionslose Werbung bringt Sie nicht weiter. Sparen Sie sich Ihr Geld lieber, denn gleichförmige Werbung gibt es bereits genug und verfehlt ihre Wirkung meistens. Haben Sie ruhig Mut, durch Eigenständigkeit aufzufallen!

Gestaltung der Werbebotschaft

Sobald Sie Ihre Werbebotschaft und die geeigneten Medien für die Übermittlung Ihrer Werbebotschaft festgelegt haben, geht es an die konkrete Umsetzung. Die Werbeagentur kreiert erste Vorschläge, abhängig von Werbemitteln und Werbeträgern. Viele Werbemittel werden nach der Werbewirkungsformel **«AIDA»** konzipiert (vgl. Exkurs «Die AIDA-Formel» in diesem Kapitel).

AIDA-Formel: *Bekanntes Werbewirkungsmodell, das nach den vier Phasen Attention, Interest, Desire und Action abläuft.*

Abb.: Typische Gestaltung eines Werbeinserates

Die Werbung des Uhrenherstellers IWC zeigt, wie ein erfolgreiches Werbemittel – in diesem Fall ein Inserat – aufgebaut ist. Zuerst muss ein **Eyecatcher** für Aufmerksamkeit sorgen (Attention). Dies kann das Motiv oder ein spannendes Zusammenspiel von Sujet und Headline sein. Das Interesse (Interest) wird geweckt, der Betrachter liest die **Copy** und verspürt dank geschickter Argumentation **(Reason Why)** den Wunsch, das Produkt zu kaufen (Desire). Erst, wenn das Produkt tatsächlich gekauft wird (Action), hat die Werbung ihren Zweck erfüllt. Auch andere Werbemittel werden nach der AIDA-Formel gestaltet: Ihr TV-Spot muss Aufmerksamkeit erregen, Interesse auslösen und den Wunsch nach Ihrem Produkt wecken. Die angestrebte Kaufhandlung kann dabei auch zeitverzögert, beispielsweise nach einigen Tagen, folgen.

Eyecatcher: *Blickfang; optisches Element, das die Aufmerksamkeit des Betrachters auf eine Werbung (bspw. ein Inserat) lenken soll.*

Copy: *Sämtlicher Text einer Werbebotschaft (bspw. Headline, Claim und Fliesstext).*

Das humorvolle Inserat von IWC war Teil einer mehrjährigen Kommunikationskampagne. Diese bescherte dem Uhrenhersteller signifikant höhere Absätze und steigerte den Bekanntheitsgrad. Obwohl diese Kampagne die IWC-Uhren als Männeruhren positionierte, stieg erstaunlicherweise auch der Absatz unter den Kundinnen. Viele Frauen haben sich sogar für die besonders grossen, männlichen Modelle entschieden.

Reason Why: *Englisch für «Kaufgrund».*

EXKURS: *Die AIDA-Formel*

Ihre Werbung soll potenzielle Konsumenten zum Kauf bewegen. Die von Elmo Lewis aufgestellte AIDA-Formel wird Ihnen helfen, dieses Ziel zu erreichen. Sie ist das bekannteste Werbewirkungsmodell und beschreibt vier Phasen, die Ihre Zielgruppe vom ersten Kontakt mit Ihrer Werbebotschaft bis hin zum Kauf Ihres Angebots durchlaufen soll:

Attention (Aufmerksamkeit)

Ihre Werbung muss die Aufmerksamkeit der Zielgruppe wecken. Ein Eyecatcher kann ein verblüffendes Anzeigenmotiv, eine auffällige Schaufensterauslage, eine unkonventionelle Guerillamarketingaktion oder ein überraschender Einstieg in einen TV-Spot sein.

Interest (Interesse)

Wecken Sie das Interesse Ihrer Zielgruppe! Bei einem Inserat bewirkt dies, dass die Betrachter die Detailinformationen zum Angebot lesen. Bei der Schaufensterauslage bleiben sie stehen, der Guerillamarketingaktion schenken sie ihre Aufmerksamkeit und beim TV-Spot zappen sie nicht weiter.

Desire (Kaufwunsch)

Haben Sie der potenziellen Kundschaft etwas Spannendes anzubieten, das ihre Bedürfnisse abdeckt, erwecken Sie das Verlangen, den Kaufwunsch, nach dem Produkt.

Action (Kaufhandlung)

Die Beworbenen sollen Ihre Kunden werden. Sie müssen ihrem Verlangen nachgeben und das Produkt kaufen oder bestellen. Falls Sie für etwas Immaterielles werben, beispielsweise eine politische Vorlage, sollen die Beworbenen in Ihrem Sinne abstimmen.

Manche Marketingexperten empfehlen, die AIDA-Formel mit einem «S» für Satisfaction (Zufriedenheit) zu ergänzen. Natürlich ist es wünschenswert, wenn die Kunden zufrieden sind und das Produkt wiederholt kaufen. Doch das «S» soll als Ergänzung zum AIDA-Modell verstanden werden, denn es ist nicht primär Aufgabe der Werbung, den Kunden zufriedenzustellen. Dies ist Sache des Produkts, der Dienstleistung oder des Kundendienstes und somit Gegenstand des Marketinginstruments «Product».

Unique Advertising Proposition (UAP)

«Come to Marlboro Country.» Diese Aufforderung löst bei Ihnen vermutlich eine ganze Reihe von Assoziationen aus. Sie denken an den «Marlboro Man», sehen Pferde vorbeiziehen oder blicken in eine weite Prärielandschaft. Marlboro verfügte damit jahrelang über eine klare Unique Advertising Proposition (UAP).

Eine UAP ist ein einzigartiges, eigenständiges Werbeversprechen und nicht zu verwechseln mit der USP (Zur Erinnerung: Die USP bezieht sich auf Ihr Produkt.). Die UAP hebt Ihre Werbung klar von jener Ihrer Mitbewerber ab. Eine UAP erfordert ein stringentes und nachhaltiges Werbekonzept, das Ihre Werbemassnahmen mit einer klaren und langfristigen Strategie in Einklang bringt.

Abb.: Die Markenwelten von Beck's Bier / Quelle: Beck's Bier

Nur wenige Marken haben es wie Marlboro geschafft, einen unverwechselbaren und kontinuierlichen Werbeauftritt von hohem Wiedererkennungswert zu schaffen. Weitere Beispiele sind die deutsche Brauerei Beck's mit dem Ozean, einem Dreimaster, fröhlichen Menschen an Bord und einer auffälligen Farbenwelt mit viel Grün und Blau. Und natürlich Milka: Der Schokoladenhersteller hat es dank seiner lilafarbenen Kuh geschafft, dass die Kunden mit der Farbe Lila die Marke Milka in Verbindung bringen.

Testen Sie Ihre Kampagne – der Pretest

Bei teuren Werbekampagnen lohnt es sich, sie im Vorfeld zu testen. Pretests (Vorabtests) werden meist in Zusammenarbeit mit Marktforschungsinstituten durchgeführt, um zu überprüfen, wie gut Ihre neuen Werbeideen bei einzelnen Vertretern Ihrer Zielgruppe ankommen. Sie werden nicht herausfinden, ob Ihre Werbung garantiert Erfolg haben wird. Aber der Test wird Ihnen verraten, ob die Werbebotschaft verstanden wird oder nicht. So haben Sie die Chance, allfällige Mängel zu entdecken und rechtzeitig zu beheben.

10.3 Onlinekommunikation

> Nützliche Tipps rund ums Thema Onlinekommunikation gibt Ihnen Stefan Gottschling in seinem Buch «Online-Marketing-Attacke».

Ihre eigene Website, der Kundenkontakt über ein Social Media Network oder Ihr Unternehmensprofil auf Wikipedia: Onlinekommunikation bildet heute einen zentralen Bestandteil des Media-Mix. Und ihre Bedeutung nimmt weiter zu. Sie weist bei einem überzeugenden Kosten-Nutzen-Verhältnis sehr viele Vorteile auf:

- die Werbeformen sind vielfältig und interaktiv
- sie ergänzen die übrigen Promotionsinstrumente
- die Aktualisierung geht schnell
- die Reichweite ist global
- Onlinekommunikation ist zielgenau
- die Verbreitungskosten sind gering
- die Erfolge sind ausserordentlich gut messbar

Die Instrumente, Plattformen und Möglichkeiten der Onlinekommunikation entwickeln sich in hohem Tempo – wie keine andere Marketingdisziplin – weiter. An dieser Stelle erhalten Sie einen Überblick der wichtigsten Onlinekommunikationsmittel. Den aktuellsten Wissensstand finden Sie jedoch im Web.

Die Website

Aussendienstmitarbeitende von Druckereien fragen häufig unsere Werbeagentur an, ob sie ihre Dienstleistungen vorstellen dürfen. Dann erkundige ich mich jeweils nach dem

Internetauftritt der Unternehmen. Erscheint dieser erste Eindruck unprofessionell oder veraltet, laden wir die Personen kaum zu einem Vorstellungstermin ein. Darum ist Ihr virtuelles Zuhause eine bedeutende Visitenkarte – und heute zunehmend das wichtigste Kommunikationsmittel einer Unternehmung. Eine veraltete oder schlecht funktionierende Seite erweckt kein Vertrauen und hält viele Kunden ab, Sie überhaupt zu kontaktieren.

Aktuelle und potenzielle Kunden sollen auf Ihrer Website schnell sämtliche relevanten Informationen finden. Websites ersetzen teure Image- und Produktbroschüren oder stellen sie in elektronischer Form bereit. Über die Website lassen sich auch wertvolle Kundeninformationen sammeln wie E-Mail-Adressen und Angaben von Newsletter-Abonnenten. Über einen Live-Chat oder einfach per E-Mail treten Sie direkt mit den Kunden in Kontakt. Falls sich Ihr Angebot übers Internet vertreiben lässt, kann Ihr Webauftritt zu einem lukrativen Distributionskanal ausgebaut oder mit einem Shop verlinkt werden (vgl. dazu auch Kapitel 9.2.5, «Der Onlinevertrieb»).

Folgende Grundsätze gilt es, beim Gestalten und Betreiben einer Website zu beachten:

- Das optische Kleid (Screendesign) muss stimmig, zeitgemäss und ansprechend sein.
- Trotz guter grafischer Gestaltung muss sie funktional und gut strukturiert sein.
- Besucher müssen sich sofort intuitiv zurechtfinden. Verspielte Intros mit langer Ladezeit sind abschreckend.
- Gestalten, texten und programmieren Sie Ihre Website suchmaschinenfreundlich.
- Integrieren Sie ein **CMS-System**, falls Ihre Website häufig aktualisiert werden soll.
- Die Website soll zu einer **Conversion**, das heisst zu einem Kauf oder einer Kundenanfrage verführen.
- Ihre Website muss den Besuchern einen Nutzen bringen. Eine Bank bietet zum Beispiel E-Banking oder Informationen zu aktuellen Aktienkursen an.
- Beachten Sie, dass alle Infos nicht nur für (potenzielle) Kunden, sondern auch für Ihre Mitbewerber ersichtlich sind.
- Analysieren Sie, wie Besucher auf Ihre Website stossen und sich dort verhalten. Analysetools wie Google Analytics helfen Ihnen dabei.

CMS (Content-Management-System): *Inhalts-Verwaltungs-System zur Bearbeitung von Websites. Programmierkenntnisse sind nicht erforderlich.*

Conversion: *Handlung oder Umwandlung; die Auslösung einer definierten marketingrelevanten Aktion durch einen potenziellen Kunden. Im Onlinemarketing ist dabei oft eine ausgelöste Kaufhandlung eines Seitenbesuchers gemeint.*

Werbebanner

Denken Sie an Onlinekommunikation, kommen Ihnen womöglich zuerst Werbebanner in den Sinn. Tatsächlich handelt es sich bei der Bannerwerbung um eine populäre Werbeform. Auch wenn deren Wirkung umstritten ist, lässt sich ihr Erfolg dank der Nachverfolgbarkeit gut messen. Es stehen Ihnen unterschiedliche Formate von Werbebannern zur Verfügung. Statische wie auch animierte Banner, die Audio- und Videoelemente beinhalten, lassen sich nach deren Pixelgrösse einteilen. Zudem existieren zahlreiche Sonderwerbeformen: Pop-ups, Streaming Ads, Wallpapers und viele weitere.

Suchmaschinenmarketing (Search Engine Marketing)

***Suchmaschinenmarketing:** Search Engine Marketing; alle Massnahmen, die dazu führen, dass Ihre Website von Suchmaschinen gefunden wird und über eine gute Platzierung verfügt.*

> Interessieren Sie sich für Google Adwords? Auf www.google.com/adwords erhalten Sie weitere Informationen.

***Keyword:** Schlüsselwort oder Suchbegriff für die Suchmaschinenoptimierung und das Finden von Onlineanzeigen.*

Sie sind auf Shoppingtour in Köln und suchen ein Geschäft, das Converse Sneakers verkauft. Wie werden Sie am schnellsten fündig? Logisch: Sie zücken Ihr Handy und googeln: «Converse» und «Köln». Kurz darauf betreten Sie das Geschäft. Was bedeutet das für Ihr Unternehmen?

Ihr Ziel muss es sein, bei Suchmaschinen (in Europa vorab bei Google) auf der ersten Seite zu erscheinen. Der Schlüssel dazu heisst Suchmaschinenmarketing. Es hilft, Ihre Website unter den vorderen Rängen der Suchresultate zu platzieren. Dabei unterscheiden wir zwischen bezahltem und unbezahltem Suchmaschinenmarketing. Bei Ersterem geht es darum, Ihren Internetauftritt so zu gestalten, dass Sie von Suchmaschinen gefunden werden. Das heisst, der Inhalt, der Aufbau und die Programmierung Ihrer Website muss für Suchmaschinen optimiert sein (weitere Details finden Sie im Web oder im erwähnten Buch von Stefan Gottschling).

Den suchmaschinenoptimierten Webauftritt können Sie mit kostenpflichtiger Suchmaschinenwerbung ergänzen: Mit einem bezahlten Eintrag erlangen Sie ein gutes Ranking beim Werbeblock der Suchmaschine oder bei Internetseiten, die mit ihr kooperieren. Die gängigste Form ist das **Keyword**-Advertising (z.B. AdWords von Google). Damit stellen Sie beispielsweise sicher, dass Suchanfragen mit den Keywords «Converse» und «Köln» auch wirklich auf Ihren Shop hinweisen.

E-Mail-Marketing

***Permission Marketing:** Erlaubnismarketing; dabei werden Kunden nur mit deren Zustimmung beworben (z.B. Zustellung eines Newsletters).*

***Opt-in:** Erlaubnis eines potenziellen Kunden, ihm künftig Direktwerbung (meist online) zukommen zu lassen. Den Vorgang nennt man auch Permission Marketing.*

E-Mail-Marketing ist die Onlineversion von Direktmarketing. Gegenüber der klassischen Variante besticht E-Mail-Marketing durch die erwähnten Stärken der Onlinekommunikation. Neben dem üblichen E-Mail-Verkehr mit Kunden eignen sich vor allem Newsletter hervorragend, um bestehende Kunden an sich zu binden, auf dem Laufenden zu halten und somit den Absatz zu steigern. Die Schweizerische Post bewirbt etwa in einem regelmässigen Newsletter ihre Dienstleistungen im Bereich des Direktmarketings.

Um einen grossen Empfängerkreis aufbauen zu können, muss der Inhalt des Newsletters den Empfängern einen echten Nutzen bieten. Im Falle der Post könnten dies Ergebnisse von neuen Direktmarketingstudien sein. Wichtig ist es, dass Ihr Newsletter bei den Empfängern mit unterschiedlicher Software und Hardware sauber dargestellt wird. Senden Sie E-Mails und Newsletter nur Personen, die dazu eingewilligt haben **(Permission Marketing)**. Dabei werden mit dem **Opt-in**-Verfahren mögliche Empfänger akquiriert. Noch besser ist es, wenn der Empfang zuerst bestätigt werden muss (Double-Opt-in-Verfahren). Heute ist es üblich, dass nach der Newsletter-Anmeldung eine E-Mail mit Bestätigungslink zugesandt wird. Das Versenden von E-Mails an Adressaten ohne Einwilligung nennt man Spam und ist verboten. Bieten Sie Ihren Empfängern stets die Möglichkeit, sich ohne Umtriebe auch wieder abmelden zu können (**Opt-out**-Option).

Opt-out: *Abmeldung (auch: unsubsribe) eines Direktmarketingempfängers (meist online), um künftig nicht mehr beworben zu werden.*

Social-Media-Marketing (SMM)

Social-Media-Netzwerke wie Facebook, Xing oder LinkedIn bieten neue Kommunikations- und Werbemöglichkeiten. Dabei lassen sich unterschiedliche Ziele verfolgen. Zu den wesentlichsten gehören:

- die Steigerung der Markenbekanntheit (Imagewerbung)
- die Kundenakquise und Absatzförderung sowie
- die Kommunikation mit den Kunden als Quelle für Rückmeldungen und Innovationsideen.

Die Angebote der Netzwerke sind unterschiedlich und teilweise individuell auf eine exakt eingrenzbare Zielgruppe anpassbar.

Soziale Netzwerke basieren auf User Generated Content. Je nach Plattform sind dies Profile von Privatpersonen, Institutionen oder Gruppen. Sich bei Social Media Networks anzumelden und präsent zu sein, ist normalerweise kostenlos. So können Unternehmen beispielsweise bei Facebook eine eigene Seite einrichten und mit Interessenten (auch «Fans» in der Social-Media-Sprache) in Kontakt treten. Gemeinden wie die Stadt Luzern nutzen diese Plattform, um neue Angebote und aktuelle Ereignisse zu veröffentlichen. Dabei können Kunden aktiv ihre Meinung zu den veröffentlichen Informationen einbringen: Sie kommentieren und bewerten. Diese Kommentare und Bewertungen sind wiederum wertvolle Rückmeldungen für die Stadtverwaltung. Die Einbindung von sozialen Netzwerken in die Unternehmenskommunikation ist spannend, gleichzeitig jedoch auch herausfordernd und betreuungsintensiv.

Melden Sie sich für ein soziales Netzwerk an, wissen die Plattformbetreiber schnell über Sie Bescheid: Sie kennen Ihr Alter, Ihren Wohnort, Ihr Geschlecht, Ihre Ausbildung, Ihre Interessen und vieles mehr. Das heisst, die Zielgruppe kann für Werbende äusserst genau definiert werden. Darum bieten soziale Netzwerke auch bezahlte Anzeigen- und Bannerwerbung an. So werden Mitglieder, die sich auf Facebook als «Single» outen, intensiv von Partnervermittlungsorganisationen beworben. Unter den Millionen von Facebook-Mitgliedern finden sich bestimmt Ihre zukünftigen Kunden.

Ausführungen zum Thema Social-Media-Monitoring finden Sie im Kapitel 14.2, Exkurs: «Social-Media-Monitoring».

Mobile-Marketing

Mobil-Marketing: *Alle Marketingmassnahmen in Verbindung mit drahtloser Telekommunikation und mobilen Endgeräten, wie beispielsweise SMS-Werbung.*

Das Mobiltelefon – oder heute das Smartphone – verändert unser Leben: Wir telefonieren, surfen, fotografieren, shoppen, filmen und bezahlen damit. Und die Entwicklung ist nicht abgeschlossen. Es liegt auf der Hand, dass es deshalb viele Möglichkeiten als Werbeträger bietet.

Mobile-Marketing eignet sich als CRM- und Direktmarketinginstrument, um Kunden, die damit einverstanden sind, zu kontaktieren: Flugpassagiere schätzen es, über allfällige Verspätungen informiert zu werden oder per SMS einchecken zu können; Bewohner eines Stadtteils werden mit einer SMS an den bevorstehenden Termin der Sondermüllabfuhr erinnert. Weiter lässt sich Mobile-Marketing gut mit klassischen Medien kombinieren. Beispielsweise, indem Wettbewerbsteilnehmende mit dem Mobiltelefon ein Kennwort an eine Nummer schicken oder im TV für eine Kandidatin einer Castingshow voten.

Doch Vorsicht: Ohne Einwilligung der Empfänger dürfen Sie ihnen keine SMS senden. Spielen Sie beim Opt-in-Verfahren mit offenen Karten, gestalten Sie das Abmelden einfach (Opt-out) und geben Sie Handynummern niemals an Dritte weiter! Ein grosses Schweizer Möbelhaus schickte an Kundenkartenbesitzer Werbe-SMS, um auf eine bevorstehende Aktion aufmerksam zu machen. Doch die unerwünschte Werbung verärgerte die Empfänger derart, dass negative Rückmeldungen und Kündigungen des Kundenprogramms die Folgen waren.

Eine sich rasant entwickelnde Form des Mobile-Marketing sind Apps. Der Wettbewerb unter den Anbietern von Apps-Plattformen ist eröffnet. Heute existieren bereits Millionen von Apps. Darunter Apps für Onlineshopping, das Herunterladen von Songs, das Abfragen von Zugverbindungen inklusive Fahrkartenkauf, das Bewerten und Buchen von Hotels und so weiter. Das Entwickeln einer App alleine bringt noch keinen Erfolg: Zentral ist, dass Ihre App den Kunden einen Nutzen bietet.

10.4 Verkaufsförderung

Sampling: *Abgabe von kostenlosen Produktproben.*

Frühmorgens auf dem Weg zur Arbeit schmeichelt frischer Kaffeeduft Ihrer Nase. Baristas strecken Ihnen einen kleinen Becher entgegen. Gratis und gefüllt mit der neuesten Kreation einer Kaffeehauskette. Ein paar Schritte später bietet man Ihnen – wie der Zufall so will – ein Muster eines neuen Frühstücksmüslis an. Im Marketing sprechen wir hierbei von **Sampling**, einer Form der Verkaufsförderung (englisch: sales promotion). «Während Werbung einen Kaufgrund gibt, bietet Verkaufsförderung einen Anreiz, den Kaufakt zu vollziehen oder voranzutreiben», erklärt Marketingguru Philip Kotler. Verkaufsförderungsmassnahmen sind Promotionsinstrumente, die Marktteilnehmende direkt zum Kaufen animieren (Push-Strategie). Sie wirken kurzfristig und kurbeln den Absatz unmittelbar an. Ihr Erfolg oder Misserfolg – zum Beispiel eine Umsatzsteigerung

– ist daher auch gut messbar. Zudem helfen Aktivitäten wie Samplings, die Bekanntheit des Produkts zu steigern. So wird bei Neulancierungen von Produkten und Dienstleistungen der Verkauf oft aktiv gefördert.

Um die Verkaufsförderungsmassnahmen professionell zu planen, werden speziell ausgebildete **Merchandiser** (Verkaufsförderer) eingesetzt. In der Mode-, Möbel- und ganz allgemein in der Luxusgüterbranche spielen sie eine besonders wichtige Rolle. Merchandiser erfüllen folgende Funktionen:

__Merchandiser:__ Verkaufsförderer und Spezialist für die Markeninszenierung. Bindeglied zwischen Marketing und Verkauf.

- Planung von Verkaufsförderungsaktionen
- Planung von markentreuen Verkaufsräumen
- Planung von Dekorations- und Demoflächen
- Aufbau und Betreuung von neuen Verkaufsstellen oder Verkaufspartnern
- Schulung des Verkaufspersonals

Die Verkaufsförderung lässt sich aufgrund der Ansprechpartner in drei Kategorien einteilen: konsumenten-, handels- und aussendienstgerichtete Verkaufsförderung.

Konsumentengerichtete Verkaufsförderung (Consumer Sales Promotion)

Die konsumentengerichtete Verkaufsförderung hat den Endverbraucher im Visier. Sie wird vom Hersteller oder vom Handel initiiert und setzt auf verschiedene Massnahmen wie Rabatte, Produktsamplings, Degustationen, Gratiszugaben, Wettbewerbe, POS-Werbematerialien oder Events am Verkaufspunkt.

Abb.: Konsumentengerichtete Verkaufsförderung durch Sonderverkauf (Sale)

Preispromotionen (Sonderverkäufe, Sale) erlauben Ihnen, mit temporären Aktionen den Verkauf anzukurbeln. Bekanntestes Beispiel: «Happy Hour von 18 bis 20 Uhr! Jedes Getränk von zum halben Preis.» In der Gastronomie wird der Abverkauf so während einer bestimmten Zeitspanne gefördert (Anmerkung: Happy Hours mit alkoholischen Getränken sind heute teilweise verboten.).

Handelsgerichtete Verkaufsförderung (Trade Sales Promotion)

Im Gegensatz zur direkten, konsumentengerichteten Verkaufsförderung pushen Sie mit der handelsgerichteten Verkaufsförderung Ihren Absatz auf indirektem Weg. Das heisst beispielsweise, dass Sie als Hersteller dem Detailhändler verschiedene Mittel in die Hand geben, den Absatz zu fördern, zum Beispiel mit Schaufensterdisplays, Produktbroschüren, Verkaufshilfen wie Zeigematerial und Muster, Produkte- und Verkaufsschulungen. Oder Sie schaffen Anreize wie Verkaufsprämien bei Erreichen eines gewissen Umsatzes oder Preisreduktionen in Form von Einführungsaktionen. Handelsgerichtete Verkaufsförderungen sind heute längst nicht mehr bloss freiwillige Leistungen des Herstellers, sondern werden von grossen Detailhändlern gefordert.

Mitarbeiterorientierte Verkaufsförderung (Staff Promotion)

Der Verkauf kann schliesslich auch über den Aussendienst und das eigene Verkaufspersonal gefördert werden. Instrumente der Staff Promotion sind Weiterbildungs-, Schulungs- und Informationsveranstaltungen. Spezielle Boni, Provisionen oder Verkaufswettbewerbe mit Sachpreisen sind weitere Möglichkeiten, um Ihre Mitarbeitenden zu motivieren und den Absatz kurzfristig zu steigern.

10.5 Direktmarketing

Direktmarketing: *Promotionsmassnahmen, bei denen Sie Ihre Zielgruppe persönlich ansprechen (auch Dialogmarketing genannt).*

> Viele nützliche und sehr praxisorientierte Tipps zum Thema Direktmailing liefert Ihnen der «DirectGuide» der Schweizerischen Post.

Direktmarketing umfasst alle marktgerichteten Aktivitäten, die darauf abzielen, einen direkten Kontakt zwischen Ihnen (Absender) und einem bestehenden oder potenziellen Kunden (Empfänger) herzustellen beziehungsweise zu pflegen. Oder anders gesagt: Sie kommunizieren eine Botschaft und erhalten darauf eine messbare Reaktion (Response). Diese einfache Erfolgskontrolle ist einer der Gründe, weshalb Direktmarketing sehr beliebt ist. Auch die hohe Zielgenauigkeit mit geringen Streuverlusten spricht für diese Werbeform.

Instrumente und Medien im Direktmarketing

Direktmarketing funktioniert mit einer ganzen Reihe von Medien. Die folgende Tabelle gibt Ihnen einen Überblick über die gängigsten Instrumente.

Medium / Direkt-marketingmassnahmen	Reaktionsmöglichkeiten	Vor- und Nachteile
adressiertes, persönliches Mailing (offline)	• Antwortkarte* • Website* • Telefonnummer • Faxantwort * evtl. individuell gestaltet	+ wirkt sehr persönlich + innovative und originelle Ideen sind auf unterschiedliche Weise umsetzbar + persönliche Ansprache und individuelle, auf Empfänger abgestimmte Gestaltung - verhältnismässig hoher Tausend-Kontakt-Preis - teilweise unbeliebt bei den Konsumenten (fühlen sich in ihrer Privatsphäre gestört)
unadressiertes Mailing (offline)	• Antwortkarte • Website • Telefonnummer • Faxantwort	+ innovative und originelle Ideen sind auf unterschiedlichste Weise umsetzbar - verhältnismässig hoher Tausend-Kontakt-Preis - teilweise unbeliebt (Konsumenten verweigern Annahme)
E-Mail und Newsletter (online)	• Antworten auf E-Mail • Hyperlinks zur Website oder Bestellformular	+ tiefe Kosten bei der Verbreitung + schnell - unangeforderte E-Mails erreichen den Empfänger oft nicht und landen im Spam-Ordner
Telefon (Telefonmarketing)	• mündliche Bestellung	+ individuelle Reaktion/ Beratung möglich - teilweise unbeliebt bei den Konsumenten (fühlen sich in ihrer Privatsphäre gestört)
SMS / MMS-Versand auf Mobiltelefone	• Telefonnummer für Anruf oder SMS • Link zu Mobilewebsite	+ schnell + kostengünstig - meist sehr unbeliebt bei den Konsumenten (fühlen sich in ihrer Privatsphäre gestört)
Internetauftritt	• elektronisches Bestellformular • Hyperlink	+ sehr viele Kommunikationsmöglichkeiten + wird von den Nutzern meist positiv empfunden
Inserat in Zeitschrift oder Zeitung	• Internetadresse oder Telefonnummer • Antwortkarte (eingeklebt) • Coupon zum Ausschneiden	+ grosse Masse wird erreicht - relativ unpersönlich - relativ hoher Streuverlust

Abb: Direktmarketinginstrumente

Das klassische Offline-Mailing und das heute verbreitete Online-Mailing sind die wichtigsten Direktmarketingmassnahmen. Dabei wird zwischen adressierten und unadressierten Mailings unterschieden. Damit Sie eine schnelle Antwort erhalten, setzen Sie Reaktionsverstärker ein (siehe Folgeseite).

Unadressiertes Mailing

Sogenannte Streusendungen können Sie mit geringem Aufwand und relativ kostengünstig realisieren. Vom Flyer bis zum umfangreichen Prospekt wird nahezu jedes Printprodukt verschickt. Unadressierte Mailings landen in allen Haushaltungen einer definierten Region, doch leidet ihre Wirkung unter der zunehmenden Übersättigung durch Massenwerbung. Deshalb verweigern immer mehr Konsumenten die Annahme unadressierter Werbung mit einem Stopp-Werbung-Kleber am Briefkasten.

Abb.: Mailingaktion des TCS (Touring Club Schweiz)

Robinsonliste: *Liste mit Kontaktdaten von Personen, die keine unaufgeforderte Werbung erhalten wollen. Direktmarketingunternehmen verpflichten sich in keiner Form, kommerziell Kontakt zu ihnen aufzunehmen.*

Personen, die keine kommerziellen Werbeanschriften erhalten möchten, können sich auf einer sogenannten **Robinsonliste** eintragen. Es existieren Listen für Briefpost, E-Mail, Mobiltelefon, Festnetztelefon und Telefax.

Personalisiertes Mailing

Sie können Ihre Mailings auch adressiert verschicken: dank den Adressen aus Ihrer Kundendatenbank oder der Adressmiete bei professionellen Anbietern (Adressverlagen). Wenn Sie die Adressen entsprechend Ihrer Zielgruppe selektieren, verringern Sie den Streuverlust und erhöhen die Rücklaufquote, sprich: Ihre Erfolgschancen. Betreiben Sie beispielsweise einen Onlineshop für Laufsportartikel, so richten Sie Ihr Mailing an sportinteressierte oder sogar nur an laufsportinteressierte Personen. Die nötigen Adressen liefert Ihnen ein Adressverlag oder Sie wenden sich an Laufsportveranstalter.

Reaktionsverstärker

Reaktionsverstärker erhöhen und beschleunigen den Rücklauf (Response) auf Ihre Direktmarketingmassnahmen. Sie müssen speziell auf Ihre Mailings angepasst sein. Reaktionsverstärker können sein:

- Appell zur sofortigen Antwort
- Wettbewerb unter den Rücksendern
- Early Bird, ein Anreiz, um eine schnelle Antwort auf Ihre Sendung zu erhalten
- zeitlich oder mengenmässig beschränktes und vergünstigtes oder exklusives Angebot

10.6 Public Relations (PR)

> Ein leichtverständliches Werk zum Thema PR ist das Buch von Claudia Cornelsen «Das 1 x 1 der PR».

Wenn Sie in der Tageszeitung über die Neueröffnung eines Restaurants lesen, das Polizeihauptquartier zum Tag der offenen Tür einlädt oder der CEO eines Telekommunikationsunternehmens einen öffentlichen Vortrag zum Thema IT-Telefonie hält, ist das kein Zufall. Denn hinter allen drei Massnahmen steckt professionelle Öffentlichkeitsarbeit.

__Public Relations:__ Englisch für Öffentlichkeitsarbeit. Kommunikation zwischen einem Unternehmen und der Öffentlichkeit zu Image- und Informationszwecken.

Die landläufige Meinung, **Public Relations** sei unbezahlte Werbung, stimmt nur sehr bedingt. Getreu dem PR-Motto «Tue Gutes und sprich darüber» für positive Publicity zu sorgen, ist meist genauso mit Kosten verbunden wie der Einsatz anderer Promotionsinstrumente. Im Gegensatz zur Werbung fallen jedoch die Media-Schaltkosten weg. Neben diesem Kostenvorteil geniesst PR eine hohe Glaubwürdigkeit. Ein Nachteil gegenüber der klassischen Werbung liegt in der schwierigen Planung, denn PR-Kampagnen sind – vor allem im Bereich der Medienarbeit – nicht präzise planbar. Und Sie erhalten selten eine Garantie über Form und Umfang der Berichterstattung.

__Product Public Relations (PPR):__ Teilgebiet der PR, die sich damit befasst, ein bestimmtes Produkt bei der aktuellen und potenziellen Zielgruppe bekanntzumachen.

Die Kommunikationsdisziplin Public Relations ist äusserst facettenreich. Häufig zielen PR-Massnahmen darauf ab, ein positives Image, Vertrauen und Goodwill für Ihr Unternehmen zu schaffen und zu festigen. Genauso gut kann aber ein einzelnes Produkt bekannt gemacht werden. Diese Unterdisziplin nennen wir **Product Public Relations**.

__Internal Relations:__ Kommunikationsmassnahmen, die sich an die Mitarbeiter, das heisst an eine unternehmensinterne Zielgruppe richten.

Neben den unterschiedlichen externen Zielgruppen (wie etwa Kunden, Lieferanten, Medien und Behörden) dürfen Sie den Informationsbedarf innerhalb Ihres Unternehmens nicht vernachlässigen. Interne Massnahmen wie Mitarbeiterzeitungen, Intranet oder Informationstafeln werden unter dem Begriff **Internal Relations** zusammengefasst. Eine Spezialdisziplin der Öffentlichkeitsarbeit ist die Krisenkommunikation. Ihr ist das Unterkapitel 10.6.3, «Krisen-PR», gewidmet.

10.6.1 PR-Instrumente und Massnahmen

Erfolgreiche Öffentlichkeitsarbeit ist das Resultat eines geschickt gewählten Mix aus unterschiedlichen PR-Massnahmen. Die folgende Aufstellung verschafft Ihnen einen Überblick über die gängigsten PR-Instrumente und ihren Einsatzbereich. Weitere Informationen zum Thema Online-PR erhalten Sie im nachfolgenden Kapitel.

PR-Instrument	Massnahmen
Medienarbeit	• Zusammenstellen und Verbreiten von Medienmitteilungen, Themenbeiträgen, Anwenderberichten, Unternehmensporträts oder Leserbriefen • Organisation von Pressekonferenzen, Redaktionsbesuchen mit Kunden, Organisation von Journalistenreisen und Medienessen • Beantworten von Presseanfragen, Wahrnehmen oder Organisieren von Interviewterminen • Internetbetreuung (Medieninfos, Bildarchiv, Newseinträge)
Medienbeobachtung	• Beobachtung der Medienpräsenz Ihres Unternehmens (durch einen Medienbeobachtungsdienst wie zum Beispiel Argus oder durch ein Abonnement bei einer Presseagentur) • Auswertung und Analyse der Berichterstattung
Mediengestaltung	• Erstellen von Geschäftsberichten, Imagebroschüren, Kundenzeitschriften, Newsletters und einem Internetauftritt • Kreation von bezahlten Publireportagen • Publikation von Forschungsberichten
Veranstaltungsorganisation	• Planen und Durchführen von Konferenzen, Seminaren, Messen, Info-Mobilen, Betriebsbesichtigungen, Tagen der offenen Tür und weiteren Events
interne Kommunikation	• Herausgabe von Mitarbeiterzeitschriften und internen Newsletters • Planen und Durchführen von Mitarbeiteranlässen • Medientraining von Mitarbeitern • Betreuen des Intranets
persönlicher Dialog	• Mundpropaganda (word of mouth) • Halten von Vorträgen und Referaten • Aktive Teilnahme an Podiums- und Fernsehdiskussionen
weitere PR-Instrumente	• Krisen-PR • Ausschreiben von Preisen (Awards)

Abb.: PR-Instrumente und Massnahmen

EXKURS: *Die Medienmitteilung*

Die Medienmitteilung ist eine sehr effektive Massnahme der Öffentlichkeitsarbeit. Sind Sie schreibgewandt und wissen Sie, wie eine Medienmitteilung aufgebaut ist, dann haben Sie gute Chancen, mit verhältnismässig geringem Aufwand Publizität zu erhalten. Einen geeigneten Anlass werden Sie leicht finden. Nutzen Sie die Neueinführung eines Produkts, ein Unternehmensjubiläum, die jährliche Generalversammlung oder geben Sie eine Stellungnahme zu einem aktuellen Thema ab. Erzählen Sie eine spannende Geschichte, denn was die Leser interessieren könnte, ist auch für die Medien interessant.

Je aktueller und relevanter Ihre News sind, desto besser stehen die Chancen, dass Ihre Medienmitteilung publiziert wird. Bereits die Headline ist entscheidend. Sie muss die Leserschaft beziehungsweise die Redaktorin oder den Redaktor fesseln. Was zu sehr nach plumper Werbung riecht, wird ignoriert. Redaktoren sind Profis, versuchen Sie nicht, sie auszutricksen.

Um den Redaktor zu erreichen, brauchen Sie aktuelle Adressen von geeigneten Medien und deren Mitarbeitenden. Am besten mieten Sie die Adressen bei einem Verlag, besorgen sich ein elektronisches Medienverzeichnis oder machen sich die Mühe, die gewünschten Adressen im Internet ausfindig zu machen. Eine wirkungsvolle Medienmitteilung ist nach folgendem Schema aufgebaut:

Titel (Headline)

Der Titel soll die Kernaussage des Inhalts auf den Punkt bringen und die Aufmerksamkeit des Journalisten beziehungsweise der Leserschaft auf sich ziehen.

Datum

Die Angaben von Datum, Uhrzeit und Ort der Presseinformation sind wichtig und dürfen bei keiner Medienmitteilung fehlen. Denken Sie daran: Falls Sie in den Printmedien eine Veröffentlichung am Folgetag wünschen, muss Ihre Medienmitteilung schon frühmorgens auf der Redaktion sein.

Sperrfrist

Wenn Sie Ihre Medienmitteilung mit einer Sperrfrist versehen, ermöglichen Sie den Journalisten eine fundierte Berichterstattung, ohne dass Informationen zu früh an die Öffentlichkeit gelangen. Das kann bei einer Medieninformation zu einer bevorstehenden Preisverleihung Sinn machen: Werden die Gewinner einer Preisverleihung (die am Abend stattfindet) bereits vormittags der Presse mitgeteilt, liegt die Sperrfrist bei 23 Uhr. Dies erlaubt die Veröffentlichung eines aktuellen Berichts bereits am folgenden Tag. Unmittelbar nach der Preisverleihung berichten Onlinemedien sowie Rundfunk- und Fernsehanstalten.

Einstieg (Lead)

Ein einleitender, kurzer Abschnitt fasst das Wichtigste zusammen und motiviert die Leserschaft zum Weiterlesen.

Lauftext (Body)

Der Lauftext enthält ausführlichere Informationen zum Thema. Beantworten Sie in Ihrem Text immer die sechs journalistischen W-Fragen: Wer? Was? Wann? Wo? Wie? Warum? Zitate der Protagonisten machen Ihren Text lebendiger. Führen Sie aktuelle Beispiele an, machen Sie klare und verständliche Aussagen und wählen Sie eine einfache, bildhafte Sprache. Vermeiden Sie auf jeden Fall werberische Aussagen wie «das beste Produkt». Bleiben Sie sachlich.

Kontaktinformationen

Interessierte Journalisten werden sich bei Ihnen melden. Geben Sie eine Kontaktperson mit Telefonnummer, Adresse, E-Mail-Adresse und Domainname an und definieren Sie ein Zeitfenster, wann diese Kontaktperson erreichbar ist. Nennen Sie mögliche Interviewpartner.

Anhang

Falls Sie Ihre Medienmitteilung per E-Mail versenden, nutzen Sie die Möglichkeit, Bilder (in hoher Auflösung) beziehungsweise Links zu Bild-Downloads, Videos und weiteren Informationen anzufügen.

10.6.2 Online-Public-Relations

Das Internet ist heute für die breite Öffentlichkeit wie auch für Journalisten die erste Anlaufstelle, um sich über Unternehmen und deren Angebote zu informieren. Darum spielt es auch bei den Public Relations eine wichtige Rolle.

Ihre eigene Website ist das Herzstück der Online-Public-Relations. Auf ihr stellen Sie sämtliche für Ihre Ziel- und Anspruchsgruppen relevanten Infos bereit. Neben den üblichen Inhalten zu Angebot publizieren immer mehr Firmen ihre Geschäftsberichte exklusiv online. Sie verzichten auf die herkömmlichen, kostspieligen Printausgaben.

Neben den Unternehmenswebsites spielen vermehrt Social-Media-Seiten, **Blog**- und Microblogseiten eine zentrale Rolle. Sie eignen sich hervorragend, um mit der Zielgruppe in Kontakt zu treten (vgl. dazu auch Kapitel 10.3, «Social-Media-Marketing»). Sie dienen nicht nur der Informationsverbreitung, sondern auch der Informationsbeschaffung. Verfolgen Sie, was im Internet über Sie geschrieben wird und reagieren Sie darauf. Doch stellen Sie verbindliche Regeln auf, wer was veröffentlichen darf. Und denken Sie daran, das Web vergisst nicht. Was einmal veröffentlicht wurde, das ist unwiderrufbar.

***Blog:** Auch Web-Log genannt, ist ein Onlinetagebuch, auf dem ein Blogger Kommentare veröffentlicht.*

CASE STUDY: *The best job in the world*

Queensland Tourismus lancierte im Februar 2009 eine innovative Promotionskampagne und landete prompt einen riesigen PR-Coup. Die australische Urlaubsregion suchte weltweit nach einem Caretaker (Aufpasser) für die Inseln im Great Barrier Reef. Der Job: Ein halbes Jahr lang die wunderschöne Natur entdecken, daneben schwimmen, tauchen, Jetski fahren, segeln und vieles mehr. Der Lohn: Rund 150 000 Schweizer Franken sowie freier Aufenthalt in einer Luxusvilla mit Swimmingpool.

Das Echo liess nicht lange auf sich warten. Bereits in der ersten Woche nach Kampagnenstart besuchten 200 000 Personen die offizielle Website www.islandreefjob.com. Es bewarben sich 34 000 Personen aus der ganzen Welt mit einem 1-minütigen Video für den besten Job der Welt. Von den 16 Finalistinnen und Finalisten machte der 34-jährige Brite Ben Southall das Rennen.

Queensland Tourismus hatte nicht nur eine gute Idee, sondern nützte auch geschickt die unterschiedlichsten PR-Kanäle. Herzstück bildete die Website www.islandreefjob.com mit einem Blog, wo Ben über das Leben auf den Inseln berichtete. Weiter wurden der beste Job der Welt und Queensland aktiv über

Facebook, Twitter, YouTube, RSS-Feeds, einem Newsletter und weiteren Kanälen in Szene gesetzt.

Millionen Besucher der Website www.islandreefjob.com, unzählige Medienberichte: Die australische Feriendestination Queensland erzielte eine gewaltige Werbewirkung. Mit einem Budget von rund 1,5 Millionen Schweizer Franken wurde eine Publizität erreicht, die laut Experten rund 100 Millionen Franken gekostet hätte. Kein Wunder, dass die Kampagne am internationalen Werbefestival in Cannes einen Löwen gewann.

Quelle: http://islandreefjob.com.au; http://www.canneslions.com/lions

10.6.3 Krisen-PR

Krisen-PR: *Öffentlichkeitsarbeit in einer Krisensituation mit dem Ziel, die Krise zu entschärfen (zu einem blossen Ereignis zu degradieren).*

Eine Krise ist ein ausserordentliches Ereignis, mit dem Risiko, Ihr Unternehmen zu schädigen: eine Umweltkatastrophe (Untergang der Ölplattform «Deepwater Horizon»), ein Attentat an einer Schule (Amoklauf von Erfurt) oder ein Produkt, das vom Markt zurückgezogen werden muss (Mercedes A-Klasse). Um den Schaden bei einer eintretenden Krise auf ein Minimum zu reduzieren, müssen Sie sich bereits heute überlegen, welche Risiken für Ihr Unternehmen bestehen und ein Krisenkommunikationskonzept ausarbeiten. Ihr Ziel muss es sein, mit einem professionellen Krisenmanagement **(Krisen-PR)** eine eintreffende Krise zu einem blossen Ereignis zu degradieren.

Um negative Medienberichte über Ihre Unternehmung zu vermeiden oder zumindest zu begrenzen, sollten Sie folgendermassen vorgehen:

- potenzielle Krisen eruieren und vorbereitende Massnahmen treffen
- Krisenstab mit PR-Verantwortlichen und deren Zuständigkeiten festlegen
- Medientraining mit den PR-Verantwortlichen und dem CEO durchführen
- Ablaufraster für vorhersehbare Tätigkeiten im Krisenfall erstellen
- Adressdatenbank mit wichtigen internen und externen Ansprechpartnern wie Medien, aber auch Mitarbeitenden und Politikern erfassen
- Textbausteine für Pressemitteilungen vorbereiten, ebenso Websites für das rasche Aufschalten im Krisenfall bereithalten

Wichtig ist, dass Ihr Krisenkommunikationsplan kurz, übersichtlich und in der Krise einfach anwendbar ist. Ihre Krisenpläne müssen permanent auf dem aktuellen Stand gehalten werden.

Trifft die Krise ein, kommt meist alles anders als erwartet. Und trotzdem wird Ihr vorgängig erstellter Krisenkommunikationsplan Ihnen eine wichtige Stütze sein. Wenn eine Krise eintritt, ist es entscheidend, dass Sie aktiv und überlegt, klar und wahr, koordiniert und kontinuierlich informieren. So gehen Sie mit den Medien in der Krise richtig um:

- 30 Minuten nach Eintreffen des Ereignisses für die ersten Medienanfragen bereit sein
- Medien aktiv und nach Bedarf rund um die Uhr betreuen
- sich nicht drängen lassen, jedoch innerhalb kurzer Frist antworten
- klare und möglichst umfassende Antworten geben (Spekulationen vermeiden)
- Interviewtermine geschickt an wichtige Medien vergeben
- Berichterstattung beobachten und bei Falschmeldungen sofort reagieren

Die hier aufgeführten Informationen zum Thema Krisen-PR sollen Ihnen einige hilfreiche Inputs geben und Sie auf das Thema vorbereiten. Wenn Sie ein umfassendes Krisenkonzept aufbauen möchten, empfehle ich Ihnen, sich vertieft mit der Thematik zu befassen oder sich einer PR-Agentur anzuvertrauen.

10.7 Eventmarketing

Tag für Tag werden wir von klassischer Werbung überflutet. **Eventmarketing** ist gut dafür geeignet, sich von der breiten Masse abzuheben oder herkömmliche Kommunikationsformen zu ergänzen. Im Mittelpunkt eines inszenierten Events steht der Direktkontakt mit Ihrer Zielgruppe. Dieser ermöglicht Ihnen, ganz nahe bei Ihren (potenziellen) Kunden zu sein und Ihre Werbebotschaften in erlebbare Ereignisse umzusetzen. Wir sprechen hierbei auch von inszenierten Markenwelten. Die Erinnerung an dieses Erlebnis rückt Ihre Marke nachhaltig in ein positives Licht.

__Eventmarketing:__ Gezieltes Planen von Veranstaltugen zu Marketingzwecken.

> Vertieften Einblick in das Thema Eventmarketing gibt Ihnen das Buch von S. Schäfer «Event-Marketing. Das professionelle 1x1».

Eventmarketing sollte immer in ein Gesamtkonzept eingebettet sein, weshalb Sie es durch weitere Massnahmen begleiten müssen. So passen Public Relations, Sponsoring, Direktmarketing oder auch die Verkaufsförderung hervorragend zum Eventmarketing und multiplizieren dessen Wirkung. Selbst wenn nur wenige Personen an Ihrem Event teilnehmen, können Sie durch Medienberichte die Breitenwirkung massiv erhöhen. Um jedoch die Medien als Multiplikatoren zu gewinnen, ist professionelle Medienarbeit unumgänglich.

Mit massgeschneiderten Events lassen sich die unterschiedlichsten Zielgruppen erreichen. Ihre Adressaten können Endverbraucher, Vertriebspartner, Mitarbeitende oder Journalisten sein. Besonders beliebte Arten von Events sind ein Tag der offenen Tür, Messen und Ausstellungen, Präsentationen von neuen Produkten oder Mitarbeiteranlässe.

Das Eventmarketingkonzept

Im Unterschied zu einem Sponsoring-Engagement übernehmen Sie beim Eventmarketing die gesamte Planung und Realisation. Je nach Umfang und Ausführung ist das eine relativ komplexe und zeitlich wie finanziell aufwendige Angelegenheit. Mit einem sorgfältig durchdachten Konzept reduzieren Sie das Risiko von Fehlern oder Pannen. Und für grössere Events kann sich die Zusammenarbeit mit einer professionellen Eventagentur lohnen.

Ihr Eventmarketingkonzept muss folgende Fragen beantwortet:

- Wer (Zielgruppe)?
- Was (Anlass)?
- Wann (Zeitpunkt)?
- Wo (Ort)?
- Warum (quantitative und qualitative Ziele)?
- Wie (Idee und Umsetzung)?
- Wie viel (Budget)?
- Was noch (Umfeld)?

CASE STUDY: *Einkaufszentrum setzt auf Eventmarketing*

Einkaufszentren stehen nicht nur in den USA, wo sie gegründet wurden, im harten Konkurrenzkampf. Auch im deutschsprachigen Raum wird mit stattlichen Promotionsbudgets die Kundschaft beworben. Ein anschauliches Beispiel, wie Promotionsinstrumente sinnvoll kombiniert und dennoch kostengünstig eingesetzt werden können, liefert uns der Pilatusmarkt Kriens bei Luzern. Er verknüpft clever klassische und alternative Werbung, Sponsoring, Event- und Direktmarketing.

Grundstein des Promotionskonzeptes war die Konstruktion eines riesigen Einkaufswagens. Sein prominenter Stammplatz ist beim Haupteingang des Einkaufszentrums, doch wird er sehr oft für unterschiedliche Events eingesetzt. So wurde mit dem auffälligen Einkaufswagen an der schweizweit bekannten Luzerner Gewerbeausstellung LUGA ein Messestand eingerichtet: Ein professionelles Promotionsteam animierte die Besucher zur Wettbewerbsteilnahme. Es galt, die Anzahl der sich im Wagen befindenden Bälle zu schätzen. Als Preise lockten Einkaufsgutscheine des Pilatusmarkts Kriens. Die rund 18 000 während der Messe mittels Wettbewerbstalons gesammelten Adressen dienten im Anschluss als Basis für eine Direktmarketingaktion. Mit einem Werbebrief und einem beiliegenden Gutschein wurden so neben den Gewinnern auch sämtliche restliche Teilnehmer ins Einkaufszentrum gelockt.

Abb: Messestand mit Einkaufswagen und Promotionsteam

Die Aktion erzielte mit geringem finanziellen Aufwand eine hohe Promotionswirkung. Ausgeheckt und geplant wurde das Promotionsprojekt gemeinsam von der Zentrumsleitung und der Werbeagentur Rocket – Powerful Advertising. Das Praxisbeispiel zeigt, wie der koordinierte Einsatz verschiedener Promotionsinstrumente eine hohe Wirkung erzielen kann.

10.8 Sponsoring

Kennen Sie das Volvo Ocean Race oder die Allianz Arena? Oder ist Ihnen schon die Zusammenarbeit zwischen Kate Moss und Agent Provocateur aufgefallen? All dies sind Beispiele für Sponsoring. Ohne Sponsoring kommt heute keine Sportveranstaltung und kein Open-Air-Konzert mehr aus: Die Sponsoringbeiträge sind für Eventveranstalter eine wichtige Einnahmequelle. Andererseits ist die Präsenz an solchen Anlässen für die Sponsoren eine wertvolle Investition, die sich über den Publikumskontakt vor Ort und die mediale Verbreitung bezahlt macht.

Sponsoring: *Unterstützung von Einzelpersonen, Institutionen oder Unternehmen gegen eine marketingrelevante Gegenleistung.*

> Wenn Sie sich intensiver mit dem Thema Sponsoring auseinandersetzen wollen, eignet sich das Werk von Bortoluzzi, Dubach und Frey «Sponsoring. Der Leitfaden für die Praxis».

Unter Sponsoring versteht man die finanzielle oder materielle Unterstützung einer Person oder Organisation. Sponsoring wird von Unternehmen zu Marketing- und Kommunikationszwecken betrieben und eignet sich vor allem als Ergänzung zu klassischen Werbemassnahmen. Als Bestandteil des Promotoinsmix wird es mit anderen Promotionsinstrumenten verknüpft.

Durch gezielt eingesetztes Sponsoring erhöhen Sie Ihre Markenbekanntheit, Sie formen oder stärken das Markenimage und Sie schaffen Goodwill bei Ihren potenziellen Kunden. Veranstaltungen eignen sich zudem hervorragend zur Kundenpflege und Mitarbeitermotivation. Da die Produkte der Sponsoren mit dem Thema des Events in Verbindung stehen sollten, werden sie von der definierten Zielgruppe meist auch gut akzeptiert.

Das Sponsoring einer Veranstaltung bietet eine spannende Alternative zur aufwendigen Organisation eines eigenen Anlasses. So wäre es für Volvo kaum sinnvoll, einen Event wie das Volvo Ocean Race selbstständig zu organisieren. Als Hauptsponsor hat Volvo jedoch praktisch die gleiche Präsenz wie bei einer eigenständigen Organisation.

10.8.1 Leistung und Gegenleistung im Sponsoring

Die Unterstützungsleistung eines Sponsors kann ganz unterschiedlicher Natur sein. Folgende Sponsorenleistungen sind in der Praxis weit verbreitet:

- finanzielle Beiträge: Pauschalbeiträge, Übernahme von Budgetposten
- Sachleistungen: Infrastruktur, Einrichtungen, Wettbewerbspreise
- Lieferantenrabatte: Rabatte auf Getränke, Infrastruktur, Dekoration
- Mediensponsoring: kostenlose Inserate, Radiospots, Liveübertragungen
- Kauf von Eintrittstickets: Tickets für Personal und Kunden
- Defizitgarantie: Deckung von allfälligen Verlusten

Wie bei den meisten Kommunikationsmassnahmen erwartet auch der Sponsor für seine Leistung (das Sponsoring) eine Gegenleistung. Insofern unterscheidet sich zum Beispiel das Kultursponsoring von der reinen Kulturförderung oder dem Mäzenatentum: der einseitigen, «selbstlosen» Unterstützung durch einen Förderer. Als Gegenleistung wird beispielsweise das Sponsorenlogo – je nach Engagement – mehr oder weniger prominent platziert und in der Eventkommunikation verwendet. Weitere mögliche Gegenleistungen sind verbilligte oder kostenlose Eintritte für Kunden oder Mitarbeitende des Sponsors. In vielen Fällen kann dies auch der Zugang zu Schlüsselpersonen oder VIP-Boxen sein.

Wie bereits erwähnt, liegt das Benennen von Events oder Sportstadien momentan im Trend. Auch spezielle Nutzungsrechte können eine wichtige Gegenleistung darstellen. So dürfen nur offizielle Sponsoren der Olympischen Spiele das jeweilige Logo der Spiele für eigene Werbezwecke verwenden. Wichtig ist es, dass die Leistungen und Gegenleistungen in einem Vertrag klar geregelt sind.

10.8.2 Arten von Sponsoring

Es gibt unzählige Möglichkeiten, Sponsoring zu betreiben. Wir unterscheiden die folgenden sechs Kategorien:

Sportsponsoring (Einzelpersonen, Clubs, Veranstaltungen)

Sportsponsoring ist die wichtigste und bekannteste Form des Sponsorings. Aufgrund der Medienpräsenz und Beliebtheit bei einem breiten Publikum gehören Fussball, Basketball, Tennis und Motorsport zu den am häufigsten gesponserten Sportarten. Unterstützt werden neben Mannschaften, Verbänden und Events (Wettbewerbssponsoring) auch Einzelsportler. In den USA weit verbreitet und in Europa immer populärer ist das Sponsoring von Sportstadien.

Ein besonders geglücktes Beispiel ist die Allianz Arena, die Heimat des FC Bayern München. Denn das Fussballstadion mit rund 66000 Sitzplätzen besticht durch ein faszinierendes Lichtkonzept: Spielt der FC Bayern München, so leuchtet das Stadion rot. Ist 1860 München am Ball, wird es blau. Und bei neutralen Spielen (bspw. der deutschen Nationalelf) strahlt das Gebäude in Weiss.

Abb.: Allianz Arena; Copyright, Allianz Arena/B. Ducke

Auch das Wettbewerbssponsoring findet grossen Anklang. Neben dem erwähnten Volvo Ocean Race ist die Axpo Super League (höchste Liga im Schweizer Fussball) ein bekanntes Beispiel. Mit einem Sponsoring-Engagement beim örtlichen Fussballverein haben auch kleine Unternehmen die Gelegenheit, auf positive Art und Weise präsent zu sein.

Kultursponsoring (Konzerte, Ausstellungen, Theater)

Früher verpönt, ist das Kultursponsoring heute salonfähig. Besonders viel Geld fliesst an den grossen Open-Air-Festivals wie dem Rock im Park, dem Donauinselfest oder dem Openair St. Gallen, die in den Sommermonaten stattfinden. Das in grossen Massen erreichbare, mehrheitlich junge Publikum ist für viele Sponsoren überaus attraktiv. Mit lokalen Theater-, Musik- und Kunstveranstaltungen steht das Kultursponsoring aber auch kleineren, regional tätigen Unternehmen offen.

Sozial- und Umweltsponsoring (für gemeinnützige Einrichtungen)

Möchten Sie der Öffentlichkeit zeigen, dass Sie soziale Verantwortung übernehmen (englisch: Corporate Social Responsibility)? Dann eignet sich das Sozial- oder Umweltsponsoring.

Unabhängig davon, ob Sie ein Heim für sozial Benachteiligte, eine Schule oder ein Projekt in der Dritten Welt unterstützen, ein soziales Sponsoring kann viel bewirken. Auch für Sie, trägt es doch zu einem positiven, zeitgemässen Unternehmensimage bei. Diese neuere Form des Sponsorings ist begrüssenswert und kann helfen, soziale Probleme entscheidend zu mindern. So unterstützt die Bank Morgan Stanley das Tixi (Taxidienst für behinderte Menschen) in Zürich.

Beim Umweltsponsoring übernimmt ein Unternehmen Verantwortung, indem es Anliegen im Umweltschutzbereich fördert: Die deutsche Brauerei Krombacher setzt sich in Zusammenarbeit mit dem WWF aktiv für die Erhaltung des Regenwaldes ein. Damit die Glaubwürdigkeit jedoch nicht leidet, sollte der echte Nutzen des Engagements für die Konsumenten nachvollziehbar sein. Ansonsten verkommt das gut gemeinte Vorhaben zum Marketinggag.

Bildungs- und Wissenschaftssponsoring (Forschungs- und Bildungsinstitutionen)

Sie können heutzutage selbst Schulen oder Hochschulen unterstützen – mit Geld, Sachmitteln oder Dienstleistungen. Einerseits erreichen Sie ein junges Zielpublikum, andererseits hilft das Bildungs- und Wissenschaftssponsoring den Unternehmen, mögliche Mitarbeitende zu akquirieren. Im angelsächsischen Raum bereits weit verbreitet, wird in den kommenden Jahren das Bildungs- und Wissenschaftssponsoring auch bei uns stark an Bedeutung gewinnen. Die Swisscom ist mit ihrem Engagement «Schulen ans Internet» bereits in diesem Umfeld aktiv und versorgt Schweizer Schulen mit einem kostenlosen Internetanschluss.

Medien- und Programmsponsoring (Radio- und Fernsehsendungen)

Das Medien- und Programmsponsoring ist eine Sonderform der Mediawerbung. Es werden keine klassischen Spots in Werbeblöcken geschaltet, sondern ganze Sendungen unterstützt. Als Gegenleistung wird vor, nach oder während der Sendung das Sponsorenlogo eingeblendet oder erwähnt: «Die Sendung wird präsentiert von ...» Werden die Produkte eines Herstellers als Requisite in eine Sendung eingebaut, handelt es sich um Product Placement (vgl. Exkurs «Product Placement» in diesem Kapitel).

Neuere Sponsoringformen

Ihrer Kreativität sind in Sachen Sponsoring keine Grenzen gesetzt! Seien Sie mutig und überlegen Sie sich Alternativen zum üblichen Trikotsponsoring des örtlichen Fussballvereins. Erregen Sie mit einer neuen Idee Aufsehen, aber achten Sie darauf, nichts zu unternehmen, was Ihrem Image schaden könnte. Einen spannenden Weg fand beispielsweise die Zigarettenmarke Camel. Sie erfreut rauchende Fluggäste an Flughäfen mit öffentlich zugänglichen Smoking Lounges.

Abb.: Camel Smoking Lounge am Flughafen Zürich

Buchstäblich auf die Spitze trieb es der österreichische Wurstproduzent Wiesbauer. Er taufte kurzerhand einen ganzen Berg auf seinen Firmennamen, und so heisst der ehemalige Mullwitzkogel in Osttirol seit Sommer 2007 offiziell Wiesbauer-Spitze. Im

Gegenzug zur Namensänderung bewirbt der Wursthersteller nun fleissig den Osttiroler Ort Prägraten, zu dessen Gemeindegebiet der Berg gehört. Trotz anfänglicher Proteste hat sich der neue Name offenbar etabliert.

10.8.3 Testimonials

Testimonials: *Persönlichkeit, die mit einer Werbebotschaft für ein Produkt einsteht.*

Thomas Gottschalk nascht seit Jahren Haribo, George Clooney trinkt Nespresso und Daniel Craig, «James Bond», trägt eine Omega. Prominente aus Sport und Showbusiness werden in der Marketingkommunikation gerne als Vorzeigepersönlichkeiten verwendet. Allen **Testimonials** gemeinsam sind ein konstant hoher Beliebtheitsgrad bei den Konsumenten und eine hohe Glaubwürdigkeit (Credibility). Selbstverständlich gehen die Promis nicht leer aus und werden für ihre Werbeauftritte grosszügig finanziell entschädigt.

Da Testimonialwerbung immer mit einer einzigen Person verknüpft wird, ist sie auch mit einem gewissen Risiko verbunden. Verhält sich das Testimonial in der Öffentlichkeit negativ oder verliert es an Beliebtheit, kann das Image der beworbenen Marke Schaden nehmen. So beendete das Modehaus H&M im Herbst 2005 seine Zusammenarbeit mit Kate Moss, nachdem publik wurde, dass das Model angeblich Kokain konsumiert hatte.

EXKURS: *Product Placement*

Wenn in einem Film mit Nokia Mobiles telefoniert, mit American Express bezahlt und mit Apple Notebooks gearbeitet wird, dann liegt der Verdacht nahe, dass es sich um Product Placement handelt. Dabei werden Markenprodukte oder Dienstleistungen bewusst und gut sichtbar in eine Fernsehsendung, einen Film, ein Videospiel oder einen Event integriert. Das Produkt dient als Requisite und wird aktiv und nach festgelegten Vorgaben in die Handlung miteinbezogen oder gar verbal erwähnt.

Product Placement: *Bewerbung durch gezielte und oft bezahlte Platzierung eines Produktes. Vor allem bei Fernsehsendungen und Kinofilmen weit verbreitet.*

Zwei Tatsachen machen **Product Placement** besonders interessant: Ihre Marke wird in einem positiven und vom Produkt unabhängigen Umfeld präsentiert – meist von bekannten Persönlichkeiten mit Vorbildfunktion. Dies erhöht gegenüber der klassischen Werbung die Glaubwürdigkeit. Und zweitens wird Product Placement von den meisten Personen nicht als störend empfunden. Wichtig ist jedoch, dass der Konsument nicht merkt, dass er Werbung ausgesetzt ist und trotzdem die Produkte, die Marke oder die Werbebotschaft aufnimmt.

Product Placement in James-Bond-Filmen

Ein Paradebeispiel für Product Placement sind die James-Bond-Filme. Erinnern Sie sich an «Golden Eye»? Unübersehbar wurde der brandneue BMW Z3 Roadster in Szene gesetzt. Als Gegenleistung bewarb BMW den Streifen in seiner Autowerbung und ersparte so dem Filmproduzenten einen Teil der Werbeinvestitionen. Nach einigen weiteren Jahren der Zusammenarbeit mit dem bayerischen Automobilhersteller ist James Bond mittlerweile zu seinen Wurzeln zurückgekehrt und fährt heute wieder Aston Martin. Sein Handgelenk ziert jedoch noch immer eine Omega «Seamaster». Im Bond-Film «Casino Royale» wird die Uhrenmarke sogar zum Thema eines Dialogs: «Schicke Uhr. Rolex?», wird Bond gefragt. Seine Antwort: «Omega.»

Abb.: Product Placement von Omega bei James-Bond-Filmen / Quelle: Omega

Auch Computerspiele eignen sich hervorragend für Product Placement. Sie ermöglichen, eine ganz spezifische, junge Zielgruppe ohne Umwege anzusprechen. Ein gelungenes Beispiel ist das Snowboardgame «Amped» für die Spielkonsole XBox 360, worin sich der Schweizer Wintersportort Laax als eigene Spielwelt präsentiert.

Je nach Gesetzgebung des Landes ist Product Placement nur beschränkt erlaubt. Im Gegensatz zur liberalen amerikanischen Gesetzgebung bestehen in Europa gewisse Einschränkungen. Der Übergang zur verbotenen Schleichwerbung ist fliessend. Da die Gesetze bezüglich Product Placement laufend angepasst werden, sollte man sich vor einem konkreten Einsatz über den aktuellen Stand erkundigen.

Quelle: Werbeträger James Bond, www.n-tv.de/735792.html, 22.11.2006, Britta Kuck

10.9 Persönlicher Verkauf

Gut möglich, dass Sie bei diesem Thema spontan an Hausierer denken. Jene lästige Spezies, die zu unpassenden Zeiten an Ihrer Haustür erscheint und versucht, Ihnen überflüssige Dinge anzudrehen. Diese Form des persönlichen Verkaufs existiert in der Tat noch immer. Glücklicherweise hat sich aber dieses «hardselling» mit aggressiver Verkaufsrhetorik – gerne auch als «Kühlschränke an Eskimos verkaufen» bezeichnet – nicht langfristig durchsetzen können. Heute wird von professionellen Verkäufern mehr Marketinggeschick und psychologisches Fingerspitzengefühl erwartet.

Je nach Ihrer Unternehmenskultur und den angepriesenen Gütern kommt dem persönlichen Verkauf eine unterschiedliche Bedeutung zu. Bei Dienstleistungsunternehmen und im Business-to-Business-Bereich (B2B) ist der persönliche Verkauf ein wichtiger Teil der Promotion.

10.9.1 Formen des persönlichen Verkaufs

Der persönliche Verkauf zeichnet sich durch den menschlichen Kontakt aus. Verkäufer und Käufer treten direkt in Interaktion. Der persönliche Verkauf lässt sich in die beiden Sparten Platz- und Feldverkauf unterteilen:

Platzverkauf	**Feldverkauf**
• Ladenverkauf (Thekenläden) • passiver Telefonverkauf • Messen	• persönliche Kundenbesuche • aktiver Telefonverkauf • Fahrverkauf

Abb.: Formen des persönlichen Verkaufs

Platzverkauf

Typische Beispiele für den Platzverkauf sind der herkömmliche Ladenverkauf mit persönlicher Beratung und der passive Telefonverkauf, bei dem Bestellanrufe entgegengenommen werden. Eine dritte – und für viele Unternehmen überlebenswichtige – Form des Platzverkaufs sind Messen. Messen sind Veranstaltungen, bei denen sich mehrere Anbieter und potenzielle Kunden treffen. Innert kurzer Zeit können wichtige Beziehungen geknüpft und gepflegt werden. Die meisten Messen finden regelmässig statt (saisonal, jährlich). Beispiele bekannter Messen sind die Baselworld (Uhren- und Schmuckmesse), die Mailänder Möbelmesse und die Frankfurter Buchmesse.

Feldverkauf

Der Feldverkauf wird über Kundenbesuche von Aussendienstmitarbeitenden und Key-Account-Managern abgewickelt. Auch per Telefonverkauf können Produkte oder Dienstleistungen aktiv und erfolgreich abgesetzt werden. Die teils aufdringlichen Verkaufsmethoden der Call-Center-Mitarbeitenden haben dem Telefonverkauf jedoch einen zweifelhaften Ruf eingebracht. So sind heute nur noch wenige Konsumenten empfänglich für die vielen Anrufe der Buchclubs, der Weinhändler oder der Finanzdienstleister.

Category Management: *Warengruppenmanagement; Marketingansatz, bei dem zur gemeinsamen Planung von Marketinganstrengungen einzelne Produkte zu Produktgruppen (zu strategischen Geschäftsfeldern) zusammengefasst werden.*

Eine kaum verbreitete Verkaufsform ist der Fahrverkauf. Dabei reist ein Vertreter von Geschäft zu Geschäft und bietet seine Ware an. Ein Beispiel dafür ist der Schweizer Chips-Hersteller «Zweifel», der mit seinem «Zweifel-Frisch-Service» stets für gut gefüllte Regale sorgt.

EXKURS: *Key-Account-Manager (KAM)*

In kleineren und mittleren Unternehmen betreut der Verkaufsleiter die strategisch wichtigen Schlüsselkunden oftmals persönlich. Es kommt auch vor, dass der CEO sich selber um seine A-Kunden kümmert. Legt hingegen ein grösseres Unternehmen besonderen Wert auf persönlichen Kundenkontakt, übernehmen ein oder mehrere Key-Account-Manager diese Funktion.

Key-Account-Manager pflegen einen engen Kontakt mit ausgesuchten, bedeutenden Kunden. Sie schenken ihnen Aufmerksamkeit und unterstützen sie nach ihren persönlichen Bedürfnissen. Die Kunden der Key-Account-Manager sind in der Regel Einkäufer, Geschäftsführer oder **Category-Manager** von Handelsunternehmen. Ein Key-Account-Manager erfüllt folgende vier Hauptaufgaben:

- Er ist Ansprechpartner für Schlüsselkunden.
- Er berät seine Kundschaft umfassend über Produkte und kennt Marktinformationen sowie -trends.
- Er stärkt die Geschäftsbeziehungen zwischen seinem Arbeitgeber und der Kundschaft.
- Er kennt die Kundenbedürfnisse und liefert dem Produktmanagement wichtige Inputs für Verbesserungen.

10.9.2 Aufgaben des Verkaufs

Neulich genoss ich mit guten Freunden ein ausgiebiges Nachtessen. Zum Kaffee bestellten wir eine Runde Grappa, worauf uns die Serviceangestellte freundlich fragte: «Einfach oder doppelt»? Natürlich entschieden wir uns für die doppelte Portion und liessen uns so – völlig bewusst und ohne zu zögern – zu einem Zusatzkauf verführen. Und schon sind wir beim Hauptziel des persönlichen Verkaufs: Verkaufsabschlüsse zu erreichen. Daneben übernimmt er viele weitere Marketingaufgaben:

- Durchführen des Verkaufsgesprächs und Erstellen von Offerten und Kaufverträgen
- Verkaufsplanung und -vorbereitung
- Betreuen von bestehenden Kunden und Bearbeiten von Reklamationen
- Gewinnen von potenziellen Kunden
- Bindeglied zwischen Kunde und Unternehmen (Anbieter und Nachfrager)
- Koordination beziehungsweise Organisation von logistischen Abläufen
- Recherchen über Kunden, Kundenbedürfnisse, Mitbewerber und den Markt

Neben fachlichen Kenntnissen zeichnen sich gute Verkäufer durch grosses Verhandlungsgeschick aus. Dazu gehört die Gabe, auf die Kunden eingehen zu können, ihre Wünsche zu erkennen und zu erfüllen. Das Verhalten des Verkäufers ist der grosse Trumpf des persönlichen Verkaufs und damit ein zentraler Erfolgsfaktor.

10.9.3 Verkaufskonzept und Verkaufsplanung

Wenn Sie erfolgreich verkaufen wollen, ist es unumgänglich, ein professionelles Verkaufskonzept zu erstellen. Dabei spielt es keine Rolle, für welche Form des persönlichen Verkaufs Sie sich entscheiden. Das Verkaufskonzept ist dem Marketingkonzept untergeordnet und enthält – als eigentlichen Kern – die Verkaufsplanung. Ich empfehle Ihnen, in sechs Schritten vorzugehen:

1. Situationsanalyse

▽

2. Marketingziele (inkl. Verkaufsziele)

▽

3. Marketingstrategie (inkl. Verkaufsstrategie)

▽

4. Verkaufsplanung

4a. Primäre Verkaufsplanung	**4b. Sekundäre Verkaufsplanung**
• Umsatzpläne • Einsatz- und Kontaktplanung	• Organisationsplanung • Personalplanung • Verkaufshilfenplanung

▽

5. Budgetierung (Verkaufsbudget)

▽

6. Controlling (Verkaufskontrollen)

Abb.: Das Verkaufskonzept

Schritt 1: Situationsanalyse

Die Verkaufsplanung fügt sich nahtlos in die Marketingplanung ein. Voraussetzung für eine erfolgversprechende Verkaufsplanung ist eine gründliche Situationsanalyse, die alle verkaufsrelevanten Punkte beinhaltet. Zentral sind die ABC-Kundenanalyse sowie die Auswertungen aus dem CRM-System (vgl. Exkurs «CRM-System» in diesem Kapitel).

Schritt 2: Marketingziele (inkl. Verkaufsziele)

Ihre Verkaufsziele legen Sie entsprechend Ihrer Marketingziele fest. Dazu gehören quantitative Absatz-, Umsatz-, **Deckungsbeitrags**- und Verkaufskostenziele. Obwohl die quantitativen Ziele im Vordergrund stehen, kommen auch qualitative Ziele hinzu, darunter Ziele zur Ausbildung, Schulung und Motivation der Mitarbeitenden. Sobald es um das Thema Boni und Provisionen geht, erhalten die Verkaufsziele sogar eine Motivationsfunktion.

Deckungsbeitrag: *Differenz zwischen dem erzielten Erlös und den variablen Kosten; wird oft pro hergestelltes Stück berechnet.*

> Einen vertieften Einblick in das Thema CRM gibt Ihnen das Buch von Buser und Welte «Customer Relationship Management für die Praxis».

Schritt 3: Marketingstrategie (inkl. Verkaufsstrategie)

Das Verkaufskonzept muss mit Ihrer Marketingstrategie übereinstimmen. So spielen Entscheidungen betreffend Marktbearbeitungs- wie auch Wachstums- und Wettbewerbsstrategien wichtige Rollen. Entsprechend dieser Vorgaben erstellen Sie das detaillierte Verkaufskonzept, denn auch der persönliche Verkauf muss Ihre Marketingvorgaben umsetzen.

Schritt 4a: Primäre Verkaufsplanung

Die Verkaufsplanung besteht aus zwei Teilen: der primären und der sekundären Verkaufsplanung. Bei der primären Verkaufsplanung werden die detaillierten Verkaufsziele in Form von Umsatzplänen definiert. Dazu gehören die quantitativen Verkaufsvorgaben zu den Umsätzen, zur Anzahl Kundenbesuche, zur Neukundengewinnung und zum Ausbau der Distribution (nach Bedarf auf einzelne Kundengruppen, Regionen oder Produkte unterteilt). Auch qualitative Ziele wie Kundenzufriedenheit oder Imageentwicklung gehören zur primären Verkaufsplanung. Die detaillierten Verkaufsziele leiten Sie von den strategischen Marketingzielen beziehungsweise den groben Verkaufszielen ab.

Abgerundet wird die primäre Verkaufsplanung durch die Einsatzplanung: Damit legen Sie Verkaufsaktionen und Kundenbesuche fest.

Schritt 4b: Sekundäre Verkaufsplanung

Mit der sekundären Verkaufsplanung beschreiben Sie die Organisation Ihres Verkaufs. Dazu gehören der Aufbau (Hierarchien und Zuständigkeitsbereiche) und die Abläufe (Stellen- und Aufgabenbeschriebe) der Verkaufsabteilung. Neben der Personalplanung mit Themen wie Personalrekrutierung, -förderung und -entlöhnung legen Sie hier auch den Einsatz von Verkaufshilfen fest, darunter Broschüren, Muster, Powerpoint- und Filmpräsentationen, Referenzlisten sowie unterstützende Software.

Schritt 5: Budgetierung (Verkaufsbudget)

Nachdem Sie die Eckpunkte Ihrer Verkaufsplanung definiert haben, legen Sie das Budget fest. Zu den verkaufsabhängigen Budgetposten gehören Personalkosten, Spesen, Verwaltungsaufwände sowie Aufwendungen für Verkaufsaktionen wie Messen, Schulungen und das Erstellen von Verkaufshilfen.

Schritt 6: Controlling (Verkaufskontrollen)

Abgerundet wird das Verkaufskonzept durch die Erfolgskontrolle der Verkaufsmassnahmen. Sowohl das Verkaufsbudget als auch das Verkaufscontrolling gehören zum Marketingbudget und unterliegen der Marketingerfolgskontrolle.

EXKURS: *Customer-Relationship-Management-System (CRM-System)*

Haben Sie schon einmal die Hotline Ihres Mobilnetzanbieters angerufen? Nach geduldigem Ausharren in der Warteschleife wurden Sie irgendwann von einem Mitarbeitenden begrüsst. Er identifizierte Sie anhand Ihrer Telefonnummer, stellte Ihnen einige Kontrollfragen (Geburtsdatum, Wohnadresse) und konnte Ihnen über jedes Detail Ihres Telefonierverhaltens Auskunft geben: Wie oft Sie vergangenen Monat telefonierten, welche Zusatzdienste Sie verwendeten und vieles mehr. Das Zauberwort für diesen Wissensschatz heisst Customer-Relationship-Management-System.

Nutzen von CRM-Systemen

Ein CRM-System dient der systematischen Pflege Ihrer Kundenbeziehungen. Die Zeiten, in denen Sie alle Daten aufwendig in Excel-Tabellen oder in Ordnern ablegen mussten, sind vorbei. Ein CRM-System vereinfacht die Prozesse in den Bereichen Marketing, Vertrieb und Kundenservice. Die CRM-Software ...

- ermöglicht Ihnen die zentrale Ablage und dezentrale Verfügbarkeit aller kundenrelevanten Daten,
- liefert Ihnen wichtige Kennzahlen zur Analyse (z.B. Kaufverhalten, Kauffrequenz, Umsatz, Zahlungsverhalten und Kundenzufriedenheit),
- lässt Sie individuelles Kundenpotenzial erkennen und ausschöpfen: Zusatzverkäufe werden ermöglicht,
- zeigt Ihnen Kundenbedürfnisse auf und erlaubt Ihnen, diese gezielt zu erfüllen,
- hilft Ihnen, massgeschneiderte Marketingaktionen zu planen und durchzuführen (z.B. Mailings, elektronische Newsletter oder Kundenevents) und
- bietet Ihnen eine zentrale Ablage für Informationen über Ihre Produkte und Dienstleistungen.

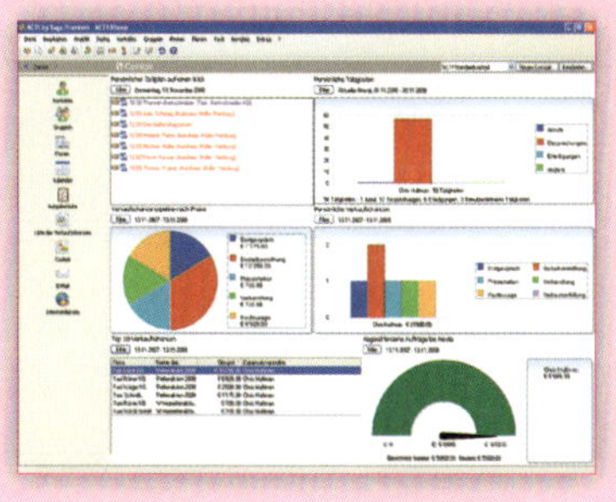

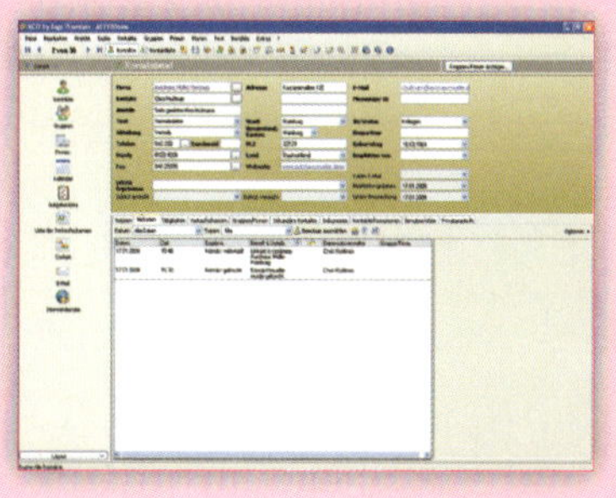

Abb.: Oberfläche des bewährten CRM-Systems von Sage / Quelle: Sage Schweiz AG

Moderne CRM-Systeme lassen sich individuell auf Ihre Bedürfnisse anpassen: Welche Applikationen und Informationen sind für Sie sinnvoll? Mit einem CRM-System können Sie folgende Daten verknüpfen, aktuell halten und professionell auswerten:

- Kundenhistorie (Telefonate, Meetings, Briefkontakte, E-Mails)
- Kaufgewohnheiten (Offerten und daraus entstandene Bestellungen sowie «lost orders» – verlorene Aufträge)
- Kundenstammdaten (Kontaktdaten, soziodemografische Daten)
- laufende und abgeschlossene Aufträge

Ansprüche an ein CRM-System

Ob Sie sich für ein Softwarepaket eines etablierten Anbieters oder eine kostenlose Open-Source-Lösung entscheiden, hängt von Ihren Bedürfnissen und Ihrem IT-Know-how ab. Eine praxisfreundliche CRM-Lösung ist ...

- leicht zu konfigurieren: Die Software ist leicht auf Ihre individuellen Bedürfnisse anzupassen.
- benutzerfreundlich: Sie finden sich schnell mit allen Möglichkeiten zurecht – ohne zeit- und kostenintensive Schulung.
- kompatibel: Die Software ist problemlos mit anderen Programmen (Office-Produkte) und mobilen Kommunikationsmitteln wie PDAs oder Mobiltelefonen kombinierbar.
- erweiterbar: Wächst Ihr Unternehmen, wächst die Software mit und muss nicht neu gekauft werden.
- kostengünstig: Die Software lässt sich problemlos in Ihre bestehende IT-Umgebung einbinden. Die Betriebs- und Lizenzkosten sollten tief sein.
- erfolgversprechend: Ihr CRM-System muss Ihnen einen deutlichen Zusatznutzen bieten und zu Ihrem Unternehmenserfolg beitragen.

11. Der erweiterte Marketing-Mix

«First: Get the right people on the bus, and the wrong people off the bus. Second: Get the right people in the right seats on the bus.» *Jim Collins, Autor*

Das Marketing ist eine äusserst dynamische Unternehmensdisziplin. Es ist seit jeher in Bewegung und musste sich stets den wechselnden Anforderungen des Marktes stellen. Ein wichtiger Schritt in der jüngeren Marketinggeschichte war die Weiterentwicklung des legendären Marketing-Mix: Die klassischen vier P Product, Price, Place und Promotion bekamen Gesellschaft durch drei neue P: People, Processes und Physical Facilities. Die drei zusätzlichen Marketinginstrumente runden Ihr Marketingkonzept ab und stellen sicher, dass dieses den Ansprüchen Ihrer Kunden in einem zunehmend umworbenen Markt gerecht wird. Vor allem bei der Vermarktung von Dienstleistungen kommt der erweiterte Marketing-Mix zum Tragen.

__People:__ Marketinginstrument des erweiterten Marketing-Mix. Befasst sich mit den Mitarbeitenden eines Unternehmens. Hat vor allem im Dienstleistungsmarketing eine grosse Bedeutung.

__Processes:__ Marketinginstrument des erweiterten Marketing-Mix, das sich mit der Planung, Ausführung und Kontrolle von Aktivitäten in Zusammenhang mit Produkten oder Dienstleistungen befasst.

__Physical Facilities:__ Marketinginstrument des erweiterten Marketing-Mix, das sich mit der Ausstattung, dem Ambiente und der Umgebung, in der ein Service erbracht wird, beschäftigt.

People: Es geht um Entscheidungen, die mit Menschen oder sogenanntem «Humankapital» zu tun haben. Dies können die Förderung und Motivation Ihrer Mitarbeitenden sein, das Verhalten des Managements oder die Beziehungen zu involvierten externen Anspruchsgruppen wie Kunden, Geschäftspartnern oder der Öffentlichkeit.

Processes: Prozesse regeln und unterstützen die erfolgreiche Abwicklung Ihrer Leistungen und die Überwachung Ihrer Marketingmassnahmen. Sich rasant entwickelnde Technologien wie das Internet – zum Beispiel mit den Möglichkeiten rund um E-Commerce – verleihen dem Marketinginstrument Processes besonderes Gewicht.

Physical Facilities: Die materielle Ausstattung Ihres Unternehmens unterstützt Ihr Kernangebot. Dazu gehören das Einrichten Ihrer Verkaufsstellen, das Schaffen des passenden Ambientes oder das Bereitstellen der nötigen Verkaufshilfen.

LERNZIELE – *Nach dem Studium dieses Kapitels sind Sie in der Lage …*

… einen modernen Marketing-Mix nach den sieben P zu erstellen.
… das wertvolle Humankapital Ihres Unternehmens zu erkennen und zu nutzen.
… Ihre Prozesse zu überdenken und marketingrelevant zu gestalten.
… die Marketingrelevanz der materiellen Ausstattung zu erkennen.
… Ihren Anspruchsgruppen einen umfassenden Service zu bieten.

11.1 People

> Spannende Inputs zum Thema Management und People liefert Ihnen das Buch von Jim Collins «Der Weg zu den Besten».

Wien, 06.30 Uhr, vor ein paar Jahren: Ich besteige im Halbschlaf die erste Morgenmaschine zurück nach Zürich. Noch bezahlen Economy-Passagiere auf Swiss-Flügen für Getränke und Verpflegung extra. Ich akzeptiere diese Tatsache und bestelle für rund 12 Schweizer Franken das kleine Frühstück, inklusive einer Tasse Kaffee. Meine Lebensgeister verlangen jedoch nach mehr Koffein. Zu meinem Erstaunen füllt mir die Flugbegleiterin die Tasse nochmals bis zum Rand mit heissem Kaffee – kostenlos und mit einem Lächeln im Gesicht ...

Abb.: Das Marketinginstrument People bildet bei der SWISS einen wichtigen Erfolgsfaktor

Quelle: © by Swiss International Airline Ltd.

Diese scheinbar vernachlässigbare, jedoch unerwartete positive Erfahrung im genau richtigen Moment hinterliess ein positives Markenimage bei mir. So geniesse ich heute noch gerne den mittlerweile umfassend ausgebauten Service bei Swiss.

Sie sehen: Die Mitarbeitenden (People) spielen neben dem externen Marketing eine zentrale Rolle. Ihr Verhalten gegenüber den Kunden entscheidet massgeblich über deren Zufriedenheit mit Ihrem Unternehmen. Und somit über Ihren Erfolg oder Misserfolg. Folgende Grafik verdeutlicht dies (in Anlehnung an Bruhn, M., 1999):

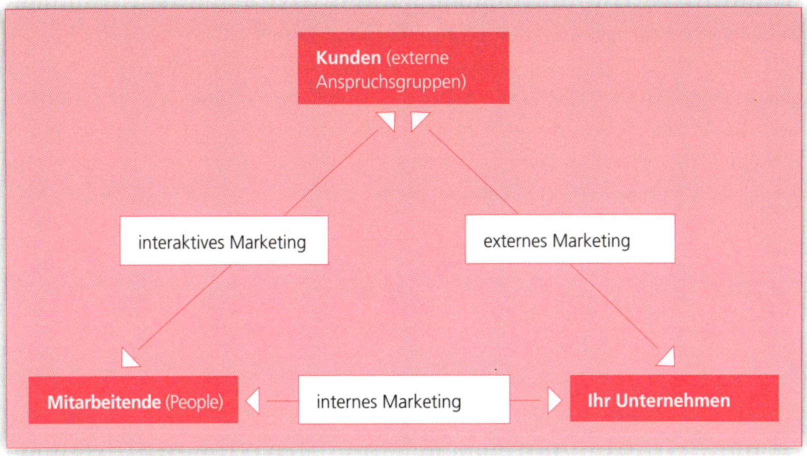

Abb: Die Mitarbeitenden als zentraler Erfolgsfaktor (Quelle: Bruhn, M., 1999)

Internes Marketing – Auswahl, Schulung und Motivation Ihrer Mitarbeitenden

Mit dem internen Marketing machen Sie Ihre Mitarbeitenden fit für den direkten Kundenkontakt. Ihre Unternehmenswerte müssen von Ihren Mitarbeitenden gelebt werden. Und sie müssen sich mit den Werten identifizieren. Deshalb müssen Sie definieren, welche Ansprüche Sie an Ihre Mitarbeitenden stellen: wie sie Ihr Unternehmen repräsentieren sollen und wie sie sich zu verhalten haben. Die Grundpfeiler Ihrer Personalstrategie haben Sie in den Vorgaben zum Corporate Behaviour definiert (vgl. Kapitel 6, «Marketingstrategien»). Diese kommunizieren Sie mit den geeigneten Internal-Relations-Massnahmen. Stellen Sie für das interne Marketing folgende Überlegungen an:

- Über welche Fähigkeiten sollen Ihre Mitarbeitenden verfügen? Stellen Sie die passenden Leute ein. Erinnern Sie sich ans Zitat von Jim Collins? «First: Get the right people on the bus, and the wrong people off the bus. Second: Get the right people in the right seats on the bus.»
- Motivieren Sie Ihre Mitarbeitenden und sorgen Sie sich um ihre Zufriedenheit. Dies hält die Fluktuation tief und wirkt sich indirekt auf eine höhere Kundenzufriedenheit und Kundenbindung aus.
- Fördern und schulen Sie Ihre Mitarbeitenden regelmässig. Nur Mitarbeiter, die über das nötige Know-how und soziale Kompetenzen verfügen, werden Ihren Anforderungen gerecht.
- Setzen Sie Richtlinien, wie Ihre Mitarbeitenden in das Unternehmen eingebunden und wie sie behandelt werden sollen. Hierzu gehören die Mitarbeiterplanung und Richtlinien zur Mitarbeiterbelohnung.
- Fördern Sie die Marketingdenkhaltung und -sensitivität Ihrer Mitarbeitenden.

Dass die Auswahl von Personal nicht immer unproblematisch ist, zeigt das Beispiel von Abercrombie & Fitch. Die erfolgreiche amerikanische Kultmodemarke kam in der Vergangenheit in die Kritik, weil sie bei der Anstellung Personen weisser Hautfarbe bevorzugte. Minoritäten, die nicht ins Bild der Marke passten, wurden nicht angestellt oder im Job benachteiligt. Diese Diskriminierung führte 2004 zu einem Gerichtsverfahren: Abercrombie & Fitch musste abgewiesenen und betroffenen Angestellten in einem aussergerichtlichen Vergleich mehrere Millionen US-Dollar Entschädigung bezahlen.

Interaktives Marketing – das Verhalten Ihrer Mitarbeiter gegenüber Ihren Kunden

«Going the extra mile.» Ihren Kunden einen unerwarteten Mehrwert zu bieten, sollte für Ihr Unternehmen ein wichtiger Leitsatz sein. Wie können Sie und Ihre Mitarbeitenden die Erwartungen Ihrer Kunden übertreffen? Vergessen Sie nicht: Ihre Kunden bewerten Ihr Angebot und nehmen Ihre Leistung zu einem guten Teil aufgrund des Verhaltens Ihrer Mitarbeitenden wahr. Daher müssen Ihre Mitarbeitenden – wie auch Sie selbst – über Persönlichkeitsmerkmale, Verhaltensweisen und Fachkompetenz verfügen, die den Kundenerwartungen entsprechen. Kunden kaufen am liebsten bei Leuten, die sie mögen. Erfolgreiches interaktives Marketing betreiben Sie dann, wenn Ihre Mitarbeiter die definierten Vorgaben leben und im Kontakt mit Ihren Kunden positiv unter Beweis stellen.

CASE STUDY: *FedEx setzt auf seine Mitarbeitenden*

«The World on Time.» Unter diesem Motto kümmern sich weltweit Tausende von FedEx-Angestellten um einen perfekten Service. Der amerikanische Logistikkonzern ist in Europa für seinen zuverlässigen und schnellen Kurierdienst bekannt. Postsendungen werden beim Kunden im Unternehmen direkt am Arbeitsplatz abgeholt und dem Empfänger überbracht.

Bekannt ist FedEx auch als fortschrittlicher Arbeitgeber. FedEx handelt nach dem Grundsatz: So wie ein Unternehmen seine Mitarbeiter behandelt, so behandeln diese ihre Kunden. Das Engagement der einzelnen Mitarbeitenden wird geschätzt und aussergewöhnliche Leistungen werden belohnt. Wer die Unternehmenswerte besonders gut nach aussen trägt, wird sogar ausgezeichnet. Beispiele dafür sind der «Purple Promise Award» und der «Humanitarian Award»:

Purple Promise Award

Wer mit FedEx-Mitarbeitenden zu tun hat, darf diese bewerten. Freundlichkeit, Hilfsbereitschaft und Servicequalität können im Internet auf einer Skala von 1 bis 10 beurteilt werden. Der beste Mitarbeiter wird jährlich mit dem «Purple Promise Award» ausgezeichnet.

Humanitarian Award

Mitarbeitende, die sich besonders für ihre Mitmenschen oder das allgemeine Wohl eingesetzt haben, werden mit dem «Humanitarian Award» geehrt. Dieser Einsatz kann eine Hilfeleistung nach einem Verkehrsunfall oder die Freiwilligenarbeit nach Naturkatastrophen sein.

Abb.: Bei FedEx sind die Mitarbeitenden ein Erfolgsfaktor / Quelle: FedEx

Internationale Auszeichnungen bestätigen, dass FedEx das Marketinginstrument People besser beherrscht als die meisten Mitbewerber. So gehört der Kurierdienst gemäss einer Umfrage des ältesten amerikanischen Wirtschaftsmagazin «Fortunes» zu den 100 «Best Companies to Work For» und zu den Top 10 der «World's Most Admired Companies».

11.2 Processes

Erstaunt es Sie auch immer wieder, dass Sie in einem voll besetzten Restaurant Ihr individuell ausgesuchtes Menü innerhalb weniger Minuten serviert bekommen? Oder schätzen Sie es, wenn kurz vor Ablaufdatum Ihrer Kreditkarte eine neue in ihrem Briefkasten liegt? Dahinter stecken wohlüberlegte Prozesse. Diese garantieren einen perfekten Kundenservice und tragen dazu bei, dass Ihre Kunden auch Ihre Kunden bleiben.

Beim Marketinginstrument Processes geht es um die Planung, Ausführung und Kontrolle von kundenorientierten Aktivitäten.

Abb.: Der Prozess als wichtige Schnittstelle zwischen Unternehmen und Kunde

Möglichst kundenorientierte Prozesse werden im Zeitalter der Dienstleistungsgesellschaft immer wichtiger. Stellen Sie sich vor, Sie müssten für eine telefonische Auskunft erst einmal zehn Minuten in einer Warteschleife ausharren. Oder beim nächsten McDonald's-Besuch 20 Minuten auf Ihren Big Mac warten. Aus Marketingsicht eine unverzeihliche Sünde. Die Kundenbedürfnisse müssen bei der Ausgestaltung von Prozessen und Abläufen stets im Zentrum stehen. Untersuchen Sie genau, wie Sie Ihre Prozesse entsprechend optimieren können. Vernachlässigen Sie dies, enttäuschen Sie Ihre Kunden und verlieren sie an einen anderen Anbieter. Nutzen Sie die Gelegenheit, mit einem professionell organisierten Prozess einen zusätzlichen Kundennutzen zu schaffen – im Idealfall sogar einen USP.

Wiederum liefert uns der Kurierdienst FedEx ein gutes Beispiel: Mit effizienten Prozessen schafft das Unternehmen einen hohen Kundennutzen. Es holt die Pakete direkt beim Kunden ab und händigt sie dem Empfänger persönlich aus. Der Absender erhält bei der Abholung eine sogenannte Trackingnummer. Diese erlaubt ihm, wie auch dem Empfänger, die Sendung online zu verfolgen. So wissen beide Partner stets genau, wo sich die Sendung befindet und wann sie ankommt. Falls die Sendung nicht innerhalb der versprochenen Zeit am Ziel eintrifft, wird dem Auftraggeber das Geld zurückerstattet.

EXKURS: *Der Service Blueprint*

Hinter Dienstleistungen stecken Prozesse, die sich in viele Teilprozesse unterteilen lassen: Die Reparatur eines Autos reicht von der Übernahme des Wagens durch die Autowerkstätte bis zur Rückgabe an den Kunden. Mittels eines Service Blueprint lassen sich diese Dienstleistungsprozesse in chronologischer Reihenfolge planen. Dabei werden sämtliche Teilprozesse in einem Ablaufdiagramm visuell abgebildet: vor, während und nach der Konsumation der eigentlichen Dienstleistung. Die einzelnen Phasen des Prozesses werden stets aus Kundensicht betrachtet.

Ein Service Blueprint ist ein vielseitig einsetzbares Marketingtool und besticht durch folgende Vorteile:

- Er hilft Ihnen bei der Darstellung, Analyse und Planung Ihrer Dienstleistungsabläufe.
- Zudem wird klar, wer welche Rolle innerhalb der Erstellung einer Dienstleistung spielt und welche Schnittstellen entstehen.
- Schliesslich zeigt er Ihnen auf, wie Ihre einzelnen Aktionen das Serviceerlebnis des Kunden beeinflussen.

Die grafische Darstellung mithilfe eines Diagramms ist übersichtlicher und flexibler als eine rein schriftliche Beschreibung der Abläufe. Die einzelnen Aktionen lassen sich auf der Grafik leicht ändern, verschieben und ergänzen.

Die zentralen fünf Komponenten eines Blueprint

1. Physical Facilities (physischer Ort): beschreibt den Ort, an dem die Leistung erbracht wird.
2. Customer Actions (Kundenaktionen): sämtliche Prozesse, bei denen die Aktion vom Kunden ausgeht.
3. Onstage, Visible Contact Employee Actions (sichtbare Mitarbeiteraktionen): Aktionen, die für den Kunden sichtbar sind; es kommt zu einem direkten Kontakt zwischen dem Kunden und dem Mitarbeitenden des Dienstleisters.
4. Backstage, Invisible Contact Employee Actions (unsichtbare Mitarbeiteraktion): Aktionen, die für den Kunden nicht sichtbar sind.
5. Support Processes (unterstützende Prozesse): Dienstleistungen, die nicht durch einen Frontmitarbeitr, sondern einer Drittperson oder einer Maschine ausgeführt werden.

> Literaturtipp zum Thema Processes: Chesbrough, H. (2011); Open Service Innovation; Rethinking your business to grow and compete in a new area, San Francisco.

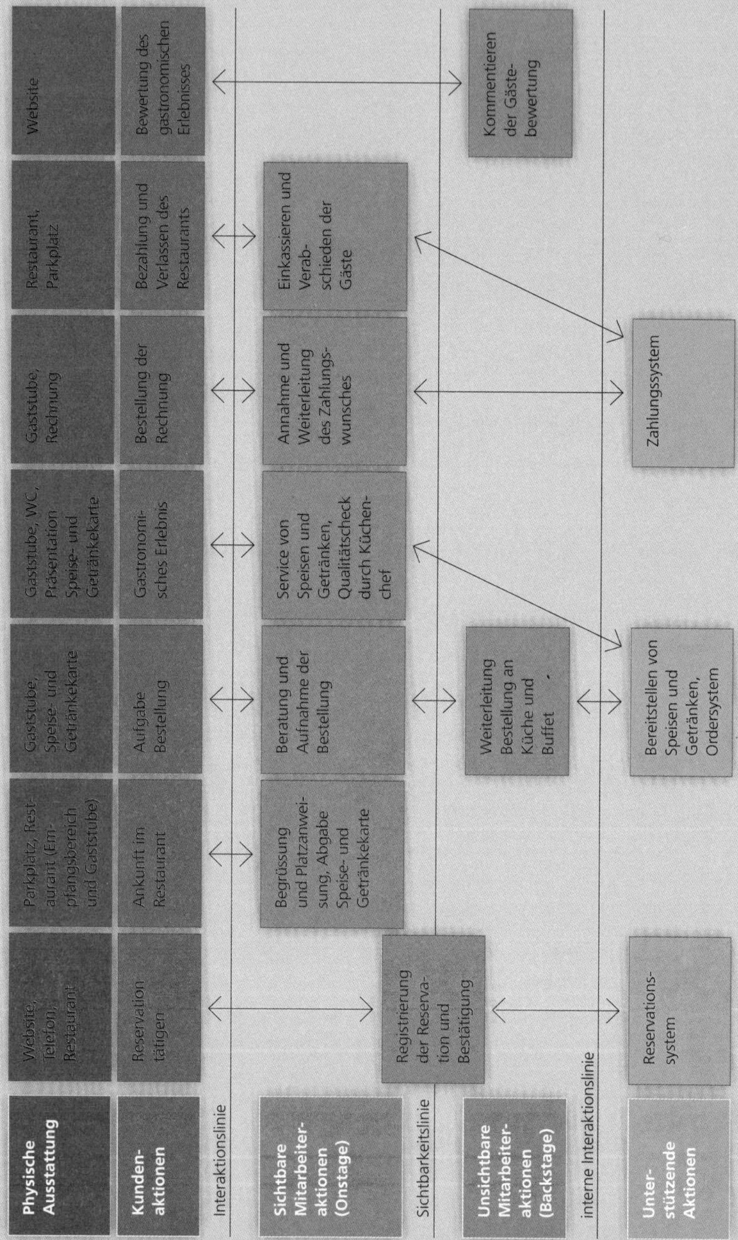

Abb: Service Blueprint eines Restaurants

Die zweite und dritte Stufe werden durch die Interaktionslinie (Line of Interaction) getrennt. Immer wenn ein Kontakt über die Linie erfolgt, findet eine direkte Interaktion zwischen dem Kunden und dem Mitarbeitenden des Dienstleisters statt. Dabei sprechen wir von einem «**Moment of Truth**», das heisst, es entsteht ein für die Kundenzufriedenheit entscheidender Moment.

Zwischen der dritten und vierten Stufe verläuft die Sichtbarkeitslinie (Line of Visibility). Sie trennt die für die Kunden sichtbaren und unsichtbaren Aktionen. Schliesslich wird die vierte und fünfte Stufe durch die interne Interaktionslinie (Line of Internal Interaction) getrennt.

Schritt für Schritt zum eigenen Blueprint

Stellen Sie sich vor, Sie besitzen ein Restaurant. An diesem Beispiel wollen wir anschauen, wie Sie einen einfachen Service Blueprint erstellen.

Erst einmal müssen Sie sich überlegen, in welche Aktivitäten Ihre Kunden und Ihr Unternehmen involviert sind. Definieren Sie zu diesem Zweck zuerst die einzelnen Sequenzen sowie den Ort des Geschehens (Komponente 1 und 2). Ein erster Schritt könnte dabei eine Sitzplatzreservation über die Website des Restaurants sein. Anschliessend definieren Sie die Komponente 2 bis 5 und ordnen Sie den einzelnen Sequenzen zu. Dazu gehört die Registrierung und Bestätigung der Reservation, bei dem der Dienstleister von einem Registrationssystem unterstützt wird.

Sobald sie sämtliche Teilprozesse erfasst und im Blueprint platziert haben, gilt es, die Prozesse zu optimieren oder zu ergänzen. Ein besonderes Augenmerk gehört dem «Moment of Truth». Überlegen Sie sich, wie Sie ihn allenfalls noch kundenorientierter gestalten können. Vielleicht sollte Ihr Küchenchef die Gäste persönlich begrüssen? Solche Optimierungen dienen nicht nur der Qualitätssicherung, sondern erzeugen eine Interaktion, die dem Kunden das Gefühl gibt, geschätzt zu werden. Sie sehen, diese neue Interaktion (Begrüssung durch Küchenchef) schafft einen zusätzlichen, positiven «Moment of Truth».

Sie bekommen ein weiteres Beispiel: Heute wird vielfach über Onlineplattformen ein Gästeservice bewertet. Viele Restaurants lassen die unbewertet oder noch schlimmer, sind sich dessen Existenz gar nicht bewusst. Mit der Analyse und Kommentierung dieser Bewertungen schaffen Sie ein weiteres wichtiges Puzzle in Ihrem Service Blueprint.

Moment of truth:
Augenblick der Wahrheit, Situation, bei der es zu einem direkten Kontakt zwischen Anbieter und Nachfrager kommt.

Prozesse müssen laufend optimiert werden

Achten Sie darauf, bestehende Prozesse laufend zu optimieren. Sie bauen sich damit einen entscheidenden Vorsprung auf Ihre Mitbewerber aus. Moderne und effiziente Prozesse sind für alle Beteiligten vorteilhaft: Sie können Ihre Strategien noch konsequenter umsetzen, die einzelnen Instrumente des Marketing-Mix besser aufeinander abstimmen und auf Dauer meist auch beträchtliche Kosten sparen. Für Ihre Kunden wiederum werden die Kauf- und Serviceabläufe vereinfacht. Oder es offenbart sich sogar ein Zusatznutzen, der Sie von Ihrer Konkurrenz abhebt.

Abb.: Self Check-in am Flughafen Zürich

Denken Sie an die Luftfahrtbranche: Noch vor wenigen Jahren buchten Sie Ihre Flugreise in einem Reisebüro, um Ihr Ticket einige Tage später auf dem Postweg zu erhalten. Am Abreisetag mussten Sie sich mindestens zwei Stunden vor Abflug am Flughafen einfinden. Und wenn Sie einen speziellen Sitzplatzwunsch hatten, war es ratsam, noch früher beim Check-in-Schalter zu erscheinen.

Im Laufe der letzten Jahre hat sich dieser Prozess revolutioniert. Bereits bei der Buchung – die Sie heutzutage selber via Internet tätigen – haben Sie eine Vielzahl individueller Möglichkeiten. So können Sie bei den meisten Fluggesellschaften Ihren Sitzplatz auswählen, spezielle Verpflegungswünsche angeben und das Ticket zu Hause ausdrucken oder auf Ihr Smartphone senden lassen. AirBerlin bewirbt diesen Dienst unter dem Motto: «Mein Handy, mein Check-in, meine Bordkarte». Wichtig bei der Entwicklung von solchen innovativen, kundenorientierten Prozessen ist die gute Zusammenarbeit von Marketing und IT-Verantwortlichen.

CASE STUDY: *Chaos in Heathrow*

Fasziniert es Sie auch immer wieder, wie Ihr Gepäck auf längeren Flugreisen – trotz kurzer Umsteigezeiten – seinen Weg ans Ziel findet? Automatische, computergesteuerte Gepäcksortiermaschinen sorgen dafür, dass jeder Koffer zur richtigen Zeit am richtigen Ort landet. Sind diese Prozesse jedoch nicht zuverlässig bis ins Detail geplant, kann dies zu einem riesigen Chaos und in der Folge zu einem beträchtlichen Imageschaden führen. So geschehen im Frühjahr 2007 bei der Inbetriebnahme des neuen Terminals 5 auf dem Londoner Flughafen Heathrow.

Die neue Gepäcksortieranlage mit einer Gesamtlänge von rund 18 Kilometern sollte bis zu 12 000 Gepäckstücke pro Stunde befördern: von den Check-in-Schaltern über die Röntgenkontrollstellen bis zu den Verladestationen der einzelnen Flugzeuge. Gleichzeitig musste die Anlage das Gepäck der ankommenden Flugreisenden zu den Abgabestellen beziehungsweise zu den Anschlussflügen befördern – ein höchst komplexer Prozess.

Trotz erfolgreicher Tests versagte die Anlage am Eröffnungstag. Schon beim Check-in stapelten sich Berge von Koffern und Taschen. In der Folge brach der gesamte Gepäcksortierprozess zusammen und ein Grossteil der Gepäckstücke musste auf dem Landweg per LKW nach Manchester und sogar nach Mailand spediert werden. Dort wurden diese sortiert und an die richtige Destination gesandt, um ihre Besitzer mit einigen Tagen Verspätung zu erreichen.

Der für den grössten europäischen Flughafen entstandene Imageschaden ist schwer zu schätzen. Das bestehende, bereits relativ schlechte Image wurde jedoch leider bestätigt. Wann fliegen Sie das nächste Mal nach oder über London Heathrow?

Quellen: www.nzz.ch; www.zoomer.de

Beschwerdemanagement: Der Prozess bei Kundenreklamationen

Die Art und Weise, wie Sie Kundenreklamationen behandeln, entscheidet darüber, ob Sie einen Kunden verlieren oder halten. Natürlich sind möglichst wenig Kundenreklamationen erstrebenswert. Doch auch Sie werden sich früher oder später damit auseinandersetzen müssen. Planen Sie im Voraus, wie Sie damit umgehen. Am Ende des Prozesses sollte ein zufriedener Kunde stehen – dessen Erwartungen im Idealfall sogar übertroffen wurden. Nutzen Sie solche Probleme als Chance. Und sorgen Sie dafür, dass Ihre Kunden nach der Reklamation wieder ein gutes oder sogar ein noch besseres Bild von Ihrem Unternehmen haben.

Schlimmer als Reklamationen sind unzufriedene Kunden, die gar nicht erst reklamieren. Und einfach zu einem Ihrer Mitbewerber wechseln. Diesem Fall beugen Sie mit regelmässigen Kundenzufriedenheitsumfragen vor. Noch besser ist es, wenn Ihr Unternehmen die Kunden aktiv integriert, etwa bei Neuentwicklungen. Dieser Trend von der blossen Kundenorientierung hin zur Kundenintegration wird von mehr und mehr Unternehmen verfolgt.

CRM-Systeme zur Prozessbegleitung

Ein nützliches Hilfsmittel, um kundenorientierte Marketingprozesse zu begleiten, ist das Customer-Relationship-Management-System (vgl. dazu auch Kapitel 10.9.2, Exkurs «CRM-System»). Es unterstützt Sie bei der Vermarktung Ihrer Leistungen und hilft Ihnen, die Prozesse zwischen Ihren Kunden und dem Unternehmen zu optimieren. Sie steigern dadurch die Kundenzufriedenheit, den Umsatz und den Gewinn. Das CRM-System steht Ihnen bei folgenden Prozessen zur Seite:

- Verkaufsprozess (Konditionen, Kundenpotenzial durch Cross- und Up-Selling nutzen)
- Reklamationen (schnelles und effizientes Beschwerdemanagement sowie Schwächenanalyse)
- zentral verwaltete Kundendaten (Kundengeschichte, Kundenwünsche, Umsatzzahlen, Konditionen, Adressdaten sind für alle innerhalb der Unternehmung einsehbar)

Ein Hotel mit einem guten CRM-System kennt beispielsweise die Vorlieben eines Stammgastes, den Umsatz mit ihm und allfällige Reklamationen. Diese Informationen erleichtern dem Personal mit direktem Kundenkontakt und hinter den Kulissen die anspruchsvolle Aufgabe, jeden Gast glücklich zu machen.

11.3 Physical Facilities

Wenn Sie mit der Eisenbahn unterwegs sind, erwarten Sie saubere und bequeme Sitze, eine angenehme Raumtemperatur, eine gute Beleuchtung und vielleicht einen Stromanschluss für Ihr Notebook. Sind Sie Mitglied in einem Fitnesscenter, dann ist für Ihre Wahl – neben der vorzüglichen Betreuung und dem passenden Preis – vielleicht auch die Einrichtung entscheidend: die installierten TV-Geräte, der moderne Wellnessbereich, die gute Belüftung und die sauberen Umkleidekabinen.

Das Marketinginstrument Physical Facilities beschreibt die physische Ausstattung Ihres Unternehmens. Diese sollte sich nach den Vorgaben des Corporate Design richten. Zu den zentralen Komponenten der Physical Facilities gehören:

- Gebäudegestaltung
- Innenarchitektur (Ladengestaltung)
- Atmosphäre und Anmutung

Gebäudegestaltung

Kennen Sie den zylinderförmigen Hauptsitz von BMW in München oder den Swiss Re Tower (auch «die Gurke» genannt) in London? Beides sind gute Beispiele für Unternehmen, die mit einer prägnanten und unverwechselbaren Architektur von sich reden machen. Dennoch herrscht bei der eigenständigen Gestaltung von Geschäftsbauten viel Nachholbedarf. Denn die Gestaltung eines Firmensitzes dient nicht nur Prestigezwecken – sie sollte sich auch positiv auf die Motivation und Leistungsbereitschaft der Mitarbeitenden auswirken.

Abb.: BMW-Hauptsitz in München mit dem BMW-Tower, dem BMW-Museum und der «BMW-Welt» / Quelle: BMW

Zusammen mit der Ladengestaltung bildet die Fassadengestaltung die **Corporate Architecture**. Sie ist ein immer wichtigerer Teil der Corporate Identity von Unternehmen und besitzt eine starke PR-Wirkung. Dabei ist Corporate Architecture nicht nur Grossunternehmen vorbehalten. Kleine und mittlere Unternehmen haben es genauso in der Hand, sich mit einer kreativen Architektur von ihren Mitbewerbern positiv abzuheben.

Corporate Architecture: *Die architektonische Umsetzung der Corporate-Identity-Richtlinien.*

Innenarchitektur

Durften Sie schon einmal in einem Fünfsternehotel absteigen? Dann erinnern Sie sich sicherlich an die prunkvolle Eingangshalle, die grosszügig gestalteten Zimmer oder die spezielle Innenarchitektur.

Das Marketing schenkt auch der Innenarchitektur von Verkaufslokalen vermehrt Beachtung. Ihr Verkaufsraum muss kundenfreundlich gestaltet sein und Ihr Angebot bestmöglich inszenieren. Ein Detail sollten Sie nicht vernachlässigen: Beschriftungen und Signalisationen. Das Unternehmenslogo und alle Markierungen müssen professionell gestaltet und entsprechend produziert werden. Achten Sie bei Ihrem nächsten Besuch in einem Shoppingcenter auf die Beschriftungen und Signalisationen. Sie erkennen sofort deren Nutzen und Stellenwert.

CASE STUDY: *Burj Al Arab – ein Traum aus 1001 Nacht*

Schöne Hotels gibt es viele auf der Welt. Aber das Burj Al Arab in Dubai übertrifft sie alle. Mit 321 Metern Höhe ist es eines der höchsten Hotels der Welt und sogar höher als der Eiffelturm. Die Architektur ist einmalig – innen wie aussen. Das Gebäude erinnert an ein gigantisches Segel und steht auf einer künstlich geschaffenen Insel. Das architektonische wie technische Wunderwerk gilt mittlerweile als Wahrzeichen von Dubai.

Abb: Burj Al Arab Hotel, Dubai

Die Innenarchitektur ist von der arabischen Kultur inspiriert und orientiert sich an der natürlichen Farbpalette der Elemente Erde, Luft, Feuer und Wasser. Sämtliche Suiten, Restaurants und Bars sowie alle weiteren Outlets sind im gleichen einzigartigen Stil gehalten. Ein weiteres Markenzeichen der Innenarchitektur ist das atemberaubende, über 180 Meter hohe Atrium.

Neben dem eigentlichen USP, der Architektur, besticht das Hotel durch einen exklusiven Service. Diverse Restaurants, ein beeindruckender Fuhrpark mit mehreren Rolls-Royce sowie ein Spa-Bereich, der seinesgleichen sucht, sind weitere Merkmale des edlen Hauses. Zudem kümmert sich eine ganze Butler-Brigade um die ausgefallenen Wünsche der Gäste – rund um die Uhr.

Quelle: www.jumeirah.com

Atmosphäre und Anmutung

Stellen Sie sich vor, es ist Advent und Sie sind in der Stadt auf Einkaufstour. Was löst dieses Bild bei Ihnen aus? Es ist ein Erlebnis für die Sinne, die gekonnt stimuliert werden: von reich dekorierten Schaufenstern, warmem Licht, weihnachtlicher Musik und dem wohlriechenden Duft nach Weihnachtsgewürzen (aus einem versteckten Beduftungsgerät). Dieses Beispiel veranschaulicht, was eine durchdachte, ganzheitliche Inszenierung in unserem Gehirn auslösen kann.

> Spannende Inputs zum Thema Kundenverhalten und Ladengestaltung finden Sie im Buch von Paco Underhill «Why We Buy – The Science of Shopping».

Zu lange war Marketing bloss auf visuelle Aspekte beschränkt. Dabei ist es gerade das Ansprechen sämtlicher Sinne, das zu einem bleibenden Erlebnis führt (vgl. dazu auch Kapitel 10, «Promotion»). Die Summe aller Empfindungen macht die wahrgenommene Atmosphäre eines Ortes aus. Dabei ist das emotionale Erleben umso intensiver, je mehr Sinne angesprochen werden.

Abb.: Filiale von Starbucks Coffee

Die Kaffeehauskette Starbucks liefert uns ein eindrückliches Beispiel, wie alle fünf Sinne angesprochen werden und den Kaffeegenuss zu einem bleibenden Erlebnis machen.

Erlebnis	Sinnesansprache	Umsetzung bei Starbucks Coffee
visuelle Anmutung	**Sehsinn** (über die Augen aufgenommen)	Beschriftung, Uniformen der Mitarbeitenden, warmes Licht, Ladengestaltung in warmen Tönen (Braun, Gelb, Grün)
auditive Anmutung	**Gehörsinn** (über die Ohren aufgenommen)	Hintergrundmusik und Geräusch der Kaffeemaschinen
olfaktorische Anmutung	**Geruchssinn** (über die Nase aufgenommen)	Kaffeeduft und kein störender Zigarettenrauch
haptische Anmutung	**Tastsinn** (durch Körperkontakt aufgenommen)	bequeme Sitzgelegenheiten und eine angenehme Raumtemperatur
gustatorische Anmutung	**Geschmackssinn** (über den Mund aufgenommen)	ein breites Angebot an Kaffees mit unterschiedlichen, teilweise exotischen Geschmacksrichtungen

Abb.: Sinneserlebnis bei Starbucks Coffee

Die Ausstattung bei Events

Auch bei einem Event – beispielsweise einem Sportanlass oder einer Messe – spielen die Physical Facilities eine tragende Rolle. So ist bei Sportanlässen mitunter die Architektur des Stadions verantwortlich, ob gute Stimmung aufkommen kann. Alle Zuschauer sollten einen freien Blick auf das Spielfeld haben, die Akustik muss stimmen und die Verpflegungsmöglichkeiten und WC-Anlagen müssen gut ausgeschildert und einfach erreichbar sein. Die gesamte physische Ausstattung hat sich nach Ihrem Unternehmen beziehungsweise der geplanten Inszenierung zu richten. Sie entscheidet mit, ob ein Event gelingt oder nicht.

HOLLISTER
CALIFORNIA

Teil IV:

Die Implementierung – realisieren und kontrollieren

12. Budgetierung

13. Umsetzung

14. Marketingkontrolle

Flagshipstore: Hollister, New York

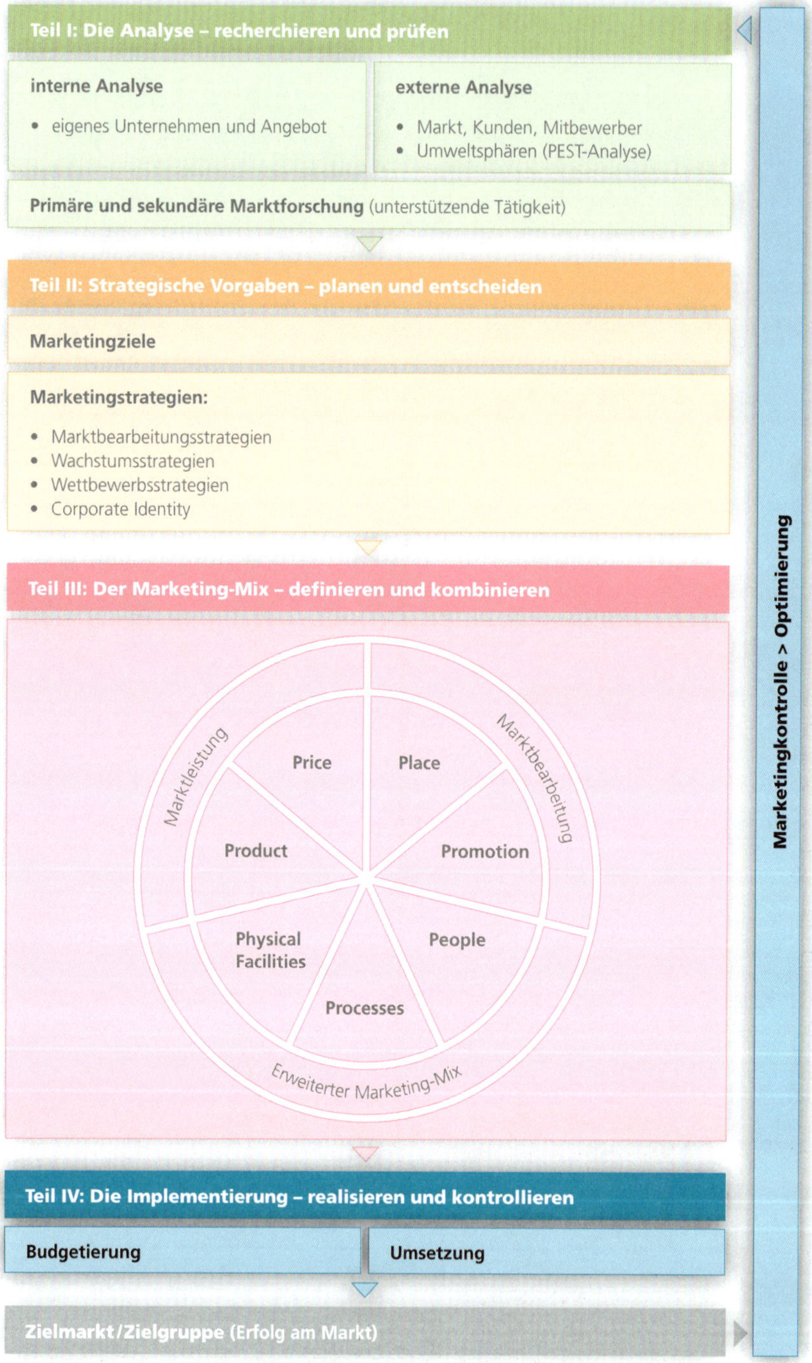
Teil I: Die Analyse – recherchieren und prüfen
interne Analyse
• eigenes Unternehmen und Angebot
externe Analyse
• Markt, Kunden, Mitbewerber
• Umweltsphären (PEST-Analyse)
Primäre und sekundäre Marktforschung (unterstützende Tätigkeit)
Teil II: Strategische Vorgaben – planen und entscheiden
Marketingziele
Marketingstrategien:
• Marktbearbeitungsstrategien
• Wachstumsstrategien
• Wettbewerbsstrategien
• Corporate Identity
Teil III: Der Marketing-Mix – definieren und kombinieren
Marktleistung
Marktbearbeitung
Price
Place
Product
Promotion
Physical Facilities
People
Processes
Erweiterter Marketing-Mix
Teil IV: Die Implementierung – realisieren und kontrollieren
Budgetierung
Umsetzung
Zielmarkt/Zielgruppe (Erfolg am Markt)
Marketingkontrolle > Optimierung

12. Budgetierung

«I know that half of my advertising budget is wasted, but I don't know which half.» *John Wanamaker, Werber*

«Wir brauchen eine gute Werbeidee, um mit unserem Produkt möglichst schnell in aller Leute Munde zu sein. Wissen Sie, so etwas im Stil von Milka mit der lila Kuh, etwas Verrücktes!» «Ja wunderbar, machen wir gerne. Und wie sieht es mit dem Budget für die omnipräsente Powerwerbung aus?» «Tja, da habe ich mir noch keine Gedanken gemacht. Es sollte einfach nicht zu teuer werden.»

In der Werbeagentur erlebe ich solche Situationen oft. Natürlich soll eine Werbekampagne nicht teuer sein, aber für ein paar Hundert Franken wird kein Produkt so berühmt wie die lila Kuh – trotz genialer Werbeidee. Die verrücktesten Marketingideen bringen nichts, wenn sie nicht finanzierbar sind. Deshalb müssen Sie bereits bei der Aufstellung der Marketingziele an Ihre finanziellen Möglichkeiten denken und frühzeitig ein grobes Arbeitsbudget festlegen. Sonst bleibt Ihr schönes Marketingkonzept für immer ein Papiertiger.

Die optimale Grösse für Ihr Marketingbudget zu bestimmen, ist knifflig. Ist das Budget zu klein, erreichen Sie Ihre Ziele nicht. Ist es übertrieben gross, verschleudern Sie unnötig Geld. Die Höhe Ihrer Marketingausgaben wirkt sich direkt auf Ihren Gewinn aus. Spricht man im Zusammenhang mit Marketing vom Return on Investment (ROI), so bedeutet dies nichts anderes, als dass jegliche Investitionen ins Marketing nur dann sinnvoll sind, wenn sie einen Ertrag oder Mehrwert (Return) generieren.

LERNZIELE – *Nach dem Studium dieses Kapitels sind Sie in der Lage ...*

... ein Marketingbudget zu erstellen.
... die Funktionen eines Marketingbudgets zu erkennen.
... sich für das richtige Budgetverfahren zu entscheiden.
... die am besten geeignete Budgetmethode anzuwenden.
... grobe Fehler bei der Budgetierung zu vermeiden.

12.1 Aufgaben der Budgetierung

Budgetieren heisst nicht bloss, Zahlen zu addieren. Ihr Marketingbudget muss vier Grundfunktionen erfüllen: die Koordinations- und Entscheidungsfunktion, die Kontrollfunktion und die – nicht zu unterschätzende – Motivationsfunktion.

Koordinations- und Entscheidungsfunktion

Mit dem Marketingbudget legen Sie fest, wie viel Geld Sie für die einzelnen Marketingmassnahmen einsetzen wollen. Ihr Marketingbudget gibt demnach den Handlungsspielraum für die zu planenden Massnahmen vor und ist mit dem Gesamtbudget Ihres Unternehmens abzustimmen (Koordinationsfunktion). Die Budgethöhe muss die Umsetzung der Marketingstrategie und -ziele garantieren. Können diese nicht erreicht werden, sind Strategie und Ziele zu überdenken.

Stimmen Sie Marketingkonzept und Marketingbudget von Anfang an aufeinander ab. Denn ohne Koordination werden Sie spätestens bei der Umsetzung Probleme bekommen. So ist es illusorisch, mit einem Werbebudget von bloss CHF 100 000 eine neue Limonade europaweit einzuführen.

Kontrollfunktion

Die einzelnen Budgetposten sind Ziel- und Kontrollgrössen. Sie erlauben Ihnen, das Einhalten und Erfüllen der budgetierten Umsätze und Erträge sowie die einzelnen Kosten zu überprüfen. Optimieren Sie Ihr Marketingkonzept oder -budget, wenn ein Wert von Ihren Vorgaben abweicht (vgl. dazu Kapitel 14, «Marketingkontrolle»).

Motivationsfunktion

Das Budget dient weiter als Motivationshilfe. Das Einhalten oder Nichteinhalten der budgetierten Erträge kann zur Leistungsbeurteilung dienen (beispielsweise, um allfällige Boni zu bestimmen) und die Marketingabteilung zu überdurchschnittlichen Leistungen anspornen. Deshalb hat das Management ein realistisches Budget zu erstellen.

EXKURS: *Marketing-Return-on-Investment*

Marketing- und insbesondere Werbeaufwände dürfen für Ihr Unternehmen nicht blosse Kosten darstellen. Sie sollen ein lohnendes, nachhaltiges Investment sein. Dieser Grundgedanke steckt hinter dem **Marketing-ROI** (auch ROMI – Return on Marketing Investment genannt). Konkret heisst dies: Unabhängig von der Grösse Ihres Marketingbudgets muss dessen Einsatz die richtige Rendite bringen. Dies funktioniert, indem Sie sich bei jeder Marketingaktion überlegen, ob sie sich bezahlt macht oder nicht.

In der Finanzwelt, von dort stammt der Return-on-Investment-Ansatz, lässt sich der ROI einfach berechnen: Wenn Sie CHF 1000 anlegen, und nach 12 Monaten ist die Anlage CHF 1500 wert, haben Sie einen ROI von 50% beziehungsweise einen ROI-Faktor von 1,5 erzielt.

Das Kosten-Nutzen-Verhältnis von Marketinginvestitionen ist nicht immer so einfach messbar. Dennoch sollte versucht werden, den Marketing-ROI möglichst präzise vorauszusagen. Schauen wir uns nun ein Beispiel an: Sie schalten eine Google-AdWords-Kampagne für Ihre selbst hergestellten Fahrräder. Für die Klicks auf Ihre Anzeige bezahlen Sie total CHF 5000. Daraus generieren Sie 30 Conversions (Bestellungen), die einen Reingewinn von CHF 12000 generieren: Der erzielte ROI beträgt CHF 7000 (Reingewinn abzüglich Investition). Das Investment hat sich gelohnt, einer Fortführung der Google-AdWords-Kampagne steht nichts im Wege.

So einfach wie in diesem Beispiel lässt sich der Marketing-ROI nicht immer berechnen. Ich empfehle Ihnen einen pragmatischen Umgang: Verstehen Sie die Überlegungen zum Markeing-ROI als wichtige Einstellung und als Denkansatz im Umgang mit Ihren finanziellen Ressourcen. Versuchen Sie zu erfahren, welche Marketinginvestitionen sich wirklich lohnen und wie Sie Ihren langfristigen Marketing-ROI künftig optimieren können. Verlieren Sie aber nicht zu viel Zeit mit komplexen Berechnungen, deren Grundlagenzahlen Sie kaum seriös berechnen können.

Zuletzt gilt es noch zu beachten: Eine kurzfristig positive Wirkung kann langfristig negative Folgen haben. So können Sie mit Preisaktionen kurzfristig den Absatz und Gewinn steigern, auf längere Sicht können solche Aktionskampagnen sich jedoch negativ auf Ihr Image, Ihre Umsätze und schliesslich auf Ihren Marketing-ROI auswirken. Lassen Sie sich nicht vom schnellen Geld (kurzfristige Rendite) verlocken, seien Sie sich auch immer über die langfristigen Auswirkungen (langfristige Rendite) im Klaren.

Marketing-ROI (Return on Investment): *Auch ROMI (Return on Marketing Investment); Rentabilitätsanalyse, Messgrösse und Denkhaltung; gibt Auskunft über die Wirkung von Marketingausgaben und dient als Hilfsmittel zur Budgetoptimierung.*

12.2 Budgetierungsmethoden

Nun erstellen wir auf effiziente Art und Weise ein präzises, umsetzbares Marketingbudget. Dabei legen Sie dessen Gesamthöhe sowie die einzelnen Budgetposten fest. Die einzelnen Budgetposten gliedern sich in der Regel nach den einzelnen Marketinginstrumenten, dem Angebot oder den Kundengruppen. Zum Erstellen Ihres Budgets stehen Ihnen zwei Verfahren zur Auswahl: das Bottom-up- und das Top-down-Verfahren.

12.2.1 Das Bottom-up-Verfahren

Bottom-up-Verfahren: *«Von unten nach oben», vom Speziellen zum Allgemeinen: Das Gesamtbudget wird aufgrund der einzelnen Budgetposten berechnet.*

Das **Bottom-up-Verfahren** ist sehr praktikabel und weit verbreitet. Bottom-up lässt sich auf Deutsch mit «von unten nach oben» übersetzen. Der Name des Verfahrens rührt daher, dass Sie ausgehend von den einzelnen Budgetposten das Total des gesamten Marketingbudgets errechnen: Sie stellen die einzelnen Budgetposten zusammen, kumulieren diese und erhalten so den für die Finanzierung notwendigen Totalbetrag. Auch die folgende Ziel-Massnahmen-Methode funktioniert nach dem Bottom-up-Verfahren.

Ziel-Massnahmen-Methode

Wie der Name vermuten lässt, orientieren Sie sich bei der Ziel-Massnahmen-Methode an Ihren Marketingzielen und den geplanten Marketingmassnahmen: Sie errechnen Ihr Budget anhand der Kosten Ihrer einzelnen Marketingmassnahmen. Die Kosten der einzelnen Massnahmen stellen Sie in einem übersichtlichen Budgetplan zusammen (vgl. Kapitel 12.3, «Der Budgetplan»). Die Ziel-Massnahmen-Methode ist die empfehlenswerteste Budgetierungsmethode, denn sie ist bei richtiger Berechnung sehr exakt und effizient.

12.2.2 Das Top-down-Verfahren

Top-down-Verfahren: *«Von oben nach unten», vom Allgemeinen zum Speziellen: Aufgrund eines Gesamtbudgets werden die Beträge den einzelnen Posten zugewiesen.*

Als Alternative zum Bottom-up-Verfahren bietet sich das **Top-down-Verfahren** an: Sie legen zuerst das Gesamtbudget fest und weisen dieses anschliessend den verschiedenen Marketinginstrumenten zu. Alle drei folgenden Methoden funktionieren nach dem Top-down-Verfahren.

Mitbewerberorientierte Methode

Die mitbewerberorientierte Methode (auch Mitbewerber-Paritäts-Methode genannt) orientiert sich an den Marketingbudgets Ihrer Mitbewerber. Da Ihre Mitbewerber aber nicht über die gleichen Ziele und den gleichen Marketing-Mix wie Sie verfügen, ist diese Methode nur bedingt geeignet.

Als grobe Richtwerte mögen Ihnen die in der Fachpresse publizierten (geschätzten) Marketingausgaben Ihrer Mitbewerber beziehungsweise die branchenüblichen Durchschnittsausgaben dienen. So betragen die Marketingausgaben bei Luxusprodukten wie Mode oder Parfüm oft 30 bis 50 Prozent des Umsatzes. Industrie- und Beratungsunternehmen sowie Detailhändler arbeiten hingegen vielfach mit einem Marketingbudget, das unter 5 Prozent des Umsatzes liegt. Die Kosten für Forschung und Entwicklung werden meist nicht zum Marketingbudget gezählt.

Abb.: Dior - Luxusmarken brauchen entsprechendes Marketingbudget

Diese frappanten Unterschiede haben verschiedene Gründe. So benötigen Luxusmarken eine viel intensivere Pflege, um sich von ihren Mitbewerbern zu unterscheiden und vom Zielpublikum wahrgenommen zu werden. Dies ist nur mit überdurchschnittlich hohen Ausgaben im Promotionsbereich möglich. Industrieunternehmen hingegen setzen ihre verhältnismässig geringen Budgets meist für gezielte Kommunikationsmassnahmen direkt bei ihren Schlüsselkunden ein. Die Werbeausgaben sind stark branchenabhängig. So fliesst in der Telekommunikations- oder in der Mineralwasserbranche – aufgrund des harten Wettbewerbs – besonders viel Geld in die Werbung.

Prozentsatzmethode

Bei der Prozentsatzmethode berechnen Sie das Marketingbudget aufgrund des letzten bekannten Umsatzes oder Gewinns. Der einmal festgesetzte, branchenübliche Prozentsatz bleibt dabei meist über Jahre hinweg gleich. So werden zum Beispiel immer 5 Prozent des budgetierten Umsatzes des kommenden Jahres für Marketingmassnahmen reserviert.

Obwohl diese Methode weit verbreitet und einfach zu handhaben ist, rate ich von ihr ab. Denn sie beruht auf einer falschen Annahme. Der aktuelle Umsatz oder Gewinn sagt nämlich nichts über die künftige Entwicklung Ihres Unternehmens aus. Kalkulieren Sie nach der Prozentsatzmethode, würden Sie beispielsweise bei sinkenden Umsätzen automatisch Ihr Marketingbudget reduzieren. Dies führt zu einer negativen Spirale, da sich mit einem geringeren Marketingbudget kaum gleich viel oder gar mehr Umsatz erzielen lässt.

Restwertmethode

Bei der Restwertmethode muss sich das Marketing mit dem Restbetrag begnügen, der im Unternehmensbudget übrig bleibt. Keine Frage, mit dieser Methode werden Sie nie auf ein optimales Marketingbudget kommen. Sie werden zu wenig oder vielleicht sogar zu viel für Ihre Marketingmassnahmen ausgeben. Die Restwertmethode wird deshalb auch als Willkürmethode bezeichnet und ist nicht empfehlenswert. Unternehmen, die sich der Restwertmethode bedienen, ordnen dem Marketing keinen grossen Stellenwert zu. Diese Methode erinnert stark an jene Zeit, als Unternehmen auf dem Markt nur das feilboten, was sie gerade produziert hatten.

12.2.3 Handhabung in der Praxis

Bottom-up- und Top-down-Verfahren werden in der Praxis oft kombiniert. In einem ersten Schritt berechnen Sie nach dem Bottom-up-Verfahren das benötigte Gesamtbudget – entsprechend Ihrer Ziele und Massnahmen. Anschliessend versuchen Sie, diesen Wert mit dem Gesamtbudget Ihres Unternehmens in Einklang zu bringen. Sie müssen also feststellen, ob Ihr Marketingbudget finanzierbar und realistisch ist. Falls Ihr Marketingbudget dieser Überprüfung standhält, wird es freigegeben. Merken Sie jedoch, dass es zu teuer ist, müssen Sie nochmals über die Bücher und Ihre Ziele und Massnahmen entsprechend korrigieren. Das Entscheidungsdiagramm hilft Ihnen, ein realistisches Marketingbudget zu erstellen.

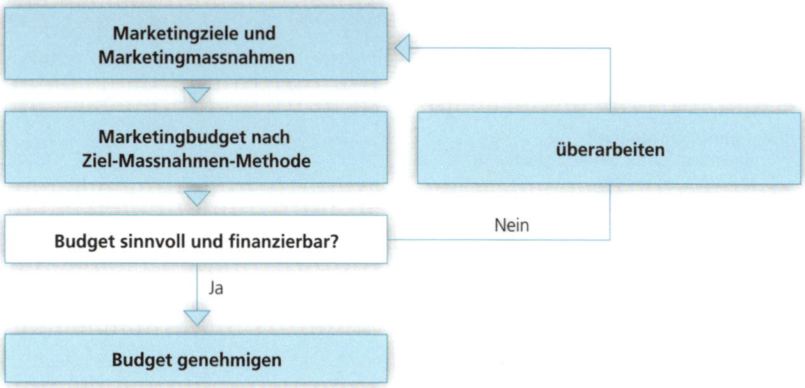

Abb.: Vorgehen bei der Erstellung des Marketingbudgets

12.3 Der Budgetplan

Nun sind Sie soweit: Mit den Budgetierungsverfahren und -methoden können Sie Ihr detailliertes Marketingbudget erstellen. Die einzelnen Posten hängen dabei von Ihren individuellen Bedürfnissen ab. Der Detaillierungsgrad Ihres Budgetplans richtet sich nach Ihrer Unternehmensgrösse, der Grösse Ihrer Marketingorganisation und dem Umfang der geplanten Marketingmassnahmen.

Häufig macht es Sinn, ein Marketingbudget nach den einzelnen Marketinginstrumenten zu unterteilen. Diese Aufteilung ist praktikabel und schafft Übersicht. Bei Bedarf können Sie es mit Budgetposten für übergeordnete Marketingaufgaben ergänzen, wie zum Beispiel Marktforschung, Personalkosten oder externe Kosten, die nicht direkt einem Instrument zugeordnet sind. Erstellen Sie Ihr Budget für das kommende Jahr oder gleich für die zwei, drei folgenden Jahre. Eine zweckmässige Unterteilung finden Sie in der Abbildung «Musterschema Marketingbudgetplan».

Welchen prozentualen Anteil die einzelnen Instrumente am gesamten Marketingbudget haben, das ist branchenabhängig. In der Konsumgüterbranche beanspruchen die Kosten für Promotion und Kommunikation normalerweise den grössten Anteil. Bei Industriegüterbetrieben ist hingegen die Distribution über den persönlichen Verkauf besonders kostenintensiv. Dafür sind die Ausgaben für den Produkt-Mix verhältnismässig tief, da die Kosten für Forschung und Entwicklung (F & E-Kosten) bei der Forschungs- und Entwicklungsabteilung budgetiert werden.

Massnahmen/ Marketinginstrumente	2011 Budget (CHF)	2011 Anteil (%)	2012 Budget (CHF)	2012 Anteil (%)
Marketingmanagement • Marketingmitarbeitende (Gehälter und Sozialleistungen) • Marketinginfrastruktur (Gemeinkosten) • Marktforschung • Marketingcontrolling				
Product • Verpackung • Aufbau Infohotline • Einführung Kundenbindungsprogramm • Forschung und Entwicklung (evtl.)				
Price • Preisminderungen (Aktionen)				
Place • Aufbau und Pflege der Distributionskanäle • Listinggebühren • Verkaufsschulungen				
Promotion • Kreation und Produktion Werbemittel • Schaltkosten Werbemittel • Direct-Mailings • PR-Massnahmen • Verkaufsförderungsmassnahmen • Events • Sponsoringbeiträge				
Übrige Marketingkosten				
Total eingesetztes Budget		90 %		90 %
Reserve für Unvorhergesehenes		10 %		10 %
Total Marketingbudget		100 %		100 %

Abb.: Musterschema Marketingbudgetplan

Selbstverständlich können Sie Ihren Marketingbudgetplan weiter unterteilen. So gliedern viele grössere Firmen ihr Budget in Quartalsbudgets, während multinationale Unternehmen eine Unterteilung in Länder oder Regionen bevorzugen. Auch für einzelne Abteilungen, Produkte oder Marketinginstrumente lassen sich separate Unterbudgets erstellen. Diese werden anschliessend in ein Gesamtbudget integriert.

12.4 Tipps zur Budgetierung

Es ist schwierig, allgemein gültige Regeln zur Budgetierung aufzustellen. Die Wahl des Verfahrens und der Methode, aber auch die Planung des Marketingbudgets an sich, sind für jedes Unternehmen individuell zu definieren. Verstehen Sie deshalb die folgenden Tipps als Inputs und picken Sie die für Sie interessanten Abschnitte heraus.

Giesskannenprinzip vermeiden

Hier etwas Radiowerbung, da ein TV-Spot und dort noch ein Inserat in der Tageszeitung? Vermeiden Sie bei der Budgetierung das Giesskannenprinzip. Anstatt Ihre finanziellen Mittel ziellos zu verteilen, sollten Sie sich auf jene Massnahmen konzentrieren, die Ihnen die stärkste Wirkung versprechen. Falls Ihnen das Budget für einen leistungsfähigen Mediaplan fehlt, bündeln Sie Ihre finanziellen Mittel lieber und entscheiden sich zum Beispiel für ein wirkungsvolles Direktmarketing.

Partnerschaften eingehen

Partnerschaften mit anderen Unternehmen können Ihr Marketingbudget entlasten. Das heisst, Sie erhöhen Ihr Budget, indem Sie beispielsweise ein Event in Zusammenarbeit mit einem passenden Unternehmen organisieren. Auch eine Medienpartnerschaft kann sich finanziell auszahlen. Wie bei jeder erfolgreichen Partnerschaft sollten Sie stets eine Win-win-Strategie verfolgen. Lesen Sie dazu auch die Ausführungen zur Kooperationsstrategie im Kapitel 6, «Marketingstrategien».

Flexible versus starre Budgetierung

Überlegen Sie sich, für welche Zeitperiode Sie Ihr Marketingbudget erstellen wollen. Anstatt ein ganzes Jahr im Voraus detailliert zu planen, kann es sinnvoller sein, auf eine flexible, laufende Budgetierung zu setzen. So können Sie präziser und wirkungsvoller planen. Auf diese Weise schaffen Sie bei Ihren Mitarbeitenden einen Anreiz, mit dem optimalen und nicht mit dem maximalen Budget zu operieren. Sie verhindern ein übertriebenes Budgetdenken. Vor allem zum Jahresende riskieren Sie das sogenannte «Dezember-Fieber»: Entweder haben Sie nämlich Ihr Marketingbudget bereits aufgebraucht oder Sie haben die budgetierten Ausgaben noch nicht erreicht und werfen Ihr Geld für wenig sinnvolle Massnahmen zum Fenster hinaus.

Zero-Base-Budgeting

Zero-Base-Budgeting: *Budgetierungsmethode, bei der die Budgetposten und -zahlen von Grund auf neu zusammengestellt werden.*

Man nehme das aktuelle Jahresbudget, passe es leicht an und schon steht das Budget fürs kommende Jahr. Dieses in der Praxis weit verbreitete Vorgehen ist selten die beste Variante. Ein stimmiges aktuelles Budget kann dabei jedoch als Orientierungshilfe dienen. Im Idealfall erstellen Sie aufgrund der überarbeiteten Analyse, der überprüften Strategie sowie der fürs kommende Jahr neu geplanten Marketingmassnahmen das Budget jährlich oder zumindest in regelmässigen Abständen von Grund auf neu. Dieses Vorgehen heisst **«Zero-Base-Budgeting»**. Übrigens harmoniert es ausgezeichnet mit der empfohlenen Ziel-Massnahmen-Methode.

13. Umsetzung

«Strategy without tactics is the slowest route to victory. Tactics without strategy ist the noise before defeat.» *Sun Tzu, military commander and author*

Stellen Sie sich vor, Sie komponieren einen potenziellen Hit, ohne ihn je zu veröffentlichen. Oder Sie planen eine längere Reise bis ins Detail und treten sie nie an. Genau so viel Wert ist ein Marketingkonzept, das Sie nicht in die Praxis umsetzen. Sie sind nur noch einen Schritt davon entfernt, die Früchte Ihrer Arbeit zu ernten. Mit der erfolgreichen Umsetzung Ihres Marketingkonzepts schaffen Sie die letzte Voraussetzung dafür.

Die Schnittstelle von der theoretischen Konzeption zur Umsetzung muss sauber geplant sein. Leider wird dieses Thema selbst in der Marketingliteratur vernachlässigt. Das ist unerklärlich, denn das cleverste Marketingkonzept nützt nichts, wenn es nicht mit konkreten Massnahmen umgesetzt wird. Während die Marketingstrategie und der Marketing-Mix beschreiben, was und wieso Sie etwas unternehmen wollen, koordinieren Sie bei der Umsetzung, durch wen, wo, wann und wie Sie Ihre Strategie verwirklichen.

LERNZIELE – *Nach dem Studium dieses Kapitels sind Sie in der Lage ...*

... Ihren Marketingplan erfolgreich in die Praxis umzusetzen.
... die grössten Stolpersteine bei der Implementierung zu erkennen.
... professionell mit externen Partnern zusammenarbeiten.
... Ihre Marketingorganisation klar zu strukturieren.
... einen Plan für die Umsetzung der beschlossenen Massnahmen aufzustellen.

13.1 Zusammenspiel von Konzeption und Umsetzung

Die Umsetzung Ihres Marketingkonzepts lässt sich mit einem Orientierungslauf vergleichen: Das Marketingkonzept ist eine Landkarte mit eingezeichneten Kontrollpunkten, die Sie in vorgegebener Reihenfolge anzulaufen haben. Voraussetzung für einen erfolgreichen Lauf ist, dass die Karte auf dem neuesten Stand und die Kontrollpunkte richtig eingezeichnet sind. Auf welchem Weg Sie die Kontrollpunkte anlaufen, ist Ihnen überlassen. Neben Ihrer sportlichen Verfassung wird dieses Vorgehen über Ihren Erfolg oder Misserfolg entscheiden. Nur wenn die Vorgaben und Ihr Vorgehen stimmen, werden Sie Ihr Ziel erreichen. Übertragen auf die Umsetzung Ihres Marketingkonzepts bedeutet das: Sie werden nur dann erfolgreich sein, wenn Sie nicht bloss ein überzeugendes Marketingkonzept besitzen, sondern dieses auch besser umzusetzen verstehen als Ihre Mitbewerber.

Die folgende Matrix (in Anlehnung an Meffert, 2008) zeigt Ihnen, dass sowohl ein schlechtes Marketingkonzept wie auch eine schlechte Umsetzung den Erfolg verhindern.

		Marketingkonzept	
		gut	**schlecht**
Implementierung	**gut**	**1. Erfolg** gesetzte Ziele werden erreicht	**3. Probleme** Misserfolg droht, wenn Konzept nicht besser umgesetzt wird
	schlecht	**2. Probleme** Misserfolg droht, wenn Konzept nicht angepasst wird	**4. Misserfolg** Konzept und Umsetzung müssen überarbeitet werden (Ursprung ist schwierig zu eruieren)

Abb.: Problemdiagnose Marketingkonzeption und Umsetzung

Die Matrix zeigt vier Kombinationsmöglichkeiten auf, die für Sie vier Schlüsse zulassen:

1. Erfolg: Nur ein gutes Marketingkonzept, das korrekt in die Tat umgesetzt wird, führt Sie zum Erfolg.

2. Probleme: Die schlechte Umsetzung eines guten Marketingkonzepts ist eine verspielte Chance. Gefährlich wird es vor allem, wenn Sie die Probleme fälschlicherweise auf schlechte konzeptionelle Vorgaben zurückführen. Ändern Sie daraufhin Ihren Marketingplan, wird dies nichts bringen.

3. Probleme: Eine gute Umsetzung kann die negativen Auswirkungen eines lückenhaften oder falschen Marketingkonzepts abschwächen und Ihr Unternehmen retten – leider aber oft nur für kurze Zeit. Werden die falschen konzeptionellen Vorgaben bei der Umsetzung nicht als solche erkannt, führt diese Kombination garantiert zu einem Misserfolg.

4. Misserfolg: Ihr Unternehmen befindet sich auf dem sicheren Weg ins Verderben, wenn falsche konzeptionelle Ansätze zusätzlich auf eine schlechte Umsetzung stossen. Besonders verheerend ist es, dass Sie kaum herausfinden können, in welchen Punkten Sie etwas falsch machen.

13.2 Voraussetzungen zur erfolgreichen Umsetzung

Die erfolgreiche Umsetzung Ihres Marketingkonzepts zeichnet sich durch folgende Punkte aus:

- In Ihrem Unternehmen ist ein starkes Marketingdenken verwurzelt. Die strategischen Vorgaben, die Unternehmensvision und die Kundenbedürfnisse sind allen Mitarbeitenden bekannt.
- Ihre Marketingabteilung ist professionell organisiert und die Aufgaben sind klar verteilt.
- Sie konzentrieren sich auf das Wesentliche, achten jedoch auch auf wichtige Details.
- Sie widmen sich den Aufgaben, die Sie professionell beherrschen. Alles andere delegieren Sie an interne und externe Profis wie PR- oder Werbeagenturen.
- Sie setzen die nachvollziehbaren Vorgaben erfolgreich in die Tat um.
- Sämtliche Umsetzungsmassnahmen werden aufeinander abgestimmt.
- Sie verfügen über das nötige Budget.
- Ihre Planung (wer erledigt was bis wann?) ist wirkungsvoll und effizient.

Drei ganz zentrale Voraussetzungen wollen wir näher unter die Lupe nehmen:

Schnittstellen in der Marketingorganisation

Ein häufiges Problem ist es, dass für das Marketingkonzept sowie die Planung und Durchführung der konkreten Massnahmen unterschiedliche interne und externe Personen zuständig sind. Achten Sie deshalb darauf, dass dieser Übergang von Konzept und Planung zu Aktion und Durchführung reibungslos gelingt.

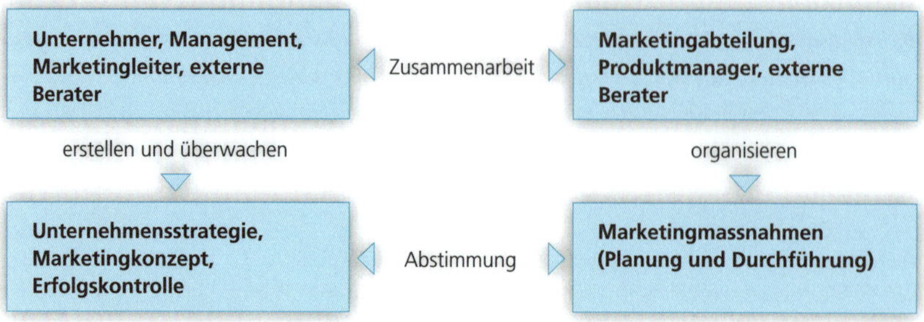

Abb.: Schnittstellen der konzeptionellen und taktischen Marketingaufgaben

Bei kleinen Unternehmen ist die Umsetzung meist einfacher, da Konzeption und Umsetzung von den gleichen Personen durchgeführt werden. Bei mittleren und grösseren Unternehmen hingegen liegt das Erstellen des Marketingkonzepts in den Händen des Managements, während die Umsetzung Sache der Marketingabteilung ist. Überall, wo mehrere Personen und Hierarchiestufen involviert sind, müssen Kommunikation und Zusammenarbeit einwandfrei funktionieren.

Marketingdenken im Unternehmen

Mitarbeitende müssen die Vorgaben verstehen, akzeptieren und sich mit diesen identifizieren können. Gleichzeitig muss das Management einen Sinn für die Umsetzung der geplanten Strategien haben. Beides sind wichtige Voraussetzungen, damit alle Beteiligten gewillt und vor allem motiviert sind, am gleichen – und richtigen – Strick zu ziehen.

Stimmen Sie sämtliche Marketingideen auch mit den Mitarbeitenden ausserhalb der Marketingabteilung ab. So sind die Produktstrategien eng mit der Forschungs- und Entwicklungsabteilung zu koordinieren und die Distribution muss den Anforderungen der Logistik entsprechen.

Streben Sie eine marketingfreundliche Unternehmenskultur an. Das Bewusstsein, dass der Kunde im Mittelpunkt steht, muss auf allen Ebenen vorherrschen. Von der Marketingabteilung werden dabei ein besonders marktorientiertes Denken, zielorientiertes Arbeiten und eine hohe Einsatzbereitschaft erwartet. Gleichzeitig dürfen Mitarbeitende nicht blosse Trabanten sein. Eine offene, kommunikative Unternehmenskultur begrüsst clevere Inputs von allen Mitarbeitenden. Der Unternehmenserfolg soll dabei Motivationshilfe sein.

Planung

Planen, koordinieren und überwachen Sie alle Marketingaktionen. Hilfreich ist es, wenn Sie an dieser Stelle in Ihrem Marketingkonzept bereits einen groben Zeitplan mit den definierten verantwortlichen Stellen anfügen. So können Sie die einzelnen Aktionen optimal aufeinander abstimmen.

Definieren Sie die Aufgabenbereiche im Marketing genau: Wer schreibt Medienmitteilungen? Wer ist für Updates auf der Website verantwortlich? Wer analysiert Ihre Mitbewerber? Präzise Stellenbeschriebe und ein klares **Organigramm** mit den Verantwortlichkeiten sind hier nützlich (vgl. auch Kapitel 13.3, «Marketingorganisation»)

Organigramm: *Diagramm, das die Aufbauorganisation, Aufgabenverteilung und Hierarchien innerhalb eines Unternehmens darstellt.*

Klar strukturierte Massnahmenpläne vereinfachen die Planung. Wie die folgende Abbildung zeigt, kann dies in kleineren Unternehmen oder für einzelne Projekte eine simple Tabelle sein. Bei umfangreicheren Projekten oder grösseren Unternehmen unterstützen Sie Planungsprogramme (z.B. MS Project).

Konzeptionelle Vorgabe	Massnahmen	Zeitpunkt	Budget	Verantwortung
Positionierung als Preisführer	Fernsehspot	März, April 2010	CHF 500000	Jeannine Beck, Product Manager
Positionierung als Preisführer	Degustation mit Sonderrabatt an POS	März, April 2010	CHF 350000	Reto Häfliger, Trade Marketing
...				

Abb.: Massnahmenplan

Achten Sie bei der Planung darauf, sich nicht in Details zu verlieren. Lassen Sie Ihren Mitarbeitenden die nötige Freiheit und verschwenden Sie nicht Ihre kostbare Zeit für allzu umfangreiche Pläne. Vermeiden Sie einerseits «overplanning», koordinieren Sie andererseits geschickt, sodass Sie keine Massnahmen durchführen, die nicht zielführend dienen.

13.3 Marketingorganisation

Jedes Unternehmen – ob KMU oder Weltkonzern – benötigt eine klar strukturierte, aber flexible Marketingorganisation. Die Komplexität der Marketingorganisation richtet sich einerseits nach der Grösse des Unternehmens, andererseits nach dem Stellenwert des Marketings innerhalb des Unternehmens. Bei kleineren Betrieben kümmert sich der Geschäftsführer üblicherweise persönlich um das Marketing; oder er wird von einer Person (Stelle) assistiert. In grösseren Unternehmen hingegen sind vielfach mehrere Teams für das Marketing zuständig.

Die Marketingabteilung holt sich oft externe Unterstützung (vgl. Unterkapitel 13.4, «Die Zusammenarbeit mit externen Partnern»). Innerhalb des Unternehmens setzt sich die Abteilung dafür ein, dass der Marketinggedanke von allen Mitarbeitenden mitgetragen und gelebt wird. Entscheidend ist es daher, dass die Marketingabteilung nicht als Insel innerhalb des Unternehmens wahrgenommen wird, sondern in die Gesamtorganisation eingebunden wird.

__Stelle:__ Kleinste Organisationseinheit innerhalb eines Unternehmens und Grundelement der Aufbauorganisation. Sie zeigt die Aufgabe und hierarchische Stellung innerhalb des Unternehmens auf.

__Stellenbeschreibung:__ Job Description; schriftliche Definition des Aufgaben-, Verantwortungs- und Kompetenzbereichs der einzelnen Mitarbeiter (bzw. Stellen) innerhalb des Unternehmens.

Konzentrieren wir uns nun auf verschiedene Organisationsstrukturen sowie auf die für jede **Stelle** unentbehrliche **Stellenbeschreibung**.

13.3.1 Das Organigramm

Ein Organigramm stellt die Strukturen innerhalb Ihres Unternehmens dar. Es definiert die Aufgaben, Kompetenzen und Beziehungen der einzelnen Stellen beziehungsweise Abteilungen. Die Marketingorganisation lässt sich nach folgenden Kriterien organisieren:

- Kunden (Zielgruppen): A-Kunden, Studierende usw.
- Funktionen (Marketingaufgaben): Produktmanagement, Werbung usw.
- Produkte: Produkt A, Produkt B, Produkt C usw.
- Märkte (Regionen): Europa, Asien usw.
- Kombinationen davon: A-Kunden in Skandinavien usw.

Welche Kriterien für Ihr Unternehmen die sinnvollsten sind, bestimmen Sie. Sind die Bedürfnisse Ihrer Zielgruppen sehr unterschiedlich, ist es sinnvoll, Ihre Marketingabteilung nach Kundengruppen zu gliedern. So könnte eine Bank seine Marketingabteilung in die Bereiche Retailkunden, Privatebanking-Kunden und Geschäftskunden unterteilen. Konsumgüterunternehmen bevorzugen aufgrund des heterogenen Angebots eher eine produktorientierte Organisation: Produktmanagementteams werden gebildet, die eine bestimmte Marke in verschiedenen Marketingdisziplinen begleiten.

Verkauf und PR werden gewöhnlich in die Marketingabteilung integriert beziehungsweise ihr untergeordnet. Sie können aber auch – je nach Unternehmensstrategie – als eigenständige Abteilungen geführt werden.

Stablinienorganisation

Die Stablinienorganisation ist in der Praxis sehr erprobt. Sie schafft bei den Zuständigkeiten sowie der hierarchischen Einordnung der einzelnen Stellen klare Verhältnisse. Nachteile können die mangelnde stellenübergreifende Zusammenarbeit und fehlendes Verständnis innerhalb des Unternehmens sein. Dies kann die Innovationskraft hemmen. Ein Manko, das sich aber mit einer parallel existierenden Projektorganisation beheben lässt.

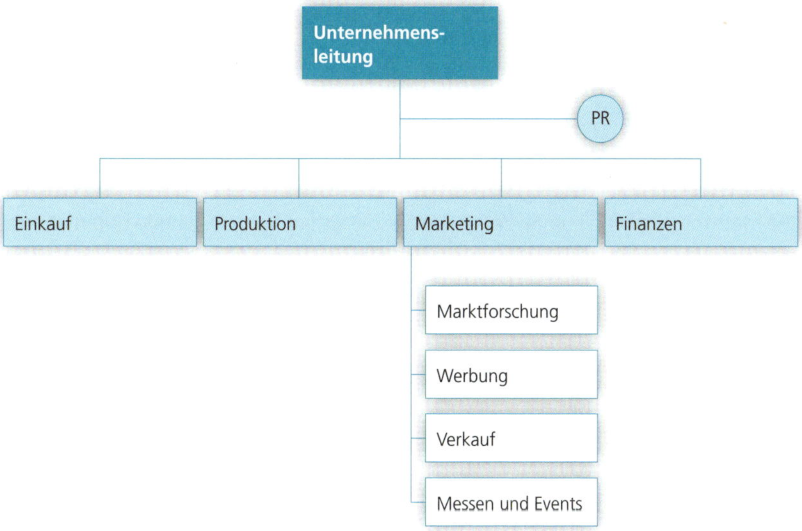

Abb.: Stablinienorganigramm

Im vorliegenden Beispiel ist der Marketingleiter direkt dem CEO unterstellt und auf gleicher Ebene wie der Leiter Einkauf, der Leiter Produktion und der Finanzchef. Er fungiert als Bindeglied zwischen der Marketingabteilung und dem Management. Zudem leitet er die nach Funktionen gegliederte Marketingabteilung. Die PR-Abteilung ist in diesem Fall eine eigene **Stabsstelle** und direkt der Unternehmensleitung unterstellt.

Stabsstelle: *Stelle mit beratender und unterstützender Funktion, die über keine Weisungsbefugnis verfügt.*

Matrixorganisation

In einer Matrixorganisation werden zwei Leitungssysteme (im vorliegenden Beispiel eine produkt- und eine funktionsorientierte Organisation) kombiniert. Die Kombination der Fachkompetenz durch die ständige Zusammenarbeit der einzelnen Stellen erweist sich dabei als einen Vorteil. Gleichzeitig birgt die Matrixorganisation jedoch Zündstoff für Konflikte unter den vielen «Experten». Wird beispielsweise für das Produkt A eine

Werbekampagne geplant, können der Produktverantwortliche (PM) und die Werbeabteilung gegensätzliche Ansichten haben. Zudem kann die Organisation durch viel Koordinationsaufwand träge werden.

Abb.: Matrixorganigramm

Die Matrixorganisation kommt bei grösseren, oft auch global agierenden Unternehmen zum Einsatz. So finden wir diese Organisationsform beim internationalen Prüfungs- und Beratungskonzern PriceWaterhouseCoopers.

Projektorganisation

Ist die Marketingabteilung eine Projektorganisation, rekrutieren sich die einzelnen Mitglieder aus einer bestehenden Stab-, Linien- oder Matrixorganisation. Dabei werden neben den Marketingmitarbeitenden Personen aus anderen Abteilungen (beispielsweise aus der Forschung und Entwicklung oder der Produktion) sowie externe Berater beigezogen. Für jedes Projekt wird ein Projektkoordinator bestimmt, der das Team leitet, die Arbeiten koordiniert und die Zielerfüllung überwacht. Allerdings kommt die reine Projektorganisation heute nur noch selten vor. Vielmehr wird ein Team ad hoc für eine bestimmte Aufgabe und eine bestimmte Zeitspanne zusammengestellt.

13.3.2 Die Stellenbeschreibung

Jede Stelle benötigt klare Vorgaben über Aufgaben, Kompetenzen und Beziehungen zu anderen Stellen. Dieses Stellenprofil hilft bei der Personalrekrutierung, ermöglicht die klare Abgrenzung und umschreibt die Tätigkeiten der einzelnen Stellen. Der Stelleninhaber muss über diese Inhalte im Bild sein und sich daran halten. Die Stellenbeschreibung sollte in regelmässigen Abständen überprüft und allenfalls angepasst werden. Sie umfasst in der Regel folgende Punkte:

- Position / Stellenbezeichnung (z.B. Key-Account-Manager, Marketingassistentin)
- hierarchische Stellung (Vorgesetzte, Unterstellte und Stellvertretungsregeln)

- Anforderungen an den Stelleninhaber (Ausbildung, Berufserfahrung usw.)
- Beschreibung der Aufgaben (Tätigkeit, Führungsaufgaben)
- Kompetenzen und Pflichten (interne Richtlinien und Vorschriften)
- Leistungsziele (qualitative und quantitative Arbeitsziele)
- Entwicklungsmöglichkeiten (Aufstiegschancen, Weiterbildungsmöglichkeiten)

13.4 Die Zusammenarbeit mit externen Partnern

Für die Planung und Umsetzung Ihrer Marketingmassnahmen werden Sie in unterschiedlichen Bereichen auf die Zusammenarbeit mit externen Partnern angewiesen sein. Dies können Marktforschungsunternehmen, Druckereien oder Modelagenturen sein. Besonders oft und intensiv werden Sie mit Werbeagenturen zusammenarbeiten. Werbeagenturen sind Dienstleistungsunternehmen, die Sie umfassend in den Bereichen Marketing, Mediaplanung und Kreation beraten. Ob Sie eine kleine, lokale Agentur oder ein grosses internationales Netzwerk wählen, hängt von Ihrem Unternehmen ab. Kleinere, inhabergeführte Agenturen haben den Vorteil, dass sie eine unkomplizierte und kostengünstige Zusammenarbeit ermöglichen. Der oder die Inhaber bürgen persönlich für die gewünschte Qualität. Grössere Agenturen können für international ausgerichtete Unternehmen die richtigen Partner sein. Von reinen Grafikateliers rate ich Ihnen ab. Ihnen fehlt oft das nötige Marketingwissen. Anstelle von schönen Kunstwerken brauchen Sie nämlich professionell konzipierte Werbung, die Ihre Zielgruppe verführt und Ihr Unternehmen zu den definierten Zielen bringt.

EXKURS: *Das Werbebriefing*

Zu Beginn eines Werbeprojekts müssen Sie Ihre Werbeagentur präzise informieren, was Sie von ihr erwarten: mithilfe eines schriftlichen oder mündlichen Werbebriefings. Dieses beschreibt die Aufgabenstellung und dient der Agentur als Arbeitsanweisung. Vielleicht benötigen Sie ein neues Corporate Design, einen Mediaplan, eine Imagebroschüre oder einen Radiospot.

Das Briefing sollte knapp, aber präzise sein. Es muss die wichtigsten Informationen enthalten, der Agentur aber auch den nötigen kreativen Spielraum bieten. Folgende acht Punkte gehören in jedes professionelle Werbebriefing:

1. Rahmenbedingungen

Wie ist Ihr Unternehmen auf dem Markt positioniert? Über welchen Marktanteil und über welches Image verfügt es? Wer sind Ihre stärksten Mitbewerber?

Notieren Sie die wichtigsten Angaben zu Ihrem Unternehmen, Ihrem Produkt und dem Marktumfeld. Auch Ihre bisherigen Werbeaktivitäten sind von Interesse. Beschränken Sie sich jedoch auf das Wesentliche und verlieren Sie sich nicht in Details.

2. Werbeziele / Werbeidee

Definieren Sie klar die Ziele Ihrer Werbemassnahmen: Soll Ihr Unternehmensimage gefestigt oder der Absatz eines spezifischen Produkts angekurbelt werden? Nur wenn Sie Ihrer Agentur klare Vorgaben machen, erhalten Sie eine passende und massgeschneiderte Lösung, die Sie weiter bringt.

3. Zielgruppe

Wen wollen Sie mit Ihren Werbemassnahmen erreichen? Definieren Sie Ihre Primär- und Sekundärzielgruppe. Beschreiben Sie klar und in wenigen Worten deren Kaufverhalten, Verbrauchergewohnheiten und Konsumenteneinstellung (die sogenannten «Consumer Insights»).

Consumer Benefit: *Nutzen eines Produkts, der die Wünsche und Bedürfnisse eines Kunden erfüllt.*

4. Kaufbegründung (Reason Why) und Kundennutzen (Consumer Benefit)

Wieso sollen sich die Konsumenten gerade für Ihr Produkt entscheiden? Nennen Sie Ihre USP (oder UAP) und weitere Nutzenversprechen, die den Bedürfnissen und Wünschen Ihrer Zielgruppe entsprechen. Sie können als Grund- oder Zusatznutzen zum Beispiel auf eine bestimmte Funktion, das Design oder den Preis hinweisen. Aufgabe der Werbeagentur ist es dann, diese Kaufargumente durch Werbemassnahmen in den Köpfen Ihrer Zielgruppe zu verankern.

5. Tonalität und Stil

«C'est le ton qui fait la musique»: Die Tonalität und der Stil Ihrer Werbebotschaft beeinflussen deren Wirkung massgeblich. Ihr Werbeauftritt soll markentreu, unverwechselbar und zielgruppengerecht sein. Beschreiben Sie den angestrebten Stil Ihrer Werbebotschaft am besten mit Adjektiven. Soll er schnörkellos, provozierend, trendig, frech oder seriös sein? Die Agentur wird die Werbemassnahmen anhand Ihrer Vorgaben kreieren.

6. DOs und DONTs (besondere Vorgaben)

Sind bei der Ausführung der Werbemassnahmen bestimmte Vorschriften oder Vorgaben zu beachten? Das können Corporate-Design-Richtlinien wie auch positive und negative Erfahrungen aus früheren Kampagnen sein.

7. Werbebudget

Wie hoch ist Ihr Mediabudget? Was erhält die Agentur für Ihre Leistung? Wie bei der Werbeplanung besprochen, rate ich Ihnen, das Budget im Voraus nicht zu starr zu setzen. Ein flexibler Budgetrahmen, der nach Möglichkeit auf Erfahrungswerten beruht, ist grundsätzlich die beste Lösung.

8. Terminplan

Wann soll Ihre Kampagne starten oder die Imagebroschüre ausgeliefert werden? Definieren Sie von Beginn weg sämtliche Termine und legen Sie Etappenziele (Milestones) fest. Spezielle Software wie MS Project erleichtert Ihnen die Planung. Besprechen Sie die Termine im Vorfeld mit allen Beteiligten und vergewissern Sie sich, dass die geplanten Termine realistisch sind und eingehalten werden können.

Re-Briefing

Bei umfangreichen oder komplexen Aufgaben erarbeitet die Werbeagentur auf der Grundlage Ihres Briefings ein internes Agenturbriefing. Ein zusätzliches Re-Briefing kann die Zusammenarbeit mit der Agentur effizienter gestalten. In einem mündlichen Re-Briefing können allfällige Unklarheiten und Inputs von der Agenturseite mit dem Auftraggeber besprochen werden. Dieses Vorgehen verhilft dazu, dass Ihr Projekt von Anfang an in den richtigen Bahnen verläuft.

De-Briefing

Das De-Briefing nach Projektabschluss besteht in erster Linie aus Ihrer Rückmeldung an die Agentur bezüglich Qualität und Auftragserfüllung. Möglicherweise liegen beim De-Briefing auch erste Erfahrungen und Auswertungen der

Werbeerfolgskontrolle vor. Ein De-Briefing ist besonders bei grösseren und wiederkehrenden Projekten oder bei aufgetretenen Problemen sinnvoll. Bei kleinen Projekten lässt sich das De-Briefing informell, also mündlich oder telefonisch, abhandeln.

14. Marketingkontrolle

«Gegen das Fehlschlagen eines Planes gibt es keinen besseren Trost, als auf der Stelle einen neuen zu machen.» *Johann Paul Friedrich Richter, Schriftsteller*

Noch ist Ihre Arbeit nicht zu Ende. Mit der Marketingkontrolle stellen Sie fest, ob Sie Ihre Marketingziele erreicht haben, und überprüfen die Effizienz und Effektivität Ihres Marketingplans sowie seiner Umsetzung in die Praxis. Dazu gehören das eigentliche Überprüfen wie auch der vorgängige Aufbau des geeigneten Kontrollsystems. Die systematische Kontrolle können Sie punktuell oder periodisch durchführen. Sie klären damit folgende Fragen:

- Erreiche ich meine Ziele?
- Wie ist die Wirkung meiner getätigten Massnahmen?
- Halte ich mein Marketingbudget ein?

Beherzigen Sie bei der Kontrolle das Motto «**KISS** – Keep It Short And Simple»: Halten Sie es kurz und einfach. Das Überprüfen Ihres Marketingkonzepts sollten Sie einfach, praktikabel und kostengünstig organisieren. Komplizierte, teure Controllingvorgänge belasten Ihr Marketingbudget unnötig und führen dazu, dass diese in der Praxis nicht durchgeführt werden. Dies wäre fatal, denn ohne Kontrolle erhalten Sie nie Klarheit, ob Ihre Marketingaktivitäten greifen und Ihr Marketingbudget richtig eingesetzt ist. Die Erfolgskontrolle hilft Ihnen zudem, Ihre Marketinganstrengungen laufend zu verbessern – ein entscheidender Faktor auf hart umkämpften Märkten.

***KISS-Regel:** Abkürzung für «Keep It Short And Simple» (auch: «Keep It Short And Stupid»); die Regel besagt, dass eine Werbebotschaft stets kurz, einfach und leicht verständlich sein soll.*

Mit der in diesem Kapitel beschriebenen Abweichungsanalyse und den für Sie geeigneten Massstäben zur Messung Ihres Marketingerfolges sind Sie in der Lage, eine praktikable Marketingkontrolle aufzustellen und durchzuführen.

LERNZIELE – *Nach dem Studium dieses Kapitels sind Sie in der Lage ...*

... die Inhalte der Marketingkontrolle zu kennen.
... die Abweichungsanalyse als Regelkreis der Erfolgskontrolle zu verstehen.
... die für Sie am besten geeigneten Messinstrumente zu definieren.
... häufige Fehler bei der Marketingkonzeption zu vermeiden.

14.1 Die Abweichungsanalyse

Als Grundlage der Abweichungsanalyse dienen klar und messbar definierte Ziele (vgl. Kapitel 5.2, «Die SMART-Regel»). Sie bilden die sogenannten Sollwerte. Diese werden anschliessend mit den in einer bestimmten Periode erreichten Resultaten verglichen: den Istwerten. Der Soll-Ist-Vergleich zeigt, ob Sie die vorgegebenen Ziele erreicht haben oder nicht.

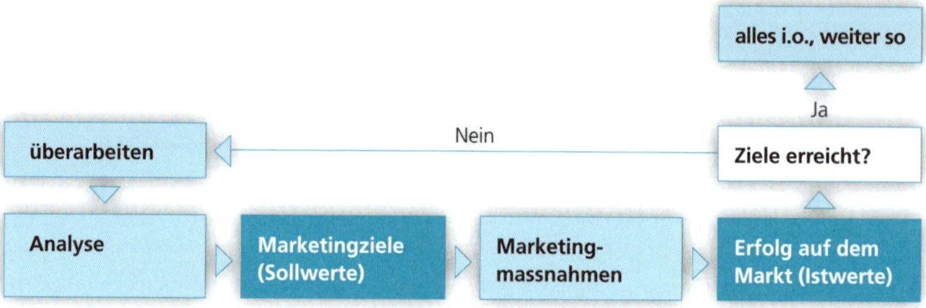

Abb.: Die Abweichungsanalyse als Instrumente der Marketingkontrolle

Nicht erreichte Ziele müssen Sie genauer untersuchen. Die Ursachen einer solchen Soll-Ist-Abweichung können vielfältig sein: Haben sich bestimmte Rahmenbedingungen geändert (veränderte Umweltfaktoren, neue Mitbewerbersituation)? Haben Sie bei der Wahl der Strategie oder deren Umsetzung Fehlentscheide getroffen? Dann müssen Sie Ihre Marketingziele, Ihre Marketingstrategie und/oder Ihre Marketingmassnahmen korrigieren. So oder so sollten Sie jährlich beziehungsweise in regelmässigen Abständen kontrollieren, ob Ihre definierten Ziele noch aktuell sind. Falls nicht, passen Sie Ihre Zielvorgaben an.

14.2 Die Gap-Analyse

Gap-Analyse: *Lückenanalyse; Instrument zur Analyse der Lücke, die zwischen dem künftig angestrebten Zielumsatz und dem prognostizierten Umsatz unter Beibehaltung der aktuellen Marketingstrategien und -aktivitäten entstehen wird.*

Die **Gap-Analyse** (Lückenanalyse) ist eine Sonderform der Abweichungsanalyse. Im Unterschied zu dieser bezieht sich die Gap-Analyse nicht auf die Gegenwart, sondern auf die Zukunft. Sie beruht auf der prognostizierten Umsatzentwicklung. Sie stellen dabei die zu erwartenden Umsätze (unter Beibehaltung der aktuellen Marketingstrategie und des Marketing-Mix) den angestrebten Zielumsätzen gegenüber. Wenn die prognostizierten Sollumsätze nicht mit den angestrebten Zielumsätzen übereinstimmen, entsteht eine Lücke («Gap»).

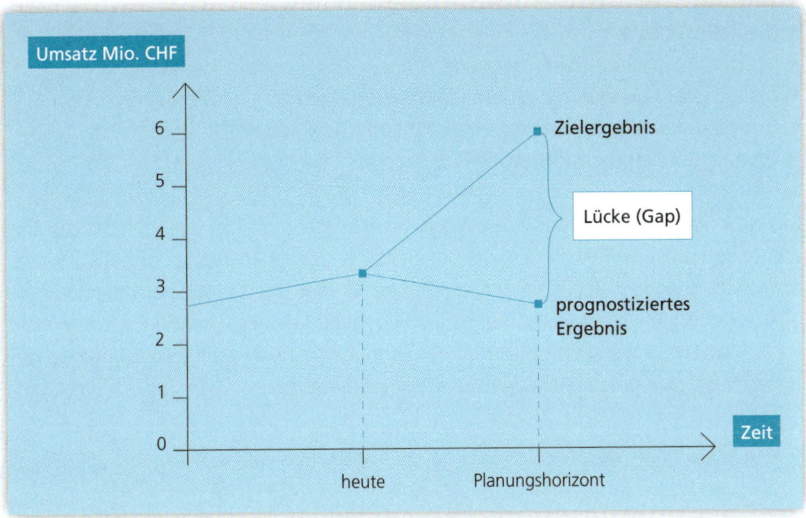

Abb: Gap-Analyse

Die voraussichtlich entstehende Lücke kann mit den vier Wachstumsstrategien nach Ansoff (vgl. dazu Kapitel 6.2, «Wachstumsstrategien») eliminiert werden. Konkret sind dies eine intensivere Marktpenetration, die Entwicklung neuer Produkte, die Erschliessung neuer Märkte oder einer Kombination davon.

Der renommierte Marketingprofessor Malcolm McDonald nennt zwei weitere strategische und operative Ansätze, die mir ebenso spannend erscheinen:

- verbesserte Produktivität (beispielsweise: Kostenreduktion, Erhöhung von Margen, Anpassungen im Preis-Mix)
- weitere Marketinganstrengungen / Entwicklung neuer Strategien (beispielsweise: Neuakquisitionen, eingehen von Kooperationen oder Anpassungen im Marketing-Mix)

Falls die Lücke mit geeigneten Massnahmen nicht zu schliessen ist, müssen die Ziele nach unten korrigiert werden.

14.2 Massstäbe zur Messung des Marketingerfolgs

Die Massstäbe leiten sich von den definierten Zielen ab. Wenn Sie Ihre Ziele – wie im Kapitel 5, «Marketingziele», vorgeschlagen – in ökonomische und psychologische Ziele unterteilt haben, führen Sie auch die Kontrolle nach diesem Schema durch. Ein gut geeigneter Massstab sind die Verkaufszahlen, das heisst der Umsatz in Stücken oder Geldeinheiten. Daneben gibt es noch viele weitere Möglichkeiten. Die Informationen für die Überprüfung stammen dabei aus diesen Quellen:

- Marketinganalysen
- interne und externe Marktforschung
- Management-(Marketing)-Information-System (MIS)
- Customer-Relationship-Management-System (CRM-System)
- Finanz- und Betriebsbuchhaltung

Die folgende Tabelle schlägt Ihnen mögliche Massstäbe (Zielgebiete) und Messinstrumente vor. Dazu ein Beispiel: Ihr Ziel ist es, die Kundenreklamationen pro 1000 Bestellungen bis Ende Jahr um 25 Prozent zu senken. Ein geeignetes Messinstrument könnte eine interne Statistik über die Kundenzufriedenheit sein. Falls das Ziel nicht erreicht wird, müssen Sie geeignete Massnahmen ergreifen, zum Beispiel eine leichter zu öffnende Verpackung oder einen verbesserten Kundenservice.

Marketingkennzahlen (finanziell)	
Massstab (Ziel)	**Messinstrument (Ergebniskontrolle)**
Umsätze/Umsatzsteigerung pro Produkt	Umsatzstatistik pro Produkt
Umsätze/Umsatzsteigerung pro Kunde	Umsatzstatistik pro Kunde
Umsätze/Umsatzsteigerung pro m^2	Umsatzstatistik im Verhältnis zur Ladenfläche in m^2 (wichtige Messgrösse im Detailhandel)
Umsätze/Umsatzsteigerung pro Mitarbeiter	CRM-System, Kassasystem
Umsatz im Verhältnis zu den Mitbewerbern (Marktanteil)	Umsatzstatistik im Vergleich mit Branchenpanels, Statistiken
Produktdeckungsbeiträge	Kostenrechnung (Betriebsbuchhaltung)
Kosten der Marketingabteilung	Budgetvorgaben und Budgetbelastung
Kosten der Marketingmassnahmen	Budgetvorgaben und Budgetbelastung
Markenwert (Brand Equity)	Marktforschung/Analyse
Kundenwert (Customer Lifetime Value)	CRM-System/ABC-Analyse (für Messung der Kundenstruktur)
Produktwerte	ABC-Analyse/BCG-Produktportfolio

Abb.: Finanzielle Massstäbe und Messinstrumente

Marketingkennzahlen (nicht finanziell)	
Massstab (Ziel)	**Messinstrument (Ergebniskontrolle)**
Markenbekanntheit (Brand Awareness)	Umfragen/Marktforschung
Image von Produkten und Unternehmen	Umfragen/Marktforschung
Kundenzufriedenheit	Kundenumfragen in regelmässigen Abständen, Analyse der Kundentreue
Kundentreue	CRM-System, Kundenkartei
Beschwerdemanagement	Kundenumfragen, CRM-System, Analyse der Kundentreue
Neukundengewinne/Kundenverluste	CRM-System, Kundenkartei
Medienresonanz	**Clipping Service** (Medienspiegel): ein Service, der die Frequenz von Mediennennungen eines bestimmten Unternehmens/einer Marke misst
Promotionsmassnahmen	Marktforschung (z.B. Rücklauf bei Direktmarketingmassnahmen) Rechnungswesen (Umsatzsteigerung)

Abb.: Nicht finanzielle Massstäbe und Messinstrumente

Clipping Service: *Ein Service, der die Medienpräsenz Ihres Unternehmens untersucht und an Sie rapportiert.*

Die finanziellen Marketingkennzahlen helfen Ihnen, Ihre ökonomischen Ziele zu überprüfen. Mit den nicht finanziellen Marketingkennzahlen hingegen kontrollieren Sie die psychologischen Ziele.

EXKURS: *Social-Media-Monitoring*

Die klassischen Marketingkontroll- und Marktforschungsinstrumente werden heute durch Social-Media-Monitoring ergänzt. Beiträge auf Social-Media-Plattformen, die sich auf Ihr Unternehmen beziehen (vgl. dazu auch Kapitel 10.3, «Social-Media-Marketing»), müssen systematisch überwacht werden. Allenfalls erfordern diese Beiträge Ihr Feedback oder gar Marketingmassnahmen.

Lokalisieren Sie zuerst die für Sie relevanten Social-Media-Plattformen (z.B. Social Networks, Blogs, Foren, Review Sites, Wikis). Um einen Überblick darüber zu gewinnen, was über Ihr Unternehmen veröffentlicht und diskutiert wird, können Sie auf hilfreiche Tools zurückgreifen: Spezialisierte Suchmaschinen wie

Icerocket (Blogsuche), Twitter Search oder Google Alerts durchforsten das Internet nach relevanten Informationen. Es gibt auch CRM-Software, die sich mit Social-Media-Monitoring-Software erweitern lässt.

Von Social-Media-Monitoring können Sie wie folgt profitieren:

- Nutzen Sie auf Social-Media-Plattformen Veröffentlichtes zu Marktforschungszwecken: Sie erfahren wertvolle Rückmeldungen zu Ihrem Unternehmen und Ihren Produkte. Und Sie lernen Ihre Mitbewerber und aktuelle Trends besser kennen.
- Was wird über Sie generell berichtet? Wie steht es um Ihr Corporate Image? Analysieren Sie, ob Ihre Wahrnehmung des Unternehmens mit der Aussenwahrnehmung übereinstimmt.
- Stehen Ihr Unternehmen, Ihre Dienstleistungen oder Produkte in der Kritik? Reagieren Sie darauf mit einer Rückmeldung und zeigen Sie sich gewillt, die Probleme zu lösen. Passen Sie Ihre Marketingmassnahmen wenn nötig an.
- Welches sind die Wünsche und Bedürfnisse Ihrer aktuellen und potenziellen Kunden? Überlegen Sie sich, wie Sie diese erfüllen können.
- Beobachten Sie die Aktivitäten Ihrer Mittbewerber. Achten Sie insbesondere darauf, welche Informationen Ihre Mitbewerber beispielsweise in Foren von Marktteilnehmern erfahren wollen. Möglicherweise richten sich die Mitbewerber strategisch neu aus. Reagieren Sie gegebenenfalls.
- Versuchen Sie, Opinionleader auszumachen und treten Sie mit Ihnen in Kontakt, um sie für Ihre Anliegen zu gewinnen.

Laufende Qualitätskontrolle

Neben der periodischen Überprüfung Ihrer Marketingziele müssen Sie in Ihrem Marketingalltag laufend Qualitätskontrollen durchführen. Getreu der Devise «Vertrauen ist gut, Kontrolle ist besser» sollten Sie immer wieder prüfen, ob Ihre gebuchten Inserate an der richtigen Stelle erschienen sind, Ihre Imagebroschüre termingerecht gedruckt wurde oder die Kosten eines Fotoshootings eingehalten wurden.

Oftmals lassen sich negative Überraschungen vermeiden, wenn Sie stets auf die geforderte Qualität achten. Arbeiten Sie mit renommierten und qualifizierten Partnern zusammen. Bei erstmaligen Zusammenarbeiten sollten Sie ein Muster organisieren oder eine seriöse Referenz einholen. So empfehle ich Ihnen beispielsweise bei der Zusammenarbeit mit einem neuen Texter, zunächst einen kleinen Absatz redaktionell bearbeiten zu lassen. So sehen Sie sofort, ob der Stil Ihnen passt oder nicht.

Mystery Shopping

Die Einhaltung von definierten Dienstleistungs- und Servicestandards kann mittels einer Mystery-Shopping-Analyse überprüft werden. Dabei testen als normale Kunden getarnte Experten das Verhalten oder die Beratungsqualität von Mitarbeitenden, die Servicequalität oder das Erscheinungsbild am Point of Sale. Neben den bewährten Testkäufen (Mystery Shopping im engeren Sinne) wird diese Analyse auch mit Testanrufen (Mystery Calls) oder durch Mystery Guests durchgeführt. Letztere übernachten in Hotels, decken Mängel auf und rapportieren diese an die Auftraggeber.

Mistery Shopping: *Analyse der Dienstleistungsqualität eines Unternehmens durch Testkäufer (Mistery-Shopper).*

EXKURS: *Fehler bei der Marketingkonzeption*

Haben Sie bei der Marketingkontrolle festgestellt, dass Sie Ihre Ziele verfehlt haben? Dann müssen Sie unbedingt herausfinden, was falsch gelaufen ist – und was Sie künftig verbessern können. Hier eine Übersicht über die häufigsten Fehler bei der Marketingkonzeption und deren Umsetzung:

Fehlendes Marketingverständnis im Unternehmen

Ist das Marketingdenken bei all Ihren Mitarbeitenden stark ausgeprägt? Nicht nur die Mitarbeitenden der Marketingabteilung sollten sich der Wichtigkeit des Marketings bewusst sein. Auch beispielsweise das Personal der Logistikabteilung sollte die Unternehmenswerte nach aussen tragen, da es wesentlich zur Reputation Ihres Unternehmens beiträgt.

Nichtbeachten von Umfeld und Mitbewerbern

Was bieten Ihre Mitbewerber und wie sieht Ihr Umfeld aus? Analysieren Sie Ihren Markt genau und reagieren Sie frühzeitig auf Veränderungen in Ihrem Umfeld. Seien Sie aufmerksam! Nur wer seine Mitbewerber kennt, kann auf deren Massnahmen rechtzeitig reagieren.

Nichtbeachten von Kundenwünschen

Entspricht Ihr Angebot überhaupt den Anforderungen Ihrer Kunden? Unnötige oder unausgereifte Produkte finden keinen Anklang und lassen sich nicht oder nur in geringer Anzahl auf dem Markt absetzen.

Wahl der falschen Zielgruppe

Sind Sie sicher, dass Sie die richtige Zielgruppe definiert haben? Auch das Wählen einer zu breiten Zielgruppe kann sich nachteilig auswirken, denn nicht jeder und jede wird an Ihrem Angebot interessiert sein, was zu Streuverlusten führt. Oder anders gesagt: Ihr wertvolles Marketingbudget versandet ohne Wirkung.

Angebot ist zu wenig bekannt

Kennen Ihre potenziellen Kunden Ihr Angebot? Das beste Produkt nützt nichts, wenn es nicht bekannt ist. Unternehmen Sie die nötigen Promotionsanstrengungen und machen Sie Ihr Produkt Ihrer künftigen Käuferschaft schmackhaft. Nur so werden Sie Ihren Umsatz steigern. Natürlich reicht dazu keine einmalige Eröffnungskampagne; gefragt sind langfristig geplante Kommunikationsmassnahmen.

Angebot ist nicht erhältlich

Ist ihr Produkt überhaupt erhältlich? Das beste Produkt und die intensivsten Promotionsanstrengungen sind wertlos, wenn Sie nicht liefern können. Das richtige Produkt muss in der richtigen Menge und zur richtigen Zeit am richtigen Ort verfügbar sein.

Zu ambitionierte Ziele

Haben Sie Ihre Ziele nach der SMART-Regel formuliert? Unrealistische oder vage Ziele werden Sie nie erreichen. Da helfen weder die richtige Strategie, noch ein cleverer Marketing-Mix oder die richtige Umsetzung etwas.

Schlecht umsetzbares Marketingkonzept

Sind Ihre Vorgaben aus dem Marketingkonzept praxistauglich? Lassen diese sich mit konkreten Massnahmen umsetzen? Ihr Marketingkonzept muss realistisch und in die Praxis umsetzbar sein. Für die Einführung neuer Produkte ist der richtige Zeitpunkt ausserordentlich entscheidend.

Pink Grapefruit
Jelly Belly
Piña Colada
Watermelon
A&W Cream Soda
Dr Pepper
A&W Root Beer
Peach Jelly Belly
Raspberry Jelly Belly
Chocolate Pudding Jelly Belly

Anhang

Dylan's, Candy Bar, New York

Destination Davos Klosters: Marketingkonzept 2008 bis 2012

DAVOS KLOSTERS

Ausgangslage

Das Marketingkonzept der Destination Davos Klosters soll das Denken und Handeln der touristischen Interessen beeinflussen, auf gemeinsame Ziele ausrichten und so den Erfolg der Marke Davos Klosters und damit den Erfolg als prosperierende Tourismusregion fördern. Es stützt sich auf das Leitbild der Gemeinde Davos (vgl. www.gemeindedavos.ch/006dav_020000_de.htm) und die vorangehenden Marketingkonzepte 2004 bis 2008 von Davos und Klosters. Das vorliegende Konzept zeigt die zukünftige, längerfristige Stossrichtung des Marketings für den Tourismus in Davos Klosters auf und bildet die Richtlinien für alle Aktivitäten für die kommenden Jahre.

Credo

«Davos Klosters ist das lebendige, dynamische und innovative Unternehmen, das gemeinsam den Erfolg der Region Davos Klosters anstrebt.» Dieses Credo steht ganz am Anfang des Marketingkonzepts 2008 bis 2012, bildet dessen Grundlage und bestimmt somit die strategische Ausrichtung der Destination Davos Klosters.

Teil I: Die Analyse

1.1 Interne Analyse

Vision – wo will Davos Klosters in den nächsten fünf Jahren sein?

Die Region Davos Klosters ist die führende Tourismus- und Kongressdestination im Alpenraum und nimmt eine Trendsetterrolle im Tourismus ein. Sie bietet eine breite, qualitativ hochstehende und innovative Angebotspalette als Winter- und Schneesporteldorado. Auch für den alpinen Sommer und den MICE-Bereich (Geschäftstourismus) ist sie die führende Tourismusmarke im Alpenraum.

Werte – die Grundhaltung von Davos Klosters

- Die Region Davos Klosters bietet in allen Segmenten ein qualitativ hochstehendes Produkt mit ausgezeichnetem Service und Image

- Der Gast soll in Davos Klosters die schönsten Tage des Jahres verbringen. Mit Lebensfreude soll er in den Alltag zurückkehren.
- In Davos Klosters kann man es sich gut gehen lassen und sich etwas gönnen.
- In der Region Davos Klosters leben freundliche Menschen, die Freude am Kunden und der Dienstleistung haben.
- Davos Klosters verbindet Stadt und Land, Urbanes und Ursprüngliches.
- Projekte und Produkte, die ökologisch und sozial nachhaltig sind, werden gefördert und unterstützt.

Positionierung – wofür steht Davos Klosters

Die Region Davos Klosters …
- setzt auf Qualitäts-, Premium- und Lifestyleprodukte
- bietet gepflegten Service entlang der gesamten Dienstleistungskette
- pflegt den Kontrast Stadt / Land mit der entsprechenden Angebotsvielfalt
- ist dynamisch und innovativ: «Berge sind cool»
- bietet unberührte Natur
- ist umweltfreundlich
- nimmt eine Vorreiterrolle im Bereich «Gesundheit & Prävention» ein
- ist international

Gästestatistik

Die Gästestatistik wird jährlich erstellt. Sie dient unter anderem als Instrument zur Erfolgskontrolle.

		Logiernächte			
Jahr	Ankünfte	Hotels und Pensionen	Parahotellerie	Kliniken	Total
2003/04	394 533	782 337	1 136 758	215 414	2 134 509
2004/05	392 738	772 563	1 110 151	181 234	2 063 948
2005/06	405 104	793 535	1 133 434	138 461	2 065 430
2006/07	418 676	833 734	1 220 389	137 239	2 191 362
2007/08	439 999	874 409	1 273 754	139 064	2 287 227

Abb.: Statistik Logiernächte

Unique Selling Proposition – was macht Davos Klosters einzigartig?

Die USP von Davos Klosters ist die Vielseitigkeit der Destination. Dabei bietet sie auch Kontraste wie: Stadt / Land, Tradition / Moderne, vielseitiges Angebot / unberührte Landschaft, quirliges Leben / faszinierende Stille, moderne Kongressinfrastruktur / fantastische Berglandschaft, Jung / Alt.

1.2 Externe Analyse

Mitbewerber

In den letzten Jahren wurden alpine Feriendestinationen zunehmend mit der Herausforderung von tendenziell sinkender Aufenthaltsdauer sowie wachsender Konkurrenz im Bereich der Städtereisen und Ferien am Meer konfrontiert. Wesentlich dazu beigetragen hat sicherlich die massive Verbilligung der Flugpreise. Folgende Destinationen wurden als direkte Mitbewerber eruiert:

- Orte mit vergleichbarem Angebot im schweizerischen und europäischen Ausland
- Wintersportorte in den USA und Kanada für Gäste aus Europa und Übersee
- Orte mit Bergmonumenten, berühmten Sehenswürdigkeiten oder typischen Schweiz-Klischees (Matterhorn, Jungfrau, Titlis, Oberengadin, Luzern usw.)
- Destinationen, die alternative Ferienbedürfnisse decken (Strandferien, Städtereisen, Wellnessferien, Fernreisen, Billigreisen)

Trends im Schweizer Reisemarkt

Folgende wichtige Trends, die auf die Destination Davos Klosters eine direkte oder indirekte Auswirkung haben, konnten in den vergangenen Jahren eruiert werden:

- Buchungen für Hotels und Ferienwohnungen erfolgen immer kurzfristiger
- die Aufenthaltsdauer hat sich verkürzt; es wird öfter und kürzer verreist und Tagesausflüge nehmen zu
- Zeit haben für sich, den Partner, die Familie, Freunde, gewinnt stark an Bedeutung als wichtigstes Ferienmotiv
- «Intakte Natur geniessen» steht nach wie vor im Vordergrund (intakte Natur bedeutet aber auch eine Natur, die Raum und «Infrastruktur» für Aktivitäten bietet)
- die Schweiz bleibt das beliebteste Reiseziel der Schweizerinnen und Schweizer
- der Trend bei den Unterkünften geht einerseits in Richtung hochwertiges Angebotssegment, andererseits aber auch in Richtung sehr preisgünstige Unterkünfte; das Mittelmass verliert an Boden

1.3 SWOT-Analyse

Stärken (intern)

- intakte und qualitativ hochstehende touristische Infrastruktur (Unterkünfte, Bergbahnen, Kongresszentrum, Sport, öffentlicher Verkehr usw.)
- Verbindung und Harmonie von Stadt und Land
- intakte und gepflegte Natur und Landschaft
- gut diversifiziertes Gästeportfolio aus Freizeit- und Businesstourismus
- aktive, innovative und gesunde Landwirtschaft
- Anstrengungen im Umweltschutz; z.B. das Umweltlabel «Energiestadt»
- klimatische Bedingungen (Höhenlage, Schneesicherheit, schadstoffarm, pollenfrei, geeignet für Allergiker) als Voraussetzung für den Gesundheitsplatz und Sportort
- Angebotsbreite und Angebotsvielfalt inkl. Veranstaltungen und Events
- gute verkehrstechnische Erschliessung inkl. öffentlichen Verkehrs in Davos
- Identifikation aller am Tourismus beteiligten Parteien mit der Marke Davos und ihren Werten
- verstärkte gemeinsame Nutzung des Netzwerkes von Davos und Klosters (Destination Davos Klosters, touristische Anbieter) sowie – wo es Sinn macht – Kooperationen und gemeinsame Aktivitäten mit den Leistungsträgern vor Ort zur Erreichung der grösstmöglichen Synergien
- Sicherheit, Zuverlässigkeit und Konstanz im Angebot und Service
- die starke und bekannte Marke Davos Klosters bleibt als Kooperationspartner attraktiv
- vielseitiges Tourismusangebot auch bei schlechtem Wetter

Schwächen (intern)

- hohe Verkehrsaufkommen im Ort und auf den Zufahrten mindern die Erholungsqualität
- die hohen und für den Gast schwer nachvollziehbaren Preisdifferenzen zwischen Sommer- / Wintersaison und unvernünftiges Preisdumping bei den Unterkünften schaden dem Image
- Missverhältnis zwischen Ferienwohnungs- und Hotelbettenangebot und zu hoher Zweitwohnungsanteil
- die breite Angebotspalette, viele verschiedene Zielsegmente und beschränkte finanzielle Marketingmittel erlauben keine optimale und breite Marktbearbeitung
- teilweise die Qualität der Hotellerie
- das Ortsbild von Davos
- Gästemix im Sommer (vor allem 60+ und Gruppen)

Chancen (extern)

- die Anzahl Personen, die sich Ferien leisten können, steigt weltweit
- dem Reise- und Freizeitmarkt kommt eine immer wichtigere Rolle zu
- sportliche Betätigung in diversen Varianten liegt im Trend
- Auszeiten in der Umgebung von unverbrauchter Natur (back to the roots) wird vermehrt nachgefragt
- mit der fortscheitenden Klimaerwärmung wird die Auswahl an Wintersportdestinationen abnehmen; Davos Klosters gilt als schneesicher
- bei steigenden Temperaturen lockt es im Sommer wieder mehr Leute in die kühlen Berge statt an heisse Strände

Gefahren (extern)

- mangelnde Sensibilität im Ort für den Davoser Hauptwirtschaftszweig Tourismus
- mangelnde Sensibilität bei infrastrukturellen Investitionen im Freizeit- und Tourismusbereich
- mangelndes Qualitätsbewusstsein und Flexibilität bei Leistungsträgern
- sinkende Auslastungszahlen fördern zugunsten der Quantität ein Preisdumping und mindern so die Wertschöpfung
- kleine Betriebe können in dieser nach unten drehenden Preisspirale sehr schwer mithalten
- Vernachlässigung der Sommersaison bei den Leistungsträgern (Hotels, Bergbahnen, Restaurants, Handel usw.) kann sich längerfristig negativ auf die Wintersaison auswirken
- unsichere Zukunft in der Hotellerie und somit im Hotelangebot durch den grossen Investitionsbedarf bei einzelnen Häusern
- unsichere Mittel zur Erhaltung und Optimierung der Bergbahnen und der jeweiligen Infrastruktur in den Gebieten

Teil II: Strategische Vorgaben

2.1 Ziele

Die Region Davos Klosters setzt auf Qualität. Sie ist die gepflegte, stilvolle Alpendestination und setzt Massstäbe in Sachen Innovation und Servicequalität im Freizeittourismus, im Kongresswesen sowie als Veranstaltungsort. Folgende Ziele werden verfolgt und jährlich überprüft:

Ökonomische (quantitative) Ziele

- neue Gäste aus bisherigen Kernmärkten bis 2012 um 5 Prozent steigern
- neue Gäste aus neuen Märkten bis 2012 um 10 Prozent steigern
- neue MICE-Gäste (Meetings, Incentives, Conventions, Events – Geschäftstourismus) bis 2012 um 5 Prozent steigern
- zwei neue Veranstaltungen im Sommer, in der Vorsaison und Nebensaison bis 2012
- drei neue Sommer- und zwei neue Winterangebote bis 2012

Psychologische (qualitative) Ziele

- Realisierung der DMO (Destinations-Management-Organisation) Davos Klosters
- Position als «Top five»-Destination im Alpenraum ausbauen
- Steigerung der Auslastung auf zehn Monate
- Steigerung der Wertschöpfung
- Qualität kommt vor Quantität, das heisst Davos Klosters bietet qualitativ hochstehenden, stilvollen Tourismus im Freizeit- wie im Geschäftssegment
- Aufbau der innovativsten Produktpalette im Sommer wie im Winter
- Aufbau der entsprechenden Infrastruktur
- Davos Klosters ist führender Veranstaltungs- und Kongressort der Alpen
- Steigerung der Identifikation der Bevölkerung
- die Marke Davos Klosters hat gegenüber der Konkurrenz eine klare Differenzierung

2.2 Strategie

Zielmarktstrategie (Marktbearbeitungsstrategie)

Geografisch wird der Fokus aufgrund der Gästeherkunft auf folgende vier Länder gelegt:

1. Schweiz (64 Prozent der Gäste)
2. Deutschland (30 Prozent der Gäste)
3. UK (4 Prozent der Gäste)
4. Niederlande (3 Prozent der Gäste)

Zusätzlich werden potenzielle Märkte wie Russland, Skandinavien und Italien gefördert.

Zielgruppen (Marktbearbeitungsstrategie)

Die Region Davos Klosters spricht mit ihrem breiten Angebot im Sommer wie im Winter ein vielschichtiges Publikum an. Generell sind Gäste mit einer hohen Wertschöpfung besonders wünschenswert. Grob lässt sich die Hauptzielgruppe der Priorität nach in folgende Gäste unterteilen:

1. Individualgäste
2. Tagungsveranstalter (Kongress- und Seminargäste)
3. Reiseveranstalter

Analog zu den Zielgruppen werden auch die Teilmärkte nach deren Ausrichtung in drei Hauptgruppen unterteilt:

1. Ferien und Freizeit (inklusive Sport und Kultur)
2. Business
3. Gesundheit und Medizin (inklusive Leistungssport / Training)

Präferenzstrategie (Wettbewerbsstrategie)

Die Destination Davos Klosters setzt auf eine Qualitätsführerschaft. Sie ist die gepflegte, stilvolle Alpendestination, setzt Massstäbe in Sachen Innovation und Servicequalität im Freizeittourismus, im Kongresswesen sowie als Veranstaltungsort mit hoher Erlebniskomponente. Die Mitgliedschaft im exklusiven Zusammenschluss «Best of the Alps» verdeutlicht die eingeschlagene Präferenzstrategie zusätzlich.

Kooperationsstrategie (Wettbewerbsstrategie)

Davos Klosters pflegt mit Unternehmen beziehungsweise Organisationen aus verschiedenen Branchen strategische Kooperationen. Nach dem Grundsatz 1+1=3 wird mit folgenden Unternehmen und Institutionen eine langjährige Partnerschaft angestrebt:

- Landschaft Davos Gemeinde
- Gemeinde Klosters
- Schweiz Tourismus
- Graubünden Ferien
- «Best of the Alps» (inklusive Partnerschaft mit Swiss International Air Lines AG, Tommy Hilfiger und Volant Ski)
- Annual Meeting Davos of the World Economic Forum
- Leistungsträger von Davos Klosters (beispielsweise Hotellerie, Gastronomie, Bergbahnen und lokale Produzenten)

Zusätzlich wird eine aktive Zusammenarbeit mit den selektiv ausgewählten Schwesterstädten Chamonix (Frankreich), Sanada (Japan), Aspen (USA) punktuell gefördert.

Corporate Identity

Seit dem Zusammenschluss von Davos- und Klosters-Tourismus zu einer einzigen Organisation bestehen neue Vorgaben zum Corporate Design. Sämtliche CD-Richtlinien sind verbindlich und in einem speziellen Manual geregelt.

Teil III: Der Marketing-Mix

3.1 Product – was kann der Gast in Davos Klosters erwarten?

Davos Klosters bietet das ideale Umfeld für einen aktiven Urlaub in einer herrlichen Berglandschaft. Die Tourismusregion verfügt über 300 auf fünf verschiedene Gebiete verteilte Pistenkilometer sowie 110 km Langlaufloipen. Sechs verschiedene Schlittelbahnen, Eissportarten wie Eislaufen, Eishockey, Curling oder Gleitschirmfliegen ergänzen das abwechslungsreiche Angebot in freier Natur. Ebenso laden 157 km gepfadete Winterwege zum Entdecken der Landschaft ein.

Auch im Sommer fehlt es an nichts. Dann erwarten die Gäste Tennis- und Fussballplatze, ein idyllisch gelegener 9 sowie 18-Loch-Golfplatz und eine Kunsteisbahn, auf der sich selbst im Sommer Pirouetten drehen lassen. Dazu kommen unzählige Freizeitmöglichkeiten wie beispielsweise Rodeln auf der Sommerrodelbahn Schatzalp, Klettern oder Minigolf sowie Sportereignisse wie der Swiss Alpine Marathon, das Swiss Bike Masters in Kublis, das Sertig-Schwinget oder das Treffen der Harley-Davidson-Fahrer. Die Bergbahnen führen die Gäste auf atemberaubende Bergspitzen. Zusätzlich bilden über 700 km Wanderwege, mehr als 600 km Bikerouten und Gleitschirm-Tandemflüge ein Angebot, das seinesgleichen sucht.

Das Angebot von Davos Klosters richtet sich nach den folgenden Grundsätzen:

- der Qualitätsanspruch soll für die Gäste überall spürbar sein
- Davos Klosters bietet einerseits hochwertige Spitzenprodukte an, andererseits werden «cheap & chic»-Produkte mit hohem Trendanteil entwickelt und gefördert
- Umweltprodukte sind ein wichtiger Bestandteil der Produktpalette; sie werden entwickelt (Anfahrt, Aufenthalt, Hotels) und gefördert
- Prävention, Gesundheit, Bewegung sind wichtige, zukunftsträchtige Produkte und werden entwickelt und umgesetzt
- es werden typische Angebote von marktgerechter Qualität gefördert

- Veranstaltungen sind ein zentraler Teil im Angebot und werden entsprechend gepflegt und (mit-)gestaltet

Packages

Davos Klosters begegnet den zunehmenden Anbietern von Billigdestinationen mit gezielten Aktionen wie «Davos Klosters Inclusive» (u.a. gratis Bergbahnbenutzung) und attraktiven Pauschalangeboten sowie vielen weiteren Massnahmen. Strategisch gesehen ist die Destinationsbildung mit Klosters eine der wichtigsten Massnahmen. Damit kann die Destination Davos Klosters ihren Gästen künftig als «Gesamtunternehmung» ein noch reichhaltigeres Angebot mit noch mehr Komfort und Convenience bieten.

Davos Klosters inklusive Card

Mit der Gästekarte profitieren die Gäste von zahlreichen Gratisleistungen, Vorteilen und Preisvergünstigungen. Dazu zählt die kostenlose Benutzung (auf definierten Strecken) der Verkehrsbetriebe der «Landschaft Davos», dem Ortsbus Klosters-Serneus, der Rhätischen Bahn von Klosters bis Filisur und der Bergbahnen (im Sommer). Die Gästekarte gilt zudem auf der Eisbahn, beim Gleitschirmfliegen, in den Golfclubs Davos und Klosters sowie im Schwimmbad Klosters.

3.2 Price

Davos Klosters Tourismus ist eine Angebotsvermittlerin und Marketingorganisation der Destination Davos Klosters. Daher erhält sie Beiträge der öffentlichen Hand: die sogenannte Tourismusförderungsabgabe (TFA). Weitere wichtige Einnahmequellen stammen von Verkaufsförderungsaktionen sowie Beiträgen an Broschüren.

3.3 Place

Das Angebot von Davos Tourismus ist über folgende Kanäle buchbar:

- Website: www.davos.ch und den Tourismusbüros in Davos und Klosters
- Schweiz Tourismus
- Swiss Convention Center
- Graubünden-Ferien
- Messen

Speziell zu erwähnen ist das neue Reise- und Infozentrum im Bahnhof Davos Dorf. Die Kunden der Rhätischen Bahn und die Gäste der Region Davos Klosters finden hier an einem Ort ein sich perfekt ergänzendes Dienstleistungsangebot.

3.4 Promotion – wie wird der Gast angesprochen?

Die einzelnen Promotionsmassnahmen werden laufend geplant (vgl. auch Mediaplanung 2009). Folgende groben Richtlinien gelten dabei:

- die Kommunikation konzentriert sich auf die Zielgruppen, Märkte und Produkte mit dem höchsten Potenzial, den besten Entwicklungschancen und der grössten Wertschöpfung
- Bestandteile der Kommunikation sind ein einheitliches und starkes Corporate Design, proaktive Public & Media Relations, klare und prägnante Werbeaussagen zur Region Davos Klosters sowie eine aktive Verkaufsförderung in den definierten Zielmärkten
- Leistungsträger, die das Logo in ihre eigenen Kommunikationsmassnahmen integrieren, müssen den Qualitätsstandard einhalten
- Kooperationen, beispielsweise mit einem Hotelbetrieb, spielen bei der Kommunikation eine wichtige Rolle; so lassen sich unter anderem Kosten sparen
- besonders gefördert wird das neue Marketing-Tool «Davos Klosters TV» (www.davosklosters.tv); das Magazin wird wöchentlich produziert und auf dem lokalen TV-Kanal sowie auf Züri+ und im Web ausgestrahlt

3.5 People

Die in der Marketingstrategie nach aussen angestrebte Positionierung wird auch gelebt. Dies bedingt ein Marketing nach innen. Zentrale Punkte sind:

- das Schaffen einer Servicekultur
- das Vermitteln und Vorleben von Werten
- Attraktivität auf dem Arbeitsmarkt führt zu gut qualifizierten Arbeitskräften
- die Motivation der Mitarbeitenden durch interne Kommunikation und Ausbildung
- das Betrachten der Mitarbeitenden als wichtigste Kunden

Diese weichen Faktoren (Betreuung vor Ort, Motivation und Freundlichkeit der Mitarbeitenden, Image) sind ein wichtiger Differenzierungsbestandteil und führen zu einer Zunahme der Stammkunden und zu verstärkter Gästeloyalität.

Teil IV: Die Implementierung

4.1 Budget

Das Marketingbudget wird jeweils im Herbst nach der Ziel-Massnahmen-Methode erstellt. Falls erforderlich kann es unter dem Jahr leicht angepasst werden.

	Aufwand	Ertrag
Tourismusförderungsabgabe		1 878 000.00
Personal-, Büro- und Reisekosten	859 000.00	2 000.00
Inserate und elektronische Medien	225 000.00	38 000.00
Prospekte und Plakate	353 000.00	319 000.00
Dias, Werbematerial und Agentur	162 000.00	13 000.00
Verkaufsförderung	942 000.00	554 000.00
Öffentlichkeitsarbeit und Pressebetreuung	430 000.00	106 000.00
Einlage und Bezug Marketingfonds		50 000.00
Total	**2 971 000.00**	**2 960 000.00**

Abb.: Marketingbudget 2007/2008

4.2 Massnahmen – wie wird das Marketingkonzept konkret umgesetzt?

Die Umsetzung des Marketingkonzepts und insbesondere der Massnahmen soll bei der Destination Davos Klosters und allen Leistungsträgern geschehen. Es bedarf des Engagements aller am Tourismus Beteiligten beziehungsweise aller Mitarbeitenden des Unternehmens Davos Klosters, um eine erfolgreiche Umsetzung sowie die gesetzten Ziele für die Tourismusregion erreichen zu können.

Es werden dazu Projektteams zu den einzelnen Themen gebildet, die die Massnahmen und Meilensteine definieren und jährlich deren Umsetzung kontrollieren und weiterentwickeln. Die Koordination dazu liegt bei der Destination Davos Klosters.

Mediaplanung

Im Jahre 2009 sind auf dem Schweizer Markt (für weitere ausländische Märkte bestehen zusätzliche Mediapläne) folgende Kommunikationsmassnahmen umgesetzt worden (Auszug):

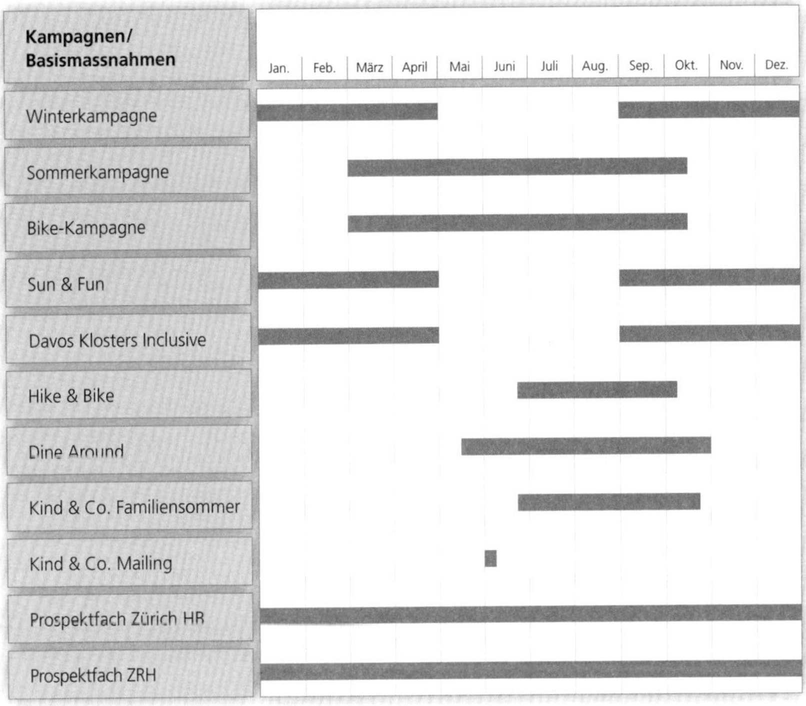

Abb.: Auszug aus dem Mediaplan für das Jahr 2009

Organisation

Die Division Davos Klosters Tourismus kümmert sich um die touristische Vermarktung und den Verkauf von touristischen Leistungen. In diesen Bereich werden die Abteilungen Verkauf, Kommunikation, Product Management, Klosters und Gästeberatung integriert.

Abb.: Organigramm Davos Klosters Tourismus

4.3 Erfolgskontrolle

Gästeumfragen

Ebenfalls in Zusammenarbeit mit den Kooperationsdestinationen «Best of the Alps» werden in regelmässigen Abständen Gästeumfragen zur Qualitätssicherung durchgeführt.

Statistiken

Vorab bei der Überprüfung der ökonomischen Ziele müssen die drei W «Währung», «Wetter» und «Wirtschaft» als externe Einflussfaktoren berücksichtigt werden. Neben den durchgeführten Marketingmassnahmen können diese einen grossen Einfluss auf die Zielerreichung haben.

Überprüfung der Medienarbeit

Die Medienarbeit wird anhand einer neu eingeführten Medienstatistik und einem Pressespiegel kontrolliert. Dank dieser Erkenntnisse kann die Zusammenarbeit mit den Medien auf lokaler, regionaler und nationaler Basis an der richtigen Stelle weiter ausgebaut werden.

Überprüfung Strategie

In regelmässigen Abständen werden mit den beteiligten Parteien beziehungsweise den Mitgliedern der lokalen Arbeitsgruppe Sitzungen zur Bestandesaufnahme durchgeführt. Die Mitglieder beziehungsweise Vereine verpflichten sich, an jeder Sitzung teilzunehmen. Bei Bedarf und bei grundsätzlich veränderten Gegebenheiten kann die Strategie angepasst werden.

Q-Gütesiegel

Weiter bürgt das «Q» Qualitäts-Gütesiegel des Schweizer Tourismusverbandes dafür, dass die hohen Standards der definierten Servicequalität vom Informationsbüro Davos eingehalten werden. Dies wird alle drei Jahre von Schweiz Tourismus überprüft.

Quellenverzeichnis

Becker, J. (2001): Marketing-Konzeption. Grundlagen des ziel-strategischen und operativen Marketing-Managements, 7. Aufl., München.

Becker, J. (2005): Das Marketingkonzept. Zielstrebig zum Markterfolg, 3. Aufl., München.

Berekoven, L. / Eckert, W. / Ellenrieder, P. (2004): Marktforschung. Methodische Grundlagen und praktische Anwendungen, 10. Aufl., Wiesbaden.

Bortoluzzi Dubach, E. / Frey, H.R. (2000): Sponsoring. Der Leitfaden für die Praxis, 2. Aufl., Bern.

Bruhn, M. (2004): Marketing. Grundlagen für Studium und Praxis, 7. Aufl., Wiesbaden.

Burk Wood, M. (2004): Marketing Planning. Principles into practice, Harlow.

Buser, T. / Welte, B. (2006): Customer Relationship Management für die Praxis, Zürich.

Butler, R.S. (1914): Marketing methods and salesmanship, New York.

Chesbrough, H. (2011): Open Service Innovation: Rethinking your business to grow and compete in a new area, San Francisco

Dibb, S. / Simkin, L. / Pride, W.M. / Ferell, O.C. (2006): Marketing. Concepts and Strategies, Boston.

Diller, H. (1998): Marketingplanung, 2. Aufl., München.

Drummond, G. / Ensor, J. (2005): Introduction to Marketing Concepts, Oxford.

Ergenzinger, R. / Thommen J.P. (2005): Marketing. Vom klassischen Marketing zu Customer Relationship Management und E-Business, 2. Aufl., Zürich.

Gottschling, S. (Hrsg.) (2010): Online-Marketing-Attacke, Augsburg.

Groucutt, J. (2005): foundations of marketing, New York.

Haig M. (2003): Brand Failures. The truth about the 100 biggest branding mistakes of all time, London.

Hartleben, R. E. (2001): Werbekonzeption und Briefing, Erlangen.

Homburger, C. / Krohmer, H. (2006): Marketingmanagement. Strategie – Instrumente – Umsetzung – Unternehmensführung, 2. Aufl., Wiesbaden.

Kotler, P. (2000): Marketing Management. The Millennium Edition, New Jersey.

Kotler, P. (2004): Philip Kotlers Marketing Guide. Die wichtigsten Ideen und Konzepte, Frankfurt.

Kotler, P. (2005): FAQ's zum Marketing. Was Sie über Marketing wissen sollten, München.

Kotler, P. / Bliemel, F. (2006): Marketing-Management, Analyse, Planung und Verwirklichung, 10. Aufl., München.

Kühn, R. / Reimer, A. / Fasnacht, R. (2006): Marketing. Systeme, Strategie und Instrumente, Bern.

Kuss, A. / Tomczak, T. (2004): Marketingplanung. Einführung in die marktorientierte Unternehmens und Geschäftsfeldplanung, 4. Aufl., Wiesbaden.

Lombriser, R. / Abplanalp, P.A. (1998) Strategisches Management. Visionen entwickeln – Strategien umsetzen – Erfolgspotentiale aufbauen, 2. Aufl., Zürich.

McDonald, M. (2002): How come your Marketing plans aren't working? The essential guide to marketing planning, London.

McDonald, M. (2002): Marketing Plans. How to prepare them, how to use them, 5. Aufl., Oxford.

McDonald, M. / Morris, P. (2005): The Marketing Plan. A pictorial guide for managers, Burlington.

Meffert, H. / Burmann, C. / Kirchgeorg, M. (2008): Marketing. Grundlagen marktorientierter Unternehmensführung. Konzepte-Instrumente – Praxisbeispiele, 10. Aufl., Wiesbaden.

Pepels, W. (1999): Das Marketing-Konzept: Denkhaltung und Aktionsfelder, München.

Riel, C.B.M. van (1992): Principles of Corporate Communication, Harlow.

Schäfer, S. (2002): Event-Marketing. Das professionelle 1x1, Berlin.

Schnetzler, N. (2004): Die Ideenmaschine. Methode statt Geistesblitz – Wie Ideen industriell produziert werden, Weinheim.

Schürmann, M. (2011): Marketing. 333 Fragen und Antworten, Luzern.

Solomon, M.R / Marshall, G.W. / Stuart, E.W. / Barnes, B. / Mitchell V. (2009): Marketing. Real People, Real Decisions, Harlow.

Sutherland, J. / Canwell, D. (2004): Key Concepts in Marketing, New York.

Thommen, J.P. (1996): Managementorientierte Betriebswirtschaftslehre, 5. Aufl., Zürich.

Thommen, J.P. (2006): Marketing. Eine umfassende Einführung, Zürich.

Westwood, J. (2005): The Marketing Plan Workbook, London.

Wells, W. / Moriarty, S. / Burnett, J. (2006): Advertising. Principles and Practice, 7. Aufl., New Jersey

Marketinglexikon

A

ABC-Analyse: *Verfahren zur Klassifizierung von Produkten oder Kunden nach dessen Umsatzstärke in drei Klassen (A, B und C). Auch Paretoanalyse genannt, da ihr das Paretoprinzip zugrunde liegt.*

Above the line (ATL) advertising: *Klassische, das heisst traditionelle Werbung über Werbemittel wie Zeitungen, Radio, TV oder Aussenwerbung.*

Absatzkanal: *Weg, über den ein Angebot vom Anbieter zum Kunden gelangt. Auch Distributionskanal genannt.*

Abschöpfungsstrategie: *Price Skimming; Preisstrategie, bei der der Preis für ein neues Produkt relativ hoch angesetzt wird. Anschliessend wird er im Laufe der Zeit gesenkt.*

Added Value: *Ein marketingrelevanter materieller oder immaterieller Zusatznutzen, der ein Kernprodukt ergänzt.*

Affiliate-Marketing: *Vertriebsform, bei der ein Unternehmen ein Angebot über Partnerunternehmen (Affiliate) vertreibt. Die Affiliates werden mit einer Provision für den Verkauf entschädigt.*

Affinität: *Bezeichnet den Grad der Übereinstimmung. Beispielsweise ein Medium oder ein Produkt verfügt über eine gewisse Affinität zu einer bestimmten Zielgruppe.*

AIDA-Formel: *Bekanntes Werbewirkungsmodell, das nach den vier Phasen Attention, Interest, Desire und Action abläuft.*

Alternative Werbeformen: *below the line advertising; Sammelbegriff für sämtliche nicht klassischen (above the line) Werbeformen.*

Ambush Marketing: *Eine Form von Guerillamarketing, bei der sich ein Unternehmen als Trittbrettfahrer absichtlich mit einem Event in Verbindung bringt, ohne dabei offizieller Sponsor zu sein.*

Ansoffmatrix: *Portfoliodiagramm, mit dem nach Igor Ansoff vier verschiedene Wachstumsstrategien unterschieden werden: Marktpenetrationsstrategie, Marktentwicklungsstrategie, Produktentwicklungsstrategie und Diversifikationsstrategie.*

Aussenwerbung: *«Out-of-home advertising», Werbung im öffentlichen Raum wie bspw. Plakatwand- oder Verkehrsmittelwerbung.*

B

Beeinflusser (externe): *Personen und Institutionen, die Einfluss auf die Zielgruppe haben. Bspw: Testimonials in der Werbung oder Konsumentenorganisationen.*

Beeinflusser (interne): *Personen aus dem direkten Umfeld der Zielgruppe, die Einfluss ausüben. Bspw: Familienangehörige oder Freunde.*

Below the line (BTL) advertising: *Alternative Werbeformen.*

Benchmarking: *Leistungsvergleich mit einem Mitbewerber, mit dem Zweck, die eigenen Produkte oder Prozesse zu verbessern.*

Blog: *Auch Web-Log genannt, ist ein Onlinetagebuch, auf dem ein Blogger Kommentare veröffentlicht.*

Bottom-up-Verfahren: *«Von unten nach oben», vom Speziellen zum Allgemeinen. In Bezug auf die Budgetierung bedeutet dies, dass das Gesamtbudget aufgrund der einzelnen Budgetposten berechnet wird.*

Brainstorming: *Kreativitätstechnik, bei der in der Gruppe eine grosse Anzahl von neuen Ideen generiert werden.*

Brand Extension: *Markenstrategie, bei der für ein neues Produkt ein bestehender Markenname (eventuell mit einem Zusatz) verwendet wird.*

Branding: *Markenmanagement; der Aufbau und die Pflege von Marken.*

Break-Even-Analyse: *Gewinnschwellenanalyse; Methode zur Berechnung der abzusetzenden Mindestverkaufsmenge, bei der ein Gewinn erzielt wird.*

Businessplan:	*Auch Geschäftsplan genannt; eine schriftliche Zusammenfassung aller relevanten Entscheide eines Unternehmens. Dazu gehören neben dem Marketingkonzept auch Überlegungen zu den Finanzen, den Mitarbeitenden, der Produktion und der Logistik.*
Business-to-Business:	*Kommunikations- und Handelsbeziehungen zwischen Unternehmen.*
Business-to-Consumer:	*Kommunikations- und Handelsbeziehungen zwischen Unternehmen und Privatpersonen.*
Buzz Marketing:	*Methode, bei der die Zielgruppe und Fans eines Produktes zur Weiterverbreitung von Werbebotschaften genutzt werden; Grundlage der Mundpropaganda und des Viralmarketings.*

C

Cash Cows:	*Melkkühe; Produkte, mit denen ein Unternehmen mehr verdient, als es investieren muss. Sie steuern einen hohen Anteil an dem Cashflow bei.*
Category Management:	*Warengruppenmanagement; Marketingansatz, bei dem zur gemeinsamen Planung von Marketinganstrengungen einzelne Produkte zu Produktgruppen (Strategischen Geschäftsfeldern) zusammengefasst und werden.*
CATI:	*Computer assisted telephone interviewing; Durchführung von telefonischen Umfragen mithilfe einer Softwareapplikation.*
Claim:	*Kurzer, einprägsamer Werbespruch; Synonym für Slogan.*
Clipping Service:	*Ein Service, der die Medienpräsenz Ihres Unternehmens untersucht und an Sie rapportiert.*
CMS (Content-Management-System):	*Inhalts-Verwaltungs-System zur Bearbeitung von Websites. Programmierkenntnisse sind nicht erforderlich.*
Consumer Benefit:	*Nutzen eines Produktes, der die Wünsche und Bedürfnisse eines Kunden erfüllt.*
Convenience Goods:	*Kostengünstige Produkte des täglichen Gebrauchs, die dem Nutzer das Leben erleichtern sollen; beispielsweise Fertigmenüs.*
Conversion:	*Handlung oder Umwandlung; die Auslösung einer definierten marketingrelevanten Aktion durch einen potenziellen Kunden. Im Onlinemarketing ist dabei oft eine ausgelöste Kaufhandlung eines Seitenbesuchers gemeint.*
Conversion rate:	*Umwandlungsrate; prozentualer Anteil der potenziellen Kunden, die eine bestimmte Conversion tätigen.*
Copy:	*Sämtlicher Text einer Werbebotschaft (bspw. Headline, Claim und Fliesstext).*
Copyright:	*Das Recht zur Nutzung eines urheberrechtlich geschützten Werkes.*
Corporate Architecture:	*Architektonische Umsetzung der Corporate-Identity-Richtlinien.*
Corporate Behaviour (CB):	*Vorgaben zur Unternehmenskultur und dem unternehmensinternen und -externen Verhalten der Mitarbeitenden.*
Corporate Communications (CC):	*Strategische Vorgaben zu den Informations- und Kommunikationsmassnahmen eines Unternehmens.*
Corporate Design (CD):	*Vorgaben zum visuellen Erscheinungsbild eines Unternehmens. Wird in einem Corporate Design Manual festgehalten.*
Corporate Identity (CI):	*Das strategisch geplante und operativ umgesetzte Erscheinungsbild eines Unternehmens in der Öffentlichkeit. Die Corporate Identity (CI) besteht aus den Teilstrategien Corporate Design, Corporate Communications und Corporate Behaviour.*
Corporate Image:	*Das durch die Umsetzung der Corporate-Identity-Vorgaben erzeugte Bild eines Unternehmens in der Öffentlichkeit.*
Creative Strategie:	*Erklärt, wie und mit welchen Mitteln die Botschaft die Zielgruppe erreichen und die Werbeziele erfüllen soll.*
CRM (Customer-Relationship-Management):	*Bedeutet Kundenbeziehungsmanagement. Dabei werden meist mithilfe einer speziellen Software (CRM-System) Kundendaten zu Marketingzwecken gewonnen, ausgewertet und für Marketingaktionen verwendet.*
Cross Media:	*Der gleichzeitige und koordinierte Einsatz verschiedener Medien, beispielsweise bei eine Werbekampagne.*
Cross-Selling:	*Strategie, bei der Kunden ermuntert werden, weitere zusätzliche oder ergänzende Produkte aus dem eigenen Sortiment zu kaufen.*

Customer-Lifetime-Value (CLV):	*Kundenwert; Gewinnbeitrag, den ein Kunde während der gesamten Dauer der Geschäftsbeziehung beisteuert. Grundidee des CLV-Gedankens ist es, die Kundenbindung zu optimieren und möglichst langjährige Beziehungen aufzubauen.*

D

Dachmarke:	*Umbrella Brand; Marke, die für mehrere oder sogar sämtliche Produkte (Einheitsmarke) eines Unternehmens steht.*
Deckungsbeitrag:	*Differenz zwischen dem erzielten Erlös und den variablen Kosten; wird oft pro hergestelltes Stück berechnet.*
Delphi-Methode:	*Qualitative Methode zur Erstellung von Zukunftsprognosen. Dabei wird in einem mehrstufigen Verfahren Expertenwissen zusammengetragen, diskutiert und ausgewertet.*
Dienstleistung:	*Immaterielles Gut beziehungsweise Produkt.*
Differenzierte Marktbearbeitung:	*Für jeden einzelnen Zielmarkt oder jede Zielgruppe wird ein individueller Marketing-Mix entwickelt.*
Direkter Absatzkanal:	*Der Hersteller bietet sein Produkt direkt dem Endkunden an; auch nullstufiger Absatzweg genannt.*
Direktmarketing:	*Promotionsmassnahmen, bei denen Sie Ihre Zielgruppe persönlich ansprechen (auch Dialogmarketing genannt).*
Distribution:	*Die Organisation und Durchführung von Verteilung und Vertrieb eines Produktes vom Anbieter zum Kunden.*
Distributionsgrad:	*Kennzahl für die Verbreitung eines Produktes auf dem Markt (Höhe der Marktabdeckung).*
Distributionskanal:	*Absatzweg, auf dem ein Produkt vom Hersteller zum Kunden gelangt. Auch Absatzkanal genannt.*
Diversifikationsstrategie:	*Wachstumsstrategie, bei der mit neuen Produkten auf neuen Märkten das Wachstum gesteigert werden soll.*
Dumpingpreis:	*Verkaufspreis, der die Selbstkosten nicht deckt.*

E

Early Adopters:	*Verbraucher, die sich nach dem Kaufverhalten der Innovatoren und Opinion Leaders richten.*
E-Business:	*Unternehmensaktivitäten, die mittels Informations- und Kommunikationstechnologien abgewickelt werden. Der Oberbegriff E-Business umfasst Teilbereiche wie bspw. E-Commerce, E-Shopping oder E-Government.*
Elastizität der Nachfrage:	*Zeigt die Reaktion der Nachfrage auf eine Preisveränderung.*
Erfolgsfaktor:	*Strategien und Eigenheiten einer Unternehmung oder eines Angebotes, die für dessen Erfolg verantwortlich sind.*
Erfolgskontrolle:	*Organisation und systematische Überprüfung der Erreichung der definierten Marketingziele.*
Erweitertes Produkt:	*Besondere Merkmale eines Produktes (Zusatzleistungen) wie Garantie, Serviceleistungen, Finanzierungskonditionen oder exklusive Kundenbindungsprogramme.*
Eventmarketing:	*Gezieltes Planen von Veranstaltungen zu Marketingzwecken.*
Eyecatcher:	*Blickfang; optisches Element, das die Aufmerksamkeit des Betrachters auf eine Werbung (bspw. ein Inserat) lenken soll.*

F

Feldbeobachtungen:	*Beobachtungen unter realen Bedingungen (auf dem Feld / Markt).*
Fixe Kosten:	*Aufwände, die unabhängig der produzierten Menge entstehen, bspw. Mietkosten.*
Flagshipstore:	*Ein herstellereigener Vorzeigeladen. Befindet sich oft an bekannten Einkaufsstrassen in Grossstädten.*
Flop:	*Misserfolg; beispielsweise ein Produkt, das nur kurze Zeit auf dem Markt überlebt.*

FMCG:	*Fast Moving Consumer Goods; Konsumgüter des täglichen Bedarfs mit einem mengenmässig hohen Umsatz, jedoch einer meist geringen Marge.*
Followers:	*Verbraucher, die der breiten Masse hinterherlaufen. Anstelle eines innovativen Produktes verführt sie eher eine Preisreduktion zum Kauf.*
Formales Produkt:	*Die sogenannte «mittlere Ebene» eines Produktes; Merkmale wie Qualität, Design, Markenname, Verpackung und Fähigkeiten/Eigenschaften, die das eigentliche Kernprodukt näher definieren.*
Franchising:	*Distributions- und Geschäftsmodell, bei der ein Lizenzgeber (Fanchisor) an einen Lizenznehmer (Franchisee) für eine bestimmte Zeit das Recht zum Verkauf oder der Distribution von Produkten oder Dienstleistungen erteilt.*
Fünf-Kräfte-Modell:	*five forces analysis; Branchenstrukturanalyse nach Michael E. Porter.*

G

Gap-Analyse:	*Lückenanalyse; Instrument zur Analyse der Lücke, die zwischen dem künftig angestrebten Zielumsatz und dem prognostizierten Umsatz unter Beibehaltung der aktuellen Marketingstrategien und -aktivitäten entstehen wird.*
Gebrauchsgüter:	*Konsumgüter, die über eine längere Zeit gebraucht werden (bspw. ein Küchengerät).*
Gewinnschwelle:	*Break-Even-Point; Punkt, an dem Erlös und Kosten gleich hoch sind.*
Gimmick:	*Ein Werbegeschenk (Give-away), das einem Produkt beigefügt wird.*
Give-away:	*Kleines Werbegeschenk, das zu Promotionszwecken an bestehende und potenzielle Kunden abgegeben wird.*
Guerillamarketing:	*Ungewöhnliche Marketingmassnahmen, die mit geringem finanziellem Einsatz grosse Wirkung erzielen sollen.*
Gut zum Druck (GzD):	*Bezeichnet das Erteilen der Freigabe zur Produktion eines Printproduktes. Ebenfalls der Kontrollprint, den eine Druckerei an ihre Kunden sendet, wird oft als GzD bezeichnet.*

H

High-Involvement-Produkt:	*Angebot, mit dem sich ein Käufer vor dem Kauf intensiv beschäftigt; oft langlebige oder teure Güter wie bspw. ein Auto.*
Horizontale Diversifikation:	*Erweiterung der Leistungsbreite oder Produktpalette innerhalb eines bestehenden Marktes.*
Hyperwettbewerb:	*Konstanter Konkurrenzkampf, der mit zunehmend globalisierten und atomisierten Marktstrukturen aggressiver, komplexer und schnelllebiger wird.*

I

Imagebroschüre:	*Broschüre, die ein Unternehmen als Gesamtes vorstellt, ein Kommunikationsinstrument der Öffentlichkeitsarbeit.*
Implementierung:	*Umsetzung des Marketingkonzeptes in die Praxis (konkrete Massnahmen).*
Impulskäufe:	*Spontankäufe, die ungeplant getätigt werden.*
Indirekter Absatzkanal:	*Ein Hersteller bietet sein Produkt über einen oder mehrere Zwischenhändler dem Endkonsumenten an. B2B-Beziehung.*
Innovatoren:	*Die ersten Käufer eines neuen innovativen Produktes, die oft über Top oder Flop desselben bestimmen.*
Instrumentalziele:	*Unterteilung der Marketingziele nach den einzelnen Marketinginstrumenten.*

Integrated Marketing Communications (IMC):	*Integrierte Marketingkommunikation; Ansatz, der für einen koordinierten Einsatz sämtlicher Promotionsinstrumente zu einem schlagkräftigne Kommunikations-Mix steht.*
Internal Relations:	*Kommunikationsmassnahmen, die sich an die Mitarbeiter und Eigentümer, das heisst an eine unternehmensinterne Zielgruppe richten.*
Intramediavergleich:	*Vergleich verschiedener Werbeträger eines Mediums hinsichtlich der Zielgruppenaffinität, Reichweite und Kosten.*
Investitionsgüter:	*Gebrauchsgüter zur gewerblichen Nutzung, das heisst zur Herstellung von Gütern.*
Investor Relations:	*Kommunikationsmassnahmen, die sich an die Kredit- und Kapitalgeber richten.*

J

Junk Mail:	*Unverlangt zugesandte Onlinewerbung, auch Spam genannt.*

K

Kaizen:	*Japanisch für «Veränderung zum Besseren»; Managementansatz, bei dem es um die kontinuierliche Verbesserung von Prozessen und Leistungen geht.*
Kannibalisierung:	*Wettbewerb unter Produkten oder Absatzkanälen desselben Unternehmens.*
Käufermarkt:	*Die Käufer verfügen über eine hohe Marktmacht und bestimmen die Tauschbedingungen auf dem Markt weitgehend (bspw. Kleider).*
Kernprodukt:	*Beschreibt den Grundnutzen eines Produktes.*
Key-Account-Manager (KAM):	*Marketingmitarbeiter, der für die Betreuung von Schlüsselkunden zuständig ist.*
Keyword:	*Schlüsselwort oder Suchbegriff für die Suchmaschinenoptimierung und das Finden von Onlineanzeigen.*
KISS-Regel:	*Abkürzung für «keep it short and simple» (auch «keep it short and stupid»); die Regel besagt, dass eine Werbebotschaft stets kurz, einfach und leicht verständlich sein soll.*
Komplementärgut:	*Produkt, das ein anderes ergänzt.*
Konsumgüter:	*Verbrauchs- und Gebrauchsgüter, die für den Endkonsumenten bestimmt sind.*
Konzentrierte Marktbearbeitung:	*Ein Unternehmen konzentriert sich mit seinem Angebot auf nur eine spezifische Zielgruppe oder einen spezifischen Zielmarkt.*
Kooperationsstrategie:	*Wettbewerbsstrategie, bei der sich ein Unternehmen auf eine strategische Partnerschaft mit einem oder mehreren anderen Unternehmen einlässt.*
Kostenführerschaft:	*Strategie, mit dem Ziel, durch geringe Kosten einen Wettbewerbsvorteil zu erlangen.*
Krisen-PR:	*Öffentlichkeitsarbeit in einer Krisensituation, mit dem Ziel, die Krise zu entschärfen (zu einem blossen Ereignis zu degradieren).*
Kunde:	*Ein bestehender Käufer / Nutzer Ihres Angebots.*
Kundenwertanalyse:	*Instrument zur Evaluation der Kunden(-gruppen), die einem Unternehmen den höchsten Nutzen bringen. Im Gegensatz zur bloss umsatzorientierten ABC-Analyse berücksichtigt sie auch weitere Aufwände wie etwa für Akquisition oder Serviceleistungen.*

L

Laborbeobachtungen: *Beobachtung unter künstlich geschaffenen Voraussetzungen in einem Labor.*

Laterale Diversifikation: *Erweiterung des eigenen Angebotes auf fremde Märkte.*

Launch: *Markteinführung eines neuen Produktes oder der Start einer Kampagne.*

Line Extension: *Sortimentserweiterung durch ein Angebot unter gleicher Marke und mit ähnlicher Ausprägung wie ein bereits bestehendes.*

Listinggebühr: *Gebühr, die für die Aufnahme in ein Sortiment bei einem Detailhändler bezahlt werden muss.*

Lockvogelangebot: *Nur beschränkt verfügbares Sonderangebot, das oft unter dem Einstandspreis angeboten wird, mit dem Ziel, an einem On- oder Offline-POS zusätzlichen Umsatz zu generieren.*

Low-Involvement-Produkt: *Angebot, mit dem sich ein Käufer vor dem Kauf nicht gross auseinandersetzt; oft günstige, austauschbare Verbrauchsgüter wie etwa WC-Papier.*

M

M: *Die sechs M der Kommunikationsplanung: Marketing-Inputs, Mission, Message, Media, Money, Measurement.*

MACH (Media-Analyse Schweiz): *Umfasst folgende, von der WEMF AG für Werbemedienforschung, in der Schweiz durchgeführte Studien: MACH Basis (Leserschaftsstudie), MACH Consumer (Konsum-Medien-Studie) und MACH Radar (Konsum- und Mediendaten, verknüpft mit psychografischen Kriterien).*

Mainstreamers: *Personen, die ihr Kaufverhalten nach dem allgemeinen Trend richten; die breite Bevölkerungsmasse.*

Make-or-Buy-Entscheid: *Entscheid, ob eine Leistung oder ein Produkt selber hergestellt oder zugekauft weden soll.*

Marketer: *Auch Marketeer; Person, die im Bereich Marketing arbeitet.*

Marketing: *Die Lehre der markt- und kundengerechten, langfristig erfolgreichen Unternehmensführung.*

Marketing Ethics: *Die Richtlinien und das effektive moralische und sittliche Verhalten eines Unternehmens in Bezug auf seine Marketingaktivitäten.*

Marketinggesicht: *Bildhafte Darstellung des Marktsystems nach Prof. Richard Kühn.*

Marketinginstrumente: *Die sieben P (Product, Price, Place, Promotion, People, Processes und Physical Facilities).*

Marketingkonzept: *Individuell erstelltes und systematisch aufgebautes schriftliches Dokument, das über die marketingrelevanten Aktivitäten eines Unternehmens Auskunft gibt.*

Marketing-Mix: *Die individuelle Kombination der sieben Marketinginstrumente: Product, Price, Place, Promotion, People, Processes und Physical Facilities.*

Marketingplan: *Synonym für Marketingkonzept.*

Marketing-ROI (Return on Investment): *Auch: ROMI (Return on Marketing Investment); Rentabilitätsanalyse, Messgrösse und Denkhaltung; gibt Auskunft über die Wirkung von Marketingausgaben und dient als Hilfsmittel zur Budgetoptimierung.*

Marketingstrategie: *Grundsätzliche Stossrichtung Ihres Unternehmens zur Erreichung der Unternehmens- und Marketingziele. Sie bildet die Vorgabe für den zu definierenden Marketing-Mix.*

Markt: *Das Zusammentreffen von Angebot und Nachfrage. Der Ort, wo Ihr Angebot auf potenzielle Kunden trifft.*

Marktabdeckungsstrategien: *Definition der Anzahl Verkaufspunkte nach folgenden drei Stufen: intensive Distribution, selektive Distribution, exklusive Distribution.*

Marktanteil: *Der von Ihrem Unternehmen generierte Anteil am Umsatz des Gesamtmarktes. Resultat in Prozenten ausgedrückt..*

Marktbearbeitungsstrategien: *Strategien hinsichtlich der geografischen und kundenbezogenen Marktabgrenzung.*

Marktentwicklungsstrategie: *Wachstumsstrategie, bei der bestehende Produkte auf neuen Märkten beziehungsweise an neue Verbraucher verkauft werden sollen.*

Marktforschung (MAFO): *Systematische Beschaffung, Verarbeitung und Analyse von marketingrelevanten Informationen.*

Marktkapazität: *Maximale Aufnahmefähigkeit eines Marktes ohne Berücksichtigung der Kaufkraft.*

Marktlücke: *Teil eines Marktes, der bis anhin noch nicht bearbeitet wird. Diese Lücke kann mit einem entsprechenden Angebot geschlossen werden.*

Marktnische: *Ein kleiner Teilmarkt, der meist nur von einem oder wenigen Unternehmen mit einem sehr spezifischen Angebot bearbeitet wird.*

Marktpenetrationsstrategie: *Wachstumsstrategie, bei der bestehende Produkte auf bereits bestehenden Märkten intensiver beworben und entwickelt werden.*

Marktpotenzial: *Maximale Aufnahmefähigkeit eines Marktes unter Berücksichtigung der Kaufkraft.*

Marktsegmentstrategie: *Strategie zur kundenspezifischen Unterteilung von unterschiedlichen Märkten.*

Marktsystem: *Die spezifische Struktur eines bestimmten Marktes mit den Akteuren und Prozessen. Wird oft in Form des Marketinggesichtes nach Prof. R. Kühn bildlich dargestellt.*

Marktvolumen: *Die effektiv in einem Markt generierten Umsätze / Absätze.*

Merchandiser: *Verkaufsförderer und Spezialist für die Markeninszenierung. Bindeglied zwischen Marketing und Verkauf.*

Me-too-Produkte: *Nachahmerprodukte, die ein erfolgreiches Originalprodukt kopieren.*

Me-too-Strategie: *Wettbewerbsstrategie, bei der ein Unternehmen ein vergleichbares, erfolgreiches Konzept oder Angebot kopiert.*

Microblog: *Blog, auf dem jedoch nur sehr kurze Nachrichten (auch bekannt als Statusmeldungen oder Tweets) veröffentlicht werden.*

MIS: *Marketing Informations System; betriebliche Informations- und Analyse-Software*

Mistery Shopper: *Testkäufer, der im Auftrag eines Unternehmens dessen Dienstleistungsqualität unter die Lupe nimmt.*

Mitbewerber: *Unternehmen, die ein vergleichbares Angebot auf dem selben Markt anbieten und die gleiche Zielgruppe ansprechen. Auch Konkurrenten oder Wettbewerber genannt.*

Mobilmarketing: *Alle Marketingmassnahmen in Verbindung mit drahtloser Telekommunikation und mobilen Endgeräten, wie beispielsweise SMS-Werbung.*

Multi-Channel-Distribution: *Ein Produkt wird über mehrere Absatzkanäle angeboten.*

Multi-Client-Umfrage: *Erhebung, die von verschiedenen Unternehmen gemeinsam durchgeführt wird.*

N

Neuromarketing: *Forschungsgebiet, bei dem das kognitive und affektive Verhalten von Konsumenten in Bezug auf Marketingmassnahmen untersucht wird.*

Nischenstrategie: *Wettbewerbsstrategie, bei der sich ein Unternehmen mit seinen Produkten auf ein Marktsegment konzentriert, das bisher nicht oder nur unzureichend versorgt wurde.*

O

Ökonomische Ziele: *Klar messbare, quantifizierbare Ziele (bspw. Umsatzvorgaben).*

Omnibusumfrage: *Mehrthemenumfrage, bei der unterschiedliche Fragen verschiedener Auftraggeber in einer Erhebung zusammengefasst werden.*

Opinion Leaders:	*Innovatoren (oftmals gesellschaftlich angesehene Personen), die eine Signalwirkung auf die restlichen Käufer ausüben und sie in ihrem Kaufentscheid beeinflussen.*
Opt-in:	*Erlaubnis eines potenziellen Kunden, ihm künftig Direktwerbung (meist online) zukommen zu lassen. Den Vorgang nennt man auch Permission Marketing.*
Opt-out:	*Abmeldung (auch: unsubsribe) eines Direktmarketingempfängers (meist online), um künftig nicht mehr beworben zu werden.*
Organigramm:	*Diagramm, das die Aufbauorganisation, Aufgabenverteilung und Hierarchien innerhalb eines Unternehmens darstellt.*
OTS (Opportunities to See):	*Durchschnittliche Anzahl Kontakte eines Werbemittels mit der definierten Zielgruppe. Diese Zahl verrät, wie häufig die anvisierten Personen erreicht wurden (mindestens jedoch einmal).*

P

P:	*Die sieben Marketinginstrumente: Product, Price, Place, Promotion, People, Processes und Physical Facilities.*
Panelerhebung:	*Repräsentative, strukturierte Erhebung, die in regelmässigen Abständen mit einem gleichbleibenden Kreis von Personen (Panel) durchgeführt wird.*
Paretoprinzip:	*Konzentration auf das Wesentliche. Mit einem Mitteleinsatz von 20 Prozent sollen 80 Prozent aller Probleme gelöst werden. Auch 80:20-Regel genannt.*
Peer Group:	*Gruppe Jugendlicher und Angehörige einer bestimmten Subkultur, die sich oftmals über ein spezifisches Musikgenre definieren.*
People:	*Marketinginstrument des erweiterten Marketing-Mix. Befasst sich mit den Mitarbeitenden eines Unternehmens. Hat vor allem im Dienstleistungsmarketing eine grosse Bedeutung.*
Permission Marketing:	*Erlaubnismarketing; dabei werden Kunden nur mit deren Zustimmung beworben (z.B. Zustellung eines Newsletters).*
PEST-Analyse:	*Analyse zur Untersuchung der Rahmenbedingungen der Unternehmensumwelt. Sie beleuchtet folgende Umwelteinflüsse: political & legal factors (politische und rechtliche Umwelt), economic factors (ökonomische Umwelt), social factors (soziale und kulturelle Umwelt) und technological factors (technologische Umwelt).*
Physical Facilities:	*Marketinginstrument des erweiterten Marketing-Mix, das sich mit der Ausstattung, dem Ambiente und der Umgebung, in der ein Service erbracht wird, beschäftigt.*
Pitch:	*Konkurrenzpräsentation für die Evaluation einer Werbeagentur.*
Poor Dogs:	*Arme Hunde; Produkte, die eventuell einmal erfolgreich waren, sich jetzt aber nur noch mit Mühe am Leben halten.*
POP (Point of Purchase):	*Kaufort, an dem ein Angebot eingekauft und bezahlt wird (entspricht physisch dem POS).*
POS (Point of Sale):	*Verkaufsort, an dem ein Angebot verkauft und bezahlt wird (entspricht physisch dem POP).*
Positionierungskreuz:	*Zweidimensionale Matrix zur Positionierung und zum Vergleich von Produkten verschiedener Wettbewerber.*
Posttest:	*Erfolgskontrolle von Marketingzielen, wie etwa die Messung der Wirkung einer Werbekampagne.*
Preisbündelung:	*Gesamtpreis von mehreren Produkten, der günstiger als die Preise der einzelnen Produkte ist.*
Preis-Mengen-Strategie:	*Wettbewerbsstrategie, bei der sich ein Unternehmen durch einen niedrigen Preis auf dem Markt behaupten will.*
Pretest:	*Qualitätssicherung; Marketingentscheide werden vor der Umsetzung auf ihre Tauglichkeit und Wirtschaftlichkeit hin überprüft.*
Price Skimming:	*Strategie, bei der der Preis eines Angebotes erst hoch gehalten, im Laufe der Zeit jedoch gesenkt wird.*

Primäre Marktforschung:	*Field Research; Instrumente zur Marktuntersuchung, die auf individuelle, neu zu erhebenden Untersuchungen beruhen.*
Primärzielgruppe:	*Hauptzielgruppe, der das Augenmerk Ihrer Unternehmung gilt.*
Primetime:	*Hauptsendezeit mit den meisten Zuschauern und Zuhörern auf TV und Radio.*
Processes:	*Marketinginstrument des erweiterten Marketing-Mix, das sich mit der Planung, Ausführung und Kontrolle von Aktivitäten in Zusammenhang mit Produkten oder Dienstleistungen befasst.*
Product:	*Produkt; Synonym für «Gut» beziehungsweise Sammelbegriff für immaterielle und materielle Güter.*
Product Placement:	*Bewerbung durch gezielte und oft bezahlte Platzierung eines Produktes. Vor allem bei Fernsehsendungen und Kinofilmen weit verbreitet.*
Produktentwicklungsstrategie:	*Wachstumsstrategie, bei der neue Produkte für bereits bestehende Märkte entwickelt werden sollen.*
Produktionsgüter:	*Verbrauchs- und Gebrauchsgüter, die zur gewerblichen Nutzung, das heisst zur Produktion von Konsum- und Industriegütern benutzt werden.*
Produktlebenszyklus:	*Gibt Auskunft, in welcher Lebensphase sich ein Produkt befindet.*
Produktlinie:	*Ein Sortiment mit ähnlichen, sich ergänzenden Produkten.*
Produktportfolio BCG (Boston Consulting Group):	*Eine auf der Lebenszyklusanalyse aufbauende Vier-Felder-Matrix, mit der Produkte nach dessen Marktanteil und -wachstum eingeteilt werden. Sie gibt Auskunft über die Produktpalette eines Unternehmens.*
Product Public Relations (PPR):	*Teilgebiet der PR; dabei geht es darum, ein spezielles Produkt bei der aktuellen und potenziellen Zielgruppe bekannt zu machen.*
Projekt:	*Ein meist einmaliges, zeitlich begrenztes Vorhaben, bei dem es ein definiertes Ziel zu erreichen gilt.*
Psychografische Kriterien:	*Kriterien zur Segmentierung von Zielgruppen. Dazu gehören u.a. Lebensstil, Einstellung, Persönlichkeit und Werte.*
Psychologische Ziele:	*Meist nur mit speziellen Marketingtools messbare, qualitative Ziele (bspw. Image der eigenen Marke).*
Public Relations:	*Englisch für Öffentlichkeitsarbeit. Kommunikation zwischen einem Unternehmen und der Öffentlichkeit zu Image- und Informationszwecken.*
Pull-Strategie:	*Vorgehen, bei dem sich die Promotionsmassnahmen direkt an den Endkonsumenten richten. Dabei soll ein Nachfragesog auf den Handel erzeugt werden.*
Push-Strategie:	*Vorgehen, bei dem der Handel mit speziellen Anreizen (Trade Sales Promotion) stimuliert wird, um ein bestimmtes Produkt an den Endkonsumenten zu bringen.*
Push/Pull-Relation:	*Verhältnis zwischen Push- und Pull-Massnahmen, bspw. 40/60 (40% Push- und 60% Pull-Massnahmen).*

Q

Qualität:	*Die Eigenschaften und Merkmale eines Produktes oder einer Dienstleistung.*
Qualitative Marktforschung:	*Psychologische Marktforschung, mit deren Hilfe im Vergleich zur quantitativen Marktforschung verhaltensbestimmende Motive und Meinungen untersucht werden, deren Untersuchungsergebnisse aber nicht als mathematisch-statistisch repräsentativ angesehen werden können.*
Quantitative Marktforschung:	*Ermittlung numerischer Werte. Das heisst, es wird mit standardisierten Untersuchungsmethoden geforscht. Die quantitative Marktforschung ist abzugrenzen von der qualitativen Marktforschung, die die tieferliegenden Ursachen des Verbraucherverhaltens offenlegt.*
Question Marks:	*Fragezeichen; meist «Nachwuchsprodukte», die sich erst kurz auf dem Markt befinden. Sie haben eine ungewisse Zukunft und brauchen finanzielle Unterstützung, um sich auf dem Markt durchzusetzen.*

Quota-Verfahren:	*Auswahlverfahren der Marktforschung, bei der die Stichprobenauswahl verhältnismässig den Merkmalen (bspw. Alter oder Geschlecht) der Grundgesamtheit entspricht.*

R

R:	*Die drei R (Recruitment, Retention, Recovery); sie beschreiben das Verhalten in unterschiedlichen Phasen der Kundenbeziehung, mit dem Zweck der nachhaltigen Steigerung des Customer-Lifetime-Value.*
Random-Verfahren:	*Auswahlverfahren der Marktforschung, bei der die Stichprobenauswahl zufällig erfolgt. Das heisst, jedes Element der Grundgesamtheit hat die gleiche Chance in die Stichprobe zu gelangen.*
Reaktanz:	*Ablehnende Haltung der Umworbenen auf übermässige, unbeliebte oder unglaubwürdige Werbung.*
Reason Why:	*Englisch für «Kaufgrund».*
Rebate:	*Eine Art Rabatt, der erst nach dem Kauf gewährt wird.*
Recall-Test:	*Methode zur Messung der Gedächtniswirkung (in gestützter oder ungestützter Form) von Werbemassnahmen.*
Recovery:	*Kundenrückgewinnung; Massnahmen, die bei Kundenreklamationen eingeleitet werden, um den Kunden wieder zufriedenzustellen.*
Recruitment:	*Kundengewinnung; Massnahmen, die darauf abzielen, neue Kunden zu gewinnen.*
Reichweite:	*Kennzahl, die über die Anzahl (Zielgruppen-)Kontakte eines Werbeträgers Auskunft gibt (z.B. Anzahl Personen die ein Werbespot sehen).*
Relaunch:	*Neustart; ein sich in der Abschwungphase befindliches Produkt wird den veränderten Kundenwünschen angepasst.*
Retention:	*Kundenbindung; Massnahmen, die bestehende Kunden an ein Unternehmen binden.*
RFID-Code:	*Radio Frequency Identification Code; ermöglicht die automatische Identifizierung von Produkten und dient zur Erfassung und Speicherung von Daten.*
Robinsonliste:	*Liste mit Kontaktdaten von Personen, die keine unaufgeforderte Werbung erhalten wollen. Direktmarketingunternehmen verpflichten sich in keiner Form, kommerziell Kontakt zu ihnen aufzunehmen.*
Rockefellerprinzip:	*Marketingstrategie, bei der ein Produkt gratis oder sehr günstig angeboten wird, um mit dazugehörigen Verbrauchsmaterialien oder Dienstleistungen Gewinne zu erzielen.*

S

Sales Promotion:	*Verkaufsförderung; Massnahmen, die den Abverkauf ankurbeln. Sie können sich an Händler oder den Endkunden direkt richten.*
Sampling:	*Abgabe von kostenlosen Produktproben.*
Sättigungsgrad:	*Gibt Auskunft, wie weit ein Marktpotenzial bereits ausgeschöpft ist. Formel: Sättigungsgrad = Marktvolumen x 100 : Marktpotenzial.*
Segmentierung:	*Aufteilung eines heterogenen Gesamtmarktes in homogene Käufergruppen. Meist geschieht dies anhand von geografischen, demografischen, psychografischen und verhaltensorientierten Kriterien.*
Sekundäre Marktforschung:	*Desk Research; das Sammeln von bereits bestehenden Informationen zur Untersuchung eines bestimmten Marktes.*
Sekundärzielgruppe:	*Nebenzielgruppe.*
Selbstkosten:	*Die Summe aller fixen und variablen Kosten. Werden auch Gesamtkosten genannt.*

Share of Voice:	*Marketingkennzahl, die Auskunft über den prozentualen Anteil der eigenen Werbekontakte zur Zielgruppe im Vergleich zur Gesamtheit aller Werbekontakte, gibt.*
Shop-in-Shop:	*Vertriebssystem, bei dem sich ein Hersteller (Markenartikler) bei einem Einzelhändler (oftmals Warenhaus) einmietet und so mit einer individuell gestalteten Verkaufsfläche und eigenem Verkaufspersonal vertreten ist.*
Single-Channel-Distribution:	*Ein Produkt wird nur über einen einzigen Absatzkanal angeboten.*
Sinus-Milieus:	*Instrument zur Zielgruppenplanung anhand von sozialen Milieus.*
SMART-Regel:	*Vorgabe zur erfolgreichen Zieldefinierung. Acronym für Specific, Measurable, Achievable, Relevant und Time based.*
Social Media Monitoring:	*Beobachtung und Analyse eines Unternehmens in sozialen Netzwerken zum Zweck der Marktforschung und Erfolgskontrolle.*
Sortiment:	*Die Auswahl beziehungsweise die Struktur aller angebotenen Produkte.*
Soziodemografische Kriterien:	*Kriterien zur Segmentierung von Zielgruppen. Dazu gehören u.a. Geschlecht, Alter, Familienstand, Einkommen, Beruf oder Sprache.*
Spam:	*Meist per E-Mail versandte, unaufgeforderte und unerwünschte Werbung. Der Begriff stammt ursprünglich von der Abkürzung für Dosenfleisch «spiced ham». Das Versenden von Spam ist gesetzlich verboten.*
Sponsoring:	*Unterstützung von Einzelpersonen, Institutionen oder Unternehmen gegen eine marketingrelevante Gegenleistung.*
Stabsstelle:	*Stelle mit beratender und unterstützender Funktion, die über keine Weisungsbefugnis verfügt.*
Stakeholder:	*Gesamtheit aller Anspruchsgruppen (Interessengruppen), die für Ihr Unternehmen von Bedeutung sind (beispielsweise Kunden, Lieferanten oder Aktionäre).*
Stars:	*Sterne; erfolgreiche Produkte, die jedoch viel Kapital zur Finanzierung des eigenen Wachstums benötigen.*
Stelle:	*Kleinste Organisationseinheit innerhalb eines Unternehmens und Grundelement der Aufbauorganisation. Sie zeigt die Aufgabe und hierarchische Stellung innerhalb des Unternehmens auf.*
Stellenbeschreibung:	*Job description; schriftliche Definition des Aufgaben-, Verantwortungs- und Kompetenzbereichs der einzelnen Mitarbeiter (beziehungsweise Stellen) innerhalb des Unternehmens.*
Stichprobe:	*Begriff aus der Marktforschung. Zufällig oder nach speziellen Kriterien ausgewählte Teilmenge (Stichprobenauswahl) einer Grundgesamtheit.*
Strategische Geschäftseinheiten (SGE):	*Organisatorische Unterteilung eines Unternehmens in einzelne Produkt- oder marktspezifische Tätigkeitsgebiete.*
Strategische Geschäftsfelder (SGF):	*Unterteilung eines Marktes in einzelne produktspezifische Tätigkeitsgebiete.*
Streuverlust:	*Gibt Auskunft über die Höhe der Personen, die durch Ihre Werbung angesprochen werden, jedoch nicht zur definierten Zielgruppe gehören.*
Stuck in the middle:	*«Gefangen-in-der-Mitte-Problematik»; benennt die Gefahr des Scheiterns, falls ein Unternehmen keine klare Strategie, beziehungsweise über keinen klaren Strategie-Mix verfügt.*
Substitute:	*Produkte, die andere Produkte ersetzen (substituieren) können. Margarine kann beispielsweise Butter ersetzen. Margarine ist ein Substitutionsprodukt (auch Substitut genannt) von Butter.*
Substitutionskonkurrenz:	*Mitbewerber, die ein Produkt anbieten, das ein eigenes Produkt substituieren (ersetzen) kann.*
Suchmaschinenmarketing:	*Search Engine Marketing; alle Massnahmen, die dazu führen, dass Ihre Website von Suchmaschinen gefunden wird und über eine gute Platzierung verfügt.*
SWOT-Analyse:	*Analyse der internen Stärken (Strenghts) und Schwächen (Weaknesses) eines Unternehmens sowie der externen Chancen (Opportunities) und Gefahren (Threats) auf dem Markt. Sie ist ein beliebtes Instrument der Situationsanalyse.*

T

Teilmarkt: *Unterteilung eines Marktes oder SGF in kleinere Märkte mit einem homogeneren Angebot.*

Testimonials: *Persönlichkeit, die mit einer Werbebotschaft für ein Produkt einsteht.*

Think-Thank: *Denkfabrik; Forschungsinstitut, das professionell und gegen Bezahlung Ideen und Konzepte entwickelt.*

TKP Tausender-Kontakt-Preis: *Kosten für 1000 Werbekontakte; Masszahl zum Vergleich verschiedener Werbeträger.*

Top-down-Verfahren: *«Von oben nach unten», vom Allgemeinen zum Speziellen; bei der Budgetierung werden aufgrund eines Gesamtbudgets die Beträge den einzelnen Posten zugewiesen.*

Trading-up: *Höherpositionierung einer Marke (bspw. von einer Massenmarke zu einer Premiummarke) durch verbesserte Leistung oder spezielle kommunikative Massnahmen.*

Trendscouting: *Auch Coolhunting genannt; ist eine Spezialform der Marktforschung, mit der (Lifestyle-)Trends aufgespürt und für das eigene Unternehmen genutzt werden sollen.*

U

UAP (Unique Advertising Proposition): *Ein Werbeversprechen, das ein grundsätzlich austauschbares Angebot vermeintlich einzigartig macht.*

Ubiquität: *Omnipräsenz, die «Überall-Erhältlichkeit» von Markenartikeln.*

Umfrage (repräsentative): *Umfrage, bei der die befragten Personen die Grundgesamtheit repräsentieren.*

Umweltsphären: *Externe, durch ein Unternehmen nur schwer beeinflussbare Vorgaben und Rahmenbedingungen. Sie werden mithilfe der PEST-Analyse eruiert.*

Undifferenzierte Marktbearbeitung: *Massenmarketing: Der gesamte Markt wird mit einem einheitlichen Marketing-Mix bearbeitet. Auf unterschiedliche Zielmärkte oder Zielgruppen wird keine Rücksicht genommen.*

Unternehmen: *Betrieb im klassischen Sinne wie auch ein Projekt oder ein Vorhaben im weiteren Sinne.*

Unternehmenskonzept: *Synonym für Businessplan.*

Unternehmensleitbild: *Beschreibt die Ziele, Strategien und Kultur einer Unternehmung in groben Zügen. Das schriftliche Dokument ist für die Mitarbeiter und die Öffentlichkeit bestimmt. Im Gegensatz zur Unternehmensstrategie enthält es keine internen, vertraulichen Angaben.*

Unternehmensstrategie: *Allgemeine Marschrichtung der Unternehmung für die nächsten Jahre. Sie ist ein verbindlicher interner Wegweiser für das Management.*

Unternehmensvision: *«The Big Idea» – ein starker, klar formulierter Leitsatz, nach dem sich das unternehmerische Handeln richtet. Tragende Idee der Unternehmenstätigkeit.*

Upgrade: *Eine Höherstufung eines Services beziehungsweise Kunden. Ein Hotelgast bekommt (gratis oder gegen Bezahlung) anstelle des gebuchten Zimmers eine Suite.*

Urheberrecht: *Schützt den Schöpfer eines geistigen Werkes. Es regelt die Schutzkriterien und Schutzdauer.*

User Generated Content: *Nutzergenerierte Inhalte wie Content-, Blog-. Video- oder Bilderbeiträge von Internetnutzern auf einer Webplattform.*

USP (Unique Selling Proposition): *Ein einzigartiger Wettbewerbsvorteil beziehungsweise Alleinstellungsmerkmal Ihres Angebots, über den Ihre Mitbewerber nicht verfügen. Eine USP soll von Ihren Mitbewerbern möglichst schwer kopierbar sein.*

V

Variable Kosten:	*Aufwände, die von den Stückkosten (der produzierten Menge) abhängen, bspw. Rohstoffe.*
Verbrauchsgüter:	*Konsumgüter, die zum einmaligen Gebrauch geeignet sind (bspw. Lebensmittel).*
Verkäufermarkt:	*Die Verkäufer bestimmen weitgehend die Tauschbedingungen auf dem Markt (bspw. Verkauf von Fussball-EM-Tickets).*
Vertikale Diversifikation:	*Ausdehnung der Produktpalette auf vor- oder nachgelagerte Wirtschaftsstufen.*
Viralmarketing:	*Neuere Form der Mundpropaganda, bei der Internetnutzer aus eigenem Antrieb Werbung weiterleiten und somit als Multiplikatoren dienen.*

W

W:	*Die sieben W der Kommunikationsplanung: Wer, Was, Wie, Womit, Wo, Wann, Wie viel. Alternative zur Kommunikationsplanung nach den sechs M.*
Wachstumsstrategien:	*Strategien, die das künftige Umsatzwachstum einer Unternehmung garantieren sollen. Oftmals werden sie mithilfe der Ansoffmatrix definiert.*
Wechselkosten:	*Transaktionskosten, die einem Abnehmer durch den Wechsel des Anbieters entstehen.*
Werbebriefing:	*Mündlicher oder schriftlicher Auftrag an eine Werbeagentur.*
Werbemittel:	*Konkrete Form, in der eine Werbebotschaft vermittelt wird, bspw. Banner oder Inserat.*
Werbeträger:	*Medium zur Übertragung der Werbebotschaft, bspw. TV, Website oder Zeitung.*
Wertkettenanalyse:	*Value Chain; Konzept nach Michael E. Porter zur Erfassung der wichtigsten Tätigkeiten eines Unternehmens, zur Eruierung und zum Aufbau von Wettbewerbsvorteilen. Sie dient ebenfalls zur Entwicklung der richtigen Strategien.*
Wettbewerbsstrategien:	*Strategien, die zum Erfolg auf einem umkämpften Markt führen können. Dabei konzentrieren sie sich auf unterschiedliche Wettbewerbsvorteile.*
Word of Mouth (WoM)-Marketing:	*Mundpropaganda; auch Buzz Marketing oder im Onlinebereich Viralmarketing genannt.*

Y

Yield Management:	*Wird auf Deutsch mit Ertragsmanagement übersetzt und ist ein Instrument zur nachfrageorientierten Preisbildung.*

Z

Zielgruppe:	*Gruppe von bestehenden und potenziellen Kunden eines Unternehmens. Wird oft in eine Haupt- und Nebenzielgruppe(n) eingeteilt.*
Zielmarktstrategie:	*Strategie zur geografischen Unterteilung von unterschiedlichen Märkten.*
Zero-Base-Budgeting:	*Budgetierungsmethode, bei der die Budgetposten und -zahlen von Grund auf neu zusammengestellt werden.*

Stichwortverzeichnis

E

F

G

H

I

K

P

Q

R

S

T

U

V

W

Y

Z

Andreas Huber, Beate Kuhnt, Markus Diener

Projektmanagement

Erfolgreicher Umgang mit Soft Factors

2011, ca. 232 S.,
zahlreiche Abbildungen,
durchgehend farbig,
Format 20,5 x 23 cm, geb.
ISBN 978-3-7281-3243-7

Nach ihren schwierigsten Herausforderungen gefragt, nennen heute Projektleiter von Businessprojekten zunehmend die weichen Faktoren. Aber: Wie wirken weiche Faktoren und wie können sie gemanagt werden? Die Autoren zeigen, wie der Umgang mit Wissen, Macht, Identität und Information die Zusammenarbeit im Projekt beeinflusst und vom Projektleiter als Erfolgsfaktor genutzt werden kann.

Das Buch vermittelt Praktiken der sozialen Projektführung in allen Phasen des Projekts: In der Projektvorbereitung werden die Interessen der Anspruchsgruppen ausgelotet. In der Startphase unterstützen identitätsstiftende Massnahmen die Bildung des sozialen Projektsystems. In der Durchführungsphase sorgt die soziale Projektführung dafür, dass alle Beteiligten am gleichen Strick ziehen. Die Abschlussphase dient dem Lernen und der Weitergabe des erworbenen Wissens an Folgeprojekte.

Christian E. Erbacher

Grundzüge der Verhandlungsführung

vdf - Management

3., verbesserte Auflage 2010
192 S., Format 17 x 24 cm, geb.
ISBN 978-3-7281-3320-5

Die «Grundzüge der Verhandlungsführung» verbinden eine interdisziplinäre, theoretische Fundierung mit einer praxisnahen, klaren Sprache. Dadurch können alle Merkmale und Schritte einer gewinnbringenden Verhandlung verständlich dargestellt und diskutiert werden. Das Buch knüpft in seiner Grundhaltung an die Tradition des Harvard-Konzeptes an, beschreibt Verhandlungen aber strukturierter und bezieht Erkenntnisse u. a. aus der modernen Rhetorikforschung, der interkulturellen Psychologie und der empirischen Verhandlungsforschung mit ein. Die Diskussion der Ethik in Verhandlungen am Beispiel politischer Prozesse rundet das Buch zu einer weitsichtigen Verhandlungslehre ab.

Für die dritte Auflage wurde die Struktur des Buches für den Einsatz in der Aus- und Weiterbildung weiter verbessert. Damit entsprechen die «Grundzüge der Verhandlungsführung»einem umfassenden Lehrgang zum Verhandeln, der aus einem Grundlagen- und drei Fortbildungsmodulen besteht.

vdf Hochschulverlag AG an der ETH Zürich, VOB D, Voltastrasse 24, CH-8092 Zürich
Tel. +41 (0)44 632 42 42, Fax +41 (0)44 632 12 32, verlag@vdf.ethz.ch, www.vdf.ethz.ch